网络知识产权法研究

WANGLUO ZHISHI
CHANQUANFA YANJIU

主　编◎来小鹏

副主编◎程丽元　普　翔　刘自钦　裴　轶

撰稿人◎（以撰写章节先后为序）

来小鹏　郝明英　普　翔　马　鑫

梁　栋　吕　磊　朱　江　刘佳欣

程丽元　刘自钦　李亚林　裴　轶

马晓明　高雅文　王怡坤

中国政法大学出版社

2021·北京

图书在版编目（CIP）数据

网络知识产权法研究/来小鹏主编. —北京：中国政法大学出版社,2021.8
ISBN 978-7-5764-0087-8

Ⅰ.①网…　Ⅱ.①来…　Ⅲ.①计算机网络　知识产权法－研究－中国　Ⅳ.①D923.404

中国版本图书馆CIP数据核字(2021)第173303号

出 版 者　中国政法大学出版社

地　　址　北京市海淀区西土城路 25 号

邮　　箱　fadapress@163.com

网　　址　http://www.cuplpress.com (网络实名：中国政法大学出版社)

电　　话　010-58908435(第一编辑部) 58908334(邮购部)

承　　印　保定市中画美凯印刷有限公司

开　　本　720mm×960mm　1/16

印　　张　22

字　　数　419 千字

版　　次　2021 年 8 月第 1 版

印　　次　2021 年 8 月第 1 次印刷

定　　价　62.00 元

作者简介

来小鹏 法学博士，中国政法大学民商经济法学院教授，知识产权法学专业、网络法学专业博士生导师，中国政法大学知识产权法国家重点学科带头人，中国政法大学知识产权维权援助研究与服务中心主任，中国政法大学全国专利保护重点联系基地负责人，中国政法大学网络法学研究院学术委员会委员，故宫博物院客座研究员。长期从事民法学、知识产权法学以及网络法学教学与研究工作。独著、主编、参编著作、教材三十余部，发表学术论文九十余篇，主持承担国家、省部级以上研究课题四十余项。先后获校、省、部级科研成果奖十余项。1998 年 7 月被国家科技部和司法部授予"全国知识产权工作先进个人"称号。

程丽元 法学博士，国家知识产权局商标局干部，多年从事商标审查和商标异议案件审理工作，曾参与商标审查审理标准的研究和拟定工作，参与并负责多项省部级知识产权课题的研究工作，发表论文主要有：《保护包装设计中的知识产权》《商标反向混淆的认定及解决——由深圳唯冠、苹果 IPAD 商标纠纷引发的思考》《论声音商标的注册要件》《品牌建设 诚信为先——兼评第 18449489 号"互森歌"商标异议案》《商标异议审查工作概述》等。

普　翔 法学博士，北京市朝阳区人民法院知识产权庭原副庭长，知产宝（IPhouse）创始人，主要从事知识产权研究及数据分析，参与《知识产权审判疑难案例评析》一书编写，发表论文主要有：《著作权法中合理使用制度的局限——从一起著作权案件适用法律问题谈起》《销售侵犯注册商标专用权的商品案件难点问题实证研究》。

李亚林 法学博士，国家知识产权局专利局干部，主要从事专利复审和无效宣告请求的审查工作，参与多项专利审查标准的研究和拟定工作，参与并负责多项省部级课题的研究工作，发表论文主要有：《美国药品专利保护期延长制度研究》《专利优先权核实中相同主题的判断标准研究》《专利创造性评判中最接近现有技术的确定》等。

马晓明 法学博士，主要从事互联网法律研究工作，参与多项省部级课题的研究工作，发表论文主要有：《网络环境下摄影作品侵权问题探析》《网络用工劳动关系的认定困境及解决路径探析》《互联网不正当竞争损害赔偿研究》等。

刘佳欣 法学博士，北京市海淀区人民法院法官，主要从事知识产权相关案件审判工作，参编《著作权纠纷诉讼指引与实务解答》，发表论文主要有：《网络游戏改编权的行使与侵权判定》《不正当竞争纠纷中知名商品特有包装装潢的判断》等，2017 年《对知名商品特有包装装潢的事实判断》获最高人民法院优秀案例三等奖。

刘自钦 法学博士、博士后，北京工业大学文法学部讲师，主要从事民商法、知识产权法教学研究工作，参与多项国家级、省部级课题研究工作，发表论文主要有：《著作权惩罚性赔偿制度在中国大陆的具体运用：从美国经验和中国实际出发》《网络环境中专利转化方式的革新及法制完善》《论我国商标注册诚信原则运用机制的改进》《商标权注册取得领域的客观诚信和恶信》等。

裴 轶 法学博士、博士后，北京理工大学法学院助理教授，发表的论文与专著主要有：论文《反垄断法的私人救济制度分析》《反垄断法对于供给侧结构性改革政策的促进与推动》《近期行政垄断案例的实证考察及反垄断法分析》《反不正当竞争法中一般条款与"互联网条款"的司法适用》等，专著《互联网经济中滥用市场支配地位的反垄断法规制》。

郝明英 法学博士，中国政法大学博士后研究人员，主要从事知识产权法律政策咨询与研究工作，参与并负责多项省部级知识产权研究课题，参编《知识产权法学案例研究指导》，发表论文主要有：《论网络出版者权的法律规制》《论人工智能生成内容的版权认定及法律规制》《网络短视频平台的著作权侵权责任认定》《论知识产权运营模式》等。

吕 磊 法学博士、博士后，中国科学院科技战略咨询研究院，助理研究员，主要从事知识产权法、网络法、科技政策等方向的研究工作，已发表学术论文十余篇，参与多项国家级、省部级研究课题，发表论文主要有：《美国专利主张实体的法律规制及对我国的启示》《美国专利主张实体的运营模式、诉讼策略及应对措施研究》《美国商业方法专利保护的发展与现状及其对我国的启示》《美国对专利海盗的规范措施及我国的借鉴》等。

马 鑫 法学博士研究生，西北政法大学新闻传播学院讲师，主要从事知识产权法教学研究工作，参与 2019 年教育部规划项目，参与 2019 年国家市场监督管理局《电子商务领域知识产权行政执法问题研究》，参与《知识产权法学案例研究指导》整理与编辑工作。

朱　江　法学硕士，主要从事互联网法律研究工作，参与多项省部级法律研究工作。

梁　栋　法学博士研究生，主要从事网络法学方向研究，参与《电子商务领域知识产权行政执法问题研究》等课题的研究工作。

高雅文　法学博士研究生，主要从事知识产权法律制度研究，发表论文有：《完善我国〈著作权法〉"出版"相关规定的思考》《我国博物馆版权例外制度的法律思考》《论第三方电商平台网络商标侵权》。

王怡坤　法学博士研究生，主要从事互联网法律制度研究，发表论文有：《论合同形式的法律效力》。

前 言

互联网始于 1969 年，最早是美国军队在 ARPA（阿帕网）制定的协定下将加利福尼亚大学洛杉矶分校、斯坦福大学研究学院、加利福尼亚大学和犹他州大学的四台主要的计算机连接起来。此后互联网进入了民用和商用领域，成为连接全球的网络。互联网自 20 世纪 80 年代进入中国后，在各个领域都得到了快速发展，互联网在我国经济社会发展中的重要作用越加凸显。目前新一代网络信息技术不断创新突出，全球经济数字化已成为发展趋势。

互联网不仅改变了人类的行为模式也改变了人类的思维方式，从而也改变了信息、知识的形态、生产和传播模式。互联网出现前，人类社会更多的是通过纸质图书生产和传播知识。互联网出现后，大量的信息和知识产生于网络、存储于网络，并通过网络来传播。信息和知识的生产主体也从专家向更多的网络主体扩散。互联网打破了传统专家们细分领域的圈子，它能让更多不一样领域的人来解决同一个问题。

在"互联网+"不断发展的背景下，新产品、新形态的层出不穷已成常态，这对知识产权法学的理论和实务都提出了许多新的挑战。如知识产权客体范围方面，无论是体育赛事直播、游戏画面、用户数据、人工智能生成内容，还是商业方法、商业模式、人工智能产生的技术方案等，都使得知识产权的网络呈现形态不断丰富、客体范围不断扩张的状态。而在知识产权内容、主体方面，互联网涉及的相关知识产权权利义务关系更加复杂，权利主体或义务主体的判定也面临许多新的问题。由于网络技术的不断发展，知识产权法学的相关理论需要更新，需要从应对到适应，再到引领。从实务角度来看，现实中大部分的企业和其他社会主体都在运用最新的互联网技术，在线已成为社会主体发展的主要路径。从司法实务看，涉网络案件的比例越来越高，尤其是在版权领域，有的地区涉网案件比例高达 90%。网络知识产权案件已经成为知识产权司法的主要内容。在此前提下，对网络知识产权法相关问题的研究，具有非常重要的现实意义。

网络从技术问题到经济问题，从经济问题到文化问题，从文化问题延伸到社会问题，这对网络环境下知识产权治理体系和治理能力提出了需求。治理是或公或私的个人和机构经营管理相同事务的诸多方式的总和。它是使相互冲突或不同的利益得以调和并且采取联合行动的持续的过程。治理的核心在于提供制度供给、激励措施和外部约束。网络环境下知识产权的治理体系和治理能力，需要从网络知识产权的理论和实务研究中形成制度供给，从实际出发提出一套制度的良好运作方案，还需要解决网络世界和现实世界的融合问题。这同样需要对网络知识产权相关问题做系统的研究和分析。

本书尝试对网络环境下知识产权法学理论和实务方面所面临的挑战和问题做出分析，并力求给出可能的解决方案，同时结合我国《专利法》《著作权法》等最新修改内容进行分析研究。本书基本的结构是按照互联网环境下知识产权法学的现状、问题及解决对策展开思路。第一章从基本法理角度解读互联网与知识产权法的关系。第二章到第四章，从知识产权立法、司法和执法层面分析网络环境下知识产权法面临的现状和存在的主要问题。第五章采用比较分析的方法对域外网络知识产权法做了对比研究，以供我国借鉴和吸收。第六章到第九章，从知识产权具体制度视角对网络环境下的著作权法、商标法、专利法和竞争法相关问题进行具体分析。第十章针对网络知识产权争议和纠纷的特点，对网络纠纷解决机制进行了分析研究。最后一章对我国近十年所发生的221件网络知识产权典型案例的主要信息进行了汇编，为进一步了解和深入研究我国网络知识产权实务提供更多的拓展资料。

本书各部分撰写分工为（以撰写章节先后为序）：

第一章：来小鹏；

第二章：郝明英；

第三章：普翔、马鑫；

第四章：梁栋；

第五章：吕磊、朱江；

第六章：刘佳欣；

第七章：程丽元、刘自钦；

第八章：李亚林；

第九章：裴轶；

第十章：马晓明；

第十一章：普翔、高雅文、王怡坤。

作为这本书的撰稿人和主编，感谢中国政法大学研究生院领导的信任与支持；感谢知产宝网络科技发展有限公司对案例相关数据的提供与协助；感谢中国政法大学出版社领导和责编的关心与帮助；感谢所有为完成这本书作出贡献的人。

　　由于撰写者水平有限，不足之处在所难免，敬请读者批评指正。

编　者

2020 年 11 月 9 日

目　录

第一章

互联网与知识产权法

第一节 互联网技术发展对知识产权法的影响

一、传统知识产权法的调整对象及地位

（一）知识产权法的调整对象

法的调整对象普遍被认为是指法所调整的一定的能够体现为意志关系的具体社会关系。特定的调整对象、调整方法以及特定的划分原则，是一项法律制度能否成为独立法律部门的主要判定标准。[1] 在此意义上，知识产权法则是调整人们在创造、运用、交易、管理和保护智慧成果过程中所产生的各种社会关系的法律规范的总称。多数国家对智慧成果保护采取分别立法方式，制定单行法律，一般由著作权法、专利法、商标法等法律规范构成。知识产权法作为一个独立的部门法学，通常调整以下社会关系：

1. 知识产权人因创造智慧成果所形成的社会关系。知识产权人创造智慧成果的行为不同于其他民事法律行为，其是一种事实行为，即知识产权人只要通过自己的智力劳动创造出一定的智慧成果，并经法律确认，便可取得知识产权。知识产权的形成意味着在知识产权人与国家、法人、非法人组织或其他自然人之间产生了特定的社会关系，即知识产权法律关系。在这种法律关系中，首要的是知识产权人对其智慧成果依法享有的专有权。该专有权既有人身权内容，如荣誉称号、署名、证书等，又有财产权内容，如许可使用费、转让费、报酬等。就此，知识产权法一方面从程序方面对知识产权法律关系的形成作了具体规定，如我国《中华人民共和国著作权法实施条例》（以下简称《著作权法实施条例》）规定了著作权自作品创作完成之日起产生；《中华人民共和国专利法》（以下简称《专利法》）规定了专利权的获得须经过专利的申请、审查和批准；《中华人民

---

[1] 葛洪义主编：《法理学》，中国人民大学出版社 2007 年版，第 146 页。

共和国商标法》（以下简称《商标法》）规定了注册商标权的取得须经过申请、审查和核准等。另一方面，知识产权法又从实体方面对知识产权法律关系的内容，即权利义务以及法律责任作了明确规定。

2. 知识产权人因使用其智慧成果所形成的社会关系。知识产权人依法对其智慧成果享有专用权和专有权。基于此，知识产权所有人行使其权利的过程中，必然与其他相对人发生一定的社会关系。知识产权所有人在法律规定的范围和条件下，可独立行使对其专有的智慧成果的占有、使用、收益和处分的权能。当无法律特别规定或当事人特别约定时，未经知识产权权利人的同意或许可，其他任何人均不得以任何形式使用该智慧成果并获取利益。否则，知识产权人有权提请有关机关加以处理或请求人民法院责令侵害人停止侵害、消除影响及赔偿损失。就此，知识产权法对知识产权权利人基于依法使用智慧成果而享有的权利、承担的义务以及相对人的权利、义务和违反义务所应承受的法律后果均作了明确规定。如我国《中华人民共和国著作权法》（以下简称《著作权法》）规定了著作权人依法可以行使对其作品所享有的著作人身权和著作财产权；《专利法》规定了专利权人依法对其发明创造成果享有专有实施的权利；《商标法》规定了商标注册人对其注册商标依法享有商标专用权等。

3. 知识产权人因交易智慧成果而发生的社会关系。知识产权人创造完成的智慧成果通过自身行为往往难以实现其价值，一般需要通过交易行为才能够实现权利人权益的最大化。同时，知识产权法的立法不仅是为了保护知识产权人的正当权益，也可以为广大社会公众获得知识、享受科学技术成果提供保障。协调知识产权人与使用者之间的关系，可保障智慧成果的正常使用，促进全民族科技文化素质的提高。因此，知识产权法在平衡知识产权人与使用者之间各种社会关系时起着重要的调整作用。这种调整功能主要通过知识产权不同的交易模式，如许可使用合同、转让合同、质押合同等加以实现。如我国《著作权法》规定了著作权许可使用和转让合同，国家版权局发布了《著作权质权登记办法》；《专利法》分别规定了专利申请权和专利权的转让以及专利实施许可合同；《商标法》规定了注册商标的转让和使用许可；2015 年修正的《中华人民共和国促进科技成果转化法》规定了科技成果可以通过自行投资实施、转让、许可、合作、作价入股等形式转化。

4. 知识产权人因管理智慧成果而发生的社会关系。知识产权管理一般是指国家有关部门为保证知识产权法律制度的贯彻实施，维护知识产权人的合法权益而进行的行政及司法活动，以及知识产权人为使其智慧成果发挥最大的经济效益和社会效益而制定各项规章制度、采取相应措施和策略的经营活动。我国为提升知识产权创造、运用、保护和管理能力，建设创新型国家，实现全面建设小康社会目标，于 2008 年 6 月 5 日发布了《国家知识产权战略纲要》。《国家知识产权战略纲要》不仅就实施国家知识产权战略的指导思想和战略目标作了规定，同时就战略的专项任务和战略措施，以及知识产权的管理作了具体规定。基于此，为推动国家知识产权战略深入有效实施，2015 年国务院发布了《国务院关于新形势下加快知识产权强国建设的若干意见》；2016 年国务院办公厅印发了《国务院办公厅关于知识产权综合管理改革试点总体方案》；同年国务院印发了《"十三五"国家知识产权保护和运用规划》；2018 年中共中央办公厅和国务院办公厅联合印发了《关于加强知识产权审判领域改革创新若干问题的意见》等。同年 3 月，根据国务院机构改革方案，重新组建了国家知识产权局，将国家知识产权局的全部职责、国家工商行政管理总局的商标管理职责、国家质量监督检验检疫总局的原产地地理标志管理职责进行了整合。2019 年中共中央办公厅、国务院办公厅印发了《关于强化知识产权保护的意见》，2020 年 5 月国务院知识产权战略实施工作部际联席会议办公室关于印发《2020 年深入实施国家知识产权战略加快建设知识产权强国推进计划》的通知，2020 年 10 月《中共中央关于制定国民经济和社会发展第十四个五年规划和二〇三五年远景目标的建议》等。这些均从国家层面进一步加强了知识产权的管理。此外，知识产权人因管理智慧成果还可能会引起行业之间、企业之间、知识产权人相互之间不同的社会关系。

5. 知识产权人因救济智慧成果而发生的社会关系。知识产权作为一种独占权，具有对抗一切他人非法使用的效力，对知识产权侵权行为给予制裁意味着对权利人依法予以救济。这种救济主要体现在知识产权法律制度中的法律责任制度。对侵犯知识产权的行为，一般采用民事制裁手段，但也不排除在损害公共利益的情况下，追究侵权者的行政责任，甚至对那些构成犯罪的严重侵犯知识产权的行为，依法追究相应的刑事责任。如我国《著作权法》《专利法》以及《商标法》分别就侵权行为、法律适用和责任承担作了规定。尤其应当注意的是在追究侵权人的民事责任方面，知识产权侵权责任与一般的民事侵权责任比较，在归责原则、侵权行为的构成、具体损害赔偿以及举证责任等方面，均存在与一般民事侵权责任不同的法律规定。

（二）知识产权法的地位和作用

学界普遍认为知识产权法学已成为一门独立的部门法学学科，且在立法、司法及学术研究领域不断发展与完善，然而从学理上就知识产权法律制度应有的体系以及在整个法律体系中的地位，研究和探讨及相关成果尚显不足。

如何从法的地位层面界定和认识知识产权法学作为一门独立的法学学科，是研究和探讨知识产权法地位的前提和基础。对此，应从知识产权法产生、发展、现状以及与其他法学学科的关系等不同视角，采用立体式、全方位的思路进行分析，只有这样，才能准确定位知识产权法学在整个法律体系中的地位。

1. 知识产权法学源于民法学。知识产权法的性质属于私法；权利范畴归属于私权。在我国，研究者从最初便在学理上将其界定为民法学的一个重要组成部分。"早在 1981 年，中国人民大学郭寿康教授即在国内首开招收知识产权方向研究生之先河。中国人民大学佟柔教授主编的国内第一部民法教材《民法原理》，其中即包含郭寿康教授撰写的'智力成果篇'（即'知识产权篇'）。该书于 1982 年出版，这也是国内第一部包含知识产权专论的高校法学教材。"〔1〕"知识产权"一词作为法律用语，被我国立法正式确认于 1986 年的《中华人民共和国民法通则》（以下简称《民法通则》）中。《民法通则》为适应我国改革开放和知识产权国际保护的需要，将知识产权确认为基本民事权利之一，且设专节规定。2017 年 10 月 1 日起施行的《中华人民共和国民法总则》（以下简称《民法总则》）第 123 条明确规定，民事主体依法享有知识产权，并指出知识产权是权利人依法就法定客体享有的专有的权利。2020 年 5 月 28 日发布的《中华人民共和国民法典》（以下简称《民法典》）第 123 条完全保留了《民法总则》的上述规定。可以看出，从权利的角度而言，知识产权是现代私法中一个十分重要的权利；从其性质和范畴来看，属于与物权、债权、人身权、继承权并列的民事权利。尽管有学者主张知识产权法理论体系的产生、发展有极大的独立性，但仍坚持知识产权法属于民法的一部分。〔2〕基于此，我们认为，只有运用民法学的基本概念、基本知识、基本理论，方可解读知识产权法学的内涵，然知识产权法与我国《民法典》的关系，学界仍有不同见解。〔3〕

2. 知识产权法学与相关法学学科关系密切。知识产权法学涉及面宽泛、内容复杂。"自近代知识产权制度诞生后，在长达三百多年的时间里，它是以封建特许权制度的形式予以保护的……直至资产阶级革命时期，知识产权作为私人享有的无形财产权，是为法定之权而不是特许之权才得以实现。知识产权从特许权利到一般财产权的嬗变过程中，到了近现代社会则表现为从行政权利到私人财产权的转变……在知识产权权利演进的过程中，还经历了权利内容由人格权利到特别财产权的演进。"〔4〕因此，知识产权法学除与民法密切关联外，还涉及科技法律制度、行政法律制度、反不正当竞争法律制度以及相关国际公约和规则。

3. 知识产权法律制度的演变与文化、科技、市场经济的发展相关联。知识产权从"封建特权"到"法定权利"，可以说是工业革命和科技发展的必然结

---

〔1〕 刘春田："我国知识产权高等教育的发展"，载《中华商标》2007 年第 11 期。

〔2〕 何鹏："知识产权法体系重构初探"，载《湖南商学院学报》2006 年第 4 期。

〔3〕 吴汉东："民法法典化运动中的知识产权法"，载《中国法学》2016 年第 4 期。

〔4〕 肖军、刘倩："知识产权的价值向度与制度构建"，载《求索》2009 年第 8 期。

果。从我国知识产权法制建设的 40 年来看，其大致经历了恢复重建阶段（自 20 世纪 70 年代末国家实行改革开放政策以来）、快速发展阶段（自 20 世纪 90 年代初至 21 世纪初年）以及基本完善阶段（自加入 WTO、全面修法之后，我国知识产权立法开始进入一个战略主动期）。[1] 无论是哪个阶段，都有一个共同的特点，就是任何一个阶段的知识产权法律制度总是当时的文化制度、科技制度、经济发展水平的体现。因此，在考察知识产权法律地位时，必须从知识产权法律制度变动和演变的原因进行分析、了解和掌握。

4. 知识产权法学的理论体系有待完善。知识产权法学的理论体系无论是从国际层面还是我国层面，都有待于进一步完善。从国际知识产权法体系来看，世界上第一个关于知识产权的国际公约——《保护工业产权巴黎公约》（以下简称《巴黎公约》）于 1883 年签订，无疑标志着知识产权的国际保护正式进入到多边阶段。"经过 100 多年的演变，国际公约及条约有效地促进了世界经济及技术的发展，加强了各国知识产权立法的协调与统一。然而，必须看到，由于历史的和国际政治的原因，当前的国际知识产权法律体系存在着不公平、不公正的现象，在其体系内部也存在着一定程度的混乱和冲突。这表现在发展中国家的利益要求没有得到恰当的反映，国际权力政治的阴影明显地投射在国际知识产权法律体制之中；同时，将知识产权的国际保护纳入到 WTO 的多边贸易体制之内也给国际知识产权体系造成了一系列的矛盾和冲突。"[2] 从国内层面来看，虽然知识产权在立法上比较完善，但在理论构建、法律体系方面的研究还是明显不足，特别是有关适合我国文化、科技、经济发展的，具有我国特色的知识产权理论体系研究成果还比较欠缺。

5. 我国知识产权立法、司法、行政方面尚需进一步完善。我国改革开放经过四十多年的发展，形成了与《与贸易有关的知识产权协定》（*Agreement on Trade-Related Aspects of Intellectual Property Rights*，以下简称《TRIPS 协定》）要求基本一致的知识产权法律体系，已经营造出了良好的知识产权环境，知识产权综合管理制度也更加规范，知识产权司法体制和审判模式改革也更加深入。但是，就整个知识产权法律体系对立法、司法及行政方面的要求来讲还不尽如人意。如立法结构上还不完备、法律规范和法律责任的不统一、知识产权法律体系内部各法律之间的相互协调和整合作用缺失等。[3] 司法方面，知识产权审判

---

〔1〕 吴汉东："中国知识产权法制建设的评价与反思"，载《中国法学》2009 年第 1 期。

〔2〕 王东君："国际经济法年会论文系列（六十一）——'当前国际知识产权法体系的审视与重构'"，载 https：//max. book118. com/html/2014/0403/7228219. shtm，最后访问日期：2021 年 7 月 26 日。

〔3〕 参见傅运华："知识产权立法现状及发展趋势"，载 http：//www. chinacourt. org/html/article/200801/18/283717. shtml，最后访问日期：2018 年 8 月 1 日。

"程序配置、审判标准、诉讼管辖以及证据规则等都有待适时变革"。[1] 知识产权的行政管理和保护在我国具有重要地位并在知识产权保护过程中发挥着司法保护无法替代的作用，特别是知识产权行政执法在规范知识产权市场、打击侵权行为、维护知识产权人合法权益等方面取得了巨大成就，尤其是开展的各项专项执法活动。[2] 但行政保护中仍存在一些问题，如知识产权行政保护模式、知识产权行政保护与司法保护的衔接与协调以及知识产权行政保护标准等。

6. 知识产权法律制度已受到各国及国际组织的高度关注。知识产权法律制度是人类的一大发明，它以荣誉、社会地位和财富为杠杆，谋求知识产权人利益与社会公众利益的平衡，并将此作为原则贯穿整个知识产权法的解释和适用过程，激发每个人生命中最为可贵的创造本能，为生生不息的创造之火添加利益的柴薪，激励人们奉献出更多更好的精神产品，以推进人类的进步。从知识产权法律制度的功能来看，知识产权制度是智力成果商品化的法律前提和保障，只有充分发挥知识产权在增强国家经济科技实力和国际竞争力、维护国家利益和经济安全方面的重要作用，才能为该国进入创新型国家行列提供强有力的支撑。因此，作为现代经济发展核心制度之一的知识产权法律制度已成为各国未来竞争的一个战略制高点。

二、互联网技术发展对传统知识产权法律关系的冲击

依托互联网的技术创新均可以认为是广义上的互联网技术，诸如大数据、人工智能等均与互联网有密切的联系，特别在"互联网+"不断发展的背景下，新产品、新形态的层出不穷已成常态，这对知识产权的法律关系的要素也产生了新的冲击。

（一）客体

1. 著作权客体的扩张。《保护文学艺术作品伯尔尼公约》（以下简称《伯尔尼公约》）第2条规定"'文学艺术作品'一词包括科学和文学艺术领域内的一切作品，不论其表现方式或形式如何"，并列举了诸如书籍、小册子、地图、设计图等在内的诸多具体类型的作品。可见《伯尔尼公约》对作品类型的规定采取"列举+兜底"的模式。诸多国家的著作权法均受《伯尔尼公约》的影响，采取的也是这一模式，我国亦然。然而，互联网技术的发展使得传统著作权的客体不断扩张，诸多智力成果能否认定为著作权法中的作品，是其保护和运用的前提。我国2020年修改的《著作权法》将第3条中的"……包括以下列形式创作

---

〔1〕吴汉东："中国知识产权法制建设的评价与反思"，载《中国法学》2009年第1期。

〔2〕如：多个国家部门联合开展会知识产权保护的"蓝天"行动；公安机关在全国开展打击侵犯知识产权犯罪的"山鹰"行动。为了规范专利市场行为，维护专利权人的权利，国家知识产权局开展了"雷雨"和"天网"专利专项执法行动等。

的文学、艺术和自然科学、社会科学、工程技术等作品……"修改为"……是指文学、艺术和科学领域内具有独创性并能以一定形式表现的智力成果,包括……"。并将第9项修改为"符合作品特征的其他智力成果"。

计算机程序的作品属性。计算机无疑是20世纪最先进的科学技术发明之一,对人类的生产活动和社会活动产生了极其重要的影响。计算机出现的同时伴随着计算机程序的产生。1964年关于计算机程序是否应该受到著作权法保护的问题便已经提出,[1] 最开始不同国家间的争议很大,反对的观点认为代码与传统意义上的文学作品差距甚远,支持的观点认为计算机也是作者思想的表达,理应获得著作权法的保护。经过几十年的争论,各国才逐渐形成共识,1996年《世界知识产权组织版权条约》(*World Intellectual Property Organization Copyright Treaty*,以下简称 WCT)及《TRIPS 协定》才认可了计算机软件可以作为著作权法保护的客体。

网络用户"点评"的作品属性。计算机产生之后,互联网的产生和发展可以说是人类另一次科技革命,互联网对各行各业均产生了深远影响,新的商业模式也基于互联网产生。2008年,大众点评就爱帮网抄袭、复制其点评内容向海淀法院提起侵害著作权之诉。大众点评称,爱帮网未经许可擅自发布来源于大众点评网有关港丽餐厅来福士店等132家餐厅的点评内容,在每段文字下注明来源于大众点评网,侵权字数共计370万字。一审法院认为,大众点评网中针对餐馆的介绍和点评内容整体构成汇编作品。[2] 然而,二审法院持相反观点,二审法院认为应分情况予以认定:①难以达到著作权法所规定的独创性要求,不属于受著作权法保护的作品;②就较为详细的用户点评,其中用于简单描述客观事实或观点的表达方式也非常有限,如果对其进行著作权保护,会同时导致相关事实或观点被垄断。……因此,也不必然构成作品。[3]

人工智能生成内容的作品属性。计算机程序可以构成著作权中的作品目前已经形成共识,但是互联网技术的不断发展,又不断带来新的问题。人工智能已经渗透至音乐、美术、文学等诸多领域。谷歌研发的机器学习项目 Magenta 日前继成功写诗后又完成了一项壮举,即通过神经学习网络创作出了自己的第一首歌曲——一首时长90秒的钢琴曲。[4] 阿里云的人工智能 ET 与体验者进行一轮视频对话,并借此了解对方的性别、心情以及新年愿望。结合此前学习的上万条春

---

〔1〕　陈锦川:"法院可以创设新类型作品吗?",载《中国版权》2018年第3期。

〔2〕　参见北京市海淀区人民法院民事判决书,(2008)海民初字第16204号。

〔3〕　参见北京市第一中级人民法院民事判决书,(2009)一中民终字第5031号。

〔4〕　"谷歌人工智能技术逆天 既会写诗又能谱曲",载 http://tech.qq.com/a/20160603/003298.htm,最后访问日期:2020年5月13日。

联，ET 将"想"出一条最合适的春联并用机械手臂现场挥毫。[1] 从外在形式来看，人工智能生成内容与传统的作品并无差异，但是其能否构成著作权法意义上的作品，目前还存在非常大的争议。有学者认为，著作权法中的独创性判断标准，应当向一种客观化判断标准倾斜，即从形式上考察其是否与现存的作品表达不一样，并在人类自己所创设的符号意义上是否能够解读出具有"最低限度的创造性"，因而人工智能创作物可以被视为作品。[2] 也有学者持反对观点，人工智能生成内容都是应用算法、规则和模板的结果，不能体现创作者独特的个性，并不能被认定为作品。[3]

2. 商标权客体的扩张。技术创新已经和互联网的发展密切结合，网络的虚拟性、超地域性、技术多样性等特征，对传统商标权制度也产生了深刻影响，其中最为重要的便是新的识别符号的出现。

域名作为识别符号的出现。2017 年 11 月 1 日起施行的《互联网域名管理办法》中规定，域名指互联网上识别和定位计算机的层次结构式的字符标识，与该计算机的 IP 地址相对应。通俗地讲，域名是在网络空间中分配给不同使用者的地址名称。[4] 从技术角度讲，域名具有专属性的特点，全世界范围内的域名都是独一无二的，所以域名又被称为互联网中的"门牌号"，一旦注册成功，注册人便可以在全世界范围内排他享有。同时，域名中的代码往往与商事主体具有紧密的联系，可能是其字号或商标的简称。加之商事主体对域名的使用和宣传，最终使其具备了识别主体及商品或服务来源的功能。因此，域名具有技术性和标识性双重功能：技术功能是指域名注册人在网络上的地址，识别功能是指域名注册人在互联网上代表自己的标志。[5] 在商标异议阶段，域名与商标的冲突表现为先注册域名和后取得商标权的冲突。即商标注册人将他人在先注册的域名注册为商标，而域名的所有人对该商标提出异议。《商标审查及审理标准》中并未规定域名与商标冲突的审理标准。但司法实践中，已经普遍地将域名也作为一种在先权利，如财纳福诺木业（中国）有限公司与原国家工商行政管理总局商标评审委员会一案，[6] 法院认为"域名属于民事权益的一种，若域名经过使用，具备区分商品或服务来源的作用，争议商标与之相同或近似，则可以认定争议商标侵

---

〔1〕 "阿里云 ET 过年忙，人工智能写春联送吉祥"，载 https://developer.aliyun.com/articles/68864，最后访问日期：2020 年 5 月 13 日。

〔2〕 易继明："人工智能创作物是作品吗？"，载《法律科学（西北政法大学学报）》2017 年第 5 期。

〔3〕 王迁："论人工智能生成的内容在著作权法中的定性"，载《法律科学（西北政法大学学报）》2017 年第 5 期。

〔4〕 王太平：《商标法：原理与案例》，北京大学出版社 2015 年版，第 447 页。

〔5〕 蒋建鸣：《互联网域名与商标冲突研究》，中国人民公安大学出版社 2011 年版，第 132 页。

〔6〕 参见北京知识产权法院行政判决书，（2016）京 73 行初 2908 号。

犯了在先的域名权"。再如丝芙兰与原国家工商行政管理总局商标评审委员会一案，[1] 法院认为"字号权作为一种法定的民事权利，域名作为一种民事权益，均应予保护。"在具体的判定标准方面，丝芙兰一案中，法院认为需考虑以下几个要件：①他人先于诉争商标申请日享有域名权益；②域名经过使用具有一定影响；③诉争商标与在先域名构成使用在相同或类似商品上的相同或近似标识，容易使相关公众产生混淆误认。

声音商标的产生和发展。声音也可以作为一种识别商品或服务来源的符号，但是由于声音商标具有无形性、动态性的特点，依靠传统的媒体介质很难广泛地传播，也很难将其与特定的商品或服务加以联系。在网络高速发展的时代，传统的媒体介质和传播方式渐渐被取代，互联网的无形性、无地域性，以及可以将信息高速传播与存储的特性，这些均为声音商标的产生和发展提供了有利的条件。2013 年《商标法》修改，首次将声音商标作为保护的对象，[2] 我国第一例声音商标案件是关于计算机软件在运行过程中产生的声音，即腾讯公司"嘀嘀嘀嘀嘀嘀"声音商标一案，[3] 2014 年 5 月 4 日，腾讯公司通过代理机构向商标局提出将 QQ 消息提示音（六声短促且频率一致的"嘀嘀嘀嘀嘀嘀"）申请为商标，申请号为 14502527，指定使用在第 38 类的提供互联网聊天、电子邮件、信息传送等 10 个服务项目上。2015 年 8 月 24 日，商标局认为申请商标由简单、普通的音调或旋律组成，使用在指定使用项目上缺乏显著性，不得作为商标注册，驳回了腾讯公司的注册申请。2016 年 4 月 18 日，原商标评审委员会作出驳回复审决定书，原商标评审委员会认定，QQ 软件享有知名度，但诉争商标中"嘀嘀嘀嘀嘀嘀"声音仅为软件包含的标识某一功能的声音，该声音较为简单，缺乏独创性，指定使用在电视播放、信息传送等服务项目上缺乏商标应有的显著特征，难以起到区分服务来源的作用。后腾讯公司提起行政诉讼，一审法院北京知识产权法院认为，一般情况下，声音商标需经长期使用才能取得显著特征。20 世纪 90 年代后期是我国互联网发展迅猛的阶段，QQ 软件自 1999 年 2 月即以 OICQ 软件的形式在我国互联网上开始使用，并通过大量数据说明了 QQ 的用户规模庞大，该声音极易被相关公众所感知、记忆。申请商标的声音整体上在其指定使用的服务项目上能够起到标识服务来源的功能，被诉决定认定其不具备显著性缺乏事实及法律依据，法院予以纠正。二审法院北京市高级人民法院支持了北京知产法院的

---

〔1〕 参见北京知识产权法院行政判决书，（2016）京 73 行初 3063 号。

〔2〕《商标法》第 8 条：任何能够将自然人、法人或者其他组织的商品与他人的商品区别开的标志，包括文字、图形、字母、数字、三维标志、颜色组合和声音等，以及上述要素的组合，均可以作为商标申请注册。

〔3〕 参见北京市高级人民法院行政判决书，（2018）京行终 3673 号。

结论。

3. 专利权客体的扩张。专利法保护的客体一直处于变动之中，但总体的趋势是逐渐扩大。专利制度在最初并不承认较为抽象的商业方法、基因等不具有传统的技术性特征的客体，但随着科学技术的不断发展，域外出现一系列具有广泛争议的案件，基因、商业方法也逐渐通过专利法进行保护。互联网技术的深度发展，又伴随着一些争议客体的产生。

人工智能已经不仅能生成类似作品表现形式的内容，在部分领域甚至可以"自主"生成技术方案。当前，作为人工智能典型应用模式的人工神经网络、基因编程技术、智能机器人，都已具备了自动生成专利法所保护的技术方案的能力。[1] 人工智能生成的技术方案能否构成专利法保护的客体，首先需经过新颖性、创造性、实用性的检验。新颖性要求技术成果不属于现有技术，人工智能可以基于丰富的数据库资源以及强大的运算能力，将自己的技术成果与在先技术进行对比，即使发现不具备新颖性，也可以采用文本替换等多种方式尽可能使其在专利申请过程中满足新颖性的要求，这无疑将加剧人工智能生成技术方案新颖性判断的难度。创造性要求发明具有突出的实质性特点和显著进步。创造性是从某一技术领域的一般技术人员的角度进行判断的，但是人工智能经过深度学习，技术方案往往可能跨越多个领域，因此对审查人员的专业水平提出了更高的要求。实用性要求技术方案能够制造或者使用，并且能够产生积极效果。人工智能自主的发明创造活动具有一定程度的技术性和隐蔽性，复杂的技术信息通常涵盖不同的技术领域。人工智能自动生成的技术方案可能由于缺乏详细的技术细节说明和背景信息披露，而不具有可操作性。[2] 因此，人工智能生成内容能否作为专利法保护的客体，还需要相关法律制度的进一步完善。

商业方法的可专利性。商业方法专利与计算机程序是密切联系的，众多的商业方法均是通过计算机软件来实现的。美国通过一系列的司法判例，逐步认可了商业方法的可专利性并且细化其认定标准。随着互联网的发展，商业方法又与网络密切结合，形成网络商业方法。网络商业方法是商业经营方法在网络商业中结合特定网络技术进行延伸的结果，是依赖某种技术而引申出来的一种新型的商业方法，是技术与方法相结合的产物。[3] 自 1999 年 *See State Street Bank & Trust Co. v. Signature Fin. Group* 一案开始，[4] 美国对于商业专利方法的审查由收紧

---

〔1〕 刘鑫："人工智能生成技术方案的专利法规制——理论争议、实践难题与法律对策"，载《法律科学（西北政法大学学报）》2019 年第 5 期。

〔2〕 吴汉东："人工智能生成发明的专利法之问"，载《当代法学》2019 年第 4 期。

〔3〕 李艳主编：《网络法》，中国政法大学出版社 2017 年版，第 69 页。

〔4〕 State Street Bank & Trust Co. v. Signature Fin. Group, Inc., 149 F. 3d 1368, 1374-75, 47 USPQ2d 1596, 1602 (Fed. Cir. 1998), cert. denied, U. S., 119 S. Ct. 851 (1999).

变为宽松，该案中，Signature 公司拥有名为"中心辐射型金融服务体系数据处理系统"的专利，该专利于 1993 年 3 月 9 日授予 Signature 公司，State Street 公司和 Signature 公司都从事金融服务业务，State Street 公司与 Signature 公司进行谈判，希望后者允许其使用后者的该专利当中描述的数据处理系统专利。后来谈判破裂，State Street 公司在马萨诸塞州地方法院提起诉讼，请求确认该专利无效、没有不可侵犯性。地方法院认为单纯的商业方法不能获得专利法保护，因此判决该专利无效，并命令 Signature 公司遵从这项判决。Signature 公司不服，向美国联邦巡回上诉法院起诉，美国联邦巡回上诉法院认为诉争商业方法通过对数学算法的使用，以机器的方式将一系列不连续的数字进行了整理、加工，最后形成股票的价格，这样一个结果是"具体、实用、有形"的。因此可以获得专利法的保护。我国现行的法律法规对于商业方法专利并没有系统的规定。2004 年国家知识产权局曾颁布《商业方法相关发明专利申请的审查规则（试行）》，但此规定 2008 年被废止。因为商业方法通常需要借助计算机程序来完成，因此可以参照《专利审查指南》中关于涉及计算机程序的发明专利申请审查的相关规定。

局部外观的保护。我国《专利法》第四次修改于 2020 年 10 月通过，并将自 2021 年 6 月 1 日开始施行。这次修改对外观设计专利保护的客体进行了很大突破，引入了局部外观设计的概念，从而使得与产品不可分割或者不能独立销售的局部外观有了申请专利保护的可能。

（二）主体

1. 权利主体难以确定。互联网技术的不断发展使著作权客体不断扩张，在如何确定这些新型客体的权利主体方面也面临新的问题。

网络用户"点评"的归属。大众点评与爱帮网一案中，一审法院认为，大众点评网只是通过注册协议获得了点评内容的使用权。虽然大众点评网在用户注册时明确要成为网站会员，必须同意其在网站发表的内容的版权除人身权外的财产权利均属该网站独家所有，但实际上网站并不能禁止同一网友将相同的点评内容再上传到其他相同类型的网站，以向更多受众表达自己对于餐馆的感受。因大众点评将商家介绍和网友点评汇集整理成为一个整体信息，故大众点评享有汇编作品的著作权。[1] 然而，二审法院持不同观点，对于构成作品的网友点评文字，其著作权由大众点评和网友共同享有，大众点评单独提起诉讼，在诉讼主体上缺乏适格性，故裁定驳回起诉。[2]

人工智能生成内容的归属。即使承认人工智能生成内容可以构成著作权或专利权保护的客体，但是这一智力成果的归属也是需要解决的问题。对于人工智能

---

〔1〕　参见北京市海淀区人民法院民事判决书，（2008）海民初字第 16204 号。

〔2〕　参见北京市第一中级人民法院民事判决书，（2009）一中民终字第 5031 号。

生成的类似作品表现形式的内容，主要涉及三个主要的利益主体：设计者、所有者和使用者。即便在承认人工智能生成内容具有作品属性的前提下，对于其权利归属仍具有争议。有学者认为，可以借鉴运作成熟的法人作品制度安排，将人工智能的所有者视为版权人。[1] 也有学者提到，有一种使用者享有智能作品版权的主张。该主张认为，是使用者触发智能系统，直接导致了智能作品的产生，而传统版权法总是将作品首次固定在有形载体上的主体作为作品的作者。[2] 对于人工智能生成的技术方案，人工智能是否可以作为"发明人"和"专利权人"呢？2017 年 10 月 25 日，在沙特首都利雅得的"未来投资倡议"大会上，人工智能 Sophia 首次被沙特授予了公民身份。[3] 这貌似承认了人工智能可以作为自然人，进而认定其为专利权人或发明人似乎并无障碍，然而在社会关系中，人工智能是无法像人那样理性并真实地享有权利、履行义务和承担责任的，因此还需要从制度设计上进一步明确人工智能的地位。有学者认为可以为人工智能创设一种新的法律人格，即模仿法人制度，将人工智能看作"虚拟人"，赋予人工智能以有限法律人格，使人工智能能够成为专利法上的适格发明人。[4] 也有学者认为人工智能的拥有者应当默认为人工智能自主创造发明的专利权人。[5]

2. 侵权主体难以确定。侵权主体的不特定性在网络环境下的侵权中表现得尤为明显。互联网信息技术的迅猛发展使得信息的传播途径变得更加多样，信息的获取也更加便捷。以往由于信息资源相对集中于某一专业领域，不同行业之间存在信息和技术的专业壁垒，其他"外行"难以涉足，因而侵权主体在类型上往往较为固定，在数量上也比较有限。但是随着科学技术的发展和科技成果的普及，这些资源和技术不再局限于某一专业领域内，而能够被普通大众快速获取与掌握。

以网络直播为例，随着互联网技术的发展和移动终端的普及，任何人都能够借助网络直播平台向不特定公众传播即时的画面和声音等内容。而在网络直播技术成熟之前，这种即时的声画传播方式只能通过传统的广播电台、电视台来实现，普通民众既没有专业的录制设备，也不可能拥有覆盖广泛地域信号的传播、转播设备，广播行为只能由专业的行业工作者和相关机构来完成。网络直播技术的发展则打破了这一局面，只要有一部智能手机，人人就都可以成为信息的创造

---

[1] 熊琦："人工智能生成内容的著作权认定"，载《知识产权》2017 年第 3 期。

[2] 易继明："人工智能创作物是作品吗？"，载《法律科学（西北政法大学学报）》2017 年第 5 期。

[3] "史上首次沙特授予机器人公民身份"，载 http://www.xinhuanet.com/world/2017-10/27/c_1121867076.htm，最后访问日期：2020 年 5 月 13 日。

[4] 刘鑫："人工智能生成技术方案的专利法规制——理论争议、实践难题与法律对策"，载《法律科学（西北政法大学学报）》2019 年第 5 期。

[5] 朱雪忠、张广伟："人工智能产生的技术成果可专利性及其权利归属研究"，载《情报杂志》2018 年第 2 期。

者和传播者，向不特定公众实时传播声音和画面，既不需要操作复杂、造价昂贵的拍摄工具，也不需要建造大型信号发射设备，从而将直播的专业门槛降了下来。与之相应的，直播过程中所涉及的知识产权侵权主体，也从传统的专业人士和专业机构，扩大到任何有能力进行网络直播的个人或组织，大大增强了侵权主体的不特定性。

3D 打印技术的发展也带来了类似的问题。只要拥有一部 3D 打印机，人人都可以成为生产者。一个 3D 打印机的使用者，本身可能并不具备专业的技术知识，但是利用 3D 扫描技术，他可以轻松获得某一物体的三维设计图，甚至他可以直接从互联网上获取所需打印的目标物品的建模数据，然后通过 3D 打印技术获得目标物品。然而在这种扫描行为和打印行为的过程中，都有可能涉及对知识产权的侵犯。[1] 新技术的发展和普及在给普通大众带来便利的同时，也在无形之中扩大了知识产权侵权主体的范围，使得知识产权侵权主体的不特定性变得更加突出。

3. 侵权主体责任难以判定。互联网经济中很重要的一个特点便是互联网平台的出现，互联网平台已经深入我们社会生活的方方面面，电子商务平台连接卖家与买家，在线小说平台连接作者与读者，游戏平台连接游戏厂商和玩家，诸如此类的网络平台随着"互联网+"的发展会不断地涌现。2019 年 8 月 1 日，国务院发布了《国务院办公厅关于促进平台经济规范健康发展的指导意见》，[2] 明确指出要"强化知识产权保护意识"。对于网络用户在网络平台上上传、发布侵犯他人知识产权的内容、商品等，网络平台是否也应当作为侵权的主体从而承担责任，是当前亟待解决的问题。

虽然《民法典》第 1195～1197 条从根本上规定了网络服务提供者的"避风港"规则和"红旗规则"，[3]《信息网络传播权保护条例》第 20～第 23 条也细

---

〔1〕 马忠法："3D 打印中的知识产权问题"，载《电子知识产权》2014 年第 5 期。

〔2〕《国务院办公厅关于促进平台经济规范健康发展的指导意见》，国办发〔2019〕38 号。

〔3〕《民法典》第 1195 条：网络用户利用网络服务实施侵权行为的，权利人有权通知网络服务提供者采取删除、屏蔽、断开链接等必要措施。通知应当包括构成侵权的初步证据及权利人的真实身份信息。网络服务提供者接到通知后，应当及时将该通知转送相关网络用户，并根据构成侵权的初步证据和服务类型采取必要措施；未及时采取必要措施的，对损害的扩大部分与该网络用户承担连带责任。权利人因错误通知造成网络用户或者网络服务提供者损害的，应当承担侵权责任。法律另有规定的，依照其规定。第 1196 条：网络用户接到转送的通知后，可以向网络服务提供者提交不存在侵权行为的声明。声明应当包括不存在侵权行为的初步证据及网络用户的真实身份信息。网络服务提供者接到声明后，应当将该声明转送发出通知的权利人，并告知其可以向有关部门投诉或者向人民法院提起诉讼。网络服务提供者在转送声明到达权利人后的合理期限内，未收到权利人已经投诉或者提起诉讼通知的，应当及时终止所采取的措施。第 1197 条：网络服务提供者知道或者应当知道网络用户利用其网络服务侵害他人民事权益，未采取必要措施的，与该网络用户承担连带责任。

化了网络服务提供者的类型并规定了相关的免责事由，[1] 但新型网络平台的出现，似乎无法准确归入某一具体类型的网络服务提供者，从而难以认定网络平台是否可以作为侵权主体。以我国"云计算第一案"为例，在"阿里云计算有限公司与北京乐某卓越科技有限公司侵害作品信息网络传播权纠纷案"[2] 中，原告《我叫MT》游戏所有者乐动卓越公司因某游戏公司在云服务器上运营了侵犯其信息网络传播权的游戏，以为侵权公司提供云计算服务的阿里云公司（以下简称阿里云）为被告，向北京市石景山区法院提起诉讼。一审法院认定阿里云构成侵权，而二审法院认定不构成侵权。一、二审法院判决结果的截然不同，关键点就在于对涉及云计算这类新型网络服务法律属性的认定。其一，相比起传统的网络服务，云计算提供给用户的访问服务更便捷，组成云计算的基础设施规模更宏大。因此作为云服务器的运营商，保护用户数据隐私对于其运营至关重要。诸如阿里云这样的云计算服务的运营商，要求其对每份不能准确表述侵权行为或难以定位侵权信息的通知主动进行联系核实，无疑将会增加其运营成本，激励其将大量资源投入法律风险的防范，阻碍云计算行业的发展。其二，云服务提供商为用户提供的服务包括网络接入、数据存储、信息定位，或将自身服务器中的信息资源提供给用户。因此云服务提供商一般是采用综合服务模式的新型网络服务提供商，可能是网络服务提供商、网络内容提供商或二者的综合体，因此在判断侵权责任时需要采用相应的侵权标准来认定。

（三）内容

1. 对著作权内容的影响。互联网数字技术的发展导致著作权固有权利含义

---

[1] 《信息网络传播权保护条例》第20条：网络服务提供者根据服务对象的指令提供网络自动接入服务，或者对服务对象提供的作品、表演、录音录像制品提供自动传输服务，并具备下列条件的，不承担赔偿责任：①未选择并且未改变所传输的作品、表演、录音录像制品；②向指定的服务对象提供该作品、表演、录音录像制品，并防止指定的服务对象以外的其他人获得。第21条：网络服务提供者为提高网络传输效率，自动存储从其他网络服务提供者获得的作品、表演、录音录像制品，根据技术安排自动向服务对象提供，并具备下列条件的，不承担赔偿责任：①未改变自动存储的作品、表演、录音录像制品；②不影响提供作品、表演、录音录像制品的原网络服务提供者掌握服务对象获取该作品、表演、录音录像制品的情况；③在原网络服务提供者修改、删除或者屏蔽该作品、表演、录音录像制品时，根据技术安排自动予以修改、删除或者屏蔽。第22条：网络服务提供者为服务对象提供信息存储空间，供服务对象通过信息网络向公众提供作品、表演、录音录像制品，并具备下列条件的，不承担赔偿责任：①明确标示该信息存储空间是为服务对象所提供，并公开网络服务提供者的名称、联系人、网络地址；②未改变服务对象所提供的作品、表演、录音录像制品；③不知道也没有合理的理由应当知道服务对象提供的作品、表演、录音录像制品侵权；④未从服务对象提供作品、表演、录音录像制品中直接获得经济利益；⑤在接到权利人的通知书后，根据本条例规定删除权利人认为侵权的作品、表演、录音录像制品。第23条：网络服务提供者为服务对象提供搜索或者链接服务，在接到权利人的通知书后，根据本条例规定断开与侵权的作品、表演、录音录像制品的链接的，不承担赔偿责任；但是，明知或者应知所链接的作品、表演、录音录像制品侵权的，应当承担共同侵权责任。

[2] 参见北京知识产权法院民事判决书，（2017）京73民终1194号。

的扩张。以复制权为例，数字技术诞生之前复制作品必然需要依托物质载体，复制的方式主要包括印刷、复印、拓印等。而数字技术产生使作品可以以二进制的形式存储于计算机中，并通过互联网在全球范围内传播，因而复制权的内涵也由最初仅仅依托物质载体的复制，扩展到数字环境下的复制。随着互联网技术的进一步发展，数字环境下的"临时复制"能否纳入复制权涵盖的范围又成为当前争论的焦点。临时复制是指通过存储器和缓存处理进行的暂时存储、短暂获得作品的临时复制行为。深层链接、云计算等技术的发展均离不开临时复制，如果将临时复制行为纳入复制权的范围内，那么相关企业开展技术发展与应用时，可能时刻存在侵犯他人著作权的风险，这也必将阻碍相关技术的发展。另一方面，如果对于临时复制不加限制，似乎又会损害著作权人的利益。因此，复制权是否包括临时复制，需要平衡著作权人和社会公众利益，相关的制度安排还需要进一步的研究。

互联网数字技术的发展使著作权产生了新的权利内容。为了适应数字技术网络对版权法带来的影响，我国《著作权法》2001 年修改时新增了信息网络传播权，即以有线或者无线方式向公众提供作品，使公众可以在其个人选定的时间和地点获得作品的权利。然而随着聚合平台的出现，对于信息网络传播权中"提供"的含义又产生新的争议。简单来说，聚合平台就是通过深层链接技术可以让用户绕过 Web 网站或者移动应用的首页直接访问其内容页，而深度链接行为只是提供"传输通道"，并没有将作品放至网络存储介质当中。因此关键的问题在于对信息网络传播权中"提供"的理解，如果"提供"仅仅指内容提供，那么聚合平台并未存储作品，其行为并未侵犯著作权人的信息网络传播权；如果"提供"包括服务提供行为，那么就受到了信息网络传播权的限制。司法实践中对此也是存在争议的，腾讯公司诉易联伟达案中，[1] 一审北京市海淀区人民法院采用"实质性替代标准"，即认为信息网络传播权中的提供包括服务提供行为。一审法院指出，在技术飞速发展的背景下，不能将"提供行为"仅限于"上传到网络服务器"一种行为方式，被告客观上发挥了在聚合平台上向用户"提供"视频内容的作用，产生了实质性替代效果，却未向权利人支付获取分销授权的成本支出，继而认为易联伟达公司侵害了腾讯公司的信息网络传播权。二审北京知识产权法院则采用了"服务器标准"，即认为信息网络传播权中的提供仅包括内容提供行为。二审法院指出信息网络传播行为是对作品的传输行为，该传输行为足以使用户获得作品。就本案所涉链接行为而言，链接行为的本质决定了无论是普通链接行为，还是深层链接行为，其均不涉及对作品任何数据形式的传输，而

---

〔1〕　参见北京知识产权法院民事判决书，（2016）京 73 民终 143 号。

仅仅提供了某一作品的网络地址。2020 年《著作权法》将广播权扩张修改为"以有线或者无线方式公开传播或者转播作品",与信息网络传播权一起形成了重构的传播权体系。同时,修改了广播组织权的内容,扩张转播禁止权为"将其播放的广播、电视以有线或者无线方式转播",并增加规定信息网络传播禁止权为"将其播放的广播、电视通过信息网络向公众传播"。增加规定了录音制作者的二次获酬权,"将录音制品用于有线或者无线公开传播,或者通过传送声音的技术设备向公众公开播送的,应当向录音制作者支付报酬"。在权利限制方面,修改后的《著作权法》在课堂教学合理使用中增加改编、播放方式;从盲人扩张到阅读障碍者合理使用,修改为"以阅读障碍者能够感知的无障碍方式向其提供已经发表的作品"为合理使用。

2. 对商标权内容的影响。互联网技术对商标权的影响主要体现在两方面。首先,网络环境下扩大了商标权的影响范围。商标权与著作权、专利权一样都具有地域性,商标的注册、授权、确权、禁止权、商标使用范围等方面都充分体现了地域性特征。但互联网的出现冲击了商标权的地域性特征,商标可以通过互联网在全世界进行传播,从而扩大了商标权人商品或者服务的影响范围。特别是跨境电商平台的出现,商标权人可以在全世界范围内宣传推广其品牌,相应地其商标也就能达到区分商品或来源的目的。另一方面,互联网数字技术的发展也使得商标权人很难控制其商标的使用范围。例如,商标权人意图在某个特定的区域内使用其商标,但是互联网导致这种地域性的突破,只要相关商品和商标信息上传到互联网,任何人都可以通过互联网获得和知悉,从而使商标权人难以有效控制其拥有的注册商标。这也使得商标被侵权的风险进一步加大,导致以注册制度为取得商标权依据的国家或地区商标抢注现象多发。如日本知名旅游吉祥物"熊本熊",因为"呆萌可爱"的形象,在互联网上被广泛传播。然而,当相关权利人打算进入中国市场时,才发现早在 2014 年 2 月,就有人申请并成功在第 18 类皮革皮具和第 25 类服装鞋帽类别注册了"熊本熊"商标,从而不得不改名为"酷MA 萌",因此互联网技术的发展,在促进信息传播的同时,也间接加剧了商标恶意抢注现象的发生。[1]

3. 对专利权内容的影响。互联网技术对专利权的影响体现在专利权通过标准的实施而导致的权利扩张。互联网重要的作用便是要实现信息的共享,实现信息共享的前提是各个主体都采取相同的"技术标准",只有这样才能促进互联互通,如果标准不统一,相互"不兼容",信息是无法畅通传播的。标准的公共性与专利的私利性是相互矛盾和抵制的。因此,标准中应当尽可能少地包含相关的

---

[1] 胡建兵:"用法律标尺厘清商标恶意抢注边界",载《中国商报》2018 年 11 月 16 日,第 2 版。

专利。但是，越来越多的科技企业认识到专利是其获取市场竞争优势的核心所在，所以纷纷通过专利申请来保护其技术研发的成果，最终导致高新技术成果几乎已经被专利权所覆盖。当标准化组织为提高生产效率，在某一新型领域制定技术标准时，不可避免地会涉及相关的专利，同时企业基于利益驱动也更愿意将其拥有的专利纳入技术标准。因此就产生为实施技术标准而必须使用的专利，即标准必要专利。专利纳入标准无疑能进一步扩大专利权人的影响力，其专利权的影响范围也随之扩大。专利权人也可以在短期内迅速占领相关市场并获得市场优势地位，因此有"三流企业卖苦力，二流企业卖产品，一流企业卖技术，超一流企业卖标准"〔1〕的说法。当专利一旦被纳入标准之中，大多数企业只能实施相应的标准并支付许可费率，很难再通过自身的发明创造，颠覆既有的标准。而标准必要专利权人基于其优势，过分加高许可费等滥用专利权的情况时有发生。近年来，国内外有关标准必要专利的诉讼案件也不断增多，其中以华为诉高通案最为典型，〔2〕法院最终认定高通公司利用标准必要专利，滥用市场支配地位，构成垄断。标准必要专利的相关法律法规的不完善，关于标准必要专利的披露义务、许可费率及禁令救济等方面的问题均有诸多争议。此外，《专利法》第四次修改将第 6 条第 1 款修改为："执行本单位的任务或者主要是利用本单位的物质技术条件所完成的发明创造为职务发明创造。职务发明创造申请专利的权利属于该单位，申请被批准后，该单位为专利权人。该单位可以依法处置其职务发明创造申请专利的权利和专利权，促进相关发明创造的实施和运用。"将第 16 条改为第 15 条，增加一款，作为第 2 款："国家鼓励被授予专利权的单位实行产权激励，采取股权、期权、分红等方式，使发明人或者设计人合理分享创新收益。"

三、互联网技术发展对知识产权法律制度的影响

（一）激励与限制

知识产权制度赋予权利人某些专有权利，以使得其有权按照自己的想法控制对其智慧成果的利用，激励创造者不断进行新的创造活动。另一方面又要通过相应的制度设计限制知识产权权利人的权利，以使得其他社会公众有机会接触到这些智慧成果，从而协调知识产权人利益与社会公众的利益，促进智慧成果的充分运用。互联网技术的发展打破了传统知识产权制度中激励机制与限制措施的平衡关系，立法、司法、执法以利益平衡为基本原则，在实践中不断探索新的规则，以实现网络环境下激励与限制的平衡关系。

立法方面，以 2009 年《中华人民共和国侵权责任法》（以下简称《侵权责

---

〔1〕 时建中、陈鸣："技术标准化过程中的利益平衡——兼论新经济下知识产权法与反垄断法的互动"，载《科技与法律》2008 年第 5 期。

〔2〕 参见广东省高级人民法院民事判决书，（2013）粤高法民三终字第 306 号。

任法》）修改为例，在第 36 条第 2 款[1]引入了网络服务提供者的"避风港"规则，这一规则在一定程度上免除了网络服务提供者对其平台内相关信息的事前审查义务。互联网中网络用户数以万计，发布的信息更是不计其数，如果要求网络用户提供者对这些信息均进行事前审查并判断是否侵犯他人的知识产权，显然赋予了网络服务提供者过重的责任，阻碍互联网行业的正常发展。当然"避风港"规则并非网络服务提供者推卸责任的万能钥匙，在第 36 条第 3 款同时规定了"红旗规则"，即侵权行为如同红旗一样显眼地存在于网络平台中，那么网络服务提供者就"应当"知道侵权行为存在，就有义务对相关信息进行审查，并采取必要的措施。2020 年通过的《民法典》第 1194～1197 条吸纳了《侵权责任法》第 36 条的上述规定，并就"避风港"规则进一步予以细化，对"红旗规则"进一步予以完善。因此，立法中制度设计一方面是激励网络服务提供者积极开拓业务，发展相关技术，另一方面也对其做相应的限制，给予其一定的义务。

《专利法》第四次修改第 42 条规定了发明专利期限补偿制度，即自发明专利申请日起满 4 年，且自实质审查请求之日起满 3 年后授予发明专利权的，专利权人可以就发明专利在授权过程中的不合理延迟请求补偿专利有效期，但由申请人引起的不合理延迟除外。为补偿新药上市审评审批占用时间，对在中国获得上市许可的新药发明专利，国务院专利行政部门可以应专利权人的请求给予期限补偿。补偿期限不超过 5 年，新药上市后总有效专利期限不超过 14 年。

司法方面，如北京易联伟达科技有限公司与深圳市腾讯计算机系统有限公司侵害作品信息网络传播权纠纷一案，[2]北京知识产权法院在二审判决的论证过程中指出，网络环境下的利益平衡要求平衡权利人、网络服务提供者和社会公众三者之间的利益关系，在保护著作权的同时，不能不适当地限制互联网产业的创新和发展，要使社会公众能够充分自由地享受公共信息资源。从利益平衡的角度分析，如果将实质性替代标准作为信息网络传播行为认定标准，很可能会使得网络服务提供者为规避侵权风险而选择不再提供相关服务，最终会给网络用户和互联网行业的整体发展带来负面影响。

执法方面，互联网技术的发展和应用对于我国整体的综合国力和经济实力都至关重要，为激励互联网企业的积极性，中央和各级政府也出台了一系列规范性文件来促进互联网产业的发展，如《中国制造 2025》《国务院关于积极推进"互

---

[1] 《侵权责任法》（已失效）第 36 条：网络用户、网络服务提供者利用网络侵害他人民事权益的，应当承担侵权责任。网络用户利用网络服务实施侵权行为的，被侵权人有权通知网络服务提供者采取删除、屏蔽、断开链接等必要措施。网络服务提供者接到通知后未及时采取必要措施的，对损害的扩大部分与该网络用户承担连带责任。网络服务提供者知道网络用户利用其网络服务侵害他人民事权益，未采取必要措施的，与该网络用户承担连带责任。

[2] 参见北京知识产权法院民事判决，（2016）京 73 民终 143 号。

联网+"行动的指导意见》和《促进新一代人工智能产业发展三年行动计划（2018-2020 年）》。当然，对于互联网中的知识产权侵权、不正当竞争行为，行政执法部门也采取有效的执法行动，对互联网企业的恶性竞争进行打击，一定程度上限制互联网行业的无序发展。

（二）共享与独占

互联网的产生无疑促进了信息的传播与共享，网络环境下任何作品都可以被轻松地数字化，公众可以不受地域、时间限制浏览相关作品，从而促进了信息的共享。但是，互联网的技术特性决定了其在促进信息分享便利性的同时，也会导致知识产权侵权的易发性。特别是在著作权领域，通过计算机和网络，任何人都可以对数字化作品进行低成本、高质量和无限次的复制，并将其传送给其他用户，或上传至网络供公众自由下载，由此造成了"1 人原创，99 人抄袭"的局面。知识产权制度的根本目的是通过赋予权利人对智力成果的独占权，从而激励公众创造更多的智慧成果，以此来促进人类社会的整体发展。因此，保护权利人的"独占"权利是实现信息"共享"的手段与前提。特别是在我国当前知识产权保护水平整体有待提高的背景下，构建"大保护、同保护、快保护、严保护"知识产权保护格局具有更重要的意义。

（三）竞争与监管

中国互联网技术的快速发展，造就了一大批互联网企业，正常的市场竞争行为无疑有助于整个产业的发展。然而由于法律的滞后性，在缺乏相应规则的情况下，互联网企业之间为了争抢市场份额，扩大市场规模，存在利用专利、商业秘密等知识产权互相打压的现象。如被称为中国互联网反不正当竞争第一案的"3Q 大战"，[1] 360 发布了其新开发的"隐私保护器"，专门搜集 QQ 软件是否侵犯用户隐私。随后，QQ 立即指出 360 浏览器涉嫌借黄色网站推广。2010 年 11 月 3 日，腾讯宣布在装有 360 软件的电脑上停止运行 QQ 软件，用户必须卸载360 软件才可登录 QQ，强迫用户"二选一"。再如中国互联网专利第一案的搜狗百度专利纠纷，[2] 2015 年 10 月和 11 月，搜狗基于其所拥有的输入法领域专利向北京知识产权法院发起了专利侵权之诉，指控百度旗下的"百度输入法"产品侵犯了其多项专利权，一审北京知产法院认定百度公司的侵权行为成立，被告百度公司应立即停止使用三项涉案专利，以及立即停止发行或通过任何方式向第三方提供使用涉案专利的"百度手机输入法"产品。二审北京高级人民法院认为一审判决查明事实虽有不当，但其认定结果正确，故对百度网讯公司的上诉请求不予支持。

─────────

〔1〕　参见最高人民法院民事判决书，（2013）民三终字第 5 号。

〔2〕　参见北京市高级人民法院民事判决书，（2018）京民终 498 号。

对于互联网中的恶意竞争行为，即便付诸诉讼，也面临着冗长的司法诉讼周期。对于瞬息万变的互联网行业而言，即便能"打得起"，也"拖不起"，因此司法途径难以及时制止互联网企业间的恶意竞争。行政监管相比于司法保护，能够主动出击、集中力量，可以花费较少的成本，在较短的时间里，高效规制相关的不正当竞争行为，从而保护相关企业及网络用户的正当利益。但是，我国目前的行政监管机制也存在一定的问题。一是目前我国的市场监管依旧是以事前监管为主，即通过事前准入为主要管理手段，事中事后监管手段缺失，难以适应互联网企业的快速发展。二是目前的行政监管多以"网剑行动"等专项执法活动为依托，[1] 打击不正当竞争行为，并没有形成长效监管机制。对于互联网的不正当监管，还需要以"互联网"的手段去监管，相关行政部门应当积极探索"互联网+市场监管"新模式，以"以网管网"的新思路，开展互联网领域的不正当监管行为。

第二节　网络法与知识产权法的关系

一、网络法作为独立法律部门的必要性

随着网络法的快速发展，网络法在法律体系中的地位和定位广受关注，尤其是网络法是否可以作为独立的法律部门而存在有较多争议。一部法律的调整范围往往决定着该部法律的基本理念、基本结构和基本内容。网络法是囊括网络应用涉及的法律问题的规范。[2] 随着网络法需求的共识和网络法的快速发展，法学领域开始关注网络法在相关法的体系中的地位、定位和坐标问题。立法体系是根据不同的制定机关和不同的法律规范效力而划分的不同法律规范性文件体系，是法律规范的文件表现形式。立法体系与法律体系是形式与内容的关系，法律体系是内容，立法体系是法的外部结构；立法体系表现为一种纵向关系，法律体系表现为横向关系。立法体系通常包括宪法、法律、行政法规、部门规章、地方政府规章等不同效力的规范性文件。从网络法的角度来说，网络法也是由不同的国家机关制定的网络法规范文件，同样适用于上述纵向立法体系内容的划分，因此，

---

〔1〕《市场监管总局、中央宣传部、工业和信息化部等关于印发 2020 网络市场监管专项行动（网剑行动）方案的通知》（国市监网监〔2020〕164 号）《市场监管总局等部门关于印发 2019 网络市场监管专项行动（网剑行动）方案的通知》（国市监网监〔2019〕118 号）、《市场监管总局等部门关于印发 2018 网络市场监管专项行动（网剑行动）方案的通知》（国市监市〔2018〕67 号）、《工商总局等部门关于印发 2017 网络市场监管专项行动方案的通知》（工商办字〔2017〕84 号）。

〔2〕 "Cyberlaw or Internet law is a term that encapsulates the legal issues related to use of the Internet"，载 https：//en. wikipedia. org/wiki/Main_Page. ，最后访问日期：2018 年 1 月 4 日。

网络法与传统立法体系并不冲突，完全可以融合。法学体系是由法学分支学科构成的具有内在有机联系的统一整体。现行法学体系有法律学、法理学、比较法学、法史学、外国法学等分支学科，法律学主要由宪法学、刑法学、行政法学、民商法学、经济法学、诉讼法学等传统部门法学构成。法学体系内部各分支学科的分类和维度多元化，标准灵活，既可以按照部门法划分学科，亦可依行业领域等划分学科；既可以是一级学科，也可以是二级、三级学科。因此，将网络法纳入法学体系，成为一个独立法学学科，亦没有争议。网络法除了和立法体系、法学体系的关系外，最重要的就是和法律体系的关系。法律体系是法理学中的基本概念。一般认为，法律体系不仅是一个国家的社会、经济、政治和文化等条件和要求的综合性法律表现，而且是一个国家主权的象征。[1] 按照 1984 年出版的《中国大百科全书》法学卷中的界定：法律体系是指"由一个国家的全部现行法律规范分类组合为不同的法律部门而形成的有机联系的统一整体"。[2] 即主流理论观点认为，法律体系由法律部门构成，法律部门由法律规范构成，分为三个层次。国家机关制定的现行有效的网络法，本身属于法律规范，故这些网络法也理所当然属于法律体系的一部分。既然法律体系由法律部门组成，网络法也属于法律体系所包含的内容，因此网络法也必然要与法律部门建立某种联系。而网络法与法律部门的关系则是网络法在与法律有关的体系中最受争议的事项。

随着网络法研究数量和研究成果的日渐增多，网络法基础研究也开始起步，并形成了一定的理论共识。网络法有其独立的规范内容（包括调整主体、调整客体和权利义务关系等）、有特殊的异于传统现实空间法律的属性，亦有需要遵循的法律基本原则。本书通过对这些网络法基础研究结果进行梳理，将直观展现网络法作为独立部门法的必要性。网络是无形的虚拟空间，看不见摸不着。在互联网空间中，可以隐藏自己的真实面貌、身份标志等自然体征来进行虚拟实践活动，这使得虚拟实践者有可能不遵守现实社会的伦理道德、社会准则甚至法律规范来相对自由地组织他们的网络生活。[3] 同时，网络又不是一个与现实无关的纯粹虚拟空间，现实空间和网络空间并行存在，且相互交叉。虚拟的网络空间由信息技术构建而成，在这个空间里发生的所有网络行为、网络活动均需要技术媒介，带有技术要素。网络的技术架构与规则架构是互联网赖以维系的两个重要支柱，前者塑造了网络的世界，后者则将网络改造为人类活动的规范与秩序的世

---

〔1〕　张文显主编：《法理学》，高等教育出版社、北京大学出版社 2007 年版，第 126 页。

〔2〕　中国大百科全书出版社编辑部、中国大百科全书总编辑委员会《法学》编辑委员会编：《中国大百科全书·法学》，中国大百科全书出版社 1984 年版，第 84 页。转引自张志铭："转型中国的法律体系建构"，载《中国法学》2009 年第 2 期。

〔3〕　白淑英："网络自由及其限制"，载《哈尔滨工业大学学报（社会科学版）》2014 年第 1 期。

界。摸不清网络技术的脉搏，也就搞不明网络法律规范的调整方向。网络空间的技术要素特性决定了在网络法中，除了调整网络社会关系的社会性法律规范外，如普通网络用户、网络平台管理者、公权力网络主体等之间的权利、义务以及职能和责任等法律规范，尚有大量调整网络空间自身组建、运行、秩序、安全的技术性法律规范。无论是相对独立的网络技术性法律规范，还是依托传统部门法、规制网络社会关系的法律制度都有着网络空间的特点，都有着多层次的调整对象。"将网络空间视为一个独立空间，就自然应该使用特定的法律。"[1] 如果不将网络法作为一个独立的法律部门进行构建，来自不同部门法领域的学者，各选一部分，对网络法这头大象的不同部位分别研究，势必会造成盲人摸象般割裂网络法的整体内容和结构，从而不利于网络法的发展。

　　无论内容，抑或形式，网络法相比传统部门法，都有一些独特的属性。正是这些特性构成了网络法作为独立部门法的必要性因素。其一，网络法的先天滞后性。网络空间之于现实空间的关系，特别是两个空间中的法律规则，在某种程度上颇有些类似于美国印第安人"保留地"法律和美国其他区域法律的关系：美国的一般法律往往只适用于普通地区和普通社会，印第安人"保留地"里有自己的生活规则和习惯法规则，两者虽有许许多多的交叉，但是各成体系，相安无事。网络成为信息时代新出现的法律意义上的"保留地"，问题是，当现实空间中的法律并不能完全适用于网络空间这一新的"保留地"时，"保留地"之内却没有自身成体系的法律规则，而是完全处于法律的真空地带。其二，网络法的短期时效性。网络技术发展太快，既会导致上述无法可依的情况，也容易导致有法过时的局面。很多网络法规范经过长时间酝酿、讨论和颁布生效后，仅仅维持很短时间，可能就会被修订或废除，即使不被修订或者废除，也会因与新的网络法理念、网络法价值存在冲突而事实上失效。其三，网络法渊源的多样性。以立法机关为中心、以行政部门为辅助的运作模式，是迄今为止中国法律体系构建上的一大技术特征。这样一种运作模式值得反思的问题主要存于两个相关的方面：一个是在原理上遮蔽法律的固有局限，对立法在法律体系形成上的作用期许过高；另一个是对其他社会生活主体尤其司法机关在法律体系构建中的作用缺乏必要的认识。这两个方面问题的结合，则使得法律体系无法形成自足自洽的弥散机制，因而也难以应对现代社会尤其是转型社会复杂迅猛的变化。[2]

　　上述网络法的三方面特性决定了，如果网络法不能作为独立的部门法，而仍沿用传统部门法的固有立法理念、裁判理念，必将造成我国互联网领域立法松

────────────

〔1〕　David R. Johnson & David Post, "Law and Borders: The Rise of Law in Cyberspace", Standford Law Review, Vol. 48, Issue. 5. , 1996, p. 1379.

〔2〕　张志铭："转型中国的法律体系建构"，载《中国法学》2009 年第 2 期。

散、混乱，也将难以进一步了解和研究网络法的独有特性，难以进行法律观念的转型，从而会阻碍网络法以及整个网络技术的发展。

将网络法作为独立的部门法，有助于法官、律师及其他法律从业者宏观把握网络法的体系，在面对散布于各单行法中的规定不一致的规则或是现行法律法规没有进行规定的问题时，应该受到立法者所宣告的价值标准约束，[1] 能够准确适用现有法律规则和法律原则，消除法律适用中可能出现的矛盾与冲突。将网络法作为独立的法律部门进行构建，无论从理论层面，还是实践层面，都具有非常重要的价值。将网络法作为独立的部门法，有助于正视网络法在我国法律体系中的重要地位，有利于网络法的理论基础研究，夯实网络法法理理念，从而为散见于各传统部门法的网络规范提供一个统一的学理根据，并在丰富的基础理论研究成果基础上，构建一个统一的、全面的网络法体系。实际上，经过前期的理论积累和立法实践，互联网领域的法律作为一个独立的部门法，条件已经成熟。网络法的发展离不开其他学科的支持，比如政治学、经济学、新闻传播学、计算机网络与信息管理学等。只有不同研究领域进行专深的融会贯通，才可能取得大的突破和实质性进展。[2] 网络法作为独立的法律部门，便于将网络规范各领域、各条块整合起来，与非法学领域专家进行广泛的合作与深层次沟通。

二、网络环境下知识产权法与网络法的融合

我国目前并没有将网络法作为一个独立的部门法，涉及网络法的相关内容均融入到了知识产权规范性文件之中。因此知识产权法与网络法的融合体现在历次法律修改过程中，以及最高法发布的一系列司法解释和政府部门颁布的新增规章之中。

著作权法领域的立法。我国《著作权法》2001 年第一次修订时，为了适应数字技术网络对版权法带来的影响，新增了信息网络传播权，同时规定表演者、录音录像制作者等邻接权人也享有此项权利。2001 年国务院颁布了《计算机软件保护条例》，并于 2011 年和 2013 年两次进行了修改，对计算机程序的含义进行了界定，规定了计算机软件著作权的具体内容及权利归属等诸多内容。2006年国务院出台了《信息网络传播权保护条例》，并于 2013 年进行了第二次修订。该条例对网络服务提供者的种类进行了界定，并引入了"避风港"规则。2020年最高人民法院"修改"《最高人民法院关于审理侵害信息网络传播权民事纠纷案件适用法律若干问题的规定》（已修正，以下简称《信息网络传播权司法解释》），依旧对网页快照、缩略图等侵权问题进行了规定。2020 年修改的《著作权法》第 49、50、51 条增加了有关技术措施和权利管理信息的规定，将技术措

---

〔1〕 ［美］卡多佐：《司法过程的性质及法律的成长》，张维编译，北京出版社 2012 年版，第 142 页。
〔2〕 周庆山："论网络法律体系的整体建构"，载《河北法学》2014 年第 8 期。

施新增为一种保护著作权的重要手段。

商标法领域的立法。2002 年最高人民法院发布了《最高人民法院关于审理商标民事纠纷案件适用法律若干问题的解释》（已修正），规定将与他人注册商标相同或者相近似的文字注册为域名，并且通过该域名进行相关商品交易的电子商务，容易使相关公众产生误认的，视为侵犯他人商标专用权的行为。声音标识在网络环境下易传播的特点，使其更具有显著性，2013 年《商标法》修改，首次将声音商标作为保护的对象。此外地方法院也颁布了一些内部规范性文件，虽然不具有普遍效力，但也是针对网络环境下商标权问题的积极探索。2006 年北京市高级人民法院印发的《北京市高级人民法院关于审理商标民事纠纷案件若干问题的解答》中规定，通过网络使用商标，使相关公众对商标、商标所标示的商品及商品提供者有所认识的，视为商标使用行为。2016 年北京市高级人民法院印发的《北京市高级人民法院关于涉及网络知识产权案件的审理指南》对平台服务商商标侵权责任的认定作了详细规定。

专利法领域的立法。相比而言，专利法受到数字网络技术的影响较小，目前相关的规定主要集中在国家知识产权局制定的《专利审查指南（2020）》中。该指南在第九章规定了涉及计算机程序的发明专利申请审查的相关问题。在第三章新颖性的认定中，将出版物的范围扩大至存在于互联网或其他在线数据库中的资料。此外，部分法院也出台了一些内部规定，如北京市高级人民法院发布的《专利侵权判定指南（2017）》，其中规定通过在网络或者在展销会上展出等方式作出销售侵犯他人专利权产品的意思表示的，可以认定为许诺销售。《专利法》第四次修改第 69 条明确了行政机关在调处专利侵权纠纷时具有调查取证的权力。法定赔偿数额的上下限分别提高到 500 万元和 3 万元；并引入了惩罚性赔偿制度。

除此之外，《中华人民共和国反不正当竞争法》（以下简称《反不正当竞争法》）、《中华人民共和国电子商务法》（以下简称《电子商务法》）中也均有涉及网络环境下知识产权立法的相关问题。

第三节 网络环境下知识产权法的治理和完善

一、网络环境下知识产权治理体系

（一）知识产权治理体系的含义

2013 年 11 月，十八届三中全会通过《中共中央关于全面深化改革若干重大问题的决定》，其中提出："推进国家治理体系和治理能力现代化"。2013 年 12

月，十八届三中全会二次会议上，习近平总书记发表了《切实把思想统一到党的十八届三中全会精神上来》的讲话，首次界定了"国家治理体系"的基本概念。"国家治理体系和治理能力是一个国家制度和制度执行能力的集中体现。国家治理体系是在党领导下管理国家的制度体系，包括经济、政治、文化、社会、生态文明和党的建设等各领域体制机制、法律法规安排，也就是一整套紧密相连、相互协调的国家制度。""国家治理体系现代化"是党对国家职能转变认识的重大变化，标志着党治理国家理念的丰富和发展，为未来中国发展指明了方向，也为知识产权发展指明了新方向。2015 年国务院印发的《国务院关于新形势下加快知识产权强国建设的若干意见》中提出："到 2020 年……基本实现知识产权治理体系和治理能力现代化。"这是应对新一轮科技革命和产业变革，建设知识产权强国的迫切需要。由此，对于"知识产权治理体系"的概念即可通过"国家治理体系现代化"的概念来进行展开解释。"知识产权治理体系"应解释为"在党领导下的国家知识产权行政部门治理知识产权的制度体系，包括在专利、商标、版权、集成电路布图设计、植物新品种、地理标志等领域的体制机制、法律法规的安排，是一套紧密相连、相互协调的知识产权制度体系，是我国知识产权制度的集中体现。"

（二）网络环境下知识产权治理体系面临的挑战与完善

1. 网络环境下知识产权治理体系面临的挑战。网络环境下的知识产权治理体系，即国家知识产权行政部门如何应对知识产权制度在网络环境下面临的新问题。上文已述互联网技术对知识产权法律关系客体、主体、内容方面产生的影响，而这些影响最终又会导致我国当前知识产权行政管理、执法也面临诸多问题。

（1）知识产权行政机构不健全。根据《国务院机构改革方案》的相关要求，重新组建后的国家知识产权局负责商标、专利、原产地地理标志的注册登记和行政裁决等工作，并由国家市场监督管理总局管理。目前中央层面的改革已经基本完成，但是地方层面的机构改革有待进一步推动。知识产权执法工作专业性强，尤其是专利执法即将下放到县区级，而基层专利执法力量十分欠缺，需要进一步健全机构设置与人员配置。同时，相关部门在职责分工上有待进一步明确。

（2）知识产权行政执法机制不畅通。网络环境下的知识产权执法面对的是一个统一的大市场，侵权行为的跨区域性很强。以电子商务为例，侵权产品的发货地、仓储地、收货地、电子商务平台所在地，可能均不是同一地点。目前，国家层面虽然有"全国打击侵犯知识产权和制售假冒伪劣商品工作领导小组办公室"统一组织和协调全国范围的知识产权保护工作，但地方层面，跨区域执法协作仍然匮乏，查处和遏制大规模的群体侵权等案件仍然十分困难。

（3）知识产权行政执法流程不完善。知识产权的行政执法涉及立案管辖、调查取证、通知送达等诸多流程。网络环境中知识产权侵权已超越传统的地域限制，侵权证据均以电子化形式存在，侵权主体数量多且难以确定。目前部分地方行政机关同网络平台共同构建了信息化监管平台，对于网络环境下的知识产权行政执法取得了良好的效果。但是依旧存在一些问题：一是各个信息化平台不连通，目前多个地方均在构建信息化处置平台，但是平台间的信息不共享，仅局限于本部门、本机关的使用。二是网络平台与行政机关的定位有待进一步明晰，网络平台需要承担什么样的责任也需要进一步细化。

（4）知识产权行政执法标准不清晰。面对网络环境下新型的知识产权侵权行为，行政执法机关经常面临"这种行为是否构成侵权"的疑问，核心原因在于侵权判定标准的不一。同时受制于依法行政的要求，在执法标准不明确的情况下所作出的行政处罚可能会被行政复议和行政诉讼推翻，长此以往，不仅损害行政执法的权威性，也极大削弱了具体执法人员的办案热情。

2. 网络环境下知识产权治理体系面临的完善。需要从以下几方面进一步完善网络环境下知识产权治理体系。

（1）健全知识产权行政队伍。知识产权的行政执法归根结底还需要人来干，因此健全行政管理、执法队伍是完善知识产权治理体系的根本与保障。地方应当进一步落实机构改革的相关要求，形成机构设置合理、人员配备充分的队伍。同时对于专利等专业性较强的领域，可以积极加强同科研院校等第三方机构合作，也可以参考司法实践中技术调查官等制度，引入专业人才参与行政执法。最后，不同区域和不同层级的行政机关，应当逐步构建协作机制，对跨地区、跨行业的知识产权侵权行为能够有力地进行打击。

（2）完善知识产权执法流程。通过构建全国统一的信息化平台，目前各地探索的知识产权信息化管理、执法平台处于"各自为营"的状态，待时机成熟时，应当建立全国统一的信息化管理、执法平台，同时连接国家企业信用信息公示系统等相关平台，促进信息共享。网络知识产权侵权渠道多、侵权成本低，因此侵权案件数量庞大，但是其中大多数都属于处罚万元以下的小型案件，对于这些案件的行政执法，取证、送达等均可以通过线上完成，线上结案，当然，这需要制定整体的执法流程，形成权利人和执法人员双方均可预期的执法模式。对于重特大案件，线上发现线索，再转为线下办理，形成典例。

（3）明确知识产权执法标准。采用"典例推广+建章立规"的方式进一步明确执法标准。日前，国家知识产权局印发《关于知识产权行政执法案例指导工作的规定（试行）》，在全国范围内开展知识产权行政执法案例指导工作。行政执法案例指导制度是行政执法领域借鉴司法案例指导制度，结合经验理性的产物。

案例指导制度的本质就在于确立规则，而这些规则对于将来的行政执法会起到一些作用，从而达到规范行政执法或者优化行政执法的目的。同一个产业内部在发展初期呈现出的问题往往具有一致性，其执法上的难点和问题也常常带有类似的特点，在形成批量的指导案例之后，可以总结共性问题，以部门规章或者工作指引的形式，形成规范性文件，进一步明确执法标准。同时这些规范性文件的效力层级低于法律，修订也更具灵活性，可以针对新问题、新情况作出及时调整。

二、网络环境下知识产权法完善路径

中华人民共和国成立初期，面对落后的文化和科技水平，我国颁布了一系列与知识产权相关的单行法规和条例。[1] 改革开放后，经济发展和社会文化繁荣进步，现实情况对知识产权保护提出了更高的要求，我国陆续颁布了《商标法》《专利法》《著作权法》等知识产权法律法规。随着时代发展，跨国际的文化贸易和文化交流增加，我国先后加入了多个有关知识产权的国际公约，更加积极地参与到知识产权国际保护中。近些年为了适应时代变迁，知识产权法律都进行了相应的修改。[2] 可见，知识产权法律本身的变化与特定时代背景下的经济、文化特点密不可分，这些现实社会的需求变化对法律提出了要求，而法律的变化调整也会反作用于实践。

针对法律空白填补立法缺漏。互联网技术的发展给法律体系提出了许多棘手的问题，例如新的大众传播方式下权利的归属问题、人工智能生成物是否具有作品属性、纯粹算法的可专利问题、数据及网络虚拟财产的法律属性问题等。出现上述疑惑的原因是法律天然所具有的滞后性。从立法者角度出发，法律无法设想并穷尽所有的可能性，而只能从一般规则出发对普遍情况加以规定。而当旧有的规则面对互联网技术发展下涌现出的新型客体及多主体参与等问题，无法通过解释论方法进行解决时，就需要及时通过立法填补法律空白。如针对知识产权客体不断扩张的问题，应当从立法规则的完善切入，适应互联网经济的发展现状，适当扩宽著作权法上的作品类型，调整可以授予专利权的客体类型。

针对法律模糊释明法律规定。除了立法空白，目前还存在一类问题是由于法

---

〔1〕　1950 年政务院出版总署第一届全国出版会议通过了《关于改进和发展出版工作的决议》，政务院第四十三次政务会议批准了《商标注册暂行条例》，政务院第四十五次政务会议批准《保障发明权与专利权暂行条例》。1953 年出版总署又发布《关于纠正任意翻印图书现象的规定》。1963 年，国务院废止了《保障发明权与专利权暂行条例》，代之以《中华人民共和国发明奖励条例》。同年，第二届全国人大常委会批准《商标管理条例》的同时废止了《商标注册暂行条例》。

〔2〕　《著作权法》2001 年第一次修正，2010 年第二次修正，2020 年第三次修正；《专利法》1992 年第一次修正，2000 年第二次修正，2008 年第三次修正，2020 年第四次修正；《商标法》1993 年第一次修正，2001 年第二次修正，2013 年第三次修正，2019 年第四次修正。目前，《著作权法》第三次修正、《专利法》第四次修正工作已完成。

律规定的模糊不清导致的，如网络技术发展下知识产权的权利边界问题。针对这类问题，立法虽有涉及但需要从解释论角度重新释明内涵，才能在实践中更好地适用。以知识产权权利边界问题为例，知识产权制度从诞生之初，就与公共利益是一个天平的两端。盖因人类文明的进步和文化的繁荣总是以前人的成果为基础，新创造出来的智力成果最终也会回归社会，为后人铺垫进步的阶梯。从本质上说，智力成果属于人类文明，带有公共利益的属性。但是，智力成果的创作需要投入智力和脑力，投入和产出收益的对比并不直观，如果没有知识产权制度赋予创作人一定时期有限垄断的私权，则无法鼓励更多的力量投入到创作中。这一过程也符合科斯的产权理论，是用产权制度的保障作用来刺激智力创作。但是私权要求他人不得干预，与公共利益天然具有矛盾，如何平衡这两端就成为难题。传统知识产权的制度设计便是在两者之间寻求平衡，新技术产生便会冲击固有的平衡状态，而旧有的法律体系无法及时作出应对，从而导致权利边界的模糊性，这使权利本身处于不明确的状况，也给司法过程带去不确定性。因此需要在立法上对权利内涵进行进一步的明确。

针对法律适用需要科学解释。法律适用中的科学解释是以依法解释为前提的。在我国，凡关于法律、法令条文本身需要进一步明确界限或作补充规定的，由全国人民代表大会常务委员会进行解释或用法令加以规定。凡属于法院审判工作中具体应用法律、法令的问题，由最高人民法院进行解释。凡属于检察院检察工作中具体应用法律、法令的问题，由最高人民检察院进行解释。最高人民法院和最高人民检察院的解释如果有原则性的分歧，报请全国人民代表大会常务委员会解释或决定。不属于审判和检察工作中的其他法律、法令如何具体应用的问题，由国务院及主管部门进行解释。而凡属于地方性法规条文本身需要进一步明确界限或作补充规定的，由制定法规的省、自治区、直辖市人民代表大会常务委员会进行解释或作出规定。凡属于地方性法规如何具体应用的问题，由省、自治区、直辖市人民政府主管部门进行解释。网络环境下知识产权法律制度在适用过程中，由于适用范围、适用对象到适用过程又有其特殊性，故依法解释和科学解释也是正确实施知识产权法律法规的重要环节。

针对法律发展提升科学研究。法学是有其发展规律的，它作为一门学问是有内在逻辑的。因此，在网络环境下，我们研究网络环境下知识产权法律制度的发展，就应该从信息时代的逻辑角度出发，跟随着科学技术的发展进行科学研究。不仅要研究探索互联网对知识产权法律制度的影响，也要探索当下互联网对知识产权法律制度提出的问题与挑战，更要摸索互联网对未来知识产权法律制度赋予的使命和任务。

第二章

网络知识产权立法

网络技术的出现与发展，极大地改变了信息复制与传播的方式，对知识产权的创造、运用、管理与保护都提出了巨大挑战。网络技术的发展对知识产权客体范围提出了挑战，也对知识产权的专有性、地域性提出了挑战，网络领域内侵犯知识产权的案件数量不断攀升。进入互联网时代，各项立法都在不断调整，以适应网络技术发展的需求，进一步加强与完善网络知识产权立法，明确网络知识产权立法的基本原则与重要内容，能够使网络知识产权行政、司法保护有法可依，促进网络知识产权法律体系不断完善，为互联网产业健康、有序发展提供法律保障。

第一节 网络知识产权立法基本情况

法律是调整社会生活中人们的各种关系和行为的社会规范，通过规定人们的权利和义务来指引人们的行为。[1] 传统知识产权保护方面，我国构建了以《著作权法》《商标法》《专利法》及相关实施条例为核心的法律保护体系，并通过司法解释及行政立法，不断完善传统知识产权的法律保护。网络知识产权保护同样需要法律的调节与规范。对现有网络知识产权立法状况进行梳理，有助于了解网络知识产权发展现状，为下一步网络知识产权立法的发展与完善提供基础，为信息网络产业发展保驾护航。

一、网络知识产权立法相关政策意见

互联网产业的发展离不开法律的保驾护航，党和国家领导人高度重视网络知识产权保护，在国家各项会议中均发表重要意见，作出重要指示，网络知识产权保护相关内容也不断出现在国家各项战略规划中。

---

〔1〕 张文显主编：《法理学》，高等教育出版社、北京大学出版社 2007 年版，第 75 页。

（一）国家网络知识产权立法相关会议精神

国家有关互联网与知识产权相关的会议就网络知识产权发展提出了战略性的发展方向，为进一步加强与完善网络知识产权立法提供了指引。

就互联网治理与发展而言，2014年2月，中央网络安全和信息化领导小组第一次会议上，习近平指出"国内互联网发展瓶颈仍然较为突出"，提出要"努力把我国建设成为网络强国"。2017年，党的十九大报告重申网络强国建设，并提出要加强网络综合治理体系。2018年3月，党和国家机构改革揭开了国家网信事业的新篇章。2018年4月，全国网络安全和信息化工作会议指出，要"提高网络综合治理能力"。国家相关会议精神均要求建设网络强国，加强网络综合治理体系，网络立法是其中重要一环，知识产权亦属于网络立法的重要内容。

就知识产权保护而言，2016年4月，网络安全和信息化工作座谈会，习近平强调要"加大知识产权保护力度，提高侵权代价和违法成本，震慑违法侵权行为"。2017年7月，中央财经领导小组第十六次会议，习近平强调要"完善知识产权保护相关法律法规"，"加快新兴领域和业态知识产权保护制度建设"，"加大知识产权侵权违法行为惩治力度"。2018年博鳌亚洲论坛、首届中国国际进出口博览会，习近平提出要"加强知识产权保护"，"引入惩罚性赔偿制度，显著提高违法成本"。2020年11月30日，在中央政治局第二十五次集体学习时，习近平强调要"全面加强知识产权保护工作，激发创新活力推动构建新发展格局"。由此可见，知识产权保护的发展趋势是加大知识产权保护力度，加大知识产权侵权违法行为惩治力度。在互联网领域，即是加强网络知识产权立法，加大网络知识产权保护力度。

（二）国家网络知识产权立法相关战略政策

互联网快速发展引发的知识产权问题早就引起国家领导人及相关主管部门重视，近年来在各项互联网及知识产权相关战略政策中，均提出加强互联网相关的知识产权立法，尤其是大数据、电子商务等具体领域的立法工作。梳理国家互联网及知识产权相关战略政策，明晰有关网络知识产权立法的要求。

早在2008年国务院发布的《国家知识产权战略纲要》中就提出，要有效应对互联网等新技术发展带来的挑战，"妥善处理保护版权与保障信息传播的关系"；同时提出要"扶持……计算机软件、信息网络等版权相关产业发展"。但《国家知识产权战略纲要》将有关网络知识产权相关内容局限于"版权"内容与框架之下。

2015年7月，国务院发布《国务院关于积极推进"互联网+"行动的指导意见》，提出"强化知识产权战略"，在"加强网络知识产权和专利执法维权工作"的同时，要"增强全社会对网络知识产权的保护意识，推动建立'互联网+'知识产权保护联盟，加大对新业态、新模式等创新成果的保护力度"。

同年 12 月，国务院发布《国务院关于新形势下加快知识产权强国建设的若干意见》，提出要"加强新业态新领域创新成果的知识产权保护"，尤其提出要"加强互联网、电子商务、大数据等领域的知识产权保护规则研究，推动完善相关法律法规"。

2016 年，国务院印发《"十三五"国家知识产权保护和运用规划》，进一步提出要"加强新领域新业态知识产权保护"，包括"加大宽带移动互联网、云计算、物联网、大数据、高性能计算、移动智能终端等领域的知识产权保护力度"，"强化在线监测，深入开展打击网络侵权假冒行为专项行动"，"加强对网络服务商传播影视剧、广播电视节目、音乐、文学、新闻、软件、游戏等监督管理工作"。将网络知识产权保护作为"十三五"时期知识产权保护的重要内容之一。2019 年，中共中央办公厅、国务院办公厅印发《关于强化知识产权保护的意见》，提出要"完善新业态新领域保护制度""研究加强体育赛事转播知识产权保护""研究建立跨境电商知识产权保护规则"等，进一步提出要加强网络环境下的知识产权保护立法。

国家知识产权及互联网相关的战略政策及时关注了互联网发展对知识产权带来的挑战，并提出要完善网络知识产权相关的法律法规，加强网络知识产权保护，为网络知识产权立法的完善提供了指引与导向。

二、网络知识产权立法总体情况

在深入实施国家知识产权战略，建设知识产权强国过程中，针对网络环境下知识产权保护的新特点，立法、司法、行政等相关部门均进行了有益的探索。制度建设方面，网络知识产权相关的法律、法规、司法解释等不断发布与完善；行政保护方面，打击网络侵权盗版专项治理"剑网行动"等举措不断加强网络治理，净化网络环境；司法保护方面，知识产权专门法院与互联网法院成立，探索网络知识产权的司法审判方式；行业保护方面，相关行业企业加强自律管理，承担网络知识产权保护相关责任。在网络知识产权立法、行政、司法、行业保护共同探索努力的背景下，立法及相关制度的完善是其他保护途径的基础，能够为加强网络知识产权保护、促进信息网络产业的有序发展提供基础保障。

（一）网络知识产权立法概述

近年来，网络知识产权立法得到了各界关注，我国制定了大量有关网络知识产权的法律、法规、部门规章、司法解释等，从法律位阶的各个层面对网络著作权、专利、商标、不正当竞争等问题进行规制。相关立法主体涉及全国人大及其常委会、国务院、国家知识产权局、工业和信息化部等多个部门。多阶层多部门的立法特点反映出网络知识产权保护的复杂性。

我国互联网立法大致可以分为三个阶段，第一阶段为 1998 年前，互联网处于起步阶段，法律法规总体数量少，缺乏系统性；第二阶段为 2005 年前，我国开始逐步建立互联网内容管理制度；第三阶段为 2005 年之后，我国在新闻出版、信息网络传播等多个领域出台专项法规，初步建立互联网法律体系。[1] 就网络知识产权立法而言，其整体进程要晚于上述互联网立法阶段，最早探索网络知识产权法律保护的为司法解释，如 2001 年 7 月 17 日左右最高人民法院发布的《关于审理涉及计算机网络域名民事纠纷案件适用法律若干问题的解释》（已修正）；2005 年~2006 年为网络知识产权立法的初始发展阶段，有了《互联网著作权行政保护办法》《信息网络传播权保护条例》（已修订）等法规规章。2010 年之后，互联网进入高速发展阶段，电子商务等兴起与普及，网络知识产权相关规定大量涌现，原有网络知识产权相关的法规规章也不断修订完善。

目前有关网络知识产权的立法主要体现在三类法律中，即传统的综合性立法、知识产权专门性立法及特定领域的综合性立法。有关知识产权的综合性立法主要体现在《民法典》总则编《中华人民共和国刑法》（以下简称《刑法》）《民法典》侵权责任编之中。有关知识产权的专门性立法主要是《著作权法》《商标法》《专利法》《反不正当竞争法》及相关实施条例等。除综合性法律及知识产权专门立法外，近年通过的《中华人民共和国网络安全法》（以下简称《网络安全法》），《中华人民共和国数据安全法》（以下简称《数据安全法》）及《电子商务法》也值得我们关注。《网络安全法》主要为了加强网络监督，保障网络安全，其中有关个人信息保护相关内容值得引起注意。《数据安全法》是我国首部有关数据安全的专门法律，主要目的在于加强数据与信息安全保护，其要加强数据本身的安全性。《电子商务法》是规范电子商务领域各种行为的综合性立法，其中特别规定了电子商务领域知识产权相关问题，在下文中将进行详述。

（二）网络知识产权相关法律

网络技术的发展产生了诸多新问题，对知识产权法律体系乃至整个法律体系提出了挑战，国家立法机关也根据现实问题与实际需求，不断修改现有法律或颁布新的法律，以应对网络技术发展带来的挑战。

1.《民法典》总则编。《民法典》总则编于 2017 年 3 月 15 日以《民法总则》的形式先行制定出来，第五章"民事权利"就民事权利类型进行了列举，其中，第 111 条规定了个人信息受法律保护，第 123 条规定了民事主体享有的知识产权类型，第 127 条规定"法律对数据、网络虚拟财产的保护有规定的，依照其规定"。

---

[1] 谢永江、纪凡凯："论我国互联网管理立法的完善"，载《国家行政学院学报》2010 年第 5 期。

个人信息是基本的民事权利，在网络环境下加强对其保护尤为重要。《民法典》明确个人信息属于民事权利，《网络安全法》则明确规定了网络中个人信息保护的具体法律制度。

在知识产权保护客体的制定与讨论中，一次审议稿曾将"数据信息"纳入知识产权客体范围，之后审议稿及发布施行的《民法典》均在知识产权客体中取消"数据信息"而作专条规定。有关数据信息能否作为知识产权客体值得探讨，我们认为数据信息不适宜纳入知识产权客体范围。其一，数据信息概念不确定；其二，部分数据信息可获得相应知识产权保护，如符合独创性要求的数据库可获得著作权保护、未公开数据信息可获得商业秘密保护；其三，部分数据信息与个人隐私、个人信息相关，并非知识产权问题；其四，基于利益平衡原则，将其纳入知识产权客体范围会对我国公民和单位对数据信息的合法需求，乃至对我国大数据产业发展带来不利的影响。[1] 虽然数据信息目前不宜纳入知识产权客体范围，但对数据信息的知识产权保护与其他法律保护值得深入研究。

上文提到的数据信息规定在《民法典》第127条，该条同时将网络虚拟财产列为民事权利客体，对其保护参照相关规定。有关网络虚拟财产的法律属性，学界有不同看法，目前有物权说、债权说、知识产权说、独立权利说等。就网络虚拟财产能否成为知识产权客体而言，我们持否定观点，目前有关知识产权客体的类型均可设立具体的知识产权，而网络虚拟财产是网络环境下产生的一种数字化的、非物化的财产形式，其本身并非智力成果，纳入知识产权客体范畴体系稍显牵强。就网络虚拟财产应以物权、债权亦或独立权利加以保护，有待学术界、司法界等进一步研讨分析确认，从而建构有利于网络虚拟财产保护的法律制度。

2.《刑法》。《刑法》第三章第七节规定了侵犯知识产权罪，包括了八个具体罪名，[2] 大致可分为四类，即侵犯著作权罪、侵犯商标权罪、侵权专利权罪及侵犯商业秘密罪，其中侵犯商标权罪涉及条款最多，主要保护注册商标专用权。侵犯著作权罪主要制裁"以营利为目的"的复制、发行行为及制作、出售假冒他人署名美术作品的行为。[3] 侵犯专利罪主要规制假冒他人专利的行为。侵犯商业秘密罪与修订前《反不正当竞争法》规定的内容相同，即包括了商业秘密侵权的全部行为。

除上述八种侵犯知识产权罪，对知识产权的刑法保护还可以通过一般罪名加

---

〔1〕 冯晓青：《〈民法总则〉'知识产权条款'的评析与展望》，载《法学评论》2017年第4期。

〔2〕《刑法》第213、214、215、216、217、218、219条：假冒注册商标罪、销售假冒注册商标的商品罪、非法制造、销售非法制造的注册商标标识罪、假冒专利罪、侵犯著作权罪、销售侵权复制品罪、侵犯商业秘密罪、为境外窃取、刺探、收买、非法提供商业秘密罪。

〔3〕《刑法》第217条。

以规制。如生产、销售伪劣商品罪、非法经营罪及计算机犯罪等。

《刑法》上述侵犯知识产权罪并不包括网络环境下的知识产权犯罪，在此背景下，2004 年发布的《最高人民法院、最高人民检察院关于办理侵犯知识产权刑事案件具体应用法律若干问题的解释》第 11 条将通过信息网络传播作品行为定性为"复制发行"。随着信息网络技术的发展，网络犯罪形式不断多样化，2015 年《中华人民共和国刑法修正案（九）》（以下简称《刑法修正案（九）》）增加了多条有关网络犯罪的规定，其中与网络知识产权犯罪相关的主要体现为拒不履行信息网络安全管理义务罪和帮助信息网络犯罪活动罪。[1]《刑法修正案（九）》中有关网络知识产权犯罪的规定，是通过"共犯行为正犯化"的方式进一步规制知识产权犯罪。[2] 2020 年 9 月 12 日，最高人民法院、最高人民检察院发布《最高人民法院、最高人民检察院关于办理侵犯知识产权刑事案件具体应用法律若干问题的解释（三）》，就侵犯商标权罪、侵犯商业秘密罪以及从重、从轻处罚情节进行了解释，并未就网络知识产权犯罪问题进行特别说明。

3. 《民法典》侵权责任编。《民法典》侵权责任编第 1195、1196 条规定了"避风港"规则（"通知—删除"规则），是互联网领域认定网络服务提供者侵权责任的重要依据。"避风港"规则最早由美国《数字千年版权法》（Digital Millennium Copyright Act，以下简称 DMCA）确定，主要运用于网络著作权侵权领域。在我国相关制度构建中，首先在网络著作权领域确立该规则，而后《侵权责任法》第 36 条将"通知—删除"规则扩展为网络侵权的一般规则。[3]

就网络服务提供者法律责任而言，该条规定了两种情形，一种是网络服务提供者接到被侵权人"通知后"要及时采取删除、屏蔽、断开链接等必要措施，否则就损害扩大部分与网络用户承担连带责任；另一种是网络服务提供者"知道"网络用户利用其网络服务侵害他人合法权益的，未采取必要措施，需承担连带责任。实际上上述两种情形，可总结为"避风港"规则与"红旗规则"。所谓"避风港"规则即为"通知—删除"规则，"红旗规则"指当网络用户的侵权行为像红旗一样招展，网络服务提供者不能以其不知侵权行为存在为理由，若其未采取必要措施，仍要承担连带责任。"红旗规则"是比"避风港规则"更为严格的要求。

《民法典》侵权责任编在吸纳《侵权责任法》第 36 条的基础上进一步细化了"通知—删除"规则，第 1195 条规定了侵权通知的主要内容（第 1 款）、通

---

〔1〕《刑法修正案（九）》第 28、29 条。

〔2〕 程莹、孟文玲："网络文化视域下知识产权的刑法保护"，载《学术探索》2018 年第 7 期。

〔3〕 刘晓春："《电子商务法》知识产权通知删除制度的反思与完善"，载《中国社会科学院研究生院学报》2019 年第 2 期。

知转送与必要措施的采取（第 2 款）以及错误通知时的责任承担（第 3 款），第 1196 条规定了反通知（第 1 款）及其转送（第 2 款）。第 1197 条则对"红旗规则"予以完善，将网络服务提供者的主观过错形态从"知道"扩充至"知道或者应当知道"。

4. 《商标法》。《商标法》修正后于 2019 年 11 月 1 日正式施行。此次修改明确了注册商标须以使用为目的、规定了代理机构的法律责任、加大了恶意申请与诉讼的惩罚力度。但并未明确规定网络环境下商标权如何进行保护的问题。

我国目前对网络服务提供商商标侵权行为的规定主要体现在《商标法》《中华人民共和国商标法实施条例》（以下简称《商标法实施条例》）中，但是都未对具体侵权责任认定及承担等问题进行阐释和分析。2010 年 7 月实施的《侵权责任法》规定了网络服务提供商的侵权责任，并引入"通知—删除"规则（第 36 条），此条规定成为规制网络侵权行为的专用条款，也是第一次明确地规定网络服务提供商在专利、商标侵权等情况下适用"通知—删除"规则。这对于认定平台提供商商标侵权行为具有重大意义。2013 年《商标法》进行了修正，修改内容之一即在第 57 条第 6 款规定了帮助侵权，2014 年修正的《商标法实施条例》第 75 条明确规定为侵犯他人商标专用权提供网络商品交易平台属于《商标法》规定的帮助侵权。此次《商标法》和《商标法实施条例》的修正为平台提供商司法审判提供了更明确的法律依据。2018 年，《电子商务法》通过，规定了电子商务领域知识产权侵权责任，但并未规定具体的适用细则及适用标准。2020 年 9 月 10 日，最高人民法院发布《最高人民法院关于审理涉电子商务平台知识产权民事案件的指导意见》，就《电子商务法》中的适用细节进行了说明，提出了相应的指导意见。

5. 《专利法》。2020 年 10 月 17 日，全国人大常委会通过《专利法》修正案草案，新修改的《专利法》将于 2021 年 6 月 1 日正式施行。我国《专利法》第四次修改第 76 条概括规定了药品专利纠纷的早期解决机制，即药品上市审批过程中发生的专利权纠纷，相关当事人可以请求人民法院对是否落入相关专利权保护范围作出判决，也可以请求行政裁决专利权纠纷。除《专利法》外，《专利审查指南》也是专利保护的重要规章，其主要是为了处理专利申请和请求，制定的一系列专利审查的标准和要求。有关互联网引发的知识产权挑战，最先在《专利审查指南》中对专利权客体予以回应。

关于网络专利权客体范围。一是将图形用户界面（GUI）引入外观设计专利的保护客体中。2014 年 3 月，《专利审查指南》修改中，第一部分第三章第 4.2 节第三段之后增加"包括图形用户界面的产品外观设计"的申请要求。2019 年 9 月，《专利审查指南》修改进一步规范了涉及 GUI 产品外观设计的产品名称和简要说明的撰写要求，放宽了 GUI 视图提交的限制，弱化了 GUI 与最终产品的联系，解决了 GUI 在一类或多类产品上通用保护的问题。[1] 新修改的《专利法》第 2 条第 4 款修改为："外观设计，是指对产品的整体或者局部的形状、图案或者其结合以及色彩与形状、图案的结合所作出的富有美感并适于工业应用的新设计。"将局部外观设计纳入专利权保护范围，GUI 作为产品的局部设计可以获得专利权保护。二是明确商业方法的可专利性。2017 年 2 月，《专利审查指南》修改，第二部分第一章第 4.2 节第 2 项明确了权利要求包含技术特征与商业规则和方法时的可专利性，回应社会与互联网企业对商业模式等的保护需求。2019 年12 月，为回应创新主体对进一步明确涉及人工智能等新业态新领域专利申请审查规则的需求，《专利审查指南》在第二部分第九章新增了第 6 节，对算法和商业方法类专利进行专门规定，细化其可专利性。三是涉及计算机程序审查规则的修改与完善。2017 年 2 月的修改中，第二部分第九章第 2 节第 1 项的修改明确了计算机程序本身不属于专利保护客体，但是涉及计算机程序的发明是可以获得专利保护的。第二部分第九章第 5.2 节第 1 段第 1 句中的修改"引导申请人直接明确地描述其发明创造中涉及的程序流程方面的改进"，明确装置权利要求的组成部分可以包括"程序"。[2]

关于网络服务提供商的专利侵权责任问题。在《专利法》第四次修改中，是否要引入"通知—删除"规则一直是讨论的热点问题。《专利法》第四次修改并未规定相关内容，但在《最高人民法院关于审理涉电子商务平台知识产权民事案件的指导意见》中，就电子商务平台专利侵权的初步证据进行了说明。其中第 5 条第 2 款规定，通知涉及专利权的，电子商务平台经营者可以要求知识产权权利人提交技术特征或者设计特征对比的说明、实用新型或者外观设计专利权评价报告等材料。同时，《专利法》修改后第 71 条第 4 款规定，为了确定赔偿数额，在权利人已经尽力举证，但是与侵权行为相关的账簿、资料主要由侵权人掌握的情况下，人民法院可以责令侵权人举证；如果不举证，人民法院可以参考权利人的主张和证据判定赔偿额。这一规定同样适用网络环境下专利侵权赔偿数额的确定。

6.《网络安全法》。互联网技术快速发展推动我国进入信息化时代，网络融入经济社会生活的同时，网络安全威胁也进行渗透。在此背景下，我国加强网络安全立法，于 2016 年 11 月 7 日通过《网络安全法》。《网络安全法》中与知识产

---

〔1〕 国家知识产权局："2019 年《专利审查指南》修改解读"，载 http://www.sipo.gov.cn/zcfg/zcjd/1143361.htm，最后访问日期：2020 年 5 月 31 日。

〔2〕 国家知识产权局："关于《专利审查指南修改草案（征求意见稿）》的说明"，载 http://www.sipo.gov.cn/tz/gz/201610/t20161027_1298360.html，最后访问日期：2019 年 5 月 28 日。

权相关的内容主要体现在第 12 条、第 16 条。总则第 12 条规定，任何个人和组织不得利用网络从事侵害他人名誉、隐私、知识产权和其他合法权益等活动。第二章"网络安全支持与促进"第 16 条规定，要保护网络技术知识产权。网络知识产权保护已纳入国家网络安全范围中，但上述有关知识产权的规定仅为原则性的要求，并无具体可实施的措施。

此外，《网络安全法》中有关个人信息保护的内容值得关注。第四章"网络信息安全"以专章规定了公民个人信息保护的基本法律制度，为我国个人信息的保护提供了基础法律依据。

7. 《数据安全法》。在互联网技术的飞速发展之下，除需注意网络系统的安全性问题之外，数据本身的安全性问题亦不可被忽视。2021 年 6 月 10 日，第十三届全国人民代表大会常务委员会第二十九次会议通过《数据安全法》，该法将自 2021 年 9 月 1 日起施行。其从数据安全与发展、数据安全制度、数据安全保护义务、政务数据安全与开放、法律责任等方面对于数据本身的安全问题进行规制。

该法第 16 条规定，国家支持数据开发利用和数据安全技术研究，鼓励数据开发利用和数据安全等领域的技术推广和商业创新，培育、发展数据开发利用和数据安全产品、产业体系。其从侧面表明了数据安全技术研究、数据开发利用等多个层面所获得的创新成果均可作为知识产权而获得保护。此外，根据该法第 3 条第 1 款的规定，该法所称数据，是指任何以电子或者其他方式对信息的记录。其又从另一侧面弥补了部分《著作权法》保护范围的不足，明确了对于"信息的记录"的保护路径。

（三）网络知识产权法规规章

由于法律的稳定性要求，法律的制定与修改均需要经过严密的论证，因此耗时久，而网络技术发展迅速，法律的制定与修改并不能及时解决网络时代出现的知识产权问题。为解决这一问题，我国以行政法规、部门规章等方式探索解决网络环境下面临的知识产权问题。

网络最先改变的是信息的传播方式，主要体现在作品、表演、录音录像制品网络传播中产生的诸多问题。因此，2006 年国务院发布《信息网络传播权保护条例》（已修订），详细规定了信息网络传播权的合理使用、法定许可、使用者义务、网络服务提供者法定义务等，并明确规定了"通知—删除"规则。此外，国家各行政部门还发布了大量的部门规章，加强网络环境下知识产权的监管，如《互联网著作权行政保护办法》《网络出版服务管理规定》《网络零售第三方平台交易规则制定程序规定（试行）》《网络交易管理办法》（已失效）等。

（四）网络知识产权司法解释

在网络知识产权保护方面，为适应数字技术下网络环境对知识产权的挑战，我国除先后出台了若干法律规范外，还发布了相关司法解释，如 2001 年 7 月发布的《最高人民法院关于审理涉及计算机网络域名民事纠纷案件适用法律若干问题的解释》（已修正）、2013 年 1 月施行的《信息网络传播权司法解释》（已修正）、2014 年 8 月 21 日发布的《最高人民法院关于审理利用信息网络侵害人身权益民事纠纷案件适用法律若干问题的规定》（已修正）、2004 年 12 月 8 日颁布人《最高人民法院、最高人民检察院关于办理侵犯知识产权刑事案件具体应用法律若干问题的解释》、2013 年 9 月发布的《最高人民法院、最高人民检察院关于办理利用信息网络实施诽谤等刑事案件适用法律若干问题的解释》、2017 年 5 月 8 日发布的《最高人民法院、最高人民检察院关于办理侵犯公民个人信息刑事案件适用法律若干问题的解释》、2020 年 9 月 10 日发布的《最高人民法院关于审理涉电子商务平台知识产权民事案件的指导意见》、2020 年 9 月 12 日，最高人民法院就网络知识产权问题发布的《最高人民法院关于涉网络知识产权侵权纠纷几个法律适用问题的批复》等。这些司法解释在很大程度上为互联网信息产业的发展正在发挥并将持续发挥重要的保障作用。

（五）其他规范性文件

除上述法律、法规、司法解释、部门规章等法律制度外，各级行政部门还发布了大量规范性文件，推动互联网法律制度的建立，促进网络知识产权问题的解决。具有代表性的有 2010 年北京市高级人民法院发布的《北京市高级人民法院关于网络著作权纠纷案件若干问题的指导意见（一）（试行）》；国务院发布的《国务院关于大力发展电子商务加快培育经济新动力的意见》《国务院关于积极推进"互联网+"行动的指导意见》《国务院办公厅关于促进跨境电子商务健康快速发展的指导意见》《国务院办公厅关于加强互联网领域侵权假冒行为治理的意见》等；商务部发布的《电子商务模式规范》《第三方电子商务交易平台服务规范》；国家工商行政管理总局发布的《网络交易平台合同格式条款规范指引》《网络交易平台经营者履行社会责任指引》；商务部、工业和信息化部、公安部等联合发布的《关于进一步推进网络购物领域打击侵犯知识产权和制售假冒伪劣商品行动的通知》；国家知识产权局发布的《电子商务领域专利执法维权专项行动工作方案》（已失效）等。

三、网络知识产权重点领域立法情况

互联网技术发展对知识产权的冲击最早出现在著作权领域，我国立法、司法、行政不断通过立法与司法解释完善网络著作权保护制度。随着互联网技术的继续深入，电子商务领域的知识产权问题引起广泛关注。由于我国目前有关网络知识产权的法律体系并不完善，法律制度修改速度远远低于技术发展与更迭速度，大量网络知识产权问题通过反不正当竞争法予以规制。因此，将网络著作权、电子商务、网络不正当竞争立法作为重点领域进行分析，探讨我国网络知识产权发展与保护现状。

（一）网络著作权立法

网络技术发展影响最大的知识产权制度便是著作权法。一方面，网络发展改变了作品传播方式，扩大了著作权客体及权利内容；另一方面，网络技术的发展，也对著作权的使用及限制产生了新的要求。

1. 网络著作权相关法律制度。著作权制度随技术发展不断进行调整，大致可分为印刷著作权、电子著作权及网络著作权三个时期。[1] 印刷术发展主要影响及改变复制权；电子著作权时代主要表现为作品的电子化；网络著作权时代在权利客体、权利内容、著作权使用及限制方面都发生了变化。

从网络著作权立法整体情况来看，2000 年《最高人民法院关于审理涉及计算机网络著作权纠纷案件适用法律若干问题的解释》（已废止），作为我国首部专门针对互联网著作权纠纷案件的司法解释，明确规定了网络服务提供者的法律责任。2001 年《著作权法》第一次修正增加了"信息网络传播权"。1991 年发布的《计算机软件保护条例》（已修订）定义了计算机软件。2002 年《最高人民法院关于审理著作权民事纠纷案件适用法律若干问题的解释》（已修正）规定了用户未经授权使用软件的责任问题。2005 年《互联网著作权行政保护办法》规定了互联网接入服务提供者、信息服务提供者的协助调查义务及免责情形，同时首次规定了内容服务提供者的通知和反通知制度。2006 年《信息网络传播权保护条例》（已修订）对网络服务提供者的权利义务以及法律责任进行了详细规定。2012 年《信息网络传播权司法解释》对网络服务提供者列出明确的担责以及免责规定。2020 年 11 月 11 日，全国人大常委会通过《著作权法》修正案草案，新修改的《著作权法》将于 2021 年 6 月 1 日施行。此次修改的《著作权法》规定了视听作品，对广播权进行了合理扩张，同时明确扩张后的广播权内容不包括信息网络传播权控制行为。

2. 网络著作权内容。著作权的权利内容分为人身权与财产权，网络环境下产生影响较大的是财产权相关内容，尤其是复制权、发行权、信息网络传播权等。

关于网络环境下的复制权。《著作权法（修订草案送审稿）》增加了"以数字化的方式将作品固定在有形载体上"的复制方式，新修改的著作权法规定复制权，包括以"数字化"等方式将作品制作成一份或多份的权利。我国《著作权法》规定的复制强调"有形载体"，而在网络环境下，作品的复制摆脱了有形载

---

〔1〕　梅术文：《网络知识产权法：制度体系与原理规范》，知识产权出版社 2016 年版，第 30 页。

体的限制，既有永久复制，也有临时复制。但目前法律并未对临时复制问题予以回应。

关于网络环境下的发行权。《著作权法》规定发行的方式包括出售、赠与，提供作品的内容包括原件、复制件。互联网技术的进步使得作品的传播方式发生了重大变化，公众无须经过物质载体所有权或占有的转移就可以获得作品的复制件。[1] 网络中作品的传播与下载，不会导致作品的物质载体在物理空间中的转移，这与传统的发行存在差异。

关于信息网络传播权。《著作权法》2001 年修正时，加入了信息网络传播权这一权利内容。2006 年为适应网络技术发展，国务院发布了《信息网络传播权保护条例》，对信息网络传播相关的问题进行集中规定。条例于 2013 年进行了修改。2020 年修改的《著作权法》将广播权扩大至以"有线或者无线方式公开传播或者转播作品"的权利，但明确不包括信息网络传播权。

3. 网络服务提供商侵权责任认定。《信息网络传播权保护条例》第 23 条规定了网络搜索与链接服务提供者的共同侵权责任，《信息网络传播权司法解释》第 7 条规定了网络服务提供者的教唆、帮助侵权。我国法律并未明确规定侵权责任构成要件，根据《民法典》第 1165 条（原《侵权责任法》第 6 条）及学理、司法实践的探讨，判定某一行为是否构成侵权通常采用"四要件说"，即违法行为、损害事实、因果关系及主观过错。损害事实与因果关系的判定基本不存在争议，主要分析违法行为与主观过错。

违法行为包含行为和违法性两个要素。网络服务提供商的行为要素主要指"提供行为"，包括提供内容和提供服务两方面。违法性要素包括违反了法定义务，违反了以保护他人为目的的法律等。[2] 网络服务提供商提供行为的违法性主要在于判断其行为是否损害了权利人的合法权益。在认定网络服务提供商侵权责任中，对违法行为的判断主要是看其行为是否构成法律规定的"提供"行为。网络服务提供商的提供行为，需从两方面讨论：网络服务提供商直接或共同提供侵权作品，平台构成侵权，需承担侵权责任；网络服务提供商仅提供技术服务，需进一步分析其是否存在主观过错。[3]

主观过错包括故意和过失两种心理状态。根据《信息网络传播权司法解释》第 8 条规定，确定明知或应知是判断网络服务提供商侵权责任的重要因素。判定

---

〔1〕 王迁：《网络环境中的著作权保护研究》，法律出版社 2011 年版，第 69 页。

〔2〕 有学者认为我国《侵权责任法》并不包括违法性要素。参见王利明："我国《侵权责任法》采纳了违法性要件吗"，载《中外法学》2012 年第 1 期。

〔3〕 郝明英："网络短视频平台的著作权侵权责任认定"，载《山东科技大学学报（社会科学版）》2019 年第 4 期。

明知主要通过"通知—删除"规则予以确认。确定是否应知，有两个层面的判断标准。一般情况下，综合网络服务提供商应承担的法律义务与注意义务，判断其是否应知侵权行为的存在。《信息网络传播权司法解释》第 9 条规定了判定应知的具体考虑因素。第二个层面的判断标准为"红旗标准"。《信息网络传播权司法解释》第 10 条、第 12 条规定了网络服务提供商应知网络用户侵害信息网络传播权的情形。

（二）电子商务立法

《电子商务法》于 2019 年 1 月 1 日施行，是一部综合性的法律，其中有关知识产权的条款主要集中在第四章。

1. 电子商务与知识产权保护。为解决电子商务产生的一系列问题，《电子商务法》出台之前，各部委出台了大量法规规章。种类繁多、法律位阶不同的电子商务规章，不利于消费者和经营者合法权益的维护，不利于电子商务市场秩序的管理。2005 年《国务院办公厅关于加快电子商务发展的若干意见》提出要加快电子商务法律法规建设，2015 年《国务院关于新形势下加快知识产权强国建设的若干意见》提出要加强互联网、电子商务、大数据等领域的知识产权保护规则研究。由此催生了《电子商务法》。

电子商务发展与知识产权保护关系密切，建立健康有序的电子商务市场秩序，需要充分发挥知识产权的作用，加强知识产权保护；电子商务市场的发展，也促进了知识产权制度的完善。在目前有关电子商务的法规规章中，均提到注重知识产权保护。

2.《电子商务法》知识产权条款。《电子商务法》中的知识产权条款散见在第一章、第二章、第四章。第一章第 5 条规定了电子商务经营者具有知识产权保护的义务，第二章第 41 条规定了电子商务平台经营者应建立知识产权保护规则。第四章第 42 条至第 45 条规定了电子商务平台的"避风港规则"，也是与知识产权保护关系最密切的条款。《电子商务法》第 2 条明确了法律的适用范围，不包括金融类产品和服务、利用信息网络提供内容服务的经营活动，即信息网络传播权不受该法规制。

《信息网络传播权保护条例》《电子商务法》和《民法典》侵权责任编均规定了"通知—删除"规则，三者区别详见下表。

表 2-1 网络服务提供者侵权责任区别

		《民法典》侵权责任编	《信息网络传播权保护条例》及相关司法解释	《电子商务法》
通知—删除规则	通知	构成侵权的初步证据及权利人的真实身份信息	权利人姓名等；侵权作品名称和网络地址；构成侵权的初步证明材料	侵权初步证据
	删除	根据构成侵权的初步证据和服务类型采取删除、屏蔽、断开链接等必要措施	立即删除或断开链接	及时删除、屏蔽、断开链接、终止交易和服务等必要措施
	转通知	及时将该通知转送相关网络用户	转送通知，无法转送的将通知书内容在信息网络上公告	转达通知，并及时公示
	法律责任	对损害的扩大部分与该网络用户承担连带责任	未及时采取措施的，认定其明知	未及时采取措施的，对损害的扩大部分承担连带责任
			列举判断措施是否及时的因素	
		权利人错误通知，承担侵权责任	权利人错误通知，承担责任	通知错误造成损害的，承担责任；恶意发出错误通知造成损失的，加倍承担赔偿责任
	反通知	提交不存在侵权行为的声明。声明应当包括不存在侵权行为的初步证据以及网络用户的真实身份信息。	书面说明要求恢复；服务对象应对书面说明的真实性负责	（平台内经营者）不侵权声明，包括不侵权初步证据
	转通知	将声明转送权利人，并告知其可以向有关部门投诉或者向法院提起诉讼。	立即恢复，同时转送书面说明；权利人不得再通知	转送不侵权声明

续表

		《民法典》侵权责任编	《信息网络传播权保护条例》及相关司法解释	《电子商务法》
通知—删除：规则	选择期间及后果	权利人在转送声明到达后的合理期限内，投诉或者提起诉讼		权利人15日内投诉、起诉
		未收到权利人已经投诉或者提起诉讼通知的，及时终止所采取的措施。		公示声明及处理结果
红旗原则	"知道"的责任	知道或应当知道，未采取必要措施，应承担连带责任	明知或应知的，承担共同侵权责任	知道或应当知道的，应当采取必要措施，否则承担连带责任
			列举认定"应知"的因素	
			直接获得经济利益的，负有较高注意义务	
			责任例外：自动接入、自动传输、自动存储、自动提供，接通知后断链的	
			已采取合理、有效的技术措施，认定无过错	
			未主动审查，不应认定过错	
其他				应当建立知识产权保护规则，依法保护知识产权

《电子商务法》与其他规定之间的差别主要在于：一是增加了恶意错误通知的法律责任，即加倍承担赔偿责任；二是在"通知—删除—反通知—转通知"规则之后，增加了"选择期间"的环节，并要求公示通知、声明及处理结果；三是规定了"知道或者应当知道"的法律责任；四是规定了网络服务平台提供商应建立知识产权保护规则。

关于通知与反通知。《电子商务法》只规定了"侵权的初步证据",并未对其他要件进行规定,《最高人民法院关于审理涉电子商务平台知识产权民事案件的指导意见》第 5 条对通知的具体内容进行了规定。第 7 条规定反通知的内容与通知的内容类似。

（三）网络不正当竞争立法

反不正当竞争与知识产权保护关系密切,互联网技术进步使得网络不正当竞争行为不断出现新方式,2017 年《反不正当竞争法》修订中,增加"互联网专条",试图解决网络不正当竞争行为的法律规范问题。

1. 反不正当竞争与知识产权保护的关系。反不正当竞争法目的在于规制经营者在生产经营活动中,违反法律规定,扰乱市场竞争秩序,损害其他经营者或者消费者的合法权益的行为。[1] 反不正当竞争法与知识产权法在功能目标、保护对象等方面具有相关性。关于二者关系,学界有独立说、包含说、补充说等观点。本书赞同补充说,知识产权法是赋权,给予权利人对智力成果的专有权,而反不正当竞争法是经营者遭受利益损害时可以请求法律救济。基于知识产权的权利内容及保护范围,反不正当竞争法可以在相应权利受损害时给予救济,其对知识产权的保护具有重要的补充作用。根据我国《反不正当竞争法》,与知识产权相关的不正当竞争行为主要有商业标记混淆行为、虚假宣传行为、侵犯商业秘密行为、商业诋毁行为等,这些都属于反不正当竞争法规制范围。

随着技术的创新和商业模式的发展,网络不正当竞争纠纷热点呈现新的特点。2017 年《反不正当竞争法》通过第一次修订。此次修订主要内容包括丰富、规范了"混淆不正当竞争行为"的范围,增加了"引人误认"要件;新增了"网络不正当竞争行为";确定了赔偿数额确定标准,并提高了法定赔偿上限。2018 年中美经贸摩擦不断升级,核心问题之一是美国 301 调查及《特别 301 报告》中提到的强制技术转让,并着重提出了商业秘密保护问题。在此背景下,2019 年《反不正当竞争法》进行了第二次修订,主要针对商业秘密保护问题。增加了侵害商业秘密的行为,包括电子侵入、违反保密义务、教唆、引诱、帮助等;扩大了商业秘密范围,商业信息不仅限于技术信息和经营信息。

2. 网络不正当竞争行为。网络不正当竞争,指经营者在网络环境下进行或者借助现代化信息技术而实施的各种虚假、欺诈、损人利己行为,这种行为损害其他经营者的合法权益,扰乱网络市场秩序。[2] 2017 年修订的《反不正当竞争法》中明确了禁止的网络不正当竞争行为的类型。一是禁止网络仿冒混淆行

---

〔1〕《反不正当竞争法》第 2 条。
〔2〕 梅术文：《网络知识产权法：制度体系与原理规范》,知识产权出版社 2016 年版,第 409 页。

为。[1] 二是禁止网络虚假宣传行为。[2] 三是禁止网络新型不正当竞争行为。《反不正当竞争法》第 12 条的列举规定被称为"互联网专条"，其主要将网络不正当竞争行为分为流量劫持、干扰和恶意不兼容三类。其出现的原因是法院在处理无法用既有类型化规范调整的竞争行为时严重依赖一般条款，通过对既有案例群进行归纳，形成了现有的互联网专条。[3] 但该专条的分类是否合理，在司法实践中的运用是否能起到预期作用还有待进一步论证。

第二节 网络知识产权立法现存问题

网络技术快速发展，我国网络知识产权领域相关立法在法律、行政法规、部门规章、司法解释等各个法律位阶都有规定，但由于网络技术发展速度快、网络与知识产权特性存在冲突、新型技术发展亦对法学理论提出挑战、立法主体多样等原因，我国网络知识产权立法庞杂，缺乏系统的立法体系，立法仍存在大量空白点。

一、网络知识产权立法面临的理论困境

网络知识产权与传统知识产权特点存在一定的冲突，影响了知识产权立法与司法实践。网络技术发展也引起一系列新兴技术的快速崛起，如大数据、云计算、物联网、人工智能等，这些新兴技术也会对知识产权立法甚至法学理论产生根本性的影响。

（一）技术快速发展与法律滞后性之间的矛盾

2015 年发布《国务院关于积极推进"互联网+"行动的指导意见》，意见指出，互联网与经济社会各领域融合发展不断深化，互联网新业态成为新经济增长动力。互联网技术发展、更新速度快，相关业态变化、更新速度则更快，由此也会产生更多的法律问题。与互联网技术快速发展、经济形态发生剧变相对应的是，监管体系以及监管的理念、思路却未必与时俱进。[4] 法律是由经济基础决定的，其发展需要根据经济基础的要求而变化。互联网发展带来经济形态的变化，相应的，法律也需要做出一定回应，以解决现实面临的问题。

根据"摩尔定律"，信息技术更新周期大约在两年左右。[5] 但我国法律制

---

[1]《反不正当竞争法》第 6 条第 3 项。

[2]《反不正当竞争法》第 8 条。

[3] 蒋舸："《反不正当竞争法》网络条款的反思与解释——以类型化原理为中心"，载《中外法学》2019 年第 1 期。

[4] 吴志攀："'互联网+'的兴起与法律的滞后性"，载《国家行政学院学报》2015 年第 3 期。

[5] 孙泉："解读摩尔定律"，载《集成电路应用》2004 年第 8 期。

定和修改的周期明显长于计算机网络技术发展的周期。由于法律秩序是寻求稳定性和保守性的，社会对法律的选择也总是存在惰性，法律"一定要进行冷静的多角度的观察之后才可能做出规制"[1]，这就是法律的滞后性。法律需要具有科学性与可操作性，其制定并非一蹴而就，需要经过严密的论证，方能保证其稳定性，才能对人的行为提供法律指引。

网络时代技术的快速发展、高速更迭与法律的滞后性存在一定的矛盾。网络环境下，对立法时效性要求高，需要立法机关提高立法效率，合理配置相关资源，加快立法进程，适当简化相应流程，从而建立互联网领域的基本原则和法律保障。[2] 提高效率的同时，要增加立法的前瞻性研究与判断，强化立法论证，同时需要行政执法、司法实践及行业自治与立法加强配合，从而为网络发展提供稳定的法律环境。

（二）知识产权特点与网络特性存在冲突

知识产权具有专有性、地域性、时间性等特点，但这些特点在网络环境下产生了变化，知识产权的无形性增强，独有性弱化，地域性减弱，内容更加丰富，侵权行为更加隐蔽，维权更加困难。

1. 知识产权专有性与网络的共享存在冲突。知识产权的私权属性目前已经无甚异议，专有性是作为私权的知识产权的重要内容。传统知识产权的价值需要通过物质载体予以实现，在网络环境下，并不存在可移转的载体。网络方便知识产权宣传与传播的同时，也增加了权利人控制的难度，增加了侵权风险，削弱了知识产权的专有性。

2. 知识产权的地域性与网络的国际化存在冲突。一国法律确认的知识产权只能在本国内发生法律效力，知识产权具有明显的地域性。如果一国签署了某国际公约或者双边协定，则知识产权地域性有所模糊化。这种模糊化在网络领域更为显著，因为网络信息的传播无国界限制，这就给知识产权保护带来难题。对于网络知识产权地域性逐渐模糊的特点，各国立法、司法也在不断寻求突破，探索新的方式以解决互联网提出的挑战。我国 2017 年至 2018 年成立三家互联网法院，用以解决涉网纠纷。网络知识产权地域性模糊的特点，在司法领域可以通过司法体制改革等方式适当解决，但是各国知识产权法律差异较大的特点，对网络知识产权的国际保护也提出挑战。

此外，目前知识产权保护范围均有法律的规定，当然也有兜底条款，但更主要的是各专门法律进行的明确规定。但网络环境下知识产权的范围和内容不断丰

---

〔1〕 张平："中国互联网立法相当一部分领域仍空白"，载腾讯网，http://tech.qq.com/a/20120612/000339.htm. 最后访问日期：2020 年 5 月 13 日。

〔2〕 吴志攀："'互联网+'的兴起与法律的滞后性"，载《国家行政学院学报》2015 年第 3 期。

富，不断出现新的权利客体类型，如网络域名、数据库等，这些问题都对知识产权法律制度提出了挑战。

二、网络知识产权立法体系存在的问题

目前有关网络知识产权问题的解决主要依据现有《民法典》侵权责任编（原《侵权责任法》）等综合性法律，也有《著作权法》及其司法解释等专门性法律，还有《电子商务法》等特定领域的综合性法律。因此网络知识产权相关问题的规定零散地分布于各个部门法中，缺乏系统与有效衔接。

（一）网络知识产权立法缺乏系统性

我国现行的知识产权制度起步于 20 世纪 80 年代，随着国际知识产权保护进程的不断推进，现有知识产权制度立法层次多、条块分割、缺乏整体性和协调性的弊端逐渐暴露。一方面，现有知识产权法律法规层次繁多，彼此间缺乏有效衔接。从宏观上看，现有网络立法体系缺乏系统性和协调性。从微观来看，关于互联网的法律法规、规范性文件层次繁多，适用时易存在立法冲突。另一方面，我国现有立法体系缺乏统一立法思路的规划和指引。以现有单行法为例，《专利法》规定了调解制度和地域管辖权，《商标法》和《著作权法》中却无此类规定；《著作权法》中明文规定违法行为损害公共利益时才可采取没收等行政处罚措施，《专利法》修改后新增了专利申请以及专利权行使过程中的诚实信用原则，不得滥用专利权损害公共利益或者他人合法权益，滥用专利权排除或者限制竞争还有可能涉及反垄断；《专利法》《商标法》《著作权法》《反不正当竞争法》乃至《刑法》中规定的入罪标准模糊，操作性较差。[1] 随着互联网的发展，各类法律法规也不断涌现。不同的立法主体、不同的立法思路，使得我国网络知识产权立法缺乏统一协调性，不利于法律适用；且网络立法覆盖范围较窄，仅针对当下比较突出的问题如电子商务等进行规定，缺少全面、系统的网络知识产权法律保护体系。

此外，我国现行知识产权法律体系存在无序性的现象，主要原因在于现行的知识产权单行法律是由不同部门分别起草的，即使各部门在立法时考虑了在先内容的衔接及在先权利的冲突问题，但由于各部门彼此独立，并不能准确反映彼此之间的有机衔接。[2] 网络知识产权立法主体涉及各个政府部门，各部门立法领域及立法权限划分不清晰，使得相关法律、法规、司法解释、规范性文件数量较多，彼此之间还可能存在立法冲突，不利于我国网络知识产权保护。

（二）网络知识产权立法法律位阶不高且缺乏有效衔接

我国各项知识产权法律文件在立法层次和法律位阶上不统一，造成某些类别

---

〔1〕 姜芳蕊："知识产权行政保护与司法保护的冲突与协调"，载《知识产权》2014 年第 2 期。

〔2〕 夏建国："制定统一知识产权法典的几点思考"，载《河北法学》2001 年第 3 期。

知识产权法律效力弱化。目前有关网络知识产权内容主要零散地规定在《著作权法》《商标法》《专利法》《反不正当竞争法》等法律中，有关保护网络知识产权的法律法规大多是以司法解释与行政法规的形式出现，法律位阶的差异容易造成司法适用中的冲突，应根据网络知识产权发展现状及需求有针对性地调整相关立法的法律位阶。

网络知识产权立法缺乏统一协调导致的另一问题是法律之间的衔接不畅，各个法律文件相互之间就同一问题也存在不同规定。一方面民事司法、行政执法、刑事司法之间衔接不畅。以知识产权刑法保护为例，目前网络知识产权侵权行为多发且危害日益严重，刑事司法与行政执法、民事司法衔接不畅，大量知识产权犯罪案件未及时移送。[1] 行政机关与司法机关之间彼此独立，缺乏协调机制，处理同一知识产权违法行为时，也容易因标准不统一而产生冲突。可能出现法院判决与行政裁决相悖离的局面，不但浪费了司法行政资源，其结果的矛盾也令当事人感到无所适从，降低了法律的权威性。[2] 另一方面，就同一问题，各项法律规定也存在差异。以"通知—删除"规则为例，《民法典》侵权责任编《信息网络传播权保护条例》《电子商务法》等法律法规均有规定，但彼此之间又存在差异，这就产生法律衔接与法律适用冲突的问题，不利于司法实践，也不利于充分发挥法律的指引作用。

三、网络知识产权立法内容存在的问题

网络知识产权立法面临的理论困境及立法体系存在的问题，归根结底都会体现在网络知识产权立法的具体内容之上。

（一）网络知识产权立法存在空白点

我国有关网络知识产权立法不断增多，但较快速发展的互联网产业的实际需求而言，网络知识产权立法还存在许多空白。如与著作权相关的临时复制问题、数据保护问题、信息网络传播行为判定标准问题、游戏体育赛事直播问题、链接是否构成侵权等问题；与商标法相关的商标网络使用行为、网上商标侵权判定等问题；与电子商务相关的网络侵害知识产权假冒行为、侵权行为的判定与证据保全等问题都未作明确规定。此外，网络知识产权保护还面临诸多法律争议，如管辖地问题、侵权行为确定、数字化证据举证、电子证据的真实性认定、网络知识产权的保护范围界定、侵权的责任和赔偿等问题。[3]

互联网高速发展与法律的滞后性导致我国网络知识产权立法远不能满足我国经济社会发展需求。以数据与网络虚拟财产保护问题为例，《民法典》总则编第

---

〔1〕 于志强："我国网络知识产权犯罪制裁体系检视与未来建构"，载《中国法学》2014 年第 3 期。

〔2〕 姜芳蕊："知识产权行政保护与司法保护的冲突与协调"，载《知识产权》2014 年第 2 期。

〔3〕 贺桂华："网络知识产权保护体系存在问题及对策研究"，载《理论导刊》2007 年第 9 期。

127 条仅指出二者应受法律保护，但并无相关规定。在网络知识产权相关法律部分已经分析，数据信息和网络虚拟财产目前并不适合纳入知识产权保护客体。虽然，上述内容并不适合通过知识产权加以保护，但其与知识产权存在密切关联，否则在《民法总则》立法中不会有数据信息纳入知识产权客体，网络虚拟财产"知识产权说"的讨论。数据权利归属和流转要从多部门法角度，提供综合保护，知识产权的保护也是其中重要的一个部分。加快数据信息、网络虚拟财产等互联网产物的法律保护，进一步完善网络环境下的立法体系，从而促进信息网络产业发展。

（二）部分网络知识产权相关问题仍需进一步细化

我国网络知识产权法律保护内容主要由知识产权各单行法进行规定，在涉及各领域的网络知识产权保护中，均存在相应的具体问题。

1. 网络著作权相关问题。"互联网+"深入各行各业。虽然《著作权法》对"信息网络传播权"做出了原则性的规定，但是其他规定的缺失使得《著作权法》已经不能很好地适应我国社会发展的需要，法律的滞后性已经日益突出。随着网络技术进一步发展，网络直播、人工智能、大数据、物联网、区块链等技术的突破，对著作权制度也产生了新的挑战。

（1）网络技术发展产生著作权客体范围上的新问题。体育赛事转播、视频聚合盗链、深度链接等问题不断出现，引发立法、司法及理论各界的讨论。人工智能、大数据等技术的发展也对著作权客体内容提出了挑战，产生了人工智能生成内容是否具有可版权性，基于大数据产生的数据库及数据信息应如何保护等问题。

（2）从著作权权利内容来看。一是临时复制问题尚无定论。网络环境下的临时复制问题引发了学界的讨论，互联网背景下的临时复制是否属于复制权规范的范围。对此，学界有不同的声音，有学者认为数字化的复制方式，并不包括临时复制。[1]《伯尔尼公约》、WCT、《世界知识产权组织表演和录音制品条约》（*World Intellectual Property Organization Performances and Phonograms Treaty*，以下简称 WPPT）中有关复制权的规定同样不能得出包含临时复制的结论。[2] 也有学者认为应区分临时复制件是否有被感知、被传播或再复制。[3] 无论何种观点，目前在立法上尚无对临时复制性质的确认。二是网络环境下发行权尚不明确。网

---

〔1〕 冯晓青、付继存："著作权法中的复制权研究"，载《法学家》2011 年第 3 期。

〔2〕 朱理："临时复制是否属于著作权法意义上的复制——以国际公约为核心的规范分析"，载《电子知识产权》2007 年第 1 期。

〔3〕 曲三强、汤辰敏："论临时复制的法律定性"，载《河南理工大学学报（社会科学版）》2013 年第 4 期。

络环境下是否存在"发行"行为，不同学者有不同观点。有学者认为我国《著作权法》中的发行强调作品有形载体所有权的转移。[1] 另有学者认为作品的网络传播也是发行的一种特殊形式。[2] 目前国际上，仅美国通过司法判例确认通过网络公开传播作品构成发行。根据我国法律规定，区分发行权和信息网络传播权，信息网络传播权主要规制作品的网络传播，二者的区分表示发行权并不必然包括网络传播，网络发行缺乏明确的法律地位。三是信息网络传播权与广播权权利内容的区分有待清晰。我国司法实践对信息网络传播权范畴的理解与界定一直存在分歧，针对传播方式、传播媒介和侵权后果相似甚至完全相同的网络传播行为，不同法院在不同案件中分别认定其侵犯信息网络传播权、广播权或者其他权利，这不仅增加了法律适用难度，也与公众期盼的统一司法标准相去甚远。[3] 广播是以无线或有线方式向公众传播广播信号或有线广播信号的行为，互联网等计算机信息网络传播则是基于其特有的架构以无线或有线方式传播数字信号的行为，二者的根本差别在于广播信号属单方向传输，只能从广播电台传递至信号接收者，而互联网传播则属数据包的双向传输。[4] 但在"三网融合"背景下，广播和信息网络传播的界限已经交融，现有定义及区分标准并不能涵盖网络环境下信息传播的所有方式，也导致了司法适用的混乱。此次《著作权法》修改适度扩张了广播权的范围，但其与信息网络传播权的界限仍有待进一步明晰。

2. 网络商标权相关问题。在《商标法》第四次修改过程中，网络环境下商标权保护问题也引起热议。一是网络环境下商标使用的界定；二是《商标法》"避风港规则"的引入与适用。

关于网络环境下商标使用的界定。《商标法》第48条规定了商标使用行为。商标使用要求商标使用者在商业活动中连续和真实使用，以该商标得以区分商品或服务来源为目的的使用。[5] 随着网络技术的发展，商标的使用不仅限于实体经济，网络扩大了商标使用范围。首先，网络技术的进步使商标使用表现形式多元化，利用网络技术将商标标识以网络域名、弹跳广告、关键词等方式进行使用并吸引消费者的营销方式，对商标使用的目的在于吸引消费者关注，此类行为性

---

〔1〕 王迁："论著作权法中'发行'行为的界定——兼评'全球首宗 BT 刑事犯罪案'"，载《华东政法学院学报》2006 年第 3 期。

〔2〕 焦和平："发行权规定的现存问题与改进建议——兼评《著作权法（修订草案送审稿）》相关规定"，载《交大法学》2015 年第 1 期。

〔3〕 李瑞钦："信息网络传播权制度适用的实践困境及其完善构建——从非交互式网络传播行为的侵权认定切入"，载《法律适用》2014 年第 12 期。

〔4〕 刘银良："信息网络传播权及其与广播权的界限"，载《法学研究》2017 年第 6 期。

〔5〕 王莲峰："论商标的使用及其认定——基于《商标法》第三次修改"，载《公民与法（法学）》2011 年第 3 期。

质尚无法确定。[1] 其次,电子商务的发展也为商标使用提供了新的方式,如竞价排名、插入式广告、网络团购等,这些使用方式使得商标使用的界定更加困难。最后,"使用"商标主体的多样化也增加商标使用认定的困难。某些产品或服务流通环节商标使用参与者身份难界定,如团购中"销售"的组织者等。

关于网络服务提供商商标侵权问题。网络服务提供商商标侵权责任的认定问题得到了立法部门的重视,但相关立法规定仍然是零散而匮乏的。《民法典》侵权责任编和《商标法》对这一问题有原则性的规定,但缺乏具体可行的操作标准,不利于现实解决平台提供商商标侵权认定问题。虽然行政领域重视这一问题,制订了较多的规章政策,但是其法律效力层级不够,不足以作为司法判决的依据。

3. 网络专利权相关问题。我国专利相关制度随互联网技术的发展进行了适时的回应与调整,主要体现在专利权保护客体的扩张及有关网络服务提供商侵权责任认定两方面。制度的调整试图解决网络技术带来的冲击,但同时也引发新的问题。

关于网络环境下专利权保护客体扩张问题。《专利审查指南》首先对互联网带来的技术挑战予以回应,但其只规定专利审查过程中的要求,并不能对相关权利提供系统保护。一是 GUI 外观设计专利保护尚不全面。GUI 本质上属于计算机软件领域,具有更新迭代快的特点,但根据我国法律规定,GUI 外观设计专利申请需要与硬件相结合,这就限制了其保护范围。具体参见国内首例 GUI 专利侵权案——奇虎诉江民新科外观设计专利权纠纷案[2]。二是有关商业方法及计算机程序的专利保护还需进一步细化。三是增加了局部外观的法律保护。《专利审查指南》对商业方法及计算机程序的保护范围尚不清晰,也不能给企业等主体提供较好的参考。

关于网络服务提供商"避风港规则"在《专利法》中的适用。将"通知—删除"规则移植到专利法领域是否有必要性和合理性,尚有待讨论。此次《专利法》修改未规定该规则。

4. 网络不正当竞争相关问题。《反不正当竞争法》网络条款的设立源于技术进步和产业发展的冲击,但相关规定也存在一系列问题。一是目前网络专条将网络不正当竞争行为分为流量劫持、干扰和恶意不兼容,这种分类不互斥也不周

---

〔1〕 刘燕:"论互联网环境下商标侵权认定的标准及原则",载《兰州大学学报(社会科学版)》2015 年第 1 期。

〔2〕 参见北京知识产权法院(2016)京 73 民初 276 号民事判决书。

延。[1] 二是现有的规定过于具体，适用范围比较狭窄。在具体司法适用中，目前尚无具有影响力的案例适用上述三种类型，反而第四项兜底条款成为最有生命力的条文。[2] 这也反映出目前网络专条在具体分类及规则制定中存在的问题。由于互联网专条的设立，在法律适用过程中，针对网络不正当竞争行为多通过互联网专条进行规范，《反不正当竞争法》第 2 条原则性、兜底性的条款适用受到影响与限制。对于一般条款与互联网专条的适用关系需进一步研究与明确。

目前网络专条的相关分类问题在一定程度上可以给社会公众一定的指引，但其社会指引作用将大打折扣。出现这一问题的原因，一方面是由于网络不正当竞争是随互联网发展产生的新的问题，对其研究与规制缺乏系统性；另一方面也是我国目前关于网络不正当竞争或者反不正当竞争的理论研究尚不深入，从比较法研究角度来看，各国关于网络不正当竞争的规制都处于不断完善阶段，目前国际上并未形成相对一致的认识与规则。这需要我们在进一步的理论研究与司法实践中加强论证，促进相关法律制度与规定的完善。

5. 电子商务相关问题。《电子商务法》在总结现有法律规则及司法实践的基础上，回应了电子商务领域的需求，对"通知—删除"规则进行了一定程度的创新，详细规定了电子商务领域合同订立、争议解决、法律责任等问题，但仍存在诸多问题未予以明确。

（1）关于"通知—删除"规则的适用范围。"通知—删除"规则最早在著作权领域确定，具有一套具体适用的规则与细则。《电子商务法》将其扩展到知识产权领域，商标、专利领域尚未确立该规则的适用标准，尤其在专利领域。

（2）关于"通知错误"与"恶意错误通知"的法律责任问题。《电子商务法》第 42 条第 3 款规定了"通知错误"与"恶意错误通知"应承担民事责任。这一条款主要是针对发出通知的知识产权权利人，对其错误通知行为进行法律上的威慑。有学者认为其也适用于转达通知的电子商务平台经营者，如平台经营者在转达通知过程中发生错误，亦承担相应责任。[3] 但是该条款并未规定"通知错误"的构成要件，以及具体需要承担的法律责任类型及内容。就"恶意错误通知"而言，恶意表示权利人主观上存在故意，《电子商务法》规定应加倍承担赔偿责任。关于恶意的认定，2020 年 9 月发布的《最高人民法院关于审理涉电子商务平台知识产权民事案件的指导意见》第 6 条、第 8 条就"恶意"、平台内

---

[1] 蒋舸：《〈反不正当竞争法〉网络条款的反思与解释——以类型化原理为中心》，载《中外法学》2019 年第 1 期。

[2] 裴轶、来小鹏："反不正当竞争法中一般条款与'互联网条款'的司法适用"，载《河南师范大学学报（哲学社会科学版）》2019 年第 4 期。

[3] 徐卓斌："《电子商务法》对知识产权法的影响"，载《知识产权》2019 年第 3 期。

经营者发出声明是否具有恶意的考量因素作出了一定说明，但损失的计算，加倍的具体标准仍需要进一步明确。

（3）关于"选择期间"的问题。《电子商务法》有关选择期间的规定，主要是借鉴美国 DMCA 法案第 512 条（g）款的规定。美国对选择期间的规定主要是为电子商务经营者提供免责条款，而《电子商务法》的规定是平台"应当"终止所采取的措施，无疑加重了平台的法律责任。且《电子商务法》并未规定违反该条款的法律责任，也为法条的适用带来一定困难。

6. 网络知识产权犯罪相关问题。网络技术的发展给网络知识产权发展带来巨大契机的同时，也滋生了知识产权犯罪。一方面，网络发展促使知识产权犯罪数量不断增加。根据《中国法院知识产权司法保护状况》，2010 年至 2019 年我国法院新收涉知识产权刑事案件总体呈增长态势，如下图所示。另一方面，网络知识产权犯罪方式更加便捷、隐秘。网络的开放性、国际性也加大了网络犯罪治理的难度。

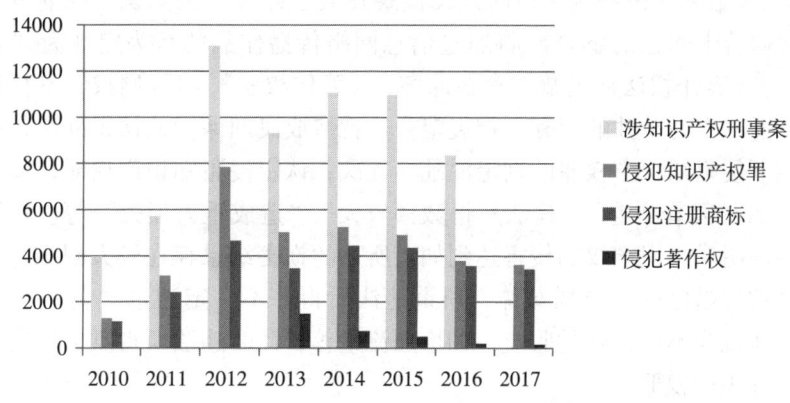

图 2-1　2010-2019 年知识产权犯罪一审案件数量

根据上述数据，近年来侵犯知识产权罪案件有所下降，这种下降原因一定程度上是刑事立法和司法的不完善导致应当由刑法规制的严重侵犯知识产权案件被民事或行政案件"消化"了，[1] 由此出现网络发展迅速，"入罪案件少、案件比例低"的现象。网络知识产权相关罪名的具体判定标准及界限比较模糊，网络知识产权犯罪的制裁依然过度依赖非侵犯知识产权罪罪名。[2] 网络知识产权刑法保护不足，主要体现在以下方面。

---

〔1〕　程莹、孟文玲："网络文化视域下知识产权的刑法保护"，载《学术探索》2018 年第 7 期。
〔2〕　于志强："我国网络知识产权犯罪制裁体系检视与未来建构"，载《中国法学》2014 年第 3 期。

（1）刑法保护知识产权种类及范围不够。首先，从《刑法》保护的知识产权类型来看，目前《刑法》仅规定了侵犯著作权、商标权、专利权、商业秘密四大类罪名。而《民法典》总则编规定的知识产权客体范围远不止如此，且其规定的知识产权客体尚不包括网络环境下新出现的权益类型，而是将数据、虚拟财产单独作了规定。刑法的知识产权保护还存在空白。其次，从《刑法》已规定的侵犯知识产权罪来看，保护范围有限。以侵犯著作权罪为例，侵犯著作权罪要求"以营利为目的"，且仅保护复制权、发行权及规制假冒他人署名美术作品行为，而著作权的权利内容并不仅限于复制权、发行权，假冒他人署名问题也不仅仅出现在美术作品之中。侵犯专利罪仅规制假冒他人专利的行为。这就导致在侵犯知识产权罪中，商标权案件占据了80%以上。出现这种情况并非由于侵犯著作权、专利权的案件少，而是因为《刑法》对知识产权犯罪的规定较为狭窄，且适用边界略有模糊，从而导致刑法保护知识产权略有不力的情形。

（2）网络知识产权犯罪的认定存在困难。首先，认定网络知识产权犯罪的方式混乱。《最高人民法院、最高人民检察院关于办理侵犯知识产权刑事案件具体应用法律若干问题的解释》将通过信息网络传播作品的行为定性为"复制发行"，这与《著作权法》的规定存在冲突，《著作权法》将复制权、发行权、信息网络传播权作为单独的权利进行规定，这就造成民刑保护的认识冲突，亦造成网络环境下侵犯知识产权罪的判定混乱。其次，认定侵犯知识产权罪，需要有损害结果，如"情节严重""违法所得数额较大""造成重大损失"等。在网络环境下，要证明对知识产权的侵害达到如上所述的损害结果存在较大困难。网络环境下信息的传播已脱离物质载体，所谓违法所得并不一定通过"营利"加以体现，更多体现为不可量化的收益，如增加流量等，此时违法所得难以确定，较难认定侵犯知识产权罪。

值得肯定的是，在《刑法修正案（九）》中增加了拒不履行信息网络安全管理义务罪和帮助信息网络犯罪活动罪；《中华人民共和国刑法修正案（十一）》（以下简称《刑法修正案（十一）》）草案中修改了商业秘密罪入罪门槛，同时增加商业间谍犯罪；虽然增加了网络知识产权犯罪类型，但是仍未解决上述刑法保护知识产权存在的问题，需要立法、司法通力合作，促进相关法律制度的完善。

第三节　网络知识产权立法完善对策

上文对我国网络知识产权立法存在的问题进行了系统分析，相关对策建议也以问题为基础，为我国网络知识产权立法的完善提供基础论证，为网络知识产权法律体系的建立提供思路。

一、明确网络知识产权立法的基本原则

完善网络知识产权立法，首先须明确网络知识产权立法的基本原则。网络知识产权立法基本原则是提出相关立法建议，推动法律体系与法律制度完善的基本准则。

（一）严格知识产权保护

关于知识产权保护与鼓励创新之间的关系，存在一种观点，即我国是发展中国家，知识产权保护水平不应过于严格，否则不利于我国经济发展。而就知识产权保护与经济发展之间的关系而言，有学者统计分析，知识产权对中国经济增长具有争相促进作用，保护知识也是中国由粗犷型到集约型发展的必然要求。[1]在知识经济时代，知识产权保护水平是国家发展潜力和国际竞争力的关键因素，知识产权只能"适度保护"的法律理念存在一定误区。[2]

近年来，有关知识产权保护的理念和原则有一些变化，严格知识产权保护逐渐成为知识产权保护的主流观念。从国际环境来看，中美经贸摩擦中美国不断以知识产权为借口与手段对我国进行"攻击"，美国近五年《特别301报告》均提出我国知识产权保护不足方面的问题。进一步严格知识产权保护是参与国际交流与竞争的要求。

从国家战略及知识产权保护环境来看，不断强调要严格知识产权保护。2018年3月，《政府工作报告》提出"强化知识产权保护，实行侵权惩罚性赔偿制度"；2018年4月，博鳌亚洲论坛习近平主席提出"加强知识产权保护，是完善产权保护制度最重要的内容，也是提高中国经济竞争力最大的激励"。2019年全国知识产权宣传周主题确定为"严格知识产权保护　营造一流营商环境"，要在全社会营造尊重和严格知识产权保护的氛围与环境。

从立法趋势来看，严格知识产权保护，也是我国知识产权立法的趋势。如《商标法》和《专利法》第四次修改中提高了法定赔偿额的上限，并提升惩罚性赔偿额的倍数；《著作权法》修订草案中也提出要增加惩罚性赔偿等。同时，《民法典》第1185条规定，故意侵害他人知识产权，情节严重的，被侵权人有权请求相应的惩罚性赔偿。

在网络环境中，知识产权侵权难度小、成本低、危害大，在进一步完善网络知识产权立法中，应进一步加强知识产权保护力度，严格知识产权保护，从而营

---

〔1〕　陈春晖、曾德明、朱丹："知识产权与中国经济增长的协整关系研究"，载《湖南大学学报（自然科学版）》2007年第7期。

〔2〕　于志强："我国网络知识产权犯罪制裁体系检视与未来建构"，载《中国法学》2014年第3期。

造健康有序的网络经济秩序。

（二）注重各方利益平衡

互联网是人类创造的比现实世界更广阔的新天地，"互联网+"让传统的社会生活领域出现了很多新的法律问题。知识产权产业和网络技术产业不断交互融合，打破了传统的知识产权所有者、中间传播者和最终使用者三者之间的利益平衡局面，产生了新的法律关系。因此完善网络知识产权立法体系过程中，要注重各方利益平衡。

进入互联网时代，知识信息高速传播，知识获取渠道及方式更加便捷，知识创新的速度也大大提高。由于知识获取渠道的便利，对权利人合法权益的侵犯也更加便捷，网络环境下要更加注重对权利人的保护。同时，知识产权制度的设立还需要保护创新，由此在立法过程中也要对知识产权权利人的权利进行适当的限制，避免权利滥用。

（三）坚持以市场为导向

知识产权制度是市场经济的产物，是为市场经济服务的。[1] 网络知识产权制度的建立与完善同样需要为市场经济服务，坚持市场的导向作用。从知识产权法律制度发展历史来看，我国知识产权制度的建立与最初的修改的动力主要是融入国际社会的需要及国际社会的压力，如《著作权法》三次的修改主要是基于外部压力，而非内在动力。知识产权制度对经济的推动与促进作用也并不明显。但随着我国市场经济的发展及知识产权制度的不断完善，知识产权在企业发展与国际交流中发挥越来越重要的作用，知识产权对经济的推动作用也逐渐显现。网络知识产权发展离不开市场经济不断探索出现的新产物与新问题，其立法完善也应以市场经济需求为导向，以促进市场经济发展为目标，为市场经济发展营造良好的知识产权保护环境。

（四）加强立法研究论证

法律的制定与修改需要经过严密的论证过程。我国法律的制定与完善均需要列入"立法工作计划"，由此方能推动法律制度的建立与完善，《中华人民共和国立法法》第 52 条规定了立法的具体要求。列入立法工作计划需要经过意见征集、科学评估等过程，且立法机关、行政机关、司法机关在立法计划中均发挥一定作用。在具体立法程序中，也包括了提出法律案、对外征求意见、三次审议、交付表决等过程，对于专业性较强、存在重大分歧、涉及利益关系重大调整的法律案，还应召开论证会。互联网技术发展迅速，高速发展的技术带来了大量的侵权问题，也给法律制度带来了巨大的挑战。网络知识产权的立法需要在能够解决

---

〔1〕 王玮、张博令："知识产权在互联网时代的发展与挑战——专访北京大学法学院张平教授"，载《新闻爱好者》2018 年第 5 期。

现有网络发展提出挑战的同时，保持法律的稳定性，这要求立法进行充分的研究与论证。一方面，列入立法工作计划，需要发挥立法、行政、司法机关在立法中的建议作用，对该项立法是否是经济与社会发展急需的进行论证；另一方面，需要发挥立法机关的引导作用，司法机关、政府机关的建议作用，同时提高企业、行业专家等主体的参与度。

二、完善网络知识产权立法体系

网络环境下知识产权客体不断出新、侵权行为多样，但我国网络知识产权立法整体缺乏系统性、网络知识产权相关立法位阶不高且缺乏有效衔接。在此背景下，综合考虑技术发展与法律的滞后性之间的矛盾，知识产权特征与网络特性之间的冲突，建议综合、统筹考虑网络知识产权的立法体系，加强网络知识产权立法的衔接，从而为信息网络技术发展提供有效的法律保护环境。

（一）建立网络知识产权立法体系

目前有关网络知识产权的法律规定主要有《民法典》《刑法》《著作权法》《商标法》《专利法》《反不正当竞争法》《电子商务法》《网络安全法》等，各项法律制定与修改过程中，着眼于各部门法的需求，缺乏系统性。建议梳理构建网络知识产权立法体系，并加强部门沟通交流，明确网络知识产权立法主体。

目前有关构建网络知识产权立法体系分两种思路，一种为编制单独的网络知识产权法律规定，另一种为在现有知识产权法律制度框架之下进行适应性调整，以加强网络知识产权保护。本书赞同后一种观点，在"互联网+"背景下，知识产权所涉及的法律问题也是世界各国共同面临的问题。综观各国知识产权法律体系，各国鲜有针对互联网领域的知识产权法律问题，制定系统完整的法典或统一的成文法。大多数国家是在各单行法，或者在《著作权法》《商标法》《专利法》竞争法中，通过制定专门的法律条款，对涉及互联网的侵权行为和法律责任进行规范。因此，建议我国也采取分别修改、完善各单行法的方式，完善互联网领域的知识产权保护法律制度。

但由于我国由行政主管部门主管法律制度修改，我国知识产权各单行法主管的行政部门不同，平行、分散、彼此独立的单行法会导致知识产权法律保护中的"撞车现象"，造成知识产权的权利冲突。[1] 所以，采用修改、完善知识产权单行法方式完善网络知识产权法律制度过程中，需要统筹考虑网络知识产权立法体系，并注重平衡权利人、传播者、使用人、社会公众之间的合法利益，尽可能减少并消除立法冲突。

根据我国现有的知识产权法律制度，并结合网络时代知识产权保护的问题与

---

〔1〕　阳旭东："网络时代知识产权的立法思考"，载《求索》2001 年第 5 期。

需求，建议从民事立法、刑事立法、行政法规及其他法律保护等角度统筹、综合考虑网络知识产权立法体系。详见下图。在网络知识产权法律制度完善过程中，需特别注意立法主体的明确与统一。统一网络知识产权立法主体并不是指所有知识产权立法均由同一主体制定，而是要有统一的机构或者部门对网络知识产权立法进行统筹，从而减少立法上的冲突，节约立法各项成本，提高立法效率，以快速、便捷地解决网络环境下面临的知识产权问题。

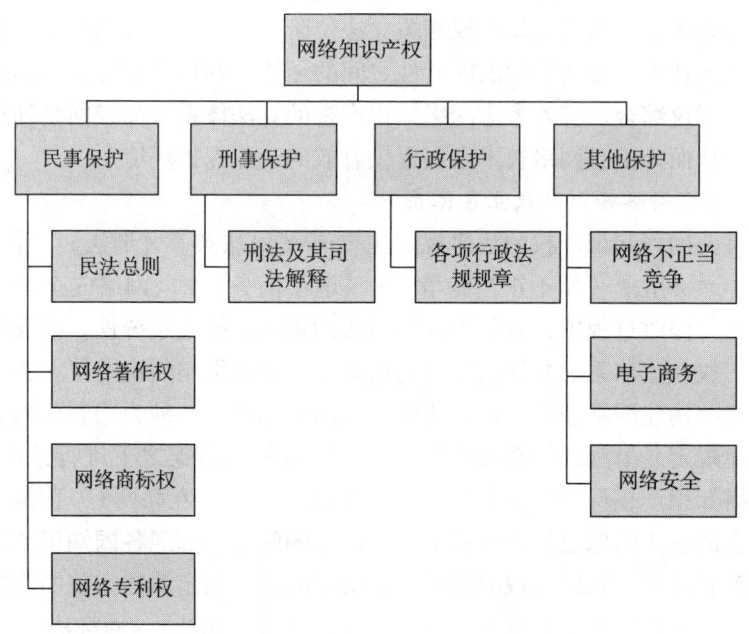

图2-2 网络知识产权立法体系

（二）注重网络知识产权立法的衔接

构建网络知识产权立法体系，需要在立法思路上进行统筹，也需要在各项网络知识产权相关法律制定与修改过程中，进行统一规划，加强法律之间的衔接，减少立法冲突，方便法律适用。

1. 合理确定网络知识产权相关立法的法律位阶。上文我们分析，网络知识产权相关内容零散规定于知识产权各单行法之中，网络知识产权的立法主要是行政法规、部门规章，相对而言法律位阶较低。当然，网络知识产权法律保护并不要求法律位阶越高越好，而是要根据网络知识产权发展现状及侵权状况确定合适的法律位阶。由于法律需要具有稳定性，涉及网络知识产权原则性的内容需要通过较高位阶的法律予以确认；而具体的实施细则及法律条款的具体适用，则可以通过行政法规等予以明确；根据网络发展速度较快等特点，对于网络知识产权出现的新问题，也可以通过司法解释等方式进行突破性地实践。

2. 明确立法主体，统一立法思路，注重法律衔接，审慎借用与移植法律规定。我国知识产权存在多头管理的现象，这一点在国务院机构改革中有所改善。但网络知识产权问题仍涉及多个行政管理部门，如国家知识产权局、版权局、网信办、商务部等。针对网络知识产权问题，建议由一个部门或者多个部门形成指导小组加以讨论确定，在具体立法或者修法过程中注重各项法律之间的衔接，避免立法上的冲突。

3. 加强网络知识产权立法的前瞻性研究，完善立法反馈机制。互联网技术发展高速，为促进网络知识产权立法完善与衔接，建议加强前瞻性立法研究，以适应网络时代的新特点。同时，完善立法论证程序，通过高效的立法反馈与意见征集，使立法、行政、司法机关，高校、科研院所专家，企业等行业专家参与到网络知识产权立法之中，通过广泛征求意见，尽可能避免立法冲突，使网络知识产权法律制度行之有效。

三、重构网络知识产权立法内容

互联网作为创新的发展动力，已经被提升到国家战略发展的高度。互联网新领域并不是法外之地，我们不仅应当积极应对互联网领域发展变化给知识产权制度带来的新挑战，还应当适时地修改和完善相关法律制度，为网络知识产权的发展提供明确的规则指引。

一方面，针对网络知识产权领域的立法空白，应加强立法，填补法律空白。但是在完善网络知识产权立法过程中，也应注意维护法律的稳定性。法律作为规范，其内容是抽象的、概括的、定型的，不能频繁变动，更不能朝令夕改，否则就会失去其权威性和确定性。因此，完善网络知识产权立法中，应充分发挥司法机关的能动性，充分发挥司法解释的作用。另一方面，针对网络知识产权出现的具体问题，通过修改现行知识产权单行法的方式进行完善，从而加强网络知识产权保护。当然在现行知识产权单行法修改完善过程中，也应考虑知识产权与民法典之间的关系，目前《民法典》就知识产权权利客体进行了原则性规定，在《民法典》实施后如何更好地从解释论的角度对知识产权相关内容作进一步解读，仍应加强研究。

（一）网络著作权保护

《著作权法》的修订，既是加大保护力度、提高权利保护水平的迫切需要，也是鼓励和促进作品的传播和利用，繁荣社会文化生活的重要举措。《著作权法》修改虽已完成，但风格技术发展带来的问题与挑战仍有待进一步讨论与解决。

1. 针对网络环境下出现的新问题加强研究与规范。针对近年来较为突出的体育赛事转播、视频聚合盗链、间接侵权、深度链接、网页快照等新型法律问题，及时进行规范和调整。

2. 明确网络著作权权利内容。一是明确临时复制的法律定性，目前关于临时复制如何规制问题尚无定论，我们认为，对临时复制要区分具体情形来看是否纳入复制权范围。区分临时复制件能否被感知、被传播或再复制。[1] 二是明确网络发行的法律地位。明确复制权、发行权与信息网络传播权的内容。具体完善方案有两种，第一种方案参照 WCT 规定，将发行权明确限定为有形物，信息网络传播权则主要控制网络传播作品行为，此时需要明确网络出版的内涵，不仅仅是作品的复制与发行，还包括作品的网络传播。此种完善方案符合我国现有《著作权法》的立法体例，不需要进行较大变动，具有一定的可操作性。另一种方案为参考美国做法，将信息网络传播权规制内容分散到复制权与发行权内容当中。此种方案不需再对网络传播进行界定，但对我国现有著作权法体系具有较大变动，难度较大，我们建议采取第一种方案，在《著作权法实施条例》或者相关司法解释中予以明确。三是为了适应三网融合的实际需求，在司法解释中进一步明确广播权与信息网络传播权的界限。

3. 进一步完善网络服务提供商"避风港"规则。对于"避风港"规则的适用问题，有学者认为解决互联网假冒问题，提高网络服务提供商责任是正确选择，放弃"避风港"规则，回归基本的过错归责原则，从强化网络服务商责任角度令网络服务提供商更有效地采取措施预防侵权。[2] 我们认为在《信息网络传播权保护条例》已实施多年且取得一定成效，我国网络著作权保护制度已形成初步体系的前提下，抛弃"避风港"规则并非良策。解决这一问题，主要是避风港规则和红旗原则二者之间的协调，也就是说提供存储空间或者提供网络服务不是完全不承担责任，在"明知"和"应知"的情况下要承担义务；相反，作为一个技术供应商，可以不承担责任。[3]

（二）网络商标权保护

1. 关于网络环境下商标使用行为的确定。一是明确商标使用的含义，明确商标使用行为的构成要素。根据《商标法》第 48 条，商标使用应与商品和服务联系在一起，并用以识别商品来源。商标使用并不禁止他人使用商标，他人不侵

---

〔1〕 郝明英："论网络出版者权的法律规制"，载《中国出版》2019 年第 13 期。

〔2〕 崔国斌："知识产权 vs. 网络自由：新一轮国际立法争议解读"，载《电子知识产权》2012 年第 3 期。

〔3〕 王迁："关注著作权法修改：网络服务商应负合理注意义务"，载搜狐科技网，http://it.so-hu.com/20120413/n340438213.shtml，最后访问日期：2020 年 5 月 13 日。

害商标权人商誉情况下，也可使用商标。此外，商标使用并不禁止描述性使用和指示性使用，仅限制以区分商品或服务来源为目的的使用。网络环境下商标的使用与实体环境下商标的使用相同，二者都必须通过商标的使用来实现商标的区分功能和产生商业性影响。[1] 二是以消费者混淆判断商标使用是否构成侵权行为。在《商标法》第三次修改中第 57 条规定了混淆要求，在网络环境下，有关商标侵权认定标准，有从混淆误认向初始兴趣混淆转向的倾向。[2] 我国《商标法》规定的为混淆误认，因此不过多分析初始兴趣混淆。坚持"消费者混淆"的判断标准，以不变应万变。三是对网络环境下商标使用行为进行分类分析。在互联网网页上利用商标做广告、进行电子商务交易属于商标法"广告宣传""商业活动"中的商标使用行为。[3] 关于以网络域名方式"使用"商标，根据《最高人民法院关于审理涉及计算机网络域名民事纠纷案件适用法律若干问题的解释》第 4 条规定，将他人注册商标或与他人注册商标近似的标志注册为域名、使相关公众产生误认的行为可能构成商标侵权或者不正当竞争。该规定与《最高人民法院关于审理商标民事纠纷案件适用法律若干问题的解释》具有一定差异，后者规定该行为直接构成商标侵权。对此问题分析同样需要回到商标使用行为的界定，若要构成商标侵权，要分析该行为是否与特定商品和服务联系在一起，并使相关公众产生误认。因此有必要对《最高人民法院关于审理商标民事纠纷案件适用法律若干问题的解释》相关规定进行调整，现有规定将该行为直接定性为商标侵权略显武断。

2. 网络服务提供商商标侵权责任认定。由于目前关于网络服务提供商商标侵权责任认定缺乏具体的法律适用标准，我们建议根据《民法典》侵权责任编《电子商务法》相关规定以及参考《著作权法》《信息网络传播权保护条例》及著作权领域相关司法解释的规定，分析总结最新关于互联网商标侵权案件的审判经验，并结合商标的特点，在相关司法解释中对网络环境下商标权相关保护作出程序性规定。

（三）网络专利权保护

根据网络环境下专利权保护面临的问题，专利权保护客体的具体细则仍需要进一步完善；网络服务提供商专利侵权判定需结合专利侵权特点确立适用于专利领域的规则。

---

〔1〕 王莲峰："论商标的使用及其认定——基于《商标法》第三次修改"，载《公民与法（法学）》2011 年第 3 期。

〔2〕 刘燕："论互联网环境下商标侵权认定的标准及原则"，载《兰州大学学报（社会科学版）》2015 年第 1 期。

〔3〕 刘春霖："论网络环境下的商标使用行为"，载《现代法学》2008 年第 6 期。

关于 GUI 外观设计专利的保护。建议首先理清 GUI 外观设计客体和载体之间的关系。在确定 GUI 保护范围时，可借鉴美国、欧盟相关规定，美国在专利审查指南中直接将在电脑上形成的图像确定为保护客体；[1] 欧盟直接定义"图形符号"为产品，"图形符号"即外观设计当然是保护客体，并不存在载体一说。[2] 我国自《专利审查指南》修改以来，申请实践中一直将图形用户界面外观设计与产品相结合来保护，为回应互联网公司通常将其设计的 GUI 通过互联网通用在手机、电脑等不同产品上的行业特点，2019 年 9 月《专利审查指南》修改时，对于设计要点仅在于 GUI 的申请，将视图要求简化为至少提交一幅包含该 GUI 的显示屏幕面板的正投影视图（第一部分第三章 4.4.1），从而将 GUI 与其具体所应用的产品脱钩。[3] 即便如此，《专利审查指南》仍要求外观设计名称应表明图形用户界面的主要用途和其所应用的产品（第一部分第三章 4.4.1），要求在简要说明中以列举的形式明确其应用的最终产品（第一部分第三章 4.4.3）。此次修改只是缓兵之计而非解决之道。《专利法》实质上保护的创新思想是图形用户界面外观设计本身，因此，保护体系只有从申请和保护环节区分开客体和载体关系，避免繁复的载体限制，才能从真正意义上起到保护图形用户界面外观设计的作用。其次，《专利法》修改后引入局部外观设计保护制度。美国较早通过 *In re Zahn*[4] 一案设立部分外观设计制度与图形用户界面保护制度，美国专利商标局修改专利审查指南，对外观设计定义进行补充："外观设计是指包含于或应用于工业产品（或其部分）的外观设计，而非产品本身"。[5] 保护部分外观设计的国家，通常用实线表示申请保护的部分外观设计，用虚线表示无需保护的其他部分。我国专利审查实践中运用相似性的判断，与部分外观设计判断的思想不谋而合。《专利法》修改后，局部外观设计在授权、确权以及侵权判定方面的规则都有比较大的不同，而目前我国外观设计的法制体系基本都是围绕产品整体外观设计构建的，能否适用于局部外观设计仍需要进一步探索。

关于"通知—删除"规则是否可以适用于专利领域，我们认为不应简单进行制度移植，需要结合专利特点进行调整。首先，专利权侵权行为需要基于有形

---

〔1〕 Manual of Patent Examining Procedure（MPEP），https：//www.uspto.gov/web/offices/pac/mpep/index.html，最后访问日期：2020 年 5 月 13 日。

〔2〕 马云鹏："中欧电子产品用户界面（GUI）外观设计保护比较研究"，载《知识产权》2013 年第 5 期。

〔3〕 国家知识产权局："2019 年《专利审查指南》修改解读"，载国家知识产权局网，http：//www.sipo.gov.cn/zcfg/zcjd/1143361.htm，最后访问日期：2020 年 5 月 31 日。

〔4〕 In re Zahn，617 F. 2d 261，204 USPQ 988。

〔5〕 美国专利审查指南 1502 条。Manual of Patent Examining Procedure（MPEP），https：//www.uspto.gov/web/offices/pac/mpep/index.html，最后访问日期：2020 年 5 月 13 日。

载体，即产品，网络仅仅是提供了涉嫌侵权产品的信息。"通知—删除"规则的适用不过是删除了相关侵权产品的信息，并不能阻止侵权产品的实际交易。[1] 网络专利权保护应根据专利侵权特点规定网络服务提供商责任。其次，专利权保护范围由权利要求界定，需要专业的审查员、法官或者行政执法人员在严格的程序中确定、解释，且专利涉及具体技术领域，而不仅仅是法律判断，如果在专利领域简单采用"通知—删除规则"无疑加重了网络服务提供者的注意义务和责任。2020 年《最高人民法院关于审理涉电子商务平台知识产权民事案件的指导意见》中也明确规定了涉及专利权电子商务侵权"通知"与"反通知"具体考量因素，避免了网络服务提供商进行专利侵权判定，具有一定合理性。最后，与《民法典》侵权责任编、《电子商务法》衔接，需进一步讨论网络领域专利权保护是否有必要明确"通知—转通知—删除""反通知—恢复"等程序。

（四）网络不正当竞争行为规制

现有网络专条的规定主要是从司法案例总结、分类角度设立，而非进行充分理论研究的基础上推演出来。建议加强网络反不正当竞争立法研究。在加强立法研究的同时，更加注重法律的司法解释作用。目前《反不正当竞争法》已经就网络不正当竞争行为进行了规定，短时期的修法并不具有可行性，而通过进一步司法解释可以促进网络专条的理解与适用，从而使网络专条在司法实践中发挥更明确的指引作用。一是明确网络专条的内涵及意义，对网络专条进行"限缩解释"，[2] 给予社会公众更加明确的法律指引；二是明确网络专条中各个类型适用的具体范围，如"流量劫持"中是否包含消费者主观因素的判断等。三是对于网络环境下出现的新的不正当竞争行为及时进行总结，并引入新的类型化规则。当然网络不正当竞争行为的类型并非"多多益善"。四是明确反不正当竞争法一般条款与网络专条之间的关系，确立二者的适用范围，以加强网络不正当竞争行为的规制。

（五）电子商务中的知识产权保护

电子商务领域的知识产权问题一直是我国立法、司法实践中的重点问题，也是国际社会对我国知识产权保护诟病最多的领域。[3]《电子商务法》对该领域的知识产权问题进行了系统规定，主要是"通知—删除"规则相关内容。但《电子商务法》有关"通知—删除"规则的内容尚不完善，还存在诸多问题需要

---

〔1〕 李明德："'通知删除'制度在专利侵权领域的适用——威海嘉易烤生活家电有限公司诉永康市金仕德工贸有限公司、浙江天猫网络有限公司侵害发明专利权纠纷案"，载《中国发明与专利》2018 年第 7 期。

〔2〕 蒋舸："《反不正当竞争法》网络条款的反思与解释——以类型化原理为中心"，载《中外法学》2019 年第 1 期。

〔3〕 美国《特别 301 报告》每年都会提到我国电子商务领域的侵权、假冒产品问题。

通过司法实践进一步确认。

1. 有关"通知—删除"规则的适用范围需进一步论证。《电子商务法》有关知识产权条款的内容能否适用于商标、专利领域尚有待进一步论证，且需要设计具体的适用细则，毕竟对专利侵权的判定不是平台所能做到的。虽然在《最高人民法院关于审理涉电子商务平台知识产权民事案件的指导意见》就涉及专利侵权的通知与反通知要件中，有"知识产权权利人提交技术特征或者设计特征对比的说明、实用新型或者外观设计专利权评价报告"等内容，但相关规定的具体落实与适用还有待验证。

2. 明确"通知错误"的构成要件、通知错误后应承担的法律责任内容。在具体司法实践中，有关赔偿责任的具体计算标准、方法也需要进一步确认。由此《电子商务法》中关于"通知错误"及"恶意错误通知"的条款才能够得到真正适用。

3. 明确"通知—删除"规则是属于侵权构成要件还是免责事由。美国《数字千年版权法》将"通知—删除"规则确定为免责条款，我国在引进过程中将侵权构成要件与免责事由掺杂在一起。[1] 由此，《电子商务法》有关"选择期间"的规定也演变成为平台"应当"遵守的义务，加大了平台的法律责任。建议在法律的适用与司法实践中进一步确认平台的侵权责任构成要件及免责事由，将选择期间相关问题确定为平台的免责事由，即平台在反通知后一定期间内未接到权利人提起司法或行政程序的通知，依然拒绝恢复已删除或断开的链接，此时平台不能够以此为理由申请免责，但这并不能成为平台是否侵权的构成要件。

（六）网络知识产权的刑法保护

知识产权的刑法保护是指立法者将一些严重侵害知识产权的行为规定为犯罪，给予其刑罚制裁，通过刑事程序追究侵害人的刑事责任以保护知识产权，从而维护知识产权权利人的利益和国家对于知识产权的管理秩序。[2] 在目前知识产权民事、行政保护力度不断加强，知识产权犯罪依赖民事和行政保护的背景下，网络知识产权保护是否还有必要通过刑法进行保护？我们认为知识产权的刑法保护是必要的，但应保持一定的适度性。首先，严重侵犯知识产权不仅不利于权利人权益保护，也会破坏市场经济秩序。其次，从刑法的作用来看，刑法的作用是惩罚犯罪行为，其可以通过制裁使得受保护的社会关系不再受侵犯，[3] 从而起到一定威慑作用。最后，从国际范围来看，知识产权刑法保护是世界刑事立

---

〔1〕 刘晓春：《电子商务法》知识产权通知删除制度的反思与完善"，载《中国社会科学院研究生学报》2019 年第 3 期。

〔2〕 姜伟主编：《知识产权刑事保护研究》，法律出版社 2004 年版，第 27~28 页。

〔3〕 刘宪权、张晗："论知识产权刑法保护的必要性和适度性"，载《犯罪研究》2006 年第 4 期。

法的趋势，《TRIPS 协定》等国际公约要求缔约国在国内法中用刑法规范知识产权犯罪行为。但刑法毕竟是保护各种社会关系的最后屏障，其保护作用也应保持一定的适度。在网络知识产权领域，完善知识产权刑法保护应从以下方面入手：

1. 明确网络知识产权犯罪类型及范围。网络环境下，知识产权犯罪逐渐增多并不断加强，主要可以分为侵害新法益的新型网络犯罪和侵害传统法益的网络化犯罪。现有 8 个知识产权犯罪罪名并不能完全规制新型网络知识产权犯罪类型。建议通过立法或司法解释明确网络知识产权犯罪类型，以有效规制网络知识产权犯罪行为。在规制网络知识产权犯罪的方式上，建议首先通过司法解释加以扩张保护，坚守刑法的谦抑性。在完善网络知识产权犯罪罪名及类型的基础上，明确网络知识产权犯罪规制范围，尤其是著作权、专利、商业秘密等犯罪行为。

2. 明确网络知识产权犯罪认定标准，适度降低犯罪入罪门槛。网络知识产权民事与行政保护中均强调要加强知识产权的刑事保护，对具有严重社会危害性的行为，需要追究其刑事责任。在刑事立法完善过程中，明确网络知识产权犯罪罪名及保护范围后，需要进一步明确网络知识产权犯罪标准，适度降低入罪门槛。如侵犯著作权犯罪中对"以营利为目的""违法所得数额较大"等内容进行明确规定等。

网络知识产权司法

第一节 网络知识产权司法的基本情况

一、网络知识产权司法

网络知识产权司法保护体系是指网络知识产权司法审判内部运行体制、模式、制度及外部衔接机制。

自 1985 年 2 月我国受理第一起专利侵权纠纷案件以来，1985 年至 2016 年，人民法院受理了知识产权民事一审案件 792 851 件，审结了 766 101 件；人民法院受理知识产权行政一审案件 44 401 件，审结 39 113 件[1]；人民法院受理知识产权刑事一审案件 77 116 件，审结 76 174 件。[2] 我国的知识产权司法保护用了短短 30 年的时间，不断追赶西方发达国家近三百年的漫长知识产权发展道路，走出了一条融合与创新、自主发展与自我完善的中国道路。[3]

1999 年，王蒙等六位作家诉世纪互联通讯技术有限公司侵犯著作权纠纷案，被视为我国第一起网络环境中的知识产权纠纷案件。互联网环境下，知识产权违法侵权行为具有技术更新快、侵权行为更加隐蔽、侵权形式多样化等诸多特点，有关网络知识产权侵权案件近年来呈现增长态势。显然互联网已经成为知识产权的主战场。

二、网络知识产权司法政策

（一）2006 年《信息网络传播权保护条例》

随着互联网技术的飞速发展，自 2005 年 6 月底，我国网络用户就已经超过 1 亿。互联网已经成为公众获取信息的重要渠道之一。如何调整权利人、网络服务

---

〔1〕 因知识产权行政案件从 2002 年才开始单列统计，故此部分数据为 2002-2016 年部分数据。

〔2〕 因知识产权刑事案件从 1998 年才开始单列统计，故此部分数据为 1998-2016 年部分数据。

〔3〕 最高人民法院 2017 年 4 月 24 日颁布的《中国知识产权司法保护纲要（2016-2020）》。

提供者和作品使用者之间的关系，已成为互联网发展必须认真加以解决的问题。[1] 2001 年，为实现加入 WTO 的国家战略要求，快马加鞭通过了《著作权法》。2005 年 9 月，国家版权局起草《信息网络传播权保护条例（草案）》，公开征求意见，12 月，国家版权局将草案提交至国务院法制办公室，2006 年 5 月 10 日，国务院第 135 次常务会议审议通过了《信息传播权保护条例》并于 2006 年 7 月 1 日起施行。

2006 年《信息网络传播权保护条例》作为知识产权中有关网络知识产权内容的第一份规范性文件，旨在解决信息网络传播过程中的问题，为我国加入 WCT、WPPT 做了充分的准备工作、铺平了道路。伴随着之后系列法律、法规等规范性文件的出台，我国的网络治理体系逐步完善。

（二）2008 年《国家知识产权战略纲要》

2005 年初，国务院成立了国家知识产权战略制定工作领导小组，启动了战略的研究制定工作。2007 年，党的十七大报告首次提出了"实施知识产权战略"。2008 年国务院常务会议审议通过《国家知识产权战略纲要》，2008 年 6 月 5 日正式印发实施。《国家知识产权战略纲要》的实施意味着知识产权工作已经上升到国家战略层面，明确了之后较长的一段时间内我国知识产权工作的总体目标，指明了知识产权事业的发展方向。在《国家知识产权战略纲要》第三部分"战略重点"（第 13 条）要求"修订惩处侵犯知识产权行为的法律法规，加大司法惩处力度。提高权利人自我维权的意识和能力。降低维权成本，提高侵权代价，有效遏制侵权行为"。同时第 25 条规定要"扶持新闻出版……信息网络等版权相关产业发展……扶持难以参与市场竞争的优秀文化作品的创作"。第 28 条规定"有效应对互联网等新技术发展对版权保护的挑战。妥善处理保护版权与保障信息传播的关系，既要依法保护版权，又要促进信息传播"。

《国家知识产权战略纲要》颁布之后，国务院批复成立了国家知识产权战略实施工作部际联席会议，统筹协调全国战略实施工作。[2]

（三）2009 年《最高人民法院关于贯彻实施国家知识产权战略若干问题的意见》

2009 年 3 月 30 日，最高人民法院公布《最高人民法院关于贯彻实施国家知识产权战略若干问题的意见》（法发〔2009〕16 号，以下简称《意见 1》）。《意

---

〔1〕"国务院法制办负责人就《信息网络传播权保护条例》有关问题答中国政府网记者问"，载 http://www.gov.cn/zwhd/2006-05/29/content_294127.htm，转引自郭寿康、万勇："《信息网络传播权保护条例》评介"，载《电子知识产权》2006 年第 10 期。

〔2〕田力普："深入实施知识产权战略，有效支撑创新驱动发展——写在《国家知识产权战略纲要》颁布 5 周年之际"，载《科技与法律》2013 年第 3 期。

见 1》指出要"加强……信息网络等领域的著作权案件审判，……推动文化创新……有效应对互联网等新技术发展对著作权保护的挑战，准确把握网络环境下著作权司法保护的尺度，妥善处理保护著作权与保障信息传播的关系，既要有利于网络新技术和新商业模式的开发与运用，促进信息传播，又要充分考虑网络侵权的特点和维权的困难，完善网络环境下证据规则，有效保障著作权……"。通过加强对著作权的司法保护，维护合法权利，以期提高我国的国家文化软实力。

（四）2011 年《关于充分发挥知识产权审判职能作用推动社会主义文化大发展大繁荣和促进经济自主协调发展若干问题的意见》

2011 年 2 月 16 日，最高人民法院印发《关于充分发挥知识产权审判职能作用推动社会主义文化大发展大繁荣和促进经济自主协调发展若干问题的意见》（法发〔2011〕18 号，以下简称《意见 2》），以贯彻十七届六中全会、中央经济工作会议精神和"十二五"规划纲要要求。

《意见 2》指出要"加强网络环境下的著作权保护，妥善处理保护著作权与促进信息网络产业发展和保障信息传播的关系"。"要准确把握法律、行政法规和司法解释有关网络环境下著作权保护的精神实质，特别要准确把握权利人、网络服务提供者和社会公众之间的利益平衡，既要加强网络环境下著作权保护，又要注意促进信息网络技术创新和商业模式发展，确保社会公众利益。正确把握作品、表演、录音录像制品提供行为与网络服务提供行为的划分，妥善处理有关网络服务提供者免责与归责、'通知与移除'规则与过错归责、网络服务提供者侵权过错与一般侵权过错的差别等关系。凡是网络服务提供行为符合法定免责条件的，网络服务提供者不承担侵权赔偿责任；虽然不完全符合法定的免责条件，但网络服务提供者不具有过错的，也不承担侵权赔偿责任。要根据信息网络环境的特点和实际，准确把握网络服务提供行为的侵权过错认定，既要根据侵权事实明显的过错标准认定过错，不使网络服务提供者承担一般性的事先审查义务和较高的注意义务，又要适当地调动网络服务提供者主动防止侵权和与权利人合作防止侵权的积极性。要维护'通知与移除'规则的基本价值，除根据明显的侵权事实能够认定网络服务提供者具有明知或者应知的情形外，追究网络服务提供者的侵权赔偿责任应当以首先适用'通知与移除'规则为前提，既要防止降低网络服务提供者的过错认定标准，使'通知与移除'规则形同虚设；又要防止网络服务提供者对于第三方利用其网络服务侵权消极懈怠，滥用'通知与移除'规则。"

（五）2012 年《关于充分发挥审判职能作用为深化科技体制改革和加快国家创新体系建设提供司法保障意见》

2012 年 7 月 19 日，最高人民法院发布《关于充分发挥审判职能作用为深化科技体制改革和加快国家创新体系建设提供司法保障意见》（法发〔2012〕15

号）文件，为充分发挥人民法院在深化科技体制改革和加快国家创新体系建设中的审判职能作用，在本意见第 12 条明确提出要"大大加强软件、数据库、动漫、网络、文化创意等新兴文化产业和高科技领域的著作权保护，准确把握新科技环境下著作权司法标准，实现激励创作、促进产业发展和保障创新成果惠及民生的协调统一。积极应对数字化、网络化、智能化带来的著作权保护新问题，在保护著作权益的同时，注重促进工业和信息化的融合，提高科技对文化事业和文化产业发展的支撑能力"。

（六）2013 年《解放思想 真抓实干，在新的历史起点上开创知识产权审判工作会议上的讲话》

2013 年 3 月 21 日，上述讲话指出，①加强商标权保护，着力培育品牌竞争新优势。要深入研究和探索网络交易平台等网络环境下商标侵权问题，既要在类似情况下参考借鉴网络著作权司法解释的有关原则和精神处理该类纠纷，又要注意其差别，研究和总结其侵权判断规则的特殊性……同时，②加强著作权保护，不断增强文化整体实力和竞争力，要正确理解和适用网络著作权司法解释精神，合理平衡权利人、网络服务提供者和社会公众的利益，积极促进网络环境下产业组织和商业模式创新。

（七）2018 年《电子商务法》

2018 年 8 月 31 日，第十三届全国人大常委会第五次会议表决通过《电子商务法》，自 2019 年 1 月 1 日施行。《电子商务法》的出台，进一步完善了知识产权的法律法规体系建设，涉及各类知识产权。该法中有关知识产权的条款的规定主要体现在第 42~45 条，以《侵权责任法》第 36 条规定的有关缺陷为基础并进行了重大完善。本法的主要内容如下：①将"电子商务平台经营者应当建立知识产权保护规则，与知识产权人加强合作，依法保护知识产权"作为电子商务领域保护知识产权的一般性原则，保护知识产权成为法律上的积极义务，直接向电子商务经营者施加了知识产权保护的法律义务，这在立法上尚属首次，具有重要的法律意义。[1] 网络技术的双面性以及广泛覆盖性为侵权行为提供了极大的便利条件，电子商务领域的知识产权保护成为当代社会的基本要求，故此本法第 41 条规定了电子商务领域知识产权保护的一般性原则。②避风港原则的通知权。本法第 42 条[2]规定了"知识产权权利人认为其知识产权受到侵害"时，知识产权

---

〔1〕 徐卓斌："《电子商务法》对知识产权法的影响"，载《知识产权》2019 年第 3 期。

〔2〕《电子商务法》第 42 条规定："知识产权权利人认为其知识产权受到侵害的，有权通知电子商务平台经营者采取删除、屏蔽、断开链接、终止交易和服务等必要措施。通知应当包括构成侵权的初步证据。电子商务平台经营者接到通知后，应当及时采取必要措施，并将该通知转送平台内经营者；未及时采取必要措施的，对损害的扩大部分与平台内经营者承担连带责任。因通知错误造成平台内经营者损害的，依法承担民事责任。恶意发出错误通知，造成平台内经营者损失的，加倍承担赔偿责任。"

权利人产生通知权。[1] 细化了知识产权权利人"通知—删除"的权利和平台"删除—公示"的义务。③第45、84、85条规定了电子商务平台的经营者知道或应当知道经营者侵犯知识产权的行为而未采取措施的相关责任条款。

三、现阶段网络知识产权司法政策

2019年上半年，全国网上零售额达到4.82万亿元，同比增长了17.8%。截至2019年6月，我国的网民规模已经达到8.54亿，互联网普及率达到了61.2%。[2] 习总书记指出，创新是引领发展的第一动力。谋创新就是谋未来。适应和引领我国经济发展新常态，关键是要依靠科技创新转换发展动力。国家先后出台了《中共中央国务院关于深化体制机制改革加快实施创新驱动发展战略的若干意见》和《国家创新驱动发展战略纲要》等文件，明确提出了要加快建设知识产权强国。

最高人民法院在坚决贯彻习总书记的系列重要讲话精神和治国理政新理念、新思想、新战略的同时，加大司法改革力度，不断破解制约知识产权保护的体制机制性障碍，提出当前和今后较长一段时间内坚持"司法主导、严格保护、分类施策、比例协调"的知识产权司法保护的基本政策。最高人民法院陶凯元副院长指出，司法主导就是要进一步强化知识产权司法保护的稳定性和导向性，进一步强化知识产权司法保护的实效性和全面性，进一步强化知识产权司法保护的终局性和权威性，进一步发挥司法审查和司法监督职能，进一步处理好知识产权民事程序和行政程序的关系。严格保护就是要严格执行法律，切实实现严格保护的法律效果；要以实现市场价值为指引，进一步加大损害赔偿力度；要强化临时措施保护，提高司法救济的针对性和有效性，要大力推进诉讼诚信建设，有效运用证据机制强化严格保护的法律效果。分类施策就是要正确把握不同类型知识产权的保护需求和特点，妥善界定不正当竞争和垄断行为的判断标准，要加强对关键环节、特殊领域及特定问题的研究和解决。比例协调就是要合理确定不同领域的知识产权的保护范围和保护强度；区分不同的情况，根据侵权行为的性质、作用和侵权人的主观恶性程度，恰如其分地给予保护和确定赔偿，要注意实现知识产权符合发展规律、国情实际和发展需求，依法合理平衡知识产权人权益、其他权利人合法权益及社会公共利益、国家利益。司法主导、严格保护、分类施策、比例协调是当前和今后一个时期内我国知识产权司法保护的基本政策。[3]

网络知识产权司法保护也成为社会所关注的焦点，司法在提炼和划定互联网

---

[1] 杨立新："电子商务交易领域的知识产权侵权责任规则"，载《现代法学》2019年第2期。

[2] 中国互联网络信息中心编制的第44次《中国互联网络发展状况统计报告》（2019年8月）。

[3] 陶凯元在"全国法院知识产权审判工作座谈会暨全国法院知识产权审判'三合一'推进会"上的讲话。

领域的行业规则和行为准则时，需要根据互联网创新迅速、权力分散的特点，通过包容性的规则鼓励创新、促进发展。[1] 2019 年 2 月，全国政协召开"网络环境下的知识产权保护"双周协商座谈会，来自各界的全国政协委员会商共议，为新时代的新领域、新技术、新业态知识产权保护建言献策。[2] 在现阶段我国"更加坚定不移地加强知识产权保护""更加注重发挥知识产权司法保护主导作用""更加深入贯彻知识产权保护的比例原则""更加注意精准发力和定向施策"的知识产权司法政策导向下，将规范网络竞争秩序、加大损害赔偿力度作为网络环境下知识产权司法政策的着力点。规范网络竞争秩序方面，互联网经济已经成为我国经济十分重要的新的增长点。激烈的网络领域的竞争下，竞争秩序亟需进行加强规制。其一，要对网络不正当竞争行为的判断标准进行进一步明确和细化，综合道德评价、效能竞争、比例原则、竞争影响评估等方法多角度进行评价。其二，要充分考虑互联网领域竞争的特点，有针对性地根据网络竞争的特点调整和创新垄断行为分析的思路和方法。加大损害赔偿力度方面，要使得侵权损害赔偿的数额、方式等充分反映和实现知识产权的真实市场价值，要促进形成符合市场规律和满足权利保护要求的损害赔偿计算机制，积极运用市场假定法、可比价格法、行业平均法等经济分析方法，提高损害赔偿计算的科学性和合理性。

四、网络知识产权司法审判机构

（一）网络知识产权审判机构不断创新

1. 知识产权法院建设。2013 年 11 月 15 日，人民网、新华社发布《中共中央关于深化改革若干重大问题的决定》，要求"加强知识产权运用和保护，健全技术创新激励机制，探索建立知识产权法院"。2014 年 8 月 31 日，全国人大常委会第十次会议表决通过《关于在北京、上海、广州设立知识产权法院的决定》，在北京、上海、广州三地设立三家知识产权法院。

知识产权法院的设立，标志着我国的知识产权保护进入了新的阶段，通过改革创新，进一步提高了知识产权审判工作质效。完善了我国知识产权司法保护体系，为公平竞争的社会主义市场经济秩序创造了良好的法治环境。

---

〔1〕　宋晓明："'互联网＋'时代知识产权司法保护的基本理念"，载《人民司法（应用）》2015 年第 23 期。

〔2〕　全国政协副主席汪永清指出，网络环境下，知识产权问题的复杂性与特殊性使其保护工作面临新的挑战……从战略高度研究确定网络环境下知识产权保护的总体方案和政策取向。全国政协常委、上海市人大常委会副主任、上海市科协副主席高小玫指出，应进一步赋能国家知识产权战略实施部际联席会议制度，……联席会议应协调全国或区域范围内的网络知识产权侵权的行政和司法工作，让行政执法和司法保护两条途径优势互补、有机衔接的知识产权保护模式展现优势。参见国家知识产权局："守网络营商环境之正 创保护知识产权之新"，载国家知识产权局官方微信公众号，https：//mp.weixin.qq.com/s/w4eAv9sp6UxWys33vqIjMg，最后访问日期：2020 年 6 月 1 日。

2020 年 12 月 29 日，最高人民法院修正《最高人民法院关于北京、上海、广州知识产权法院案件管辖的规定》，第 1 条指出知识产权法院审理辖区的下列第一审案件："①专利、植物新品种、集成电路布图设计、技术秘密、计算机软件民事和行政案件；②对国务院部门或者县级以上地方人民政府所作的涉及著作权、商标、不正当竞争等行政行为提起诉讼的行政案件；③涉及驰名商标认定的民事案件。"第 5 条规定下列第一审行政案件由北京知识产权法院管辖："①不服国务院部门作出的有关专利、商标、植物新品种、集成电路布图设计等知识产权的授权确权裁定或者决定的；②不服国务院部门作出的有关专利、植物新品种、集成电路布图设计的强制许可决定以及强制许可使用费或者报酬的裁决的；③不服国务院部门作出的涉及知识产权授权确权的其他行政行为的。"

2014 年 12 月 24 日，最高人民法院发布《最高人民法院关于知识产权法院案件管辖等有关问题的通知》（法〔2014〕338 号），对知识产权法院的案件管辖问题作出了较为详细的规定。

2. 知识产权法庭建设。由于知识产权审判庭统一审理知识产权案件具有一定的局限性，在探索建立知识产权法院的进程中，部分地区法院设立了知识产权法庭。2009 年 12 月，全国第一家独立的知识产权法庭——珠海市中级人民法院高新区知识产权法庭正式挂牌成立。高新区知识产权法庭取代珠海市中级人民法院知识产权庭，作为珠海市中级人民法院设立的独立派出机构，集中管辖珠海市全市范围内知识产权民事、行政、刑事诉讼案件。[1] 截至 2020 年 3 月，我国共设立了 20 个知识产权法庭（南京、苏州、武汉、成都、杭州、宁波、合肥、福州、济南、青岛、深圳、天津、郑州、长沙、西安、南昌、兰州、长春、乌鲁木齐、海口）。

2019 年 1 月 1 日，最高人民法院知识产权法庭挂牌办公，作为最高人民法院派驻的常设审判机构，设在北京。主要审理全国范围内的专利等专业技术性较强的知识产权上诉案件，旨在进一步统一知识产权案件裁判标准，依法平等保护各类市场主体合法权益，加大知识产权司法保护力度，优化科技创新法治环境，加快实施创新驱动发展战略。[2] 同时，《最高人民法院关于知识产权法庭若干问题的规定》于 2018 年 12 月 3 日通过，自 2019 年 1 月 1 日起施行。

3. 互联网法院建设。互联网信息技术的发展，引发了知识产权信息、数据的采集、使用和知识产权保护等方面的问题。2018 年 7 月 6 日，习总书记主持召

---

〔1〕《最高人民法院关于同意广东省珠海市中级人民法院高新区知识产权法庭统一受理知识产权民事、行政和刑事案件试点工作的批复》。

〔2〕载最高人民法院知识产权法庭官网，http://ipc.court.gov.cn/zh-cn/news/view-48.html，最后访问日期：2020 年 5 月 13 日。

开中央全面深化改革委员会第三次会议。会议审议通过了《关于增设北京互联网法院、广州互联网法院的方案》。会议指出，在北京、广州增设互联网法院，是司法主动适应互联网发展大趋势的一项重要举措。要在总结推广杭州互联网法院试点经验基础上，回应社会司法需求，科学确定管辖范围，健全完善诉讼规则，构建统一诉讼平台，推动网络空间治理法治化。[1] 通过设立互联网法院，旨在通过互联网审判积累可复制、可推广的审判经验，为互联网经济健康发展提供司法保障。推进建设网络知识产权保护的信用示范体系，为网络强国建设提供制度保障。互联网法院的相继设立，凸显了我国对于网络知识产权司法工作的愈发重视，使得网络知识产权司法审判工作的专业性程度进一步提高。

2018 年 9 月 3 日，最高人民法院审判委员会通过《最高人民法院关于互联网法院审理案件若干问题的规定》（以下简称《规定》），自 2018 年 9 月 7 日正式施行。目前，我国共设立了北京互联网法院、杭州互联网法院、广州互联网法院三家。根据《规定》，互联网法院管辖 11 类案件[2]，采用了在线方式审理案件[3]、简化了庭审程序[4]、搭建了互联网诉讼平台[5]。

互联网法院是全面对接互联网产业多元化样态的法院，是全方位创新法院，是逐步向专门法院过渡的改革"试验田"。[6] 其一，互联网法院是全面对接互

---

〔1〕 载北京互联网法院网，https：//www. bjinternetcourt. gov. cn/cac/zw/1535271968917. html，最后访问日期：2020 年 5 月 13 日。

〔2〕 根据《规定》第 2 条，包括如下十一类案件：①通过电子商务平台签订或者履行网络购物合同而产生的纠纷；②签订、履行行为均在互联网上完成的网络服务合同纠纷；③签订、履行行为均在互联网上完成的金融借款合同纠纷、小额借款合同纠纷；④在互联网上首次发表作品的著作权或者邻接权权属纠纷；⑤在互联网上侵害在线发表或者传播作品的著作权或者邻接权而产生的纠纷；⑥互联网域名权属、侵权及合同纠纷；⑦在互联网上侵害他人人身权、财产权等民事权益而产生的纠纷；⑧通过电子商务平台购买的产品，因存在产品缺陷，侵害他人人身、财产权益而产生的产品责任纠纷；⑨检察机关提起的互联网公益诉讼案件；⑩因行政机关作出互联网信息服务管理、互联网商品交易及有关服务管理等行政行为而产生的行政纠纷；⑪上级人民法院指定管辖的其他互联网民事、行政案件。

〔3〕 案件的受理、送达、调解、证据交换、庭前准备、庭审、宣判等诉讼环节一般应当在线上完成。

〔4〕《规定》第 13 条规定，"互联网法院可以视情况决定采取下列方式简化庭审程序：①开庭前已经在线完成当事人身份核实、权利义务告知、庭审纪律宣示的，开庭时可以不再重复进行；②当事人已经在线完成证据交换的，对于无争议的证据，法官在庭审中说明后，可以不再举证、质证；③经征得当事人同意，可以将当事人陈述、法庭调查、法庭辩论等庭审环节合并进行。对于简单民事案件，庭审可以直接围绕诉讼请求或者案件要素进行。"同时在第 14 条中规定"互联网法院根据在线审理的特点，适用《中华人民共和国人民法院法庭规则》的有关规定。除经查明确属网络故障、设备损坏、电力中断或者不可抗力等原因外，当事人不按时参加在线庭审，视为'拒不到庭'，庭审中擅自退出的，视为'中途退庭'，分别按照《中华人民共和国民事诉讼法》《中华人民共和国行政诉讼法》及相关司法解释的规定处理。"

〔5〕 根据《规定》第 5 条，互联网法院应当建立互联网诉讼平台作为法院办理案件和当事人及其他诉讼参与人实施诉讼行为的专用平台。通过诉讼平台作出的诉讼行为，具有法律效力。

〔6〕 洪冬英："司法如何面向'互联网+'与人工智能等技术革新"，载《法学》2018 年第 11 期。

联网产业多元化样态的法院。其二，互联网法院是全方位创新法院，互联网法院并非简单地理解为"互联网+审判"，一方面在于充分运用互联网的快捷、高效特点实现便民功能，另一方面在管辖确定、平台打造、规则制定、规律提炼、文档管理、技术运用等方面，全面体现互联网特点；其三，互联网法院是逐步向专门法院过渡的改革"试验田"，目前而言，互联网法院属于集中管辖而非专属管辖，随着科技的发展和时代的进步，在未来互联网法院将逐步转型成为专门法院。

（1）北京互联网法院。2018年9月9日，北京互联网法院挂牌成立，旨在总结推广"网上案件网上审理"的新型审理机制，确保公正、高效、便捷处理各类涉互联网纠纷；探索构建适应互联网时代需求的新型诉讼规则；健全完善专业化审判机制，通过依法审理各类新型涉互联网案件，总结提炼法律规则，推动网络空间治理法治化，强化我国在网络空间治理的国际话语权和规则制定权。根据《北京高级人民法院关于北京互联网法院案件管辖的规定》，当事人对北京互联网法院作出的判决、裁定提起上诉的案件，由北京市第四中级人民法院审理，但互联网著作权权属纠纷和侵权纠纷、互联网域名纠纷的上诉案件，由北京知识产权法院审理。对北京互联网法院作出的执行异议裁定、执行决定申请复议的，由北京市第四中级人民法院受理。[1]

截至2019年4月30日，北京互联网法院受理各类互联网纠纷16 286件，其中，互联网知识产权案件10 923件，占比67.07%；审结案件11 062件，其中互联网知识产权案件7474件，占比67.56%。互联网法院还积极探索互联网审判规则，强化司法对网络版权案件的引领保障作用。其已成功审理了"抖音维权案""人工智能著作权案""斗鱼直播平台案"以及"可信时间戳取证著作权案"等一批对知识产权行业发展和互联网健康生态有较大影响力的典型性案件。其中，"抖音维权案"是该院受理的首案。该案为全媒体时代网络版权保护提供了明确的法律判断标准和准确价值导向，在"人人都是新闻发布台""人人都有麦克风"的环境下鼓励创造者创作出有灵魂、有看点、有热度、有价值的新媒体产品。北京互联网法院合议庭还积极向北京市版权局发出了司法建议，建议规范浮水印技术应用，使版权在互联网上的保护和传播更加顺畅、规范、明晰。"抖音维权案"案入选2018年度中国法院十大知识产权案件、2018年度中国十大传媒法事例，被媒体评为2018年知识产权十大热点案件，在短视频保护领域有里程碑式意义。4月25日宣判的"人工智能著作权案"，是人民法院首次对人工智能软件自动生成内容的著作权保护问题进行回应的案件。对人工智能和大数据应用

---

〔1〕 载北京法院网，http://bjgy.chinacourt.gov.cn/article/detail/2018/09/id/3489954.shtml，最后访问日期：2019年6月18日。

时代背景下的著作权保护问题进行了有益探索。[1]

（2）杭州互联网法院。2017 年 8 月 18 日，杭州互联网法院成立，集中审理浙江省杭州市辖区内基层人民法院有管辖权的六类涉互联网一审民事、行政案件。[2] 开启了中国互联网案件集中管辖、专业审判的新篇章。[3]

杭州互联网法院设立立案庭、互联网审判第一庭、互联网审判第二庭、综合审判第一庭、综合审判第二庭、审监庭、执行警务局、办公室、政治处、研究中心和信息中心等 11 个内设机构。

2018 年 6 月 28 日，杭州互联网法院上线全国首个电子证据平台。同期，杭州互联法院发布了《杭州互联网法院民事诉讼电子证据司法审查细则》（以下简称《细则》）和《杭州互联网法院电子证据平台规范》（以下简称《规范》）。《细则》采用技术中立、技术说明、个案审查三大原则对电子数据的真实性、合法性、关联性进行有效审查，规范电子数据的审查标准和效力认定规则。《规范》规范电子数据的接入、传输、交换流程，完善电子证据平台的建设和管理机制。

审判实效方面，杭州互联网法院坚持依法有序、积极稳妥、遵循司法规律、满足群众需求的要求，审判工作取得了明显成效。2018 年 8 月 17 日，该院"重庆市阿里巴巴小额贷款有限公司诉陈壮群小额借款合同纠纷案"和"谢鑫诉深圳市懒人在线科技有限公司、杭州创策科技有限公司等侵害作品信息网络传播权纠纷案"入选最高人民法院发布的第一批互联网十大典型案例。对于规范网络行为、预防交易纠纷、降低网络交易风险、促进网络空间治理法治化具有指导意义。

---

〔1〕 载北京互联网法院官网，https：//www.bjinternetcourt.gov.cn/cac/zw/1557367149455.html，最后访问日期：2020 年 5 月 13 日。

〔2〕 具体包括：其一，涉网案件：①互联网购物、服务、小额金融借款等合同纠纷；②互联网著作权权属、侵权纠纷；③利用互联网侵害他人人格权纠纷；④互联网购物产品责任侵权纠纷；⑤互联网域名纠纷；⑥因互联网行政管理引发的行政纠纷。其二，知识产权案件：杭州市江干区、上城区、下沙经济技术开发区、富阳区、临安市、建德市、淳安县、桐庐县辖区诉讼标的额在人民币 500 万元以下的除专利、植物新品种、集成电路布图设计、技术秘密、计算机软件、涉及驰名商标认定和垄断纠纷案件之外的一般知识产权民事案件。其三，行政案件：杭州市、区（县、县级市）两级人民政府作为复议机关作共同被告的原由其他基层人民法院管辖的一审行政诉讼案件。其四，民事案件：①指定管辖案件：一是在杭州轨道交通运营区域内发生的民事案件；二是在杭州市高架道路内发生的道路交通事故引发的人身、财产损害赔偿纠纷案件；三是杭州市城区内（包括萧山区、余杭区和经济技术开发区）发生的运输合同纠纷案件等。②专门管辖案件：涉及铁路运输、铁路安全、铁路财产的民事案件。其五，刑事案件：同级铁路运输检察院提起公诉的刑事案件及自诉人提起的有关自诉案件。参见杭州互联网法院官网：http：//hztl.zjcourt.cn/col/col1225177/index.html，最后访问日期：2020 年 5 月 13 日。

〔3〕 杭州互联网法院官网：http：//hztl.zjcourt.cn/col/col1225177/index.html，最后访问日期：2020 年 5 月 13 日。

（3）广州互联网法院。2018 年 9 月 28 日，广州互联网法院在广州琶洲互联网创新聚集区正式挂牌成立。《关于增设北京互联网法院、广州互联网法院的方案》审议通过后，广东省委、广州市委高度重视，广州中院面向全市法院遴选组建了一支年轻化、专业化、多元化的审判队伍。首批入额的 13 名法官中硕士以上学历约占 70%，院领导、员额法官平均年龄分别为 45 岁和 36 岁，是全国三家互联网法院中人员平均年龄最年轻的法院。[1]

广州互联网法院充分利用司法人工智能、大数据、云计算等新技术，参考 QQ、微信等的操作习惯，建立了智慧审理平台。实现了"一键立案""一键调解""一键调证""一键审理""一键守护""一键送达"，即"六个一键"。其中极具特点的"一键调证"具有突破性的意义。彻底解决了网络纠纷举证难的问题。对接京东、淘宝、腾讯、支付宝等原始的数据，法院可以直接调取交易记录、支付记录、货物清单等交易的原始数据信息，并通过区块链技术确保来源可溯、过程可查、结果可信。一改当事人之前通过拍照、拷屏、截图保存证据的方式，极大地提高了证据可靠性和证据可信度。此外，"一键审理"功能实现了当事人、代理人、法官灵活选择手机 APP、微信小程序、web 网页端等方式的网络线上举证质证、辩论等程序，实现了案件纠纷的网上审理。

2018 年 9 月 25 日，广东高院发布文件《广东省高级人民法院关于广州互联网法院案件管辖的规定》（粤高法发〔2018〕4 号），明确了广州互联网法院的案件管辖范围，除了该规定第 1 条与《最高人民法院关于互联网法院审理案件若干问题的规定》的案件管辖范围保持一致以外，规定第 2 条规定"在本规定第一条确定的合同及其他财产权益纠纷范围内，与争议有实际联系的地点在广州市的，当事人可以依法协议约定纠纷由广州互联网法院管辖。电子商务经营者、网络服务提供商等采取格式条款形式与用户订立管辖协议的，应当符合法律及司法解释关于格式条款的规定"。同时规定了特定的合同纠纷和其他财产纠纷中，符合实际联系原则情况的当事人可协议选择管辖广州互联网法院。

本规定的第 3 条规定广州互联网法院可受理的案件包括再审审查案件、再审案件、执行案件。对广州互联网法院的判决、裁定不服的上诉或抗诉案件，分别由广州市中级人民法院、广州铁路运输中级法院和广州知识产权法院审理。详情见下表：

---

〔1〕 载中国法院网，https://www.chinacourt.org/article/detail/2018/09/id/3517007.shtml，最后访问日期：2020 年 5 月 13 日。

表 3-1　对广州互联网法院裁判结果的救济

对广州互联网法院裁判结果的救济			
裁判结果	民事判决、裁定提起上诉（包括对执行异议裁定、执行决定申请复议）	行政判决、裁定提起上诉（包括对执行异议裁定、执行决定申请复议）	互联网著作权权属纠纷和侵权纠纷、互联网域名纠纷以及涉互联网行政纠纷的判决、裁定提起上诉（包括对执行异议裁定、执行决定申请复议）
上诉法院	广州市中级人民法院审理	广州铁路运输中级法院审理	广州知识产权法院审理

（二）网络知识产权审判技术不断创新

2019 年 4 月 16 日，最高人民法院发布了《最高人民法院知识产权法庭年度报告（2019）》[1]，在其中提出了要深化机制改革，推动智能办案，进一步提高技术类知识产权案件审判质效的方针。虽然该报告的内容目前主要是应用在技术类知识产权案件的审理当中，但是随着互联网技术的进一步发展，互联网产业种类的进一步丰富化，网络知识产权案件的审判技术也将随之更新。

在将来，网络知识产权的审判技术也很可能将融入大数据、AR 技术等先端技术。目前，可以先以《最高人民法院知识产权法庭年度报告（2019）》所提及的法庭科技化的趋势，来推测未来网络知识产权审判技术的发展。

1. 建立裁判规则数据库。建立以法律适用具体规则为中心的新型裁判规则数据库。首批上线的裁判规则来自最高人民法院指导案例、最高人民法院知识产权年度报告、全国法院典型案例，以及法庭 2019 年审结的具有指导意义的案例，由法庭法官提炼、撰写，再进行系统梳理和分类。在进行关键词检索时，可以出现"规则脑图"和"规则列表"两种形式展现的相关裁判规则，使规则更易被理解、吸收。该数据库既可运用于辅助类案审理，也可运用于检验审判质效。裁判规则数据库的建立，可以不断提升技术类知识产权案件审判标准的统一，提升司法公信力。律师、企业法务、其他法律工作人员、创新企业等主体在使用本数据库的同时，通过参与诉讼也成为该数据库的"共同构建者"。在自身获取信息的同时，也为整个社会的裁判规则数据库贡献出了宝贵的数据。

目前，裁判规则数据库试运行版已经完成，即将正式上线运行，为全国法院

---

〔1〕　载最高人民法院知识产权法庭官网，http://ipc.court.gov.cn/zh-cn/news/view-308.html，最后访问日期：2020 年 5 月 13 日。

技术类知识产权案件智能审判提供有力支持。

2. 建立技术化科技法庭。建设集信息化终端运用、同步圈画技术、AR 技术、语音识别技术与电子签名技术等多项技术于一体的科技法庭。开庭时，法官席的信息化终端与办案系统连通，法官可调阅电子卷宗资料。科技法庭还可运用 AR 技术，通过 AR 眼镜的现实增强技术将电路布图等比较微小、结构精密的证据投到大屏上，便于查看细微结构。科技法庭的语音识别技术与电子签名技术，可以将语音转换为文字实时生成庭审记录，并以电子签名代替传统签字，通过一次电子签名即可实现在庭审笔录的每一页均完成签名。

科技法庭的建立可以达到"双方有利"的效果。首先，其对诉讼主体有利。对于原被告而言，知识产权相关诉讼中，因为技术内容过多，在证据的解释过程中难以通过传统的纸质、电子媒体阐明权利要求。通过 AR 等技术，可以更加有效、更加清晰地向法官证明自身的权利要求。其次，其亦对司法审判系统有利。科技法庭的运用，可以有效缩短法官在阅览卷宗资料时所消耗的时间，同时 AR 技术、同步圈画技术可以使法官做出判断时更加准确与便捷。电子签名等技术更是节省更多法院的人力与物力，将大大降低司法成本，这也契合了互联网设立的初衷。

3. 建立远程质证系统。利用高清视频远程传输技术进行远程质证。对于不便移送的证据，法庭通过高清视频远程传输技术进行远程质证。目前该方法已经被正式采用，如在专利纠纷案中，有的物证因过大或易碎、危险等原因不便运输，采用远程实时质证系统后可以大大降低审判成本。特别是在互联网法庭的审判中，远程质证系统将成为其重要一环。

在上诉人北京热刺激光技术有限公司、上海容东激光科技有限公司与被上诉人上海嘉定马陆东方激光管厂侵害发明专利权纠纷一案[1]中，最高人民法院知识产权庭便使用了这一方法进行展示与质证比对。

4. 统筹规划信息化建设工作的未来发展。最高人民法院知识产权法庭制定了《知识产权法庭智能化建设三年发展规划（2019-2021）》，明确信息化建设目标和思路，提出了"一个平台""两个服务""三个场景""四个连接""五个重点项目"的建设思路，打造全面覆盖、互联互通、跨界融合、深度应用、透明便民、安全可控的法庭智能化办案系统。"一个平台"是指法庭电子诉讼平台，面向法官、诉讼参与人、社会公众提供全方位智能服务。"两个服务"是指坚持服务人民群众、坚持服务审判工作。"三个场景"是指将信息化建设成果体现在诉讼服务、科技法庭、大数据分析平台三个场景中。"四个连接"是指连接有关

---

〔1〕 参见最高人民法院（2019）最高法知民终 26 号民事判决书。

下级法院、外部单位、当事人、社会公众。"五个重点项目"是指裁判规则数据库、大数据分析平台、外部数据交互平台、两级协同平台与远程庭审系统、知产法庭云。

综上可见，随着社会技术的不断进步，将大数据、AR 等技术融入知识产权法庭的做法，将是大势所趋。知识产权相关案件及网络知识产权纠纷，较其他部门法产生的案件与纠纷，有其特殊的技术属性。法庭的技术化，审判的科技化将是解决因这一特殊属性而产生的问题的重要途径。

第二节　网络知识产权司法现状问题

一、网络知识产权司法现状

科学技术的不断发展变革，网络环境下的知识产权司法保护面临许多新情况、新问题。比如随着网络的发展而出现的新的知识产权。现行的法律法规并未就网络环境下的知识产权保护作出体系性的规定。在法院的司法实践中，对于新技术的事实认定等无章可循。网络技术发展日新月异，由此引发的网络知识产权侵权问题也是触目惊心。

网络知识产权侵权现象主要表现在三个方面：其一，侵犯网络著作权方面，如侵犯信息网络传播权等；其二，侵犯网络商标权方面，如在电子商务平台销售侵犯商标权的有关商品的行为等；其三，侵犯网络专利权方面，比如未经许可在产品包装或产品上使用他人专利号的行为、假冒专利等行为。

网络知识产权司法现状具有如下特点：

（一）网络知识产权案件量持续快速增长

进入"互联网+"时代后，人民法院受理知识产权案件量快速增长。2015 年~2018 年，人民法院新收知识产权案件量增长率分别为 11%、19%、34%、41%。2015 年~2018 年，人民法院审结知识产权案件量增长率分别为 12%、21%、31%、42%。同时，网络知识产权案件也爆发式增长，通过对知产宝知识产权裁判文书数据库进行检索[1]，以"网络"为关键词，共计网络知识产权案件 207 648 件，2014 年~2018 年案件量分别为 15 104 件、21 951 件、30 303 件、44 746 件、47 098 件。增长率分别为 96.92%、45.33%、38.05%、47.66%、52.56%。可见，网络知识产权案件增长速度大幅度领先于整体的知识产权案件增长速度。案件主要集中北京市（58 953 件）、广东省（37 044 件）、浙江省

---

〔1〕　检索时间：2019 年 8 月 23 日。

（27 737 件）、上海市（19 596 件）、江苏省（9042 件）五地。案件类型主要集中在著作权、商标权、专利权和不正当竞争领域。以浙江为例，2018 年新收和审结涉网知识产权民事一审案件 15 625 件、13 227 件，分别是上年的 2.6 倍、2.4 倍。[1]

（二）网络知识产权案件以网络著作权案件为主

网络技术的发展和商业模式的革新，使得作品保护与传播之间的冲突进一步深化，由此引发的案件纠纷频发。在所有的网络知识产权案件中，以著作权案件为主体，新型网络著作权纠纷层出不穷。北京高级人民法院 2015 年发布的《北京高级人民法院关于审理涉网络知识产权案件的调查研究》指出，2010 年~2014 年网络著作权案件占比分别为 46.7%、60.6%、73.5%、78.1%、83.2%。[2] 全国范围内，在网络知识产权案件中，著作权案件占比在 70% 以上。以知产宝知识产权裁判文书数据库进行检索[3]发现，以"网络"为关键词进行检索，共计网络知识产权案件 207 648 件，其中网络著作权案件 109 376 件，占比高达 52.67%。其中，网络著作权案件主要集中在北京（32 523 件）、广东省（25 068 件）、浙江省（14 082 件），可见全国 65.63% 的网络著作权案件集中在北京、广东、浙江三省（市）。在网络著作权案件中又以侵害信息网络传播权为主。以浙江为例，在新收的涉网案件中，著作权案件数量最多，共 8619 件，占涉网案件总数的 55.16%。[4]

（三）新类型的知识产权案件不断涌现

近年来，与短视频、网络直播、网络游戏、区块链等有关的新型知识产权纠纷案件出现。在著作权领域，信息网络传播权侵权认定问题、"互联网+"环境下网络聚合类 APP 侵权问题、云时代的著作权司法保护问题等频发；在商标领域，电商平台商标侵权频发。此外，与互联网企业相关的纠纷频发，如 3Q 大战、今日头条案等都给"互联网+"时代知识产权的司法保护带来了许多新问题。[5]

同时，许多新的法律问题也是争议不断，例如，网络游戏及其组成元素是否受著作权保护、深度链接是否构成"提供作品行为"、网络实时转播能否被"广播权"的范围所涵盖、网络直播与短视频中利用他人作品或其片段是否属于"合理使用"，网络服务平台是否负有事先的侵权预警和审查义务等。

---

〔1〕 参见《2018 年浙江知识产权司法保护分析报告》。

〔2〕 北京高级人民法院知识产权庭："北京市高级人民法院关于审理涉网络知识产权案件的调查研究"，载《中国专利与商标》2016 年第 2 期。

〔3〕 检索时间：2019 年 8 月 23 日。

〔4〕 参见《2018 年浙江知识产权司法保护分析报告》。

〔5〕 孙昊亮、张俊发："创新经济时代知识产权司法保护的完善"，载《青年记者》2017 年第 16 期。

（四）网络知识产权司法保护难度加大

网络的本身特征（复杂性、流变性、隐蔽性等）给知识产权案件事实的查明带来了不小的挑战，无疑增加了网络知识产权保护的难度。无论是侵犯网络著作权、商标权，还是专利权，相关产品的销售渠道已经从传统的实体门店，转变到以互联网销售为主体。伴随着这种销售模式的改变，侵权案件所涉产品的生产、销售、物流等环节相互分离，使得案件的查处需综合线上线下等特点，从产品销售的整个链条进行把握，案件查办力度巨大。

（五）网络知识产权保护力度不断加大

随着国家对知识产权保护和运用的日益重视，网络知识产权的保护力度也不断加大。首先，网络知识产权审判制度建设日益完善。知识产权法院（庭）、互联网法院的相继设立，为不断提高知识产权保护水平提供了制度基础。知识产权审判制度体系基础布局基本完成。其次，审判实践中对网络知识产权侵权行为的惩罚力度不断加强，知识产权侵权损害赔偿额度不断提高。最后，外国当事人自愿选择中国内地法院作为诉讼地的知识产权案件不断增多，我国正日益成为国际知识产权争端解决的"优选地"。

二、网络知识产权司法面临的问题

（一）侵权有关主体身份识别困难

网络环境下，侵权主体具有广泛性。网络的匿名性使得虚拟的网络身份与实际的行为主体存在不一致情况，增加了侵权主体的识别难度，对于侵权行为和侵权主体往往难以识别。此外，对网络服务提供商的侵权责任认定也存在困难，主要包括：其一，网络平台服务商侵权责任认定困难。网络平台服务商作为网络交易的平台搭建者，对于发生在其平台上的海量交易信息的审查和监管任务繁重，侵权人在实施侵权行为后，通过技术方式将相关的数据删除后，侵权行为将无处查询。此外，对于新技术下的网络服务提供者，如 P2P 技术下，仅仅提供下载种子却不存储相关的影片，这种分散式的传播模式使得司法实践过程中对于侵权主体的判定难以判断。其二，侵权被请求人资格识别困难。[1] 互联网交易链条上涉及太多的主体，不仅包括买卖双方、还包括网络服务提供商、物流等等主体。如果被侵权人请求救济，必须明确被请求人，实践中常常出现无法确定被请求主体，导致无法立案的情形，无法追究侵权责任。

（二）证据收集、保存难

在互联网环境下，虚拟性使得侵权行为更具隐蔽性，侵权行为的方式不易察觉，相关的侵权行为很容易被删除，如果没有及时地进行公证保存，相关的原始

---

〔1〕　谭毅、李红娟："互联网背景下的知识产权保护新态势"，载《中国国情国力》2017 年第 5 期。

证据极其容易消失。因而举证难问题一直很突出。在知识产权侵权诉讼中，根据民事诉讼"谁主张，谁举证"的原则。当事人对于其主张的侵权事实应提供相应证据予以证明，若诉讼终结时仍不能判明当事人主张的事实真伪，则由该当事人承担不利诉讼后果。[1] 此外，对电子数据证据的真实性、合法性的判定，以及对陷阱取证的合法性的判断等依然是难点。电子证据究竟属于直接还是间接证据，对电子证据的公证文书的瑕疵是否影响其证明力等问题也一直未有定论。

（三）管辖不明

对于网络知识产权纠纷，因涉及地域广泛，利益攸关群体众多，相较于传统方式的知识产权纠纷更为复杂。

关于网络侵权行为管辖的一般规定。对于网络知识产权侵权案件的管辖，主要依据 2017 年修正的《中华人民共和国民事诉讼法》（以下简称《民事诉讼法》）第 28 条"因侵权行为提起的诉讼，由侵权行为地或者被告住所地人民法院管辖"和 2020 年修正的《最高人民法院关于适用〈中华人民共和国民事诉讼法〉的解释》（以下简称《民事诉讼法解释》）第 24、25 条之规定，"民事诉讼法第 28 条规定的侵权行为地，包括侵权行为实施地、侵权结果发生地""信息网络侵权行为实施地包括实施被诉侵权行为的计算机等信息设备所在地，侵权结果发生地包括被侵权人住所地"。最高人民法院在该条规定的"条文主旨和条文理解"部分指出，"本条是关于计算机网络侵权纠纷案件的管辖规定"。[2]

特殊的管辖规定。早在《民事诉讼法解释》生效之前，对于域名侵权、网络名誉侵权、信息网络传播权侵权等纠纷的高发态势，最高人民法院已出台了多部相关的司法解释：

2001 年 7 月 17 日，最高人民法院发布《最高人民法院关于审理涉及计算机网络域名民事纠纷案件适用法律若干问题的解释》以规范涉及计算机网络域名注册、适用行为。该解释第 2 条规定，"涉及域名的侵权纠纷案件，由侵权行为地或者被告住所地的中级人民法院管辖。对难以确定侵权行为地和被告住所地的，原告发现该域名的计算机终端等设备所在地可以视为侵权行为地"。该规定未将侵权结果发生地作为管辖连接点，更未延及被侵权人住所地。

2002 年 10 月 12 日，最高人民法院发布《最高人民法院关于审理商标民事纠纷案件适用法律若干问题的解释》以规范正确审理商标纠纷案件。该解释第 6 条第 1 款规定"因侵犯注册商标专用权行为提起的民事诉讼，由商标法第 13 条、第 52 条所规定侵权行为的实施地、侵权商品的储藏地或者查封扣押地、被告住

---

〔1〕 汤维建主编：《民事诉讼法学》，北京大学出版社 2008 年版，第 259 页。

〔2〕 沈德咏主编：《最高人民法院民事诉讼法司法解释理解与适用（上）》，人民法院出版社 2015 年版，第 169~173 页。

所地人民法院管辖"。并未提及侵权结果发生地或被侵权人住所地作为管辖连接点。

2012 年 12 月 17 日，最高人民法院发布《最高人民法院关于审理侵害信息网络传播权民事纠纷案件适用法律若干问题的规定》以保护信息网络传播权，促进信息网络产业的健康发展，以维护公共利益。该解释第 15 条规定"侵害信息网络传播权民事纠纷案件由侵权行为地或者被告住所地人民法院管辖。侵权行为地包括实施被诉侵权行为的网络服务器、计算机终端等设备所在地。侵权行为地和被告住所地均难以确定或者在境外的，原告发现侵权内容的计算机终端等设备所在地可以视为侵权行为地"。根据通说，侵权行为地自然包括侵权结果发生地。所以，本条可以理解为间接承认将"侵权结果发生地"作为管辖连接点。

2014 年 8 月 21 日，最高人民法院发布《最高人民法院关于审理利用信息网络侵害人身权益民事纠纷案件适用法律若干问题的规定》以正确审理利用信息网络侵害人身权利民事纠纷案件。该规定第 2 条规定："利用信息网络侵害人身权益提起的诉讼，由侵权行为地或者被告住所地人民法院管辖。侵权行为实施地包括实施被诉侵权行为的计算机等终端设备所在地，侵权结果发生地包括被侵权人住所地。"与《民事诉讼法解释》的规定一致。

又鉴于上述的司法解释的有关规定存在一定的差异性，对于如何认定"信息网络侵权行为"司法界的观点不一，苏州蜗牛数字科技股份有限公司与成都天象互动科技有限公司、北京爱奇艺科技有限公司不正当竞争纠纷案[1]中，江苏高级人民法院采用了最为宽松适用的做法，认为"信息网络传播行为"包括所有通过网络侵权的行为。在万象博众公司与廊坊市德泰开关设备有限公司、浙江淘宝网络有限公司侵害外观设计专利权纠纷案[2]中北京市高级人民法院认为，《民事诉讼法解释》第 25 条的"信息网络侵权行为"具有特定含义，其侵权对象如作品、商标等往往存在于网络环境下，基于下载等行为产生侵权。而本案涉及专利外观设计，因此不能适用本条确定管辖地域。在广州易法客网络技术有限公司与上海百事通信息技术股份有限公司侵害计算机软件著作权纠纷案[3]中广东省高级法院认为，第 25 条规定的"信息网络侵权行为"主要是指侵犯作品信息网络传播权，或利用信息网络侵害人身权益如泄露个人隐私等的侵权行为。但是本案中上诉人未主张作品信息网络传播权，也不涉及通过网络信息侵犯人格权的行为，因此法院认为不应适用第 25 条的管辖规定。上述三个法院对于《民事诉讼法解释》第 25 条采用了不同的适用标准，根本原因还是在于对"信息网络侵权

〔1〕 参见江苏省高级人民法院（2015）苏知民辖终字第 00145 号民事裁定书。
〔2〕 参见北京市高级人民法院（2016）京民终 47 号民事裁定书。
〔3〕 参见广东省高级人民法院（2016）粤民辖终 549 号民事裁定书。

行为"的内涵与外延的理解不一致。事实上，不仅仅是这一表述，该法条中"计算机等信息设备所在地""侵权结果发生地"的表述也往往会引起审判实践中的诸多分歧，导致网络知识产权的司法管辖标准混乱。

导致知识产权司法管辖混乱的另一原因则是网络环境自身的特点。与物理空间不同的是，网络环境具有虚拟性的特点，并且同一事件很可能会在同一时间发生在全球各地。因此，按照传统的司法操作来审判网络知识产权案件，将会无所适从。比较典型的问题是"计算机等信息设备"的范围和具体所在地的确定。在汉高（中国）投资有限公司与贺某某等确认不侵害商标权纠纷案[1]中，上诉人汉高（中国）投资有限公司认为本案的侵权行为应是京东商城的销售行为。京东商城作为虚拟的网络交易平台，应以京东商城的发货地作为京东商城的销售地。由于京东商城的开办者北京京东叁佰陆拾度电子商务有限公司（简称京东公司）住所地为北京市大兴区，应推定京东商城的发货地即为北京市大兴区。本案应由北京市西城区人民法院管辖。一审法院认为，京东商城在网站上实施销售行为，不能简单等同于在该网站的开办者所在地实施销售行为，在京东商城开办者不是适格被告的情形下，不能当然以京东商城开办者所在地为管辖依据。终审法院认可了这一说法。并且，法院明确指出了网络服务器所在地与网站主办者所在地之间并不存在唯一的对应关系。事实上随着云计算的发展，很多互联网企业已经不需要自己的服务器，而是依托于云计算服务来完成业务，这也就意味着涉案中服务器的地点可能涉及相当多个地点，而按照"计算机信息设备所在地"的表述，则意味着多地均有管辖权，并且很可能与原被告所在地相去甚远。这对于原被告起诉、应诉以及法院的管辖确定均是极为不利的。

可见，根据《民事诉讼法》第 28 条和《民事诉讼法解释》第 24 条、第 25 条之规定，看似对于网络侵权行为的管辖问题作了十分清晰、明确的规定，即作为原告拥有选择权，既可以在侵权行为的实施地，也可以在原告住所地法院进行起诉，但是在司法实践中却运行得并非尽善尽美。《民事诉讼法解释》第 25 条对于信息网络侵权的补充说明并非十分清晰，关于"信息网络侵权"的表述在之前的法律法规及司法解释中鲜见，对于其内涵的具体界定和适用情形较难把握，更有甚者直接将其认为侵害信息网络传播权的行为。

（四）维权成本高

网络环境下，提高了权利人的维权成本。维权成本高，主要包括成本高、诉讼周期长、举证责任重等。在"互联网+"时代，网络的虚拟性、开放性以及线上线下交织等特征加大了证据取得、侵权管辖地的认定等方面的难度，在无形中

---

〔1〕 参见北京知识产权法院（2016）京 73 民辖终 1120 号民事裁定书。

提高了权利人的维权成本，[1] 即在固定侵权证据、证明侵权行为等方面均需花费不少的费用。如在网络服务提供者侵权行为中，对于如何认定网络服务提供者"知道"，权利人要耗费相当的成本。

（五）损害赔偿制度存在缺陷

1. 赔偿计算方式存在缺陷。根据现行的知识产权侵权赔偿方式，主要以实际损失、侵权获利、许可费用合理倍数、法定赔偿作为计算方式。贯穿其中的均是填平原则精神。[2] 并通过对侵权赔偿计算方式的序位进行了严格规定。以实际损失作为优先计算方式，如实际损失无法确定时，则按照侵权人的侵权获利进行计算，在《商标法》和《专利法》中，如果侵权人的侵权获利无法确定时，则依据合理许可费进行确定。具体规定在，如 2020 年新修订的《专利法》第 71 条第 1 款规定："侵犯专利权的赔偿数额按照权利人因被侵权所受到的实际损失或者侵权人因侵权所获得的利益确定；权利人的损失或者侵权人获得的利益难以确定的，参照该专利许可使用费的倍数合理确定。对故意侵犯专利权，情节严重的，可以在按照上述方法确定数额的 1 倍以上 5 倍以下确定赔偿数额。"此外，对于通过前三种方式均无法确定的情况下，第 71 条第 2 款规定："权利人的损失、侵权人获得的利益和专利许可使用费均难以确定的，人民法院可以根据专利权的类型、侵权行为的性质和情节等因素，确定给予 3 万元以上 500 万元以下的赔偿。"

2. 存在滥用法定赔偿的现象。因知识产权损害赔偿数额的计算受到了民事诉讼证据规则的掣肘，绝大多数案件中实际损失、侵权获利均难以认定。实践中法院多适用法定赔偿，判赔数额普遍较低。[3] 比如有学者研究指出，我国的法定赔偿适用率超过 80%。[4] 也有学者认为，目前约 98% 的案件适用法定赔偿。[5] 根据知产宝公司编制的《知产宝——北京知识产权法院司法数据分析报告》，在北京知识产权法院审理的信息网络传播权案件中，"对判赔情况进行分析，关于赔偿计算方式，判决结案的 535 件案件中，法院最终判决全部或部分支持原告诉讼请求的案件共 518 件，这 518 件案件的损害赔偿计算方式均为法定赔偿或酌定赔偿"。[6] 这很大程度上的原因在于无论是实际损失、侵权获利，还是

---

〔1〕　徐璟、李胜利："'互联网+'时代知识产权的司法保护研究"，载《安徽农业大学学报（社会科学版）》2018 年第 4 期。

〔2〕　浙江省宁波市中级人民法院课题组："知识产权侵权损害赔偿制度之完善"，载《人民司法》2017 年第 22 期。

〔3〕　陈锦川："从司法角度看专利法实施中存在的若干问题"，载《知识产权》2015 年第 4 期。

〔4〕　李黎明："专利侵权法定赔偿中的主体特征和产业属性研究"，载《现代法学》2015 年第 4 期。

〔5〕　宋健："知识产权损害赔偿问题探讨——以实证分析为视角"，载《知识产权》2016 年第 5 期。

〔6〕　《知产宝——北京知识产权法院司法数据分析报告》，第 69 页。

许可费计算都存在局限性。实际损失计算的局限性在于权利产品与侵权产品具有相互替代性时才能对实际损失进行量化计算，而在实践过程中权利产品销量的减少通常难以确定；侵权获利计算的局限性在于侵权人的获利证据以及侵权获利在侵权所获的全部利润中占比情况难以确定；许可费计算的局限性在于许可市场偏差的存在。

3. 赔偿数额偏低。虽然近年来网络知识产权侵权赔偿额一直在提高，但是主流的观点认为赔偿数额总体偏低。形成偏低认知的原因如下：一是赔偿金额多数是法定裁量，由于缺乏证据支持，没有通过计算得出较为精确的金额。二是由于侵权案件数量一致在增加，容易认为是赔偿额过低造成的。三是由于存在大量的批量维权案件，此类案件一般判决金额比较低，容易造成赔偿额过低的印象。

（六）知识产权审判队伍专业化程度有待进一步提高

网络环境下，许多新的技术，如区块链、人工智能等引发的知识产权案件，对案件审理法院的专业性、技术性提出了很高的要求。现实中，多采取委托鉴定机构或者咨询专家予以解答，导致审理法官对案件技术事实的认定未必透彻和深入。

第三节 网络知识产权司法完善对策

根据中共中央办公厅、国务院办公厅印发的《关于加强知识产权审判领域改革创新若干问题的意见》以及中央深改委进一步加大知识产权司法保护力度的要求，提出如下建议：

一、完善立法体系

互联网立法应当对知识产权保护问题等重点问题加强立法，才能解决现实生活需要解决的重大问题。[1] 具体包括如下三个方面：①积极推进知识产权诉讼程序法的立法工作，建立健全符合知识产权案件特点的诉讼制度。②推进《著作权法》《商标法》《专利法》的修订工作，探索建立统一协调的知识产权民事侵权赔偿制度。著作权领域规范网络服务提供者是著作权立法修订的重点，更是互联网立法的重心[2]。③对网络环境下的《中华人民共和国反垄断法》（以下简称《反垄断法》）、《反不正当竞争法》进行适时修订，保障互联网产业的健康发展。

---

〔1〕 王利明："论互联网立法的重点问题"，载《法律科学（西北政法大学学报）》2016 年第 5 期。
〔2〕 王利明："论互联网立法的重点问题"，载《法律科学（西北政法大学学报）》2016 年第 5 期。

二、明确网络知识产权案件管辖范围

网络的全球性对于网络知识产权案件的管辖确定是一个巨大的挑战。按照现有的规定，如果是以侵权行为发生地作为法院管辖依据，则同一时间点可能有多个遍布全球的地点，导致判断困难。而如果以计算机信息设备所在地为管辖依据，则很可能在通过技术手段确定一个节点后，发现只是一个虚拟节点，对于确定管辖毫无帮助。我国现行《民事诉讼法》第 25 条增加了"被侵权人住所地"作为管辖依据，这在一定程度上明确了管辖地区的选择。但是其他表述，如"侵权行为发生地""计算机信息设备所在地"等仍然不是很明确。因此，要更好地保障网络知识产权权利人的利益，司法管辖难题必须要得到解决。

在网络知识产权案件管辖方面，美国给出了启示。美国法官审理跨州知识产权案件时提出了跨界知识产权纠纷管辖权和法律选择、判决原则，该原则后来经美国法律协会整理后在美国司法实践中广为适用，学界称之为 American Law Institute Principle（以下简称 ALI 原则）。[1] ALI 原则在保留传统诉讼法中管辖依据"原告就被告"原则的同时，确立了当事人之间的协议管辖优先原则。然而网络知识产权侵权案件中，双方当事人可能都涉及多数人，在这一情况下协议是困难的，会增加司法成本。尽管如此，美国司法提供的经验，我们仍然可以借鉴学习。我国现行《民事诉讼法》扩大了协议管辖的范围，从以前的合同纠纷案逐渐向其他各类财产案件延伸，网络知识产权纠纷也属于财产类纠纷，因此也有适用协议管辖的余地。从目前的规定来看，协议管辖需要满足三个条件：①仅适用于第一审合同案件及财产类纠纷案件；②适用于合同纠纷案件时协议选择包括合同签订地法院和合同履行地法院；③当事人对法院的选择应当是唯一确定的。将该原则适用于国际网络知识产权纠纷尚有不足，因为协议管辖缺乏公法的强制力。但是，运用于国内案件的解决，是可以有所裨益的。从以往的司法实践来看，协议管辖可以很好地解决案件管辖问题，因此将其运用到网络知识产权领域，也势必可以为复杂的管辖地选择提供一个解决方法。司法机关若是可以直接通过当事人之间的合意而确定管辖权，则可以不用再去利用复杂的技术手段等司法资源去确定管辖法院了，这对于审理网络知识产权案件的司法效率无疑是直接又有效的提升。

三、加大保护力度

积极探索加大保护力度的途径。如浙江高院通过认真总结"互联网+"时代知识产权保护的热点难点问题，切实树立了激励创新、效果导向、规则包容、严

---

〔1〕　张竞丹："网络知识产权案件的管辖权规则完善"，载《中州学刊》2017 年第 12 期。

格保护的审判理念。[1] 知识产权损害赔偿金额的高低事关网络知识产权的保护力度和对侵权行为的惩处力度。首先，探索遵循侵权责任的一般法理和符合实际的损害赔偿理念、理论和方法。如根据情况在法定赔偿额幅度外适用裁量性赔偿。网络侵权实际上规模更大，侵权成本更低，更容易对知识产权人利益造成损害，要结合侵权责任的一般原理，针对网络知识产权案件的特点做出适应性的赔偿。其次，提高赔偿额的最终目的并非仅仅是追求高额赔偿费，而在于避免赔偿额不能真正填补被侵权人损失的现象，防止知识产权赔偿额与其市场价值脱节。

四、完善知识产权损害赔偿制度

市场价值应作为网络知识产权侵权赔偿的出发点和归宿。

（一）适用更为适应市场的损害赔偿计算方式

突破损害赔偿的优先适用次序，可以一定程度地避免发生在先计算方法的赔偿数额少于在后计算方式的赔偿数额的情况。赋予权利人损害赔偿计算方法的选择权，[2] 权利人可以在诸多计算方式中选择赔偿额最高或者赔偿计算、举证等方面对自己最为有利的方式请求赔偿，以实现权利保护的最大化。对此，立法上也有所体现。在2020年修正的《著作权法》中，第54条规定："侵犯著作权或者与著作权有关的权利的，侵权人应当按照权利人因此受到的实际损失或者侵权人的违法所得给予赔偿；权利人的实际损失或者侵权人的违法所得难以计算的，可以参照该权利使用费给予赔偿。对故意侵犯著作权或者与著作权有关的权利，情节严重的，可以在按照上述方法确定数额的1倍以上5倍以下给予赔偿。权利人的实际损失、侵权人的违法所得、权利使用费难以计算的，由人民法院根据侵权行为的情节，判决给予500元以上500万元以下的赔偿。赔偿数额还应当包括权利人为制止侵权行为所支付的合理开支。人民法院为确定赔偿数额，在权利人已经尽了必要举证责任，而与侵权行为相关的账簿、资料等主要由侵权人掌握的，可以责令侵权人提供与侵权行为相关的账簿、资料等；侵权人不提供，或者提供虚假的账簿、资料等的，人民法院可以参考权利人的主张和提供的证据确定赔偿数额。人民法院审理著作权纠纷案件，应权利人请求，对侵权复制品，除特殊情况外，责令销毁；对主要用于制造侵权复制品的材料、工具、设备等，责令销毁，且不予补偿；或者在特殊情况下，责令禁止前述材料、工具、设备等进入商业渠道，且不予补偿。"

（二）完善法定赔偿制度

法定赔偿制度，又称为"酌定赔偿"。是一种补充性的损害赔偿计算方式，

---

〔1〕 孟焕良、何琼："网络知产纠纷猛增，电商平台频频'中招'"，载《人民法院报》2016年4月24日，第3版。

〔2〕 王迁、谈天、朱翔："知识产权侵权损害赔偿：问题与反思"，载《知识产权》2016年第5期。

是独立损害赔偿的一种特殊的金钱救济。[1] 作为在实际损失、侵权获利无法进行举证时的替代计算方式，是一种替代性的制度安排。法定赔偿素有"赔偿低"的代名词之称，由于司法实践中有滥用法定赔偿制度之嫌，必须细化法定赔偿的考量因素，建立精细化的司法裁判规范体系，为知识产权司法保护提供制度保障。[2] 主要措施包括，①积极鼓励当事人在诉讼中进行举证，以实现当事人适用更优的赔偿计算方式。②积极适用裁量性判赔方法，当通过已有的证据表明知识产权权利人的损失、侵权人的侵权获利远远高于法定赔偿额之上限时，法院可以适用裁量性的判赔方法，在法定赔偿额的上限确定赔偿额。③真正发挥法定赔偿的兜底条款作用，由于法定赔偿是由法院根据酌定因素估算赔偿额，因此需出台相应的计算标准的配套细则。并通过司法解释将法定赔偿划分为若干档次，根据侵权人的主观过错对考量因素进行细化，切实解决目前法定赔偿适用过多过滥问题，提高法定赔偿司法裁判的可接受性。[3] 尤其是对《民法典》所规定的惩罚性赔偿问题更要结合我国现实需求和司法实践，应当不断总结经验，逐步完善。

（三）增强社会网络环境下知识产权的保护意识

可以说，未来的全球竞争实际上是知识产权的竞争，培育全社会的知识产权保护意识和观念，对于切实有效地保护知识产权至关重要。科学技术日新月异，网络普及日渐全面，截至 2019 年 6 月，我国网民规模已经达到了 8.54 亿，互联网普及率达到 61.2%。[4] 因此，亟需普及网络知识产权知识和法律保护意识，引导公民将"发现侵权行为时自觉维护知识产权、抵制侵权"内化为自觉行动，提高全民的自我防范意识和维权意识。

（四）构建以司法保护为主导的多元纠纷解决机制

2009 年 7 月，根据中央部署的司法改革的任务，最高人民法院发布《关于建立健全诉讼与非诉讼相衔接的矛盾纠纷解决机制的若干意见》，要求人民法院完善诉讼与仲裁、行政调处、人民调解、商事调解、行业调解以及其他非诉讼纠纷解决方式之间的衔接机制，为人民群众提供多元的纠纷解决途径。2015 年 12 月 16 日，中共中央办公厅和国务院办公厅联合印发了《关于完善矛盾纠纷多元化解机制的意见》，对多元化纠纷解决机制建设进行了顶层设计和战略安排。知识产权保护是国家创新驱动发展战略的重要组成部分，知识产权纠纷的多元化解

---

〔1〕 王迁、谈天、朱翔："知识产权侵权损害赔偿：问题与反思"，载《知识产权》2016 年第 5 期。

〔2〕 蒋华胜："知识产权损害赔偿的市场价值与司法裁判规则的法律构造"，载《知识产权》2017 年第 7 期。

〔3〕 蒋华胜："知识产权损害赔偿的市场价值与司法裁判规则的法律构造"，载《知识产权》2017 年第 7 期。

〔4〕 中国互联网络信息中心编制的第 44 次《中国互联网络发展状况统计报告》（2019 年 8 月）。

决则是实现国家知识产权治理现代化的重要内容。2016 年月 29 日，最高人民法院发布《最高人民法院关于人民法院进一步深化多元纠纷解决机制改革的意见》，明确提出了在知识产权等重点领域，支持行政机关或者行政调解组织依法开展行政和解与行政调解工作。同时积极推动设立商事调解组织、行业调解组织，在投资、金融、知识产权等领域提供商事调解或者行业调解服务，完善司法确认程序，为推进知识产权纠纷的多元化解决作出了宏观的制度安排。

知识产权纠纷多元化解机制具有如下特点：①主体的专业性。具有中立地位的第三方往往是某相关技术领域的专业人员。②效果的非对抗性。通过兼顾情理与法理的纠纷解决模式，具有符合各方当事人利益需求之特点。③价值导向的兼顾性。在妥善平衡私权与公益的基础上注重协调个人权利、市场秩序、行业健康发展的内在联系。

1. 建立、完善知识产权仲裁制度。知识产权仲裁制度是多元化纠纷解决机制的重要组成部分，在效率性、保密性两个方面有着明显的优势。长期以来，仲裁所发挥的作用并不明显，完善的知识产权仲裁机制在很大程度上弥补司法诉讼的不足，推进知识产权多元化纠纷解决机制的科学构建。[1] 但鉴于网络知识产权纠纷的专业性和复杂性等特点，知识产权仲裁尚处于起步发展阶段，加之仲裁的"一裁终局"的制度特性，对仲裁员的专业素质提出了很高的要求。同时，也需注意知识产权仲裁制度与其他相应制度之间的衔接以及配套制度的建立。

2. 知识产权调解机制。在网络知识产权司法保护诉调衔接机制建设方面，浙江省走在全国前列。2011 年，浙江高院为了应对涉网知识产权案件的迅猛发展态势，与中国互联网协会签署了为期 5 年的委托调解协议，委托该协会调解浙江省法院受理的涉网知识产权纠纷案件。2013 年，该协会在阿里巴巴等互联网企业聚集的杭州市余杭区成立工作站，与法院共同制定了《关于开展涉网纠纷诉调衔接工作的实施办法》。余杭工作站自 2014 年 2 月份正式投入运行以来，至 2016 年底，共受托调解成功涉网案件近 2000 件，化解了大量涉网案件，诉调对接成效显著。同年 11 月，温州中院获悉中国（温州）知识产权维权援助中心经国家知识产权局批准成立，即与该中心取得联系，委托其调解知识产权纠纷。在温州委托调解机制取得良好效果的基础上，2012 年浙江高院开始在全省范围内开展委托专利行政管理部门和知识产权维权援助中心调解专利案件的工作，与省知识产权局共同下发了《关于建立专利民事纠纷诉调对接机制的意见》，我省全部 11 家专利案件管辖法院均据此建立了相应的专利纠纷委托调解机制。经过这

---

〔1〕 "深圳市中级人民法院关于市六届政协二次会议第 20160085 号提案汇办意见的函"，载政协深圳市委员会网，http://www1.szzx.gov.cn/content/2017-01/09/content_14760724.htm，最后访问日期：2020 年 5 月 13 日。

些年的发展，我省通过知识产权纠纷多元化解机制成功调解的纠纷数量从 2012 年的 587 件上升到 2016 年的 4750 件，增速迅猛。[1]

3. 知识产权司法诉讼机制。在多元化纠纷解决机制中，网络知识产权司法保护应发挥主导作用，专业化的审判组织、审判队伍保障了网络知识产权纠纷的公正、高效的解决。应秉承"和谐司法、民生司法"的理念，对于网络环境下事实复杂、涉及专业技术强等的案件，充分发挥调解等非诉纠纷解决方式的特点和优势，对司法和诉讼进行补偏救弊。此外，加强与世界知识产权组织在替代争议解决领域的合作，充分发挥有关行业协会、中介机构、仲裁机构的积极作用，推动知识产权民事纠纷解决第三方平台建设。

（五）以网络技术增强网络知识产权保护

尽管网络时代，大量的信息、海量而复杂的数据都带给了司法制度不少的挑战，但是司法制度不应当对新事物抱有抗拒的态度，事实上，在当今时代，可以运用网络技术帮助司法完成以前不可能完成的任务。

1. 大数据分析技术可能为证据的收集提供新的思路和方法。在华为诉 IDC 必要专利许可费率纠纷案中[2]，一二审法院均参考了 Strategy Analytics 机构对于苹果和三星等公司销售额的统计分析和预测，以裁量标准必要专利许可费。但是也应该明确，由于大数据分析过程对于双方当事人乃至法院来说均是不可见的，要想使得双方对于该结果均没有异议，法院必须充分说明该结果的来源以及分析方法，并且逐渐发展相应的证据审查机构。

2. 网络的便捷也可以很大程度上减少司法资源的消耗浪费。互联网法院即是一个很好的例子。网络知识产权侵权案件发生在网络上，因此也可以实现在网络上审判，并且由于该类案件的证据也多是以电子数据的形式存在于网络中，这样当事人既可以省下来回跑法院提交、补充证据的时间并且省下打印费等文本费用，也不用担心提交的证据因各方面原因出现丢失、毁损的风险。另外，由于网络知识产权案件往往涉及多数人，要使各方当事人均出现在一个法院进行审判，无疑会拖长诉讼进程，不利于司法效率，互联网法院依托于网络技术，存在于网络空间，便可以很好地解决这一问题。更进一步的，随着互联网法院的增多，其管辖范围可以不用拘泥于传统的民事诉讼管辖原则，地域将会在网络世界中无限淡化，这为网络知识产权案件管辖确定难的问题又提供了新的思路。

3. 网络技术也可以被运用于保护不同类型的知识产权。比如对于专利而言，随着大数据技术的发展，计算机对数据信息的整合能力已经非常强大，因此如果

---

〔1〕 "浙江高级人民法院'关于知识产权纠纷多元化解机制的调研'"，载浙江法院新闻网"知之汇"，http：//www. zjcourt. cn/art/2017/12/18/art_81_10790. html，最后访问日期：2020 年 5 月 13 日。

〔2〕 参见广东省高级人民法院（2013）粤高法民三终字第 305 号民事判决书。

可以以大数据管理评论技术为依据，结合待申请专利说明书和已有专利说明书，对其中涉及的语义进行深入分析，并归纳到合理关键词领域中，便可以分析出待申请专利是否可能与现有专利产生冲突，大大节约专利申请人的时间，也可以更好地保护现有专利权人的利益。对于商标与外观专利这类图像因素更为重要的知识产权，网络技术可以运用图像识别功能进行对比判断。网络世界中最不缺少的便是各类图像资源，利用网络技术强大的搜索、整合、分析能力，可以初步判断涉案商标或者外观设计专利是否与在先商标或外观设计专利存在相似，这样可以节约大量司法资源，也进一步提升司法裁判的可信度。

网络知识产权行政执法

伴随着我国迈入互联网和数字经济时代的步伐，知识产权事业迎来了蓬勃发展的机遇，同时也面临着巨大的挑战。受到互联网的高普及率和强开放性等多重因素的影响，网络领域的知识产权侵权纠纷不断涌现，为了预防和打击网络领域的知识产权侵权行为，营造良好的网络秩序和环境，知识产权行政执法手段扮演着日益重要的角色。相较于其他保护手段而言，行政执法通过发挥效率高、时间短、方式灵活等优势特点，能够更加便捷高效地打击知识产权侵权行为，规范互联网领域的秩序，从而促进我国知识产权事业和创新型国家建设的繁荣发展。

第一节　网络知识产权行政执法基本情况

当前，世界范围内的经济数字化转型已经成为大势所趋，数字化、网络化和智能化趋势不断深入。截至 2019 年 6 月，我国网民规模达到 8.54 亿，较 2018 年底增长 2598 万，其中手机网民规模达 8.47 亿，较 2018 年底增长 2984 万。同时，我国在线购物用户规模达 6.39 亿，较 2018 年底增长 2871 万；手机在线购物用户规模达 6.22 亿，较 2018 年底增长 2989 万；网络音乐、网络文学、网络游戏和网络视频用户规模分别达 6.08 亿、4.55 亿、4.94 亿、7.59 亿，较 2018 年底分别增长 3229 万、2253 万、972 万、3391 万。[1] 在产业发展繁荣的同时，相应的侵权问题也日益突出，其中特别是知识产权侵权问题。产业发展的现实需求和侵权问题频发的态势均呼唤更加严格的执法措施以及更加强劲的执法力度。

一、网络知识产权行政执法相关政策意见

中国已经成为全球规模最大和成长最快的互联网产业发展市场之一，除现行立法予以的保障外，其发展背后也离不开有关部门强有力的政策引导和支持。

2015 年 5 月 4 日，国务院印发《国务院关于大力发展电子商务加快培育经

---

〔1〕 中国互联网络信息中心编制的第 44 次《中国互联网络发展状况统计报告》（2019 年 8 月）。

济新动力的意见》，明确要"加强电商领域知识产权保护"，并"研究进一步加大网络商业方法领域发明专利的保护力度"。同年 6 月 16 日，针对跨境电商领域，国务院办公厅印发《国务院办公厅关于促进跨境电子商务健康快速发展的指导意见》，要求加强加大跨境电商领域执法监管和知识产权保护力度，坚决打击其中出现的违法侵权行为。10 月 26 日，国务院办公厅下发了《国务院办公厅关于加强互联网领域侵权假冒行为治理的意见》，通过突出重点、落实责任、加强协作和建立长效机制等举措，打击互联网领域侵权假冒行为。12 月 18 日，国务院发布了《国务院关于新形势下加快知识产权强国建设的若干意见》，要求加大对知识产权侵权行为的惩治力度，完善快速维权机制，尤其是加大电子商务等领域的知识产权执法力度。

2016 年 2 月 4 日，原国家新闻出版广电总局与工业和信息化部共同发布的《网络出版服务管理规定》，对网络出版服务的许可、管理、监督、保障与奖励等多方面作出具体规定。5 月 4 日，国务院办公厅印发的《2016 年全国打击侵犯知识产权和制售假冒伪劣商品工作要点》再次指出要加强对互联网领域侵权假冒行为的治理，定向监测网络商品交易，强化打假维权协作，探索和建立"跨境电子商务侵权假冒商品追溯机制"。11 月 29 日，国家知识产权局提出《关于严格专利保护的若干意见》，通过加强网络交易平台监管、强化同网络交易平台的合作和深化电商领域专利执法协作调度机制，进而提升线上线下执法办案的效率和水平。

2017 年 1 月 13 日，国务院发布《"十三五"国家知识产权保护和运用规划》，进一步要求研究和完善"互联网+"、电子商务、大数据等新领域和新业态的知识产权保护规则。同年 1 月 15 日，中共中央办公厅和国务院办公厅印发《关于促进移动互联网健康有序发展的意见》通知，指出要加大对移动互联网技术和商业模式等创新成果的知识产权保护，规范网络服务秩序，提高侵权代价和违法成本。同年 3 月 22 日，国务院印发《国务院关于新形势下加强打击侵犯知识产权和制售假冒伪劣商品工作的意见》，着力推进市场监管体系和监管能力的现代化建设，并"加强信息技术等新技术新手段运用"，"全面提高打击侵权假冒工作水平"，加快知识产权强国建设。

2018 年 7 月 31 日，国家知识产权局印发《"互联网+"知识产权保护工作方案》，明确通过深化相关协作调度机制，借助信息技术手段，保护互联网领域的知识产权。同年 8 月 2 日，国家知识产权办公室发布《国家知识产权局办公室关于深化电子商务领域知识产权保护专项整治工作的通知》，要求加大对重点领域和重点案件的打击整治曝光力度，强化对线下源头的追溯和打击，明确责任，强化落实。

2019 年 1 月 3 日，市场监督管理总局印发《假冒伪劣重点领域治理工作方案（2019-2021）》，要求"严厉查处网络违法经营行为"，打击电商领域的知识产权侵权和销售假冒伪劣商品违法行为，从而"维护公平竞争的网络交易秩序，营造安全放心的网络消费环境"。同年 2 月 26 日，市场监督管理总局下发了《关于贯彻落实〈关于深化市场监管综合行政执法改革的指导意见〉的通知》，要求创新市场监管的执法方式，"积极推动'互联网+监管'""探索利用信息化手段开展监督执法"。同年 4 月 7 日，中共中央办公厅和国务院办公厅印发的《关于促进中小企业健康发展的指导意见》进一步指出，通过运用互联网和大数据等手段，源头追溯、实时监测、在线识别，切实保护知识产权。同年 4 月 8 日，市场监督管理总局等六部门印发了《加强网购和进出口领域知识产权执法实施办法》的通知，通过"依法加强执法监管""拓宽线索来源渠道""强化执法协调联动""大力推进行刑衔接""完善社会共治机制"和"建立工作保障制度"等多项举措强化网络和进出口领域的知识产权保护。同年 6 月 19 日，国务院知识产权战略实施工作部际联席会议办公室发布《2019 年深入实施国家知识产权战略加快建设知识产权强国推进计划》，鼓励互联网平台企业通过为执法办案机关提供数据信息以发挥其在知识产权保护工作中的作用，加快推进知识产权诚信体系建设，规范互联网竞争秩序。同年 8 月 8 日，国务院办公厅发布的《关于促进平台经济规范健康发展的指导意见》指出，"互联网平台经济是生产力新的组织方式，是经济发展新动能"，需要探索适应新业态特点和利于公平竞争的公正监管方法，科学合理界定平台责任，维护公平竞争的市场秩序，建立健全协同监管机制，推进"互联网+监管"建设。同年 8 月 12 日，国务院办公厅发布的《关于印发全国深化"放管服"改革优化营商环境电视电话会议重点任务分工方案的通知》进一步提出了"推进知识产权领域信用体系建设""加快推进'互联网+监管'"等具体举措。同年 10 月 22 日，国务院发布《优化营商环境条例》，规定"建立知识产权侵权惩罚性赔偿制度""健全知识产权纠纷多元化解决机制和知识产权维权援助机制"，通过互联网和大数据等技术手段的运用，加强对监管信息的归集共享和关联整合。同年 10 月 30 日，国务院印发《关于进一步做好利用外资工作的意见》指出，要"完善知识产权保护工作机制"，就包括"完善电子商务领域的知识产权保护机制"比如"电子商务平台专利侵权判定通知、移除规则"和"电子商务领域专利执法维权协作调度机制"。同年 11 月 19 日，中共中央、国务院下发的《关于推进贸易高质量发展的指导意见》要求完善对海外知识产权的维权援助机制，"推进商务、知识产权、海关、税务、外汇等部门信息共享、协同执法的监管体系建设"。同年 12 月 4 日，中共中央和国务院印发的《关于营造更好发展环境支持民营企业改革发展的意见》指出，要"实施公平统一的市场监管制度"，"推行信用监管和'互联网+监管'"改革。同年 12 月 30 日，国家市场监督管理总局印发了《关于贯彻落实〈优化营商环境条例〉的意见》指出，要创新监管方式，加强重点领域监管，提升综合行政执法水平。

2020 年 1 月 3 日，国家知识产权局印发《关于深化知识产权领域"放管服"改革 营造良好营商环境的实施意见》通知，重申要求"创新知识产权保护方式"，"持续拓展'互联网+'、大数据等新兴领域和业态的知识产权综合保护途径"，"研究建设统一的电子商务领域知识产权保护信息化系统"。2 月 28 日，国家发展和改革委员会等部门印发《关于促进消费扩容提质加快形成强大国内市场的实施意见》，指出要开展全链条打击各类侵犯知识产权和制售伪劣商品等违法犯罪活动，彻查生产源头和销售网络，"鼓励地方监管平台、电商平台、第三方追溯平台与国家重要产品追溯平台信息互通"，有效净化消费环境。

二、网络知识产权行政执法总体情况

近年来，互联网领域执法活动的频率不断提高、力度不断加大、覆盖范围不断拓宽，在互联网信息内容管理、网络产品服务监测和网络安全等多个领域均有所作为。国家市场监督管理总局及国家知识产权局、国家版权局、国家互联网信息办公室以及其他主管部门和相应的地方机关执法力度进一步提升，执法举措亦进一步细化，相关的工作机制逐步得到健全。特别是在打击互联网知识产权侵权方面，知识产权有关执法部门积极构建"严保护、大保护、快保护、同保护"的工作格局，持续加强在互联网领域的知识产权执法力度和协作配合，密切信息共享，开展联合执法，并逐渐形成长效监管机制，打击网络领域的知识产权侵权行为。

自 2005 年起，国家版权局联合国家网信办、工信部、公安部持续开展打击网络侵权盗版的"剑网行动"，至今已连续开展 15 年。"剑网行动"主要针对网络侵权盗版的热点和难点问题，先后开展了对在线音乐、网络视频、网络文学、互联网新闻、云存储空间、应用程序商店、互联网广告等领域的专项整治，集中强化对互联网领域侵权盗版行为的打击力度。到 2019 年，各级版权执法部门总共查办网络盗版侵权案件 6647 起，依法关闭侵权网站 6266 个，删除盗版链接 256 万条，移送司法机关追究刑事责任案件 609 件。可以这样说，"剑网行动"已经成为互联网知识产权执法监管领域的一项品牌工作。但是在取得显著成绩的同时，我国的网络版权保护工作还存在不少缺点和短板，面临着诸多问题和挑战，打击网络盗版侵权的任务愈发繁重，新技术和新业态引发的新问题愈发突出，版权管网治网的压力也越来越大。在此背景下，国家版权局、国家网信办、工信部、公安部四部门经过多次研究，最终确定了"剑网 2019"专项行动的工作方案。[1] 其工作任务重点包括深化保护媒体融合发展版权，严格整治院线电影网络版权，加强对流媒体软硬件版权监管，规范图片市场版权管理秩序，巩固互联网版权重点领域的治理成果。[2] 执法活动中处理了一批典型案件，比如北京环球天下教育科技有限公司传播盗版电子出版物案，最终罚款 22.5 万元;[3] 又如上海"3D 播播 VR" APP 传播 3D 盗版影视作品案，最终罚款 25 万元;[4] 再如江苏无锡"紫薯影院"微信公众号传播盗版影视作品案，最终罚款 12 万元;[5] 还有如广东龙某某等运营网络游戏私服案、[6] 江苏淮安"BT 天堂"网传播盗版影视作品案等。[7]

2015 年，为了净化互联网交易环境，增强企业创新创业活力，浙江省"双打"办联合省公安厅等成员单位以及阿里巴巴集团在全省开展了一次代号为"2015 云剑行动"的互联网领域打击侵权假冒专项行动。

行动期间，全省共立案侵权假冒案件 169 起，破案 164 起，捣毁生产窝点 46 个，捣毁仓储窝点 198 个，抓获犯罪嫌疑人 300 名，涉案总价值 8.17 亿元。[8] 2016 年 8 月，浙江、上海、江苏、安徽、江西 5 省（市）联合启动长三角地区合作网络打假"云剑行动"，通过区域合作、政企合作与部门合作打击知识产权侵权行为。仅在浙江省，该行动依托阿里巴巴大数据一年内查处的制售假货窝点便达到 417 个，破获的假货案件总案值达到 14.3 亿元，执法机关同电商平台的合作进一步加深，浙江省执法部门从阿里巴巴获得的线索数量由 2015 年的 385

---

〔1〕 "严格保护网络版权 提升管网治网能力——中宣部版权管理局负责人就'剑网 2019'专项行动答记者问"，载"剑网 2019"专项行动网，http：//www.ncac.gov.cn/chinacopyright/channels/11376.html.，最后访问日期：2020 年 5 月 13 日。

〔2〕 "国家版权局等四部门启动'剑网 2019'专项行动"，载"剑网 2019"专项行动网，http：//www.ncac.gov.cn/chinacopyright/contents/11381/399436.html.，最后访问日期：2020 年 5 月 13 日。

〔3〕 "北京环球天下教育科技有限公司传播盗版电子出版物案"，载"剑网 2019"专项行动网，http：//www.ncac.gov.cn/chinacopyright/contents/11378/400276.html.，最后访问日期：2020 年 5 月 13 日。

〔4〕 "上海'3D 播播 VR' APP 传播 3D 盗版影视作品案"，载"剑网 2019"专项行动网，http：//www.ncac.gov.cn/chinacopyright/contents/11378/400274.html.，最后访问日期：2020 年 5 月 13 日。

〔5〕 "江苏无锡'紫薯影院'微信公众号传播盗版影视作品案"，载"剑网 2019"专项行动网，http：//www.ncac.gov.cn/chinacopyright/contents/11378/400272.html.，最后访问日期：2020 年 5 月 13 日。

〔6〕 "广东龙某某等运营网络游戏私服案"，载"剑网 2019"专项行动网，http：//www.ncac.gov.cn/chinacopyright/contents/11378/400266.html.，最后访问日期：2020 年 5 月 13 日。

〔7〕 "江苏淮安'BT 天堂'网传播盗版影视作品案"，载"剑网 2019"专项行动网，http：//www.ncac.gov.cn/chinacopyright/contents/11378/400264.html.，最后访问日期：2020 年 5 月 13 日。

〔8〕 "全国'双打'办赴浙江省开展工作调研并组织召开长三角片区打击侵权假冒工作"，载 http：//www.ipraction.gov.cn/article/zt_csj/gzdt/201707/20170700 144627.shtml.，最后访问日期：2020 年 4 月 7 日。

个增加到 402 个。[1] 在"云剑行动"中，同样查处了一批大案和要案，典型的比如从马来西亚流入中国的假冒"美孚""壳牌""嘉实多"润滑油案，总涉案金额上亿元；又如销售网络遍及 12 个省市的假冒"金士顿""三星"品牌案，共查处内存条 1.5 万余根，配套商标、标识 10 万余套，物品价值 200 余万元，涉案金额总计达到 1.2 亿元；再如杭州湾公安局侦查大队查处的生产销售假冒汽车安全气囊配件案，案值总计达到 4500 余万元；还有社交平台销售假烟案，涉案金额 3000 万余元；义乌售假集群案，初步估算涉案金额 8000 余万元；跨国制售假冒品牌农药案，查处假冒美国"杜邦"、瑞士"先正达"等国际品牌农药共 6 个品种 25 吨，各类假冒注册农药商标 200 余万件，假冒注册商标印刷模板 5 套等一大批作案工具和罪证。[2] 到了 2017 年，"云剑行动"升级为"云剑联盟"，覆盖浙江、上海、江苏、安徽、江西、海南、广东、福建、云南、贵州、四川、广西、湖南等 13 个省（自治区、市）。合作省市之间通过建立区域间信息共享、侵权线索通报、证据交换移转、协查办理案件、互认鉴定检验结果等制度，依托电商平台的线上交易大数据，开展跨省（区、市）执法办案，共同打击侵权假冒违法行为。[3] 这次打假行动范围涵盖全国 51.06% 的人口，截至 2017 年年底，13 个省（区、市）联合共破获侵权假冒案件 399 起，捣毁假货生产窝点 321 个，仓储窝点 492 个，抓获犯罪嫌疑人 795 名，涉案总价值约 16.3 亿元。[4]

在京津冀地区，互联网领域的知识产权执法力度和执法协作亦在加大加强。2015 年 11 月，北京、天津、河北三省（市）联合召开了"2015 打击假冒领域京津冀协作工作座谈会"，总结已有执法协作成果，并探索下一步区域执法协作规划。在执法过程中，三地知识产权执法部门建立了一系列的跨区域工作协作机制，探索常态化的区域执法协作新模式，区域基层执法协作取得新成效，信息沟通和经验交流得到了加强。下一步，三地将建立更加紧密的工作会商机制，开展更加频繁的日常工作交流，进一步推动部门和基层协作，填补监管的空白。[5] 2016 年 10 月，京津冀三地工商、市场监管部门签署了商标保护区域合作备忘录，

---

〔1〕 "阿里大数据一年助浙江打掉 14 亿元假货'云剑行动'升级'云剑联盟'"，载 http：//www.ipraction.gov.cn/article/zt_csj/gzdt/201707/20170700144642.shtml.，最后访问日期：2020 年 4 月 8 日。

〔2〕 "阿里大数据一年助浙江打掉 14 亿元假货'云剑行动'升级'云剑联盟'"，载 http：//www.ipraction.gov.cn/article/zt_jcfsj/lhxd/201707/20170700144585.shtml.，最后访问日期：2020 年 4 月 8 日。

〔3〕 "13 省区市协作开展大数据打假净化市场环境"，载 http：//www.ipraction.gov.cn/article/zt_jcfsj/gzbs/201708/2017080 0148608.shtml.，最后访问日期：2020 年 4 月 7 日。

〔4〕 "打击互联网侵权假冒专项行动'云剑联盟'发布 2017 年成绩单"，载 http：//i.wshang.com/Post/Default/Index/pid/254797.html.，最后访问日期：2020 年 5 月 13 日。

〔5〕 "京津冀三省市建立打击侵权假冒区域执法协作机制"，载 http：//www.ipraction.gov.cn/article/gzdt/ywdt/202004/307914.html，最后访问日期：2020 年 4 月 8 日。

约定在已有执法协作机制的基础上建立驰名商标异地申报和保护机制，疏通商标管理信息通报渠道，构建商标管理资源共享和区域商标品牌展示平台。[1] 到 2017 年 4 月，京津冀三地工商和市场监督管理部门签署了《京津冀工商和市场监督管理部门竞争执法合作协议》和《京津冀三地工商和市场监管部门打击传销协作机制》，商定共建竞争执法协作平台。[2] 当月，天津市制定了《关于进一步推进京津冀市场监管协同发展的意见》，提出在京津冀地区建立三地商标保护区域季度联络制度，联合开展商标专项执法和集中整治行动。[3] 2018 年，"2018 中国（北京）打击侵权假冒交流大会及其成果展示活动"在第五届京交会上启动，此次活动旨在宣传打击侵权工作成果，开展国际国内打击侵权工作的交流合作，提升打击侵权的工作水平。[4] 2019 年 5 月，京津冀知识产权保护机构在天津签订知识产权服务品牌合作协议，三地知识产权服务品牌机构合作机制正式建立。[5] 同年 7 月，三地知识产权局在北京签订了《北京市天津市河北省知识产权保护工作部门合作框架协议》，为构建"大保护、严保护、快保护、同保护"格局和促进区域知识产权保护一体化发展作出进一步探索。[6] 在执法过程中，京津冀地区亦查办了一批重要案件，比如 2015 年京津市场监管部门借助大数据联手打击的假冒"尚赫"超声波美容仪案；又如 2018 年 7 月京津冀三地协同查处的假冒"壳牌"润滑油供货商案，共查扣侵权润滑油 640 桶，案值 5 万余元；[7] 再如 2019 年 9 月京冀两地市场监督管理局查办的与"VANS"商标近似侵权鞋案，货值金额超百万元。[8]

三、网络知识产权重点领域行政执法情况

在网络知识产权行政执法当中，电商领域执法是其中的重中之重。随着电子

---

〔1〕 "京津冀签署《京津冀商标保护区域合作备忘录》"，载 http：//www. ipraction. gov. cn/article/df/dfgzdt/202004/205163. html，最后访问日期：2020 年 4 月 7 日。

〔2〕 "京津冀三地工商和市场监督管理部门建立竞争执法协作平台"，载 http：//www. ipraction. gov. cn/article/gzdt/ywdt/202004/306220. html，最后访问日期：2020 年 4 月 6 日。

〔3〕 京津冀将建立"商标保护区域季度联络制度"，载 http：//www. ipraction. gov. cn/article/df/dfzcfg/202004/219939. html，最后访问日期：2020 年 4 月 8 日。

〔4〕 "2018 中国（北京）打击侵权假冒交流大会及成果展示活动亮相第五届京交会"，载 http：//www. ipraction. gov. cn/article/df/dfgzdt/202004/188702. html，最后访问日期：2020 年 4 月 7 日。

〔5〕 "京津冀建立知识产权服务品牌机构合作机制"，载 http：//www. ipraction. gov. cn/article/gzdt/dfdt/202004/72166. html，最后访问日期：2020 年 4 月 6 日。

〔6〕 "京津冀三地知识产权保护协作取得新进展"，载 http：//www. ipraction. gov. cn/article/jjj/jjjgzdt/202004/236861. html，最后访问日期：2020 年 4 月 7 日。

〔7〕 "京津冀三地协同查处假冒壳牌润滑油供应商"，载 http：//www. ipraction. gov. cn/article/df/dfgzdt/202004/186949. html，最后访问日期：2020 年 4 月 8 日。

〔8〕 "京冀两地执法合作查扣大批侵权商品"，载 http：//www. ipraction. gov. cn/article/channel/jjjArticle. shtml？id＝237021，最后访问日期：2020 年 4 月 9 日。

商务产业在当代国民经济发展中的地位和作用日益突出，立法部门、行政部门、司法部门，以及以淘宝、天猫、京东等为代表的电商平台，勇于探索、敢于担当、精益求精，不断实践，持续提高对电商领域知识产权侵权行为的打击力度。

2015 年 7 月至 11 月，根据原国家工商总局工作部署，工商系统内集中组织开展了 2015 红盾网剑专项行动。行动中全国工商系统共在网上检查网站、网店191.1 万个次，实地检查网络经营者 19.8 万个次，删除违法商品信息 7.5 万条，责令整改网站 12554 个次，责令停止服务的网店 1134 个次，查办违法案件 6737件，罚没款 1.23 亿元，较好地维护了消费者与经营者的合法权益以及网络商品交易秩序。[1] 9 月至 10 月，天津市开展"2015 年加强电商领域知识产权保护质量月活动"，活动以知识产权执法维权"护航"与电商领域专利执法维权"闪电"专项行动为重点，加大力度查处被投诉人为本地网店经营者或本地电商交易平台上发生的假冒专利行为和专利侵权纠纷，规范电商市场秩序，促进电商产业健康发展。[2] 12 月，原国家质检总局与阿里巴巴、京东、苏宁、一号店 4 家大型电商平台签订质量承诺，约定双方协作公开质量承诺企业执法检查结果等信息，共同推进企业产品质量承诺工作。[3]

2016 年 3 月，国家知识产权局组织成立了"中国电子商务领域专利执法维权协作调度（浙江）中心"，着力深化电商领域专利执法协作，建立对电商专利侵权的跨省打击机制。其工作流程如下：首先在线上查实专利侵权假冒行为的存在，然后由调度中心通过平台运营商对侵权人的线下信息进行确认，同时将案件相关线索移送到有管辖权的地方知识产权局进行线下办理，从而在源头上打击专利侵权假冒行为。该中心成立后，大大提升了电商领域专利执法效率，中心可以将接收的浙江省内举报的电商平台专利侵权案件分送至全国各有关知识产权维权援助中心协助办理，后者应当尽快配合作出咨询意见书；各地知识产权局应当在接到协助执行书后快速提供协助，对于有重大影响或者群体性的专利侵权案件，由国家知识产权局协调办理。[4]

---

〔1〕 "工商总局：2015 红盾网剑专项行动取得良好成效"，载中国打击侵权假冒工作网，http：//www. ipraction. gov. cn/article/gzdt/ywdt/202004/307268. html，最后访问日期：2020 年 4 月 9 日。

〔2〕 "天津开展 2015 年加强电商领域知识产权保护质量月活动"，载中国打击侵权假冒工作网，http：//www. ipraction. gov. cn/article/xxgk/ywdt/201509/20150900064207. shtml.，最后访问日期：2020 年 4 月 10 日。

〔3〕 "质检总局与京东等电商签订质量承诺 网购打假再出新招"，载中国打击侵权假冒工作网，http：//www. ipraction. gov. cn/article/xxgk/ywdt/201512/20151200076257. shtml.，最后访问日期：2020 年 4 月 8 日。

〔4〕 "知识产权局：电商专利执法调度中心在浙成立"，载中国国际贸易促进委员会网，http：//www. ccpit. org/Contents/Channel_3586/2016/0324/599371/content_599371. htm.，最后访问日期：2020 年 5 月 13 日。

2017 年 8 月 31 日，在广东知识产权交易博览会举办期间，来自全国 19 个城市的代表共同签署了《电商领域知识产权联合执法宣言》（以下简称《宣言》），进一步加强了区域执法合作，拓宽了联合执法渠道。《宣言》表示，各个参与成员以自愿参加、开放公平、互动互补和依法行政为原则，发挥积极主动性，加强各地执法资源与经验互补，在专利行政执法领域加强交流与合作，加大专利行政执法力度，加强电商领域信用体系和市场监管体系建设，打击侵犯知识产权和制售假冒伪劣商品的行为。[1] 该年 9 月，"丝绸之路经济带"沿线河南、山东、湖北、重庆、西藏、陕西、甘肃、青海、宁夏、新疆等 10 省（区、市）联合展开了"丝路清风"跨区域打击侵权假冒专项行动。在跨境电商领域重点对海淘商品开展集中整治，强化对跨境电商平台和供应商的监管，接受举报投诉，及时发现侵权假冒进出口商品信息和涉嫌售假的网站、网页、链接等线索，加强部门协调联动，构建虚假海外物流查询网络，加强对跨境电子商务产品质量安全监管，严厉打击网上销售侵权假冒商品违法行为。[2]

2018 年 8 月，国家知识产权局在上海、浙江、北京、广东、江苏等重点区域组织开展为期 4 个月的电商领域专项整治，强调加大对商品交易量大、社会关注度高的电子商务领域知识产权侵权假冒行为的打击力度，健全对互联网交易平台的信息化治理机制；充分发挥各地知识产权维权中心在协助办案方面的作用，提升协同执法办案效率，在电视、报纸、网站等当地主流媒体上曝光重点案件，提高打击侵权声势；深挖侵权假冒商品的生产源头，提升源头追溯的精准度并及时切断流通链条，强化线上线下一体化协同治理；同时要明确执法机构工作责任，加大整治力度，狠抓落实，确保工作实效的达成。[3]

2019 年 2 月，国家市场监督管理总局下发了《关于整合建设 12315 行政执法体系更好服务市场监管执法的意见》（以下简称《监管执法意见》）。根据《监管执法意见》，从 5 月份开始，一些地方开始将原工商、质检、食药、价监、知识产权等投诉举报热线整合为 12315 市场监管热线，着力解决网购消费维权当中被投诉人确定难、投诉地点选择难、消费者举证难等问题。[4] 9 月，浙江、上

---

〔1〕 "全国 19 个城市签署发布《电商领域知识产权联合执法宣言》"，载中华人民共和国中央人民政府网，http://www.gov.cn/xinwen/2017-09/01/content_5221852.htm.，最后访问日期：2020 年 5 月 13日。

〔2〕《关于印发打击侵权假冒"丝路清风"行动方案的通知》，豫打假办〔2017〕7 号，2017 年 9 月15 日发布。

〔3〕《知识产权局关于深化电子商务领域知识产权保护专项整治工作的通知》，国知办发管字〔2018〕25 号，2018 年 8 月 2 日发布。

〔4〕 林丽鹏："'一号对外'，消费维权更快：原工商、质检、食药、价监、知识产权等投诉举报热线将整合为 12315 市场监管热线"，载《人民日报》2019 年 5 月 8 日，第 19 版。

海、广东、江苏等多省市市场监管部门在杭州成立网络市场监管跨区域协作联盟。截至 2019 年 6 月，浙江省杭州市余杭区市场监管局累计对接 175 家地区市场监管部门，协查、移送 22 万条平台数据，建立了覆盖国内 20 余个省市的跨区域网络市场协同监管网，同时启用全国首个"网络消费投诉在线调解平台"，实现了海量投诉纠纷在线即解，大幅提升了调解工作效能。[1] 11 月，由国家市场监督管理总局委托建设的全国网络交易监测平台启动上线。平台由在线交易监测系统、移动社交监测系统、电子证据管理系统、电商主体信用系统、大数据交换共享平台、线上交易监管协同平台六大业务系统组成，将逐步实现对全国主要电商平台和网络违法行为的监测，并运用区块链技术对涉嫌违法的电商主体和线上商品信息进行固定和存证，确保对监测数据的可追溯、可证明和可信赖。[2]

在行政执法力度不断加强的背景下，电商领域知识产权的保护水平也不断提高。以阿里巴巴的知识产权保护状况为例，2018 年阿里巴巴平台被行政执法机关要求协查的知识产权侵权案件量下降 64%，96% 的疑似侵权链接上线即被封杀，96% 的知识产权投诉在 24 小时内即被处理，被消费者举报删除的疑似侵权链接数下降 70%，每万笔订单中仅有 1.11 笔为疑似假货。[3] 2019 年，消费者举报删除的疑似侵权链接量再降 57%，每万笔订单中仅有 1.03 笔被消费者怀疑为侵权商品，5 年内下降 67%，与此同时，平台活跃用户数增长超过 9000 万，阿里知产保护平台的品牌权利人入驻量较 2018 年增长 20%。[4] 而就全国来看，根据《2018 年中国知识产权发展状况评价报告》显示，近年来中国的知识产权水平也在显著提升，以 2010 年为基准设置保护指数 100，2018 年保护指数达到 274.3。在这一作用下，知识产权的创造、运用和综合发展水平均获得了全面提高，仍旧以 2010 年作基准设定保护指数为 100，2018 年知识产权的创造、运用和综合发展水平分别达到了 249.3、234.8 和 257.4。[5] 中共中央政治局 2020 年 11 月 30 日下午就加强我国知识产权保护工作举行第二十五次集体学习。中共中央总书记习近平在主持学习时强调，要提高知识产权审判质量和效率，提升公信

〔1〕 "全国电商监管跨区域协作联盟在杭州成立"，载中国打击侵权假冒工作网，http：//www. ipraction. gov. cn/article/xxgk/ywdt/201909/20190900227949. shtml. ，最后访问日期：2020 年 4 月 6 日。

〔2〕 "全国网络交易监测平台启动上线"，载新华网，http：//www. zj. xinhuanet. com/2019-11/06/c_ 1125198034. htm. ，最后访问日期：2020 年 5 月 13 日。

〔3〕 "2018 阿里巴巴知识产权保护年度报告"，载阿里巴巴知识产权保护平台，https：//ipp. alibaba-group. com/infoContent. htm？skyWindowUrl＝news-20190110-cn. ，最后访问日期：2020 年 5 月 13 日。

〔4〕 "2019 阿里巴巴知识产权保护年度报告"，载阿里巴巴知识产权保护平台，https：//ipp. alibaba-group. com/infoContent. htm？skyWindowUrl＝AACA-mediaCenter-right/cn. ，最后访问日期：2020 年 5 月 13 日。

〔5〕 "2018 年中国知识产权发展状况评价报告"，载国家知识产权局网，http：//www. sipo. gov. cn/docs/20190624164519009878. pdf. ，最后访问日期：2020 年 5 月 13 日。

力。要促进知识产权行政执法标准和司法裁判标准统一，完善行政执法和司法衔接机制。要完善刑事法律和司法解释，加大刑事打击力度。要加大行政执法力度，对群众反映强烈、社会舆论关注、侵权假冒多发的重点领域和区域，要重拳出击、整治到底、震慑到位。

第二节　网络知识产权行政执法现存问题

在承认执法措施愈发严格和执法力度不断加大的现实背景下，也必须清醒地认识到，无论是在理论层面亦或是实践层面，网络知识产权行政执法当中仍然面临诸多问题。具体表现在执法结构发生变化、保护客体范围扩大、执法主体职能有待清晰、执法力量有待加强、执法对象确定困难和执法依据模糊滞后等方面。

一、网络知识产权行政执法面临的理论困境

（一）执法结构由二元主体变为多元主体

传统知识产权行政执法体系中的法律关系主要围绕行政机关和行政相对人展开，由行政执法机关对行政相对人进行单向执法，呈现出显著的二元结构。伴随着信息技术的发展和互联网经济的繁荣，越来越多的互联网企业出现，众多传统企业也纷纷将业务范围由线下转移或拓展到线上。[1] 当互联网领域出现知识产权纠纷时，传统的行政执法手段往往无法及时处理和应对，这就需要根据互联网经济的发展模式对执法结构作出调整和改变，以行政机关和行政相对人为主体的二元结构得到突破，转变为涵盖行政机关、网络平台、行政相对人的多元主体结构。[2] 行政机关对网络领域的知识产权侵权行为采取执法措施，网络平台对此予以协助（见图4-1）。2017年3月，国务院发布《关于新形势下加强打击侵犯知识产权和制售假冒伪劣商品工作的意见》提出，要建立平台企业向执法监管部门提供执法办案相关数据信息的制度。[3] 2019年8月，深圳市市场监管局与阿里巴巴集团启动战略合作，推进线上线下一体化，通过建立数据信息交互通道，共享各自掌握的经营主体信息以及违法违规数据。[4] 通过平台与执法机关之间的信息交互，不仅能够促进平台对信息进行审核，而且也推动了相关执法机关涉

〔1〕　谭晶心："平台经济模式下行政执法变革研究"，华东师范大学2019年硕士学位论文。

〔2〕　这里的"行政相对人"指网络平台内的经营主体，但在某些情况下网络平台同样可以作为行政相对人。

〔3〕　石雨："阿里与深圳市市场监管局启动战略合作"，载电商报，http：//www. dsb. cn/104293. html，最后访问日期：2020年5月13日。

〔4〕　石雨："阿里与深圳市市场监管局启动战略合作"，载电商报，http：//www. dsb. cn/104293. html，最后访问日期：2020年5月13日。

网主体数据库的完善，对于打造平台治理机制、政企合作机制、网络监管机制三位一体的监管格局具有重要意义，能够有效提升平台的治理水平和行政机关的执法监管效能，引领和带动互联网产业市场的良性发展。

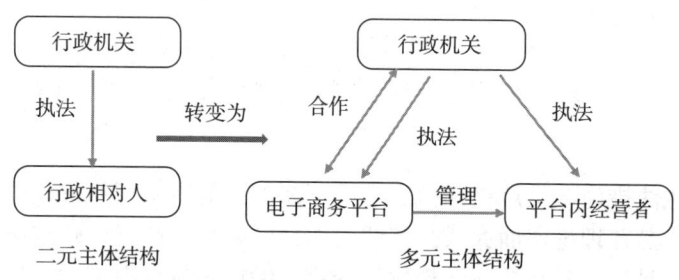

图4-1 执法结构由二元主体变为多元主体

（二）知识产权保护客体范围扩张

技术革新和技术发明是推动人类社会进步的重要动力，在人类社会的发展进程中，科技的每一次重大突破都会带来创造性的文明成果，掀起新一轮的产业浪潮，一些重大且具备颠覆性的技术革新甚至会引发科技革命，创造新的产业形态。伴随着互联网产业的发展和繁荣，同时作为市场经济和科技发展的产物，知识产权所呈现的形式日益复杂多样化，知识产权的客体类型也日益呈现出明显的扩张趋势，客体体系不断扩大。网络领域的知识产权保护客体，既包括线下现实空间中产生的智力成果，也包括线上网络环境中形成的具有虚拟特性的知识产权，比如人工智能生成物、有声读物、赛事直播、基因技术、数字技术、数据信息、新的商业模式和跨境电商交易中的商标使用等。又由于线上数据信息的流动传播速度极快，互联网领域内的知识产权极容易遭到复制和模仿，同时基于数据和信息的特殊属性，知识产权权利人往往无法以排除占有的方式防止侵权行为的发生，这就为侵权行为的发生滋生了更大的生长空间。

二、网络知识产权行政执法体系存在的问题

（一）行政执法主体职能有待优化

1. 享有执法权的部门设置不统一，主体层次不协调。2018年国家和地方机构改革后，市场监督管理部门是我国目前负责网络领域知识产权行政执法的主要职能部门之一。但是，各地方部门仍然存在行政级别和性质不同的问题，有的属于省政府直属机构，正厅级单位，相关职能并入市场监督管理局；有的作为市场监督管理局的部门管理机构；有的作为副厅级单位。各地行政部门执法地位的不统一，不仅可能会降低执法主体的社会公信力，更可能削弱网络领域知识产权行政执法的权威性和有效性，使得执法的效果不佳。除此之外，还存在执法主体层

次不协调的问题。比如根据《专利法》的规定，国务院和省级人民政府设立的管理专利工作的部门享有专利行政执法权。然而在实践当中，大量互联网领域的专利侵权假冒行为却发生在县级行政部门所在辖区。虽然《专利行政执法办法》第6条规定管理专利工作的部门可以委托有实际处理能力的市、县级专利管理部门查处假冒专利行为、调解专利纠纷，但随着知识产权行政执法机构的调整，委托执法也面临委托权责不清和执法不到位的问题。

2. 执法机关之间可能发生相互推诿的现象，跨区域执法难度较大。根据《中华人民共和国行政处罚法》（以下简称《行政处罚法》）第22、23条的规定，违法行为发生地的县级以上地方人民政府具有行政处罚权的行政机关负责管辖行政处罚类案件。互联网领域内知识产权侵权案件的发生往往牵涉多个地区，比如商品的生产地、存储地、中转地、交付地和服务提供地，再比如实施侵权行为的网络服务器计算机终端设备所在地、发现侵权内容的计算机终端设备所在地等，由此导致的后果便是多地的行政执法机关都具有对同一侵权违法行为的管辖权，从而出现执法机关之间相互推诿的现象。此外，由于网络平台内经营者可能存在没有实体店铺、经营地和住所地不一致、住所地与库存所在地不一致等特殊情况，这就需要执法机关开展跨区域执法。但开展跨区域执法，不可避免地会耗费更多的行政执法资源，降低执法的效率，侵权行为人也更容易趁机销毁侵权证据。比如在跨境电商领域，发货地、物流集中地和收货地可能分布在国内国外多个地区，办理这一类的知识产权侵权案件不仅会涉及管辖权的确定，还可能牵涉到域外执法的配合与协调问题。更有甚者，跨区域执法还会面临举报投诉地址和人名不清晰、没有扣押到实物产品、单次情节轻微等问题，进一步降低跨区域知识产权侵权案件的成案率。[1]

3. 由平台所在地知识产权行政机关集中统一应对不现实。既然由各地的行政机关开展执法协作难度较大，难以充分应对互联网领域的知识产权侵权问题，那么能否由网络平台所在地的行政执法机关对平台内发生的侵权案件进行统一管理呢？从目前互联网产业的发展规模和侵权行为发生的频次来看，显然也具有一定难度。以电子商务产业为例，根据国家统计局数据显示，2018年全国电子商务交易额达31.63万亿元，同比增长8.5%[2]；全国市场监管部门共受理网络购

---

〔1〕　胡晓景："电子商务领域知识产权保护的调查与思考——以义乌市为例"，载《公安学刊（浙江警察学院学报）》2017年第6期。

〔2〕　"中国电子商务报告（2018）"，载中华人民共和国商务部电子商务和信息化司网，http://dzsws. mofcom. gov. cn/article/ztxx/ndbg/201905/20190502868244. shtml.，最后访问日期：2020年5月13日。

物投诉 168.20 万件，同比增长 26.2%[1]。仅以在国内电商市场占据主要份额的阿里巴巴平台所在地杭州市为例，2018 年全年，杭州市场监管系统共接收网购举报投诉咨询 33.2 万件，同比增长 38.14%，已连续 5 年增长[2]。面对如此庞大的投诉量和迅速的增长速度，如果相关侵权案件均由阿里巴巴所在地的杭州市市场监督管理部门进行处理，其面临的执法压力可想而知，执法效率难以得到保证。

（二）行政执法力量较为薄弱

1. 人才队伍建设有待加强，执法人员的数量和素质均需要提高。连续增长的产业规模和侵权投诉数量呼唤更多的行政执法力量，但是目前多地的知识产权行政部门执法编制队伍人员数量过少，甚至存在市县一级的稽查队伍还没有完全到位的问题，虽然相关部门的职责已经划分，但其编制和人员尚未落实。此外，由于互联网领域发展日新月异，侵权行为的发生往往难以找到已有类似的案例，执法人员经常面临没有处理过的新情况和新问题，再加上知识产权业务本身就具有较高的专业性要求，需要执法人员具备多个领域的知识，这就对执法人员的专业素质提出了更高的要求，需要执法人员不断学习和提高执法办案能力，以充分应对新的变化和挑战。

2. 执法主体与互联网平台之间，以及执法主体之间的信息沟通仍存障碍。技术的发展从来都是一把双刃剑，在互联网环境下，虽然知识产权侵权行为变得更加隐蔽和频繁，但是也为执法主体与网络平台之间，以及执法主体之间的信息及时沟通交换提供了便利。就执法主体与网络平台之间的信息沟通而言，网络平台掌握着大量平台内经营者的基本信息和相关知识产权侵权投诉信息，在打击侵权行为中扮演着愈发重要的角色，但是由于电商平台和行政部门之间的沟通渠道不是很畅通，对于行政执法部门而言，其从电子商务平台获取侵权行为相关信息仍然存在障碍，影响了线上行政执法的有效开展。就执法主体之间的信息沟通来说，由于各地区行政部门条块分割，在行政主体之间的知识产权执法协作中也很容易形成信息壁垒，从而阻碍相关部门间的信息资源共享。虽然执法协作的力度在不断加大，但目前地区之间的知识产权行政执法协作信息沟通仍然主要通过办公会议和研讨培训的方式进行，信息交换平台的建立过程迟滞，由此带来的弊端便是信息交换多发生在事后，不能及时为执法协作提供参考，且交换的信息内容

---

〔1〕"国家市场监督管理总局：2018 年消费者投诉举报呈现八大特点"，载中华人民共和国中央人民政府网，http://www.gov.cn/xinwen/2019-03/14/content_5373723.htm.，最后访问日期：2020 年 5 月 13 日。

〔2〕"杭州发布 2018 年度《3.15 消费维权报告》白皮书"，载中国杭州政府门户网，http://www.hangzhou.gov.cn/art/2019/3/14/art_812268_31015288.html.，最后访问日期：2020 年 5 月 13 日。

有限，不能实现信息沟通的常态化。

3. 传统由线下到线上的监管思路有待转变。对于互联网领域的知识产权侵权案件，行政执法机关过去主要采用的监管思路是先在线下的生产、存储和销售环节中发现问题，再确定侵权人的线上交易链接和账号等。也就是说，执法机关主动发现和处理的侵权案件大多都是首先在线下加工点、仓储地、托运点等地查获侵权人和侵权商品，再倒查发现侵权商品的线上销售渠道；其中只有少数案件是首先通过线上锁定侵权主体和侵权行为，再进行线下的追踪和缉查。这种监管方式以线下领域中行政执法的属地巡查为主，然后再延伸到线上，执法检查的重点在于实体场所，执法依据也以扣押到的实体侵权产品为准。但是，这种监管思路显然无法适应互联网产业的发展需要，原因在于一方面这种监管方式速度较慢，侵权行为人可以利用时间差删除侵权链接；另一方面越来越多的平台内经营者特别是中小型卖家已经不再设置线下的实体经营场所，而仅仅在线上完成接单环节，然后直接联系上家发货给客户，对于这种情况，执法机关继续采用过去的监管方式很难有效发挥作用。

三、网络知识产权行政执法内容存在的问题

（一）行政执法对象确定困难

1. 传统意义上的侵权行为主体难以确定，新的监管对象又不断出现。一方面，互联网本身具有无边界和无上限的特点，海量的线上经营者以及消费主体往往分布在全国各地甚至海外；同时由于线上交易的内容突破了线下交易中买卖双方直接达成合意购买协定的交易模式限制，涉及的主体和利益关系更为复杂；再加上互联网产业流程中涉及的产品生产、销售主体既包括线下主体也包括线上主体，违法行为的发生往往需要线上线下密切配合，分工细致，且产业链条长，这些都导致行政执法机关在确定侵权行为主体和监管对象时存在巨大困难。另一方面，新的互联网产业模式花样繁出，相伴的各种新的侵权行为和监管问题也层出不穷。比如根据《电子商务法》等相关规定，电子商务领域行政执法的监管对象限于电子商务平台经营者、平台内经营者和电子商务经营者，但是对于诸如"主播带货"和"微信朋友圈代购"等新型线上交易模式的法律性质如何界定，其中出现的知识产权侵权行为又能否成为电子商务领域行政执法监管的对象；以及在跨境电商领域存在的海外代购和海外直购两种经营模式的性质如何认定，是否属于电子商务领域执法应该规制的行为等，诸如此类，都是亟待解决的问题。

2. 线上取证难度较大，侵权行为认定困难。互联网环境中，传统的线下销售实物商品转变为在线展示和推销商品信息，达成购买合意后再通过邮寄完成线下商品交易。因此，证明有侵权行为发生的主要证据便是产品的销售链接和网页。但是由于电子数据易删改的特性，使得侵权人很容易对产品销售链接和网页

作出修改和删除从而导致证据灭失。同时，网络平台对电子数据的保存也有一定的期限，这就导致即使侵权人未进行恶意删改，相关侵权行为数据也可能因为保存时限超期而丢失。此外，还有一些跨国性的知识产权侵权案件，由于平台服务器位于国外，使得情况更加复杂，只能通过涉案个人计算机获取侵权行为数据，比如登录网络账户进行远程勘察，从而导致数据收集难度加大，收集到的数据也更加零散，证明力度大打折扣。即使在收集到充足数据的情况下，由于知识产权侵权行为的认定是一项较为复杂和专业性的工作，往往需要懂法律、技术、美学等多方面知识的专业人士来进行判定，但是受限于网络的虚拟性特征，即使以文字、图片等多种形式，线上展示的商品信息也极为有限。无论是权利人、消费者、线上经营者还是执法机关，在未接触实物商品的情况下，仅凭网上展示的文字或图片信息，均难以判断商品是否存在知识产权侵权。[1]

（二）行政执法依据模糊滞后

1. 现有的法律规定存在内容模糊地带，有待作出释明。以《电子商务法》为例，虽然其作为我国电子商务产业发展与相关知识产权保护的基本原则性的法律框架，但"基本"就难以"具体"，"原则"尚需"细化"，其条文中仍然存在一定的模糊地带，再加上缺乏配套的立法和司法解释，致使部分内容可操作性不强，甚至存在同现实脱节的情况。比如，《电子商务法》规定电子商务平台经营者在收到侵权通知后就应当采取必要措施，但是对于"必要措施"的定义和范围却存在争议。将在线商品下架是否属于"必要措施"？亦或是当侵权通知转送至相关平台内经营者就可以称之为"已采取必要措施"？对此，《电子商务法》条文中并未加以明确，实践中也难以形成合理统一的标准。因此，司法审判中在如何认定电子商务平台是否应当承担知识产权侵权责任方面存在一定困难。再比如，根据《电子商务法》第43条，知识产权权利人应当在收到电子商务平台经营者发出的转送不存在侵权行为声明后15日内向有关主管部门投诉或者向人民法院起诉。但事实上，由于绝大多数侵权诉讼是由基层法院管辖，而基层法院案件多、人手少，往往难以保证15天内完成立案程序。倘若无法在15天内完成立案程序，涉案线上店铺的链接就会被恢复，权利人的相关权利也难以得到有效保障。同时，商场如战场，在一些如"双11"之类的重要市场节点，如果平台内经营者遭遇恶意投诉而造成相关商品下架，即使事后证明未实际发生侵权，但市场机遇已过，由此给相关经营者带来的经济损失不可估量。因此在这一环节，如何识别和避免恶意投诉进而平衡好知识产权权利人和平台内经营者的利益就显得至关重要。

---

〔1〕 苏冬冬："电子商务领域专利侵权治理的困境与出路研究——基于浙江的实证分析"，载《科技与法律》2018年第5期。

2. 法律的滞后性特征难以应对互联网产业的飞速发展。互联网正在全方位地改变着我们的生活，无论是企业结构、产品观念，还是供应链组合、消费者观念，乃至市场规则都在发生变化。作为上层建筑的一部分，法律必然受到经济基础的影响，最直接的便体现在立法上。无论是在产业规模还是在增长速度层面，我国的互联网产业均处于世界领先地位。以电子商务产业为例，国家统计局数据显示，2017 和 2018 年，我国电商交易额分别达到 29.16 万亿元和 31.63 万亿元，同比增长 11.7%和 8.5%。[1] 但与之相关的互联网领域立法却显得并不那么迅速和高效。比如《电子商务法》整整经历了 4 次审议和 3 次征求公众意见才最终付诸表决，这固然体现了立法的谨慎，但也为产业的发展留下了"野蛮生长"的灰色地带。探究互联网领域立法缓慢的原因，主要有以下几点：首先，与立法的程序有关，按照全国人大常委会的规定，最快的立法速度也需要经过 3 次审议，作为国家大事，立法需要经过反复讨论和斟酌是必要的，但也必须认识到，相对于社会经济的快速变化发展，我国的立法效率确实还不够高；其次，与立法诉求的反馈机制有关，国家立法机关很难及时发现全国范围内层出不穷且多种多样的"痛点"问题，这就需要建立完善专门针对互联网领域的高效的问题反馈机制，从而为立法提供参考；最后，也与立法者的观念有关，传统社会中法律的适用时间较长，立法、修法的频率均相对缓慢，但是在不断变化发展的互联网领域，法律条文刚刚经过修订便可能不再适用于实际情况，因此，立法过程中必须要经历充分的论证，增强法律的前瞻性和可预见性。

第三节 网络知识产权行政执法完善对策

行政执法手段虽然存在一定的现实困境，但在应对互联网领域的知识产权侵权行为中依然发挥着巨大的作用。我国已经成为全球规模最大、成长最快的互联网产业市场之一，而快速发展的背后，离不开相关部门强有力的政策引导和执法手段的支持。我们应该在正视问题的基础上探寻改良路径，以充分发挥好行政执法为互联网发展和知识产权维权的护航作用。

一、明确网络知识产权行政执法的合作机制

（一）进一步加强执法机关与网络平台间的合作对接

依据我国《电子商务法》第 28～30 条的规定，电商平台经营者应当向行政机关报送平台内经营者的身份信息、违法情况和发生的网络安全事件，并向有关

---

〔1〕 "中国电子商务报告（2018）"，载中华人民共和国商务部电子商务和信息化司网，http：//dzsws. mofcom. gov. cn/article/ztxx/ndbg/201905/20190502868244. shtml.，最后访问日期：2020 年 5 月 13 日。

主管部门报告所采取的处置措施；第 42~45 条规定电商平台经营者收到知识产权人通知以及发现知识产权侵权行为时，应当及时采取必要措施。行政执法机关在监管和打击互联网领域内的假冒伪劣产品时，很大程度上需要借助网络平台这一中间渠道的力量，依靠平台的报送与协助以采取高效精准的执法措施。执法部门应当通过与平台建立紧密交流的协作关系，秉持优势互补、合作共赢、立足长远的宗旨，合力维系互联网产业市场秩序的正常运转。

行政机关通过加强同互联网企业知识产权保护运用方面的信息交流，可以有效提升知识产权监管执法的效能，如在身份核验、案件协查、违法报告、商品抽检等方面与电商平台经营者建立规范有序的协作机制。执法机关应当继续深入推进知识产权维权工作的监管模式，与互联网行业龙头企业联手协作，通过建立知识产权实时监控预警和政企知识产权维权定期会商、联动维权、维权知识培训等一系列工作机制，了解平台经营者和平台内经营者的知识产权保护情况和维权需求，提升互联网企业维护权益和处置危机的能力，为企业打假维权提供有力保障。同时，应不断强化知识产权行政执法的信息化和数据化支撑，实现线上线下双轮驱动，从而打造智慧化维权保护立体网络，共同推动互联网产业持续健康有序发展。

（二）继续利用新技术支撑协助执法机关和平台打假

数字信息技术正当其道，通过利用云计算、大数据、人工智能和区块链技术赋能支撑执法机关和网络平台打假，成为知识产权保护的重要途径。网络平台不断更新和迭代"打假黑科技"，研发了一系列行之有效的技术和方案，快速识别侵权行为人的假冒伪劣产品，从而精准打击知识产权侵权行为。比如阿里平台利用假货甄别模型、抽检模型、图像识别算法、商品大脑和商家全景视图等技术手段，对侵权产品进行全面监控和快速锁定，并联合行政执法部门对售假团伙进行溯源打击；如京东通过大数据整合智能分析识别假冒伪劣产品，对具有侵权风险的平台内经营者开展神秘测买抽检、线下排查、线上线下联合打击，并及时更新平台知识产权维权规则和商家申诉规则，针对平台内商家的盗图问题自主研发智能系统加以处理；再比如苏宁易购通过建立详细的商户入驻审核制度进行品牌资质审核，对全链条进行严格把关，通过大数据分析筛选高风险商品和商户，及时将侵权假货线索反映到有关部门；如唯品会通过对接 500 多家供应商的库存管理系统，在货源、质检、物流、售后等多个环节设置重重关卡，从源头上杜绝假货。

数字信息技术对执法机关和网络平台打假提供了强大的支撑和动力，如果没有高科技技术和海量数据的支持，行政执法机关将会面临巨大的执法压力，同时也产生巨大的执法成本。对于执法机关和互联网平台企业来说，应当继续提高和加强其自身在开发和运用云计算、大数据、区块链、人工智能等数字技术方面的投入，优化平台治理模式，为互联网领域知识产权执法活动的开展助力。

二、完善和提升网络知识产权行政执法体系和治理能力

（一）优化行政执法主体职能配置

1. 明确执法主体职能，加强跨部门、跨地域执法协作。由于互联网产业链条长、主体众多、地域范围广的特点，使得依靠单个地域单个部门的力量并不足以应对网络领域的知识产权侵权行为。一方面，除了市场监管部门，公安、海关等部门同样具有网络领域知识产权执法的职能，对于情节严重、性质恶劣或者疑难复杂的案件，各部门之间可以召开联席会议或组成联合工作组，共同研究案情，拟定调查取证措施，确保案件查处工作的顺利开展。另一方面，可以建立全国范围的治理联动机制，相关职能部门将全国范围内具有一定关联性的类型化案件或者需要各部门配合办理的同一起案件在统一的指挥管理框架下协同办理；[1]也可以建立涵盖所有平台内经营者真实信息以及包括知识产权侵权相关信息的信用记录，并在全国范围内实现联网，从而在不同省市和地区的行政执法部门之间实现信息共享，提高跨地域执法协作的效率。[2] 在建立起跨地域和跨部门执法协作的基础上，还要在治理过程中及时总结经验，不断对联动的方式和效果进行评估、改进和完善。对发现的具有普遍性、规律性和行业性的治理漏洞和安全隐患要及时梳理排查，并提出有效的整改措施，从而实现联动治理机制的自我完善和进化。

同时，在知识产权行政执法过程中，要明晰知识产权行政部门的管理职能与知识产权行政执法机构的执法职能的边界，不断提升知识产权行政执法的社会影响力和威慑力。

2. 引导培育市场行业自律协会，配合行政执法，加强行业自律。作为保证市场经济健康运行的重要一环，发挥好、利用好行业自律协会的自治自律功能，有助于在多方主体之间形成协调互动的多元协作关系，实现网络领域知识产权的有效保护，促进互联网产业的健康发展。行政执法机关应当积极引导培育互联网行业自律协会，发挥协会统筹监督、管理和服务互联网企业的功能，制定和实施相关行业规范，以保障网络产业的健康运行。在功能定位上，行业协会可以为权利人和互联网平台提供权利评价报告和侵权判定意见，并建立配套的监管体系，以保证权利评价报告和侵权判定意见的中立、公正；也可以就平台在处理知识产权投诉中遇到的诸如授权标准、确权程序、侵权判定、救济程序等法律问题采用

---

〔1〕　钟泉："市场监管区域执法联动机制初探"，载《中国质量技术监督》2019 年第 2 期。

〔2〕　冀瑜等："电子商务市场知识产权保护的制度缺失及其对策"，载《知识产权》2014 年第 6 期。

专业培训和典型个案的形式进行指导。[1] 协会还应当定期发布互联网行业发展状况报告，重点对网络产业发展现状做出说明，针对现存问题提出解决方案，并对行业未来发展方向作出预判，从而为互联网企业的发展提供指导，为行政机关执法活动的开展提供帮助。

3. 加强行政执法机关与互联网平台之间的执法协作，推进执法线上化。由于互联网跨地域性的特点，相关知识产权侵权行为实施地、侵权结果发生地和被告所在地大多分布在全国不同地区，如果每一个案件都要动员多个地方和多个机关，其后果往往是行政执法管辖的分散和执法效率的低下。为应对这种情况，需要改革现有的行政执法模式，推进行政执法线上化。具体思路有：一是执法机关可以在平台主要办公地以及计算机服务器所在地设置侵权违法处理机构，同时派驻执法人员，机构在发现侵权线索或者接到举报投诉后可以直接对平台内商家和商品信息进行调用并做出法律判断。对于消费者在其他地区发起的侵权投诉，其他地区机关可以请求平台所在地机关协助收集证据、停止交易、扣押和冻结资金与货物。二是行政执法机关可以指导平台建立网上快速维权机制和违法交易审查系统，同时帮助建立举报、担保、初步确权、维权、申诉、调解、诉讼一条龙式的纠纷解决方式。当平台收到侵权投诉或发现侵权纠纷时，先由审查系统对侵权与否做出初步判断，然后再由平台联络行政机关、法院和调解机构线上受理案件。审查系统需要具备比对在售商品与已授权专利和商标的主要属性的功能，比如通过对比在售商品的专利授权号和商标注册号是否与正式授权信息一致，从而对是否存在专利和商标侵权现象作出判断。审查系统也可以在商品上附加知识产权防伪识别标志，以便及时有效地对商品是否存在知识产权瑕疵作出界定。当出现某一经营者的商品交易量过大，交易价格极高或极低，同种商品价格差距过大等特殊情况，平台审查系统应当能够及时捕捉这些异常信息并进行分析和判断，并要求相关经营者提供所售商品的知识产权状况，如商品的知识产权授权证明文件。相关经营者应当及时对审查系统做出回应，系统在审查通过后将相关经营者移出重点监控范围；如果经营者拒绝回应，系统可以继续对商品流通情况进行追踪，甚至启动更强的识别功能来对商品是否存在知识产权瑕疵作出判断。为防止恶意投诉，可以建立担保机制，让侵权行为的投诉人提供一定担保。对于不复杂的案件，如较容易做出判断的外观设计和商标侵权案件，甚至可以将平台审查系统的初步处理结果作为诉讼和调解的依据。[2] 三是行政执法机关可以与平台开展专项执法合作，综合研判线上消费行为中的知识产权保护焦点，有针对性地确

---

〔1〕 冀瑜等："电子商务市场知识产权保护的制度缺失及其对策"，载《知识产权》2014 年第 6 期。

〔2〕 王湘军、刘莉："冲击与重构：社会变迁背景下我国市场监管手段探论"，载《中共中央党校（国家行政学院）学报》2019 年第 2 期。

定重点监管领域和监管时间；及时受理来自于消费者和知识产权权利人的投诉，明确对侵权违法行为的处置方法并及时公布处理信息；做好当知识产权执法与产品质量执法、反不正当竞争执法之间出现交叉、重叠时的处理工作；对平台内经营者积极开展宣传教育，提高其遵法、守法、用法意识；同时，对于互联网领域知识产权侵权热点情况，执法机关也可以同网络平台专门制订预防方案，以应对突发情况的发生，避免出现执法迟延。

（二）加强知识产权行政执法力量建设

1. 扩充执法队伍人员数量，提高执法人员专业素质。克服网络领域知识产权行政执法中的弊病，需要整合优化执法主体的人力资源。由于互联网产业规模的迅速扩张，网络平台每天接到的知识产权侵权投诉数量相当巨大，但与此同时，行政执法机关相对应的专门负责处理网络领域知识产权侵权纠纷的人员数量却极为有限。面对这种情况，一方面要扩充执法队伍的人员数量，另一方面要培育和提高执法人员的执法能力和专业素质。具体来说，首先，要在国家层面加大互联网领域知识产权行政执法人才的培养支持力度，制定和实施人才培养规划；其次，要在执法实践当中锻炼人才，以实践磨炼真本领，以案件培养人才；再次，要注重理论修养，培育复合型人才，利用各种技术手段帮助执法人员夯实法学理论基础，不断更新技术知识，提高知识产权法律业务素养，以适应互联网领域的知识产权需求；最后，要健全执法人员培训和考试考核制度，必要时可以考虑引入专家团队和第三方机构予以辅助。

2. 吸纳多方主体的意见和力量，提高综合治理能力。对于互联网产业这一新兴领域，如果由执法机关直接单方对知识产权的保护方向和保护措施作出判断，难免会出现市场隔膜，进而阻碍执法措施的实施。因此，在执法过程中有必要充分听取各方利益主体的意见，在多主体之间形成共同的行动愿景，保证执法措施的有效性和可行性。当前，一些执法机关已经在这方面进行了有益探索，如浙江省知识产权局在制定《浙江省电子商务领域专利保护工作指导意见（试行）》的过程中就多次征求电商平台的意见，并根据其建议对条文中的概念作出了界定。这些界定经过了执法机关和电商平台的充分沟通，适应了网络环境中知识产权行政执法的特殊性，对于网络平台权限的规定较为合理化。类似的，应当在网络领域商标执法、版权执法、商业秘密和反不正当竞争执法方面，同样由行政执法机关听取和汇集多方主体意见，形成指导性的执法流程和具有较好可操作性的制度体系。在听取多方主体意见的同时，还需要动员多方主体的力量，提高和加强社会综合监督治理能力，以实现"共建、共管、共治"。如可以多渠道、多形式组织开展对网络领域知识产权维权的宣传和普及，积极利用知识产权宣传周、法律宣传日、中国专利周等活动和契机，营造有利于"大众创业、万众创新"的良好氛围，提高全社会的知识产权保护意识；同时丰富和完善侵权举报机制和维权奖励制度，公布和宣传 12330 维权举报电话，加大对侵权违法行为的曝光和处罚力度，提高侵权行为的违法违规成本，使更多的市场主体认识和了解到知识产权的重要性，从而更有意识地尊重他人的知识产权成果，保证互联网市场经济的健康发展。[1]

3. 加强信用体系建设，构建多手段全覆盖治理机制。科学选择和适用治理手段是行政执法部门实施有效监管和达成监管目标的关键。随着科技的进步、市场经济的发展和公众权利意识的提高，单一的监管手段已经无法同外部环境相适应，尤其是面对互联网这一新兴而又复杂的领域，必须统筹采用多种治理手段。首先，可以采用以信用评级为基础的检查手段。信用体系是一种保证经济健康运转的社会机制，不仅仅是在互联网领域，开展信用评级是对所有市场主体进行治理的基础条件。信用体系通常以法律为依据、以信用专业服务机构为主体、以合法有效的信用信息为基础、以维护各类市场交易主体的合法利益为目的，鼓励守信者，惩戒失信者，保障市场经济的公平与效率。应当制定统一和完善的信用评级标准，更加注重专业信用评级机构作用的发挥，保证和维护信用评级的客观与公正。其次，可以完善以信用激励与约束为主体的激励性治理手段。从创新、维权、尊重知识产权等多维度建立评价体系，健全互联网企业知识产权档案和包括所有平台卖家信息以及知识产权侵权信息在内的信用记录。健全守信激励与违法惩戒机制，将侵权行为与企业的信誉挂钩，并将企业的诚信档案同上市、融资等业务相关联，一方面出台措施宣传、鼓励知识产权高信誉企业，维护知识产权高信誉企业的权益；另一方面把重复侵权者列入失信黑名单，并对于屡次出现不尊重知识产权行为的互联网企业设立多平台联合的永久退出机制等限制性措施，提高侵权代价，加大侵权成本。最后，可以建立和完善对接科技发展的智慧治理手段。行政执法部门可以利用物联网、云计算、大数据等技术，将散落多方主体的大量非结构性、孤立的数据信息进行采集、整理和融合，运用数据分析技术实现治理过程可溯源，并基于海量数据建立数据模型，以反映市场真实状态，筛选重点监管对象，精准预测市场风险。

三、进一步明晰网络知识产权行政执法内容

（一）厘清行政执法对象范围

1. 合理界定执法边界是知识产权行政执法的前提和基础。一方面，知识产权行政执法的法理基础在于为私权主体之间正当权益的实现提供担保，从而保证民法契约内容的实现。当下，互联网领域知识产权侵权行为泛滥，既对权利人的

---

〔1〕 冯静梅："对专利行政执法的若干思考"，载《科技促进发展》2018 年第 4 期。

合法权利造成了损害，同时也对公平竞争的市场秩序构成了威胁。设立行政权的目的在于建构并维持一种较为均衡的社会利益分配结构，增进公共福利，推动社会系统的良性运转，而介入知识产权侵权纠纷处理中的行政权，其目的更是为了在鼓励创新的同时维护市场竞争公平有序。另一方面，知识产权行政执法的现实基础在于知识产权侵权行为往往具有频繁、隐蔽、专业性强和变动性大等特点，而司法活动程序繁琐、被动的特点使其在解决知识产权纠纷时往往效率不佳，尤其是在情况飞速变化的网络领域。因此，通过发挥行政执法手段高度灵活和专业化的特点，同时以司法程序作为终局保障，可以快速实现纠纷解决和维护市场的繁荣稳定。虽然行政权介入知识产权维护具有法理和现实基础，但其也并非可以对知识产权侵权行为进行不加限制地任意干预。在肯定具有正当性的基础上，需要合理界定执法边界，以预防行政权的过度扩张。电商领域知识产权行政执法的范围应当以维护公共利益和公平竞争的市场秩序为限，只有在可能对电子商务市场秩序构成重大威胁和造成重大破坏时，行政执法部门才能够依职权主动介入。

2. 明确侵权责任的认定标准，尤其是对电商平台的责任认定。在电子商务领域开展知识产权行政执法，还需要明确侵权责任的认定标准，尤其是对电子商务平台的责任认定。《电子商务法》第42条："知识产权权利人认为其知识产权受到侵害的，有权通知电子商务平台经营者采取删除、屏蔽、断开链接、终止交易和服务等必要措施"，这里的"必要措施"一般包括删除、屏蔽、断开侵权产品链接，下架侵权产品，屏蔽或关闭电子商务经营者店铺等行为。但需要注意的是，"必要措施"并不等于"删除或屏蔽链接"，其具体内容和形式需要根据侵权纠纷的具体情况，综合衡量通知中投诉的知识产权行为是否可能成立、侵权发生的危害程度、制止侵权措施的有效性等多重因素作出判断，既包括收到通知后及时将通知转送给被投诉人而不采取断开链接的处理，也包括在通知无效、投诉错误或投诉为恶意干扰的情况下不采取任何处理。《电子商务法》第45条："电子商务平台经营者知道或者应当知道平台内经营者侵犯知识产权的，应当采取删除、屏蔽、断开链接、终止交易和服务等必要措施；未采取必要措施的，与侵权人承担连带责任"，但是在多数情形下，电商平台难以仅凭初步证据判断知识产权侵权通知的真伪，故而难以判定其是否"明知"或"应知"涉案知识产权被侵权。因此，可以根据知识产权的有效性和对保护范围进行认定的复杂程度，给予电商平台一定的审查权，如果认定确实构成侵权或者存在很高的侵权嫌疑，才应当删除或者屏蔽相关链接。电商平台如在此种情形下没有及时采取屏蔽或删除相关链接措施而造成更多损害的，应当被认定为侵权行为，与平台内经营者承担连带责任。

（二）进一步完善行政执法依据

1. 释明法律规定中的模糊地带。在法律设立之初，立法者往往无法穷尽设想未来社会发展的所有可能性，只能从一般规则出发对较为普遍的情况加以规定。又由于市场经济在不断发展，新的社会行为模式和新的问题也在不断发生，旧有的和普适性的规则已经无法通过法律解释予以解决，这就需要及时通过立法、修法和法律解释来填补法律体系的空白。具体来说，可以着眼于优化网络环境和注重引导规制市场中的个体两个层面：一方面打击各种具有不良影响和安全系数较低的网络经营平台；另一方面可以要求平台内经营者在开展活动之前提交证明其销售产品知识产权的相关文件，以对产品的质量和知识产权提供保证。

2. 建立部门间的立法协调机制，鼓励地方立法先行先试。由于互联网产业本身所具有的复杂性和多变性的特点，领域内的知识产权问题涉及国家市场监督管理总局、商务部、国家新闻出版广电总局、海关总署以及司法部等多个部门。如果在立法工作中仅仅依靠一个部门的力量，不仅可能出现内容上的疏漏，也可能导致执法标准的不统一。作为我国目前主要的针对网络知识产权问题的行政执法机关，可以以市场监督管理部门为主导，协调多个行政部门，加强同科研院所及高校的联合，针对互联网的产业特点、发展趋势、主体特征、行为模式和经营业态等问题，分门别类地进行立法研究。这样不仅有利于在多部门之间就网络领域知识产权行政执法相关问题达成共识，统一执法的体系和标准，也有助于形成和提出具有产业前瞻性和国际视野的框架性规则建议，从而为我国互联网产业的繁荣稳定发展保驾护航，也为我国引领未来世界互联网产业发展和主导网络领域的知识产权国际规则打下基础。此外，由于多重因素的影响，互联网产业也存在地区发展水平不均的情况，各地在发展过程中面临着不同的问题。得益于早期的政策优势和独特的地理优势，相较于内地省份，以浙江、江苏、福建等为代表的东南沿海身份互联网产业更为发达。以浙江省为例，2018 年，浙江省网络零售额达 16 718.8 亿元，同比增长 25.4%，跨境网络零售额 810.4 亿元，增长 34.8%。[1] 与此同时，东南沿海省份也成了互联网领域知识产权侵权行为的高发区，2018 年以来，浙江省累计查处各类网络违法案件 10 917 件，其中涉及侵犯网络知识产权的达 1045 件，涉案金额超过 26 亿元。[2] 在此背景下，当地政府积累了较为丰富的侵权治理经验。浙江省通过搭建网络交易监管跨区域智能协作平台，推动跨地域网络打假协作，目前已经与江西、山东等 8 个省市达成网络市场跨地域合作协议，并已向外省推送网络主体数据 30 万户；建立了全国首家电子商务领域专利执法维权协作调度中心，目前已经有 25 个省（市、自治区）、

---

[1] "中国电子商务报告（2018）"，载中华人民共和国商务部电子商务和信息化司网，http://dzsws. mofcom. gov. cn/article/ztxx/ndbg/201905/20190502868244. shtml.，最后访问日期：2020 年 5 月 13 日。

[2] "浙江省市场监督管理局：浙江发布电商领域知识产权保护情况"，载绍兴市商务局门户网，http://swj. sx. gov. cn/art/2019/9/4/art_1488868_37802872. html.，最后访问日期：2020 年 5 月 13 日。

10 个城市加入；搭建大数据交互平台，实现淘宝、天猫、1688、网易考拉、蘑菇街等平台内主体在线实时对比，累计落地网店 45 万家；上线全国首个市场监管互联网执法办案平台，成倍提高网络案件的成案率和查处率；建立多元化的线上交易纠纷化解渠道，上线全国首个网络交易纠纷在线调解平台，2018 年共受理投诉近 4.8 万件，同比增加 28%，整体满意率达到 90% 以上。[1] 这些典型实践，是地方政府在面对电商产业发展所带来的各种新型侵权行为时所作出的积极探索和积累的宝贵经验，应当继续鼓励地方在不违背上位法的前提下根据自身情况进行实践探索和立法先行先试，对于其中的优秀经验可以适时将之推行至其他地区乃至全国。

3. 发挥指导性案例释法、明法和引导作用。指导性案例制度的作用是通过生动鲜活的案例，针对法条语言的模糊地带，对法律如何适用，应该在何种情形下适用，适用到何种程度等问题进行解释。互联网产业飞速发展，领域内的社会关系和相应的知识产权侵权案件类型也日趋复杂多样化。同时由于我国幅员辽阔，各地无论是在风俗习惯还是经济发展水平方面均存在差距，再加上不同地区法官的司法审判能力有所不同，法官自由裁量权运用方式的干扰，法律语言自身所具有的模糊性特征等多重因素，给法律的统一适用带来了更多的问题和更大的难度。因此，及时、有效、统一的裁判案例指导成为法院处理相关案件的迫切需要，不仅有利于加深法官对法律的理解和运用，对司法裁判的作出能够发挥良好的引导作用，也适应了互联网产业快速发展和新情况新问题不断发生的现实情况，一定程度上可以抵消法律滞后性的问题。

4. 引导网络平台制定知识产权保护规则，平衡多主体之间的利益诉求。加强同网络平台的合作是行政部门开展行政执法的重要环节，平台在保证执法工作有序进行的过程中扮演着重要角色。《电子商务法》规定了电商平台经营者建立知识产权保护规则的义务，但是由于电商产业链条由多方主体构成，主体间可能存在错综复杂的利益关系，在制定和完善平台知识产权规则的过程中，应当注重平衡多方主体间的利益诉求。首先，站在消费者的角度，其作为电商活动的重要参与者，享有对侵权商品或服务相关信息的知情权，因此行政执法部门可以鼓励、支持和引导平台在构建知识产权保护规则时建立对侵权交易信息的公示公告制度。如果平台知道有平台内经营者公然销售知识产权违法商品，可以适时对平台内经营者提出批评、警告、曝光，从而对平台内经营者形成较大的公众舆论监督压力，促使其不敢再去碰知识产权这根"高压线"。其次，站在知识产权权利人的角度，由于其往往并非电商活动的直接参与者，平台应当创造条件使其参与

---

〔1〕 "浙江省市场监督管理局：浙江发布电商领域知识产权保护情况"，载绍兴市商务局门户网，http://swj. sx. gov. cn/art/2019/9/4/art_1488868_37802872. html.，最后访问日期：2020 年 5 月 13 日。

到平台内的知识产权治理当中。知识产权权利人主要通过投诉机制参与到维权和平台治理当中，现有的知识产权投诉机制主要构建在"通知—删除"规则的基础上。《电子商务法》第42条至45条规定了适用于电子商务领域的知识产权投诉机制，当权利人认为自己的权利受到损害时，可以向平台发出投诉通知。同时，《电子商务法》《信息网络传播权保护条例》《北京市高级人民法院关于审理电子商务侵害知识产权纠纷案件若干问题的解答》等法律条文还对"有效通知"应当包含的要件作出了规定。总的来说，通知的有效性要件包括：投诉人的身份信息和证明文件、权属证明依据、被投诉产品或服务的具体信息，以及侵权事实的初步证据等。那么，在已有投诉机制的背景下，应如何对其进行完善呢？就平台来说，应当履行好其作为投诉人与被投诉人之间沟通渠道的职责，做好对投诉内容的审查，对不符合要求的投诉提出补充修改意见，同时依照法律规定及时将投诉通知转送给被投诉人；而就权利人来说，要继续增强权利保护意识，主动进行权利登记，同时注意对相关权属证明依据和侵权证据的保存，勇于维权，并积极维权。[1] 最后，站在平台和平台内经营者的角度，两者在平台的知识产权治理中扮演着重要角色，平台规则应当对其权利和义务等方面作出进一步细化。平台可以要求入驻经营者就销售商品或提供服务中可能存在的知识产权瑕疵支付定金，或者对可能发生的网上交易侵权提供担保。商家在入驻平台成为平台内经营者前，先向平台缴纳一定的费用，当出现经营者侵犯知识产权或者对消费者实施欺诈行为时，由平台根据事先制定的经济处罚规则进行处理。同时值得注意的是，作为依托平台而生存的主体，平台内经营者在实践中也往往会面临错误投诉和恶意投诉的风险，在平台经济和流量经济的大背景下，错误投诉和恶意投诉一旦发生，经营者往往会遭受较为严重的损失，因此平台在制定和完善知识产权规则时也应当对这些情况的应对作出明确规定。[2]

---

〔1〕 刘晓春、张立祥："电商环境下运用知识产权投诉机制的维权之道"，载《中国对外贸易》2019年第1期。

〔2〕 李伟佳："《电子商务法》的知识产权保护规则"，载《人民法治》2018年第20期。

第五章

域外网络知识产权法比较

网络知识产权问题在全球范围内都得到了广泛关注。2017 年 10 月 24 日，欧盟知识产权局（EUIPO）发布了一份名为《侵犯知识产权的在线商业模式研究——第 2 阶段》(*Research on Online Business Models Infringing Intellectual Property Rights - Phase* 2) 的调查报告，报告称近 2.8 万家互联网商店涉嫌在瑞士、德国、英国和西班牙销售侵犯他人商标权的产品。2018 年 3 月 21 日，反盗版咨询公司 MUSO 发布报告（Annual Piracy Reports）称，2017 年盗版网站访问量超过了 3002 亿次。[1] P2P 盗版问题同样猖狂，[2] 网络知识产权问题已成为世界范围内关注的焦点。本章将主要梳理和研究国际公约，美国、欧盟、英国和日本等国家和组织在网络环境中知识产权方面的立法现状以及立法动态，旨在为我国网络环境中的知识产权保护提供经验。

第一节　国际公约的规定

一、主要国际公约

为适应网络环境下知识产权发展的新局面，相关国际组织在应对网络通讯技术发展的大背景下确立起新的规范，主要涉及著作权、域名及反不正当竞争等方面。

（一）著作权

著作权制度的发展深受传播技术的影响。网络技术的逐渐成熟，不仅扩充了作品的种类，也丰富了作品的传播途径。网络技术的分散性、快速传播性在提高

---

〔1〕　MUSO, *Global Piracy Increases Throughout* 2017, at https：//www. muso. com/magazine/global-piracy-increases-throughout-2017-muso-reveals, last visited on May 31, 2020.

〔2〕　2018 年 8 月 7 日，数字安全公司爱迪德（Irdeto）发布了名为《盗版现状：网络视频是否已取代 P2P?》(*The piracy landscape*：*has web videore placed peer - to - peer*?) 的报告。参见 www. trademarksandbrandsonline. com，最后访问日期：2020 年 5 月 13 日。

作品传播效率的同时，也使得传统著作权制度受到了挑战。为适应网络技术发展的新局面，克服现有国际公约的不足，相关国际组织着手起草新的国际公约。WCT、WPPT 于 1996 年 12 月 20 日通过，被称为"因特网条约"。《视听表演北京条约》（以下简称《北京条约》）于 2012 年 6 月 24 日通过，在实体内容上与WCT 及 WPPT 的内容没有本质差别。具体而言，为适应网络环境而重新起草的公约、条约主要围绕以下内容进行了规定：

1. 新公约与相关公约的关系。WCT 是在《伯尔尼公约》的基础上进行补充和完善的，其基本原则和规则与《伯尔尼公约》保持一致。WPPT 以《保护表演者、录音制品制作者与广播组织罗马公约》（以下简称《罗马公约》）为制定蓝本。《罗马公约》主要用于保护作品传播者的权利，但是面对网络技术的冲击，《罗马公约》不能满足表演者、录音制品制作者新的需求，这成为 WPPT 制定的背景。相较于 WCT 以及 WPPT，《北京条约》补充了围绕视听制品的规定，但条约的结构框架及主要内容与 WCT、WPPT 并无本质区别。

2. 计算机程序、数据库的法律地位。《罗马公约》并没有明确计算机程序、数据库是否可以作为作品给予著作权保护，可以说是受制于当时的技术发展阶段。《罗马公约》制定之后，计算机技术、网络技术不断发展，实践中涉及计算机程序以及数据库的纠纷逐年增多，因此世界知识产权组织在起草 WCT 时，在公约中对计算机程序及数据库的法律地位进行了明确。WCT 第 4 条规定："计算机程序作为《伯尔尼公约》第 2 条意义下的文学作品受到保护。此种保护适用于各计算机程序，而无论其表达方式或表达形式如何。"[1] WCT 第 5 条规定："数据或其他资料的汇编，无论采用任何形式，只要由于其内容的选择或排列构成智力创作，其本身即受到保护。这种保护不延及数据或资料本身，亦不损害汇编中的数据或资料已存在的任何版权。"[2]

3. 作品的网络传播及相关权利。网络技术的发展推动了作品的传播，其不仅丰富了作品的传播途径，同时提高了作品传播的效率。网络技术的发展也使作品在大量、快速传播的基础上保证了作品的传播质量。对于作品或制品的数字化复制问题，WCT 在关于第 1 条第 4 款的议定声明、WPPT 在关于第 7、11 和 16条的议定声明、《北京条约》在关于第 7 条的议定声明，分别明确了"复制权"包括在电子媒体中以数字形式存储受保护作品、表演、音像制品的行为。[3]

---

〔1〕 WIPO Copyright Treaty (1996), Article 4.

〔2〕 WIPO Copyright Treaty (1996), Article 5.

〔3〕 WIPO Copyright Treaty (1996), the agreed statement concerning Article 1 (4); See WIPO Performances and Phonograms Treaty (1996), Agreed statement concerning Article 7. 11 and 16; See Beijing Treaty on Audiovisual Performances (2012), Agreed statement concerning Article 7.

对于电子商务环境中传播作品的行为应该采用哪种权利进行控制存在着争议。《伯尔尼公约》和《罗马公约》虽然分别有关于发行权、向公众传播的权利、向公众提供表演、录音制品的权利的规定，但是对于各项权利之间的界限仍有待进一步细化。反观新环境下起草的三部国际条约，WCT、WPPT、《北京条约》分别明确以"向公众传播权"或"向公众提供权"控制新环境中作品或制品的传播。

WCT第6条、第8条以"发行权"控制有形物的传播与流通，以"向公众传播权"控制交互式传播中的作品流通。WPPT第8条、第10条、第12条、第14条；《北京条约》第8条、第10条与WCT的规定一致，明确"发行权"控制的向公众提供复制品的行为中，"复制品"专指"可作为有形物品投放流通的固定的复制品"，而以"向公众传播权"或"向公众提供权"作为控制电子商务环境下传播行为的权利。

4. 权利限制与例外。根据WCT关于第10条的议定声明，缔约各方将其国内法中依《伯尔尼公约》被认为可接受的限制与例外继续适用并适当地延伸到数字环境中，同时允许缔约方制定适应新环境的例外与限制。[1] 只要这些例外和限制不妨碍作品的正常利用，也不无理地损害作者合法利益。WPPT以及《北京条约》关于权利的限制与例外的规定，与WCT规定的内容实际是一致的，且WCT关于第10条的议定声明可以比照适用于WPPT的第16条。

5. 技术措施和版权管理信息。技术措施是数字技术和网络产物，权利人利用技术措施可以控制他人对自己享有权利的作品或者音像制品进行接触。即使他人有机会接触，权利人也可以借助技术措施禁止他人未经许可的复制。电子商务环境的形成加速了作品的传播，但同时增加了权利人维权的难度。因此，在通过法律途径打击侵权的同时，寻求技术措施进行自力救济，对于权利人来说也是十分必要的。利用技术措施保护相关的作品，如同权利人为作品建造了防盗门窗。但即便如此，权利人仍不能杜绝他人同样借助技术手段规避技术措施的行为，因此承认对技术措施的保护也应当被纳入著作权的保护体系中。

WCT第11条规定："缔约各方应规定适当的法律保护和有效的法律补救办法，制止规避由作者为行使本条约或《伯尔尼公约》所规定的权利而使用的、对就其作品进行未经该有关作者许可或未由法律准许的行为加以约束的有效技术措施。"[2] WPPT第18条规定："缔约各方应规定适当的法律保护和有效的法律补救办法，制止规避由表演者或录音制品制作者为行使本条约所规定的权利而使用的、对就其表演或录音制品进行未经该有关表演者或录音制品制作者许可、或

---

〔1〕　WIPO Copyright Treaty（1996），the agreed statement concerning Article 10.

〔2〕　WIPO Copyright Treaty（1996），Article 11.

未由法律准许的行为加以约束的有效技术措施。"〔1〕《北京条约》第 15 条:"缔约各方应规定适当的法律保护和有效的法律补救办法,制止规避由表演者为行使本条约所规定的权利而使用并限制对其表演实施未经该有关表演者许可的或法律不允许的行为的有效技术措施。"〔2〕根据以上公约条文的内容,可以看到涉及技术措施的部分,公约给予了各缔约方一定的立法自由,没有限制性规定各缔约方对技术措施保护的最低标准。

版权管理信息也是三部公约新增的重点内容。版权管理信息并不是电子商务环境下特定的产物,即使在传统环境下,版权管理信息也常见于作品或音像制品上。例如文字作品封页中有关的作者信息、作品出版信息、作品销售价格等,都可以归属于版权管理信息的范畴。但版权管理信息在电子商务环境下仍具有特殊意义。网络的分散性和快速传播性经常使得权利人对自己享有权利的作品或音像制品缺乏必要的控制,但对于权利人而言,进行必要的控制不意味着权利人希望阻断作品或音像制品的传播,相反在权利人控制下进行电子商务交易才能更好地实现权利人的利益。

通过对 WCT、WPPT、《北京条约》中"关于权利管理信息的义务"条文第 2 款规定的总结,这三部国际公约对于版权管理信息含义的界定主要包含以下两方面的内容:一是版权管理信息应当包括识别相关权利人的信息;二是版权管理信息应当包括相关作品、表演、制品使用条件的信息,以及代表此种信息的任何数字或者代码。版权管理信息应当依附于相关的物质载体上。〔3〕对于任何故意从事违反版权管理信息义务的,三部国际公约明确要求缔约方采取适当和有效的法律补救措施。对于何为故意从事违反版权管理信息义务的行为,根据三部公约条文的表述,主要可以归纳为以下两种类型:一是未经许可去除或改变任何权利管理的电子信息;二是未经许可发行、为发行目的进口、广播、向公众传播或提供明知已被未经许可去除或改变权利管理电子信息的作品或作品的复制品、表演、录制的表演或录音制品的复制品、表演或以视听录制品录制的表演的复制品。〔4〕

（二）域名

随着网络技术的发展,域名逐渐成为被关注的重点。经过商事主体长期稳定的使用,域名承载着巨大的商业价值。作为兼具技术功能和识别区分功能的域名,成为各商事主体竞相争夺的对象。域名是在数字虚拟空间中的地址名称,与

〔1〕 WIPO Performances and Phonograms Treaty (1996), Article 18.

〔2〕 Beijing Treaty on Audiovisual Performances (2012), Article 15.

〔3〕 WIPO Copyright Treaty (1996), Article 12; See WIPO Performances and Phonograms Treaty (1996), Article 19; See Beijing Treaty on Audiovisual Performances (2012), Article 16.

〔4〕 WIPO Copyright Treaty (1996), Article 12; See WIPO Performances and Phonograms Treaty (1996), Article 19; See Beijing Treaty on Audiovisual Performances (2012), Article 16.

计算机的 IP 地址相对应。域名通常会与域名所有人的商号或其持有的商标保持一致，从而达到加速域名与特定来源在相关公众认知中建立起联系的目的。

世界知识产权组织自 1998 年起就开始就在全球范围内开展域名与知识产权之间的调研咨询活动，并于 1999 年正式通过了《互联网络名称及地址的管理：知识产权议题》（*The Management of Internet Names and Addresses：Intellectual Property Issue*）的报告。该报告主要介绍了三大程序：域名注册规范程序、统一争端解决程序和域名排他程序。域名注册规范程序是为了避免虚拟空间与现实世界的脱节；制止滥用域名注册行为的利剑是统一争端解决程序；对驰名商标的优先保护依靠域名排他程序。[1]

（三）反不正当竞争

电子商务环境中的不正当竞争行为亦十分普遍，但国际组织并没有特别针对电子商务环境中的不正当竞争问题大规模修订国际公约，原因在于作为反不正当竞争法体系中的国际公约《巴黎公约》及《TRIPS 协定》在原则性条款中都为公约本身适用于电子商务环境提供了可能。

国际上多数国家都将规制不正当竞争行为的内容纳入工业产权法的范畴，《巴黎公约》亦是在第 1 条第 2 款就明确了，工业产权保护的对象包括制止不正当竞争。在立法模式上，《巴黎公约》采取概括加列举的方式定义了不正当竞争行为。公约第 10 条之二第 2 款规定："凡在工商业事务中违反诚实的习惯做法的竞争行为构成不正当竞争的行为。"[2] 从该规定的表述上看，公约是通过将"不正当"解释为"在工商业事务中违反诚实的习惯做法"来定义不正当竞争行为的，而没有将不正当竞争行为与技术发展、社会背景相联系，这也就为公约在网络环境的适用创造了空间。

《TRIPS 协定》吸收了《巴黎公约》的相关规定，其在第 2 条第 1 款明确："就本协议的第二、第三和第四部分的内容而言，成员国应当遵守《巴黎公约》（1967）的第 1 条至第 12 条和第 19 条。"[3] 同理，《TRIPS 协定》在起草时同样没有将其欲规制的不正当竞争行为限定于传统环境下，因此针对电子商务环境下频发的不正当竞争问题，早年制订的国际公约仍然得以适用。

二、区域性协定

（一）《跨太平洋伙伴关系协定》

2016 年 2 月 4 日，《跨太平洋伙伴关系协定》（*Trans-Pacific Partnership*，以

---

〔1〕 朱榄叶、邓炯："世界知识产权组织推出域名管理新规则"，载《知识产权》2000 年第 1 期。

〔2〕 Paris Convention for the Protection of Industrial Property（as amended on September 28, 1979），Article 10.

〔3〕 Agreement on Trade-Related Aspects of Intellectual Property Rights（1994），Article 2.

下简称 TPP）的 12 个成员国代表在新西兰奥克兰参加签字仪式，TPP 正式签署。然而时隔一年以后，2017 年 1 月 20 日，美国新任总统唐纳德·特朗普在就职当天即宣布从 12 国签署的 TPP 中退出。1 月 23 日，美国总统在白宫签署行政命令，标志着美国正式退出 TPP。

TPP 在第 18 章专章规定了知识产权问题。其中关于网络领域的知识产权问题规定在"J 节 互联网服务提供商"部分。在第 18.81 条对于网络服务提供商进行了明确的定义。在第 18.82 条规定了法律救济和安全港规则，规定允许权利人对网络环境下的版权侵权行为采取有效行动的重要性。因此，每一个缔约方应该保证权利人在处理此类版权侵权行为上能获得法律救济，并且要为互联网服务提供商的在线服务设立或维持适当的安全港。[1]

（二）《全面与进步跨太平洋伙伴关系协定》

2017 年 11 月 11 日，由启动 TPP 谈判的 11 个亚太国家共同发布了一份联合声明，宣布"已经就新的协议达成了基础性的重要共识"，并决定改名为《全面与进步跨太平洋伙伴关系协定》（Comprehensive and Progressive Agreement for Trans - Pacific Partnership，以下简称 CPTPP）。2018 年 12 月 30 日，CPTPP 正式开始生效。[2]

2019 年 1 月 19 日，CPTPP 在日本东京首次召开部长级会议，参与协定的 11 国部长参加此次会议，会议重申了对开放自由贸易的承诺，并且邀请愿意接受这个组织高标准并且有相同理念的国家加入。较之于 TPP，CPTPP 在经济规模和战略影响力等方面大打折扣。但是随着中美经济摩擦、美欧计划联合制定经贸规则、世贸组织改革等新形势下，CPTPP 的重要性明显上升。

（三）《区域全面经济伙伴关系协定》

2011 年 11 月，东盟国家提出了"东盟区域全面经济伙伴关系"框架，旨在形成一个以东盟为核心、其自贸伙伴国共同参与的区域自贸协定。2012 年 11 月，由东南亚国家联盟和中国、日本、印度、澳大利亚、韩国、新西兰六国在"东盟+六国"框架下宣布启动《区域全面经济伙伴关系协定》（Regional Comprehensive Economic Partnership，以下简称 RCEP）谈判。

根据 2015 年 10 月 15 日公布的 RCEP 知识产权章节，针对大量网络侵权行为的发生，提出了关于"网络侵权救济"的相关内容：日本、澳大利亚、韩国

---

〔1〕 "《跨太平洋伙伴关系协定》（TPP）中译文"，载商务部国际贸易经济合作研究院网，http：//www.caitec.org.cn/n5/sy_gzdt_xshd/json/3839.html.，最后访问日期：2020 年 5 月 13 日。

〔2〕 2018 年 12 月 30 日，CPTPP 已经获得了澳大利亚、加拿大、日本、墨西哥、新西兰等国家政府的批准并于当日正式生效，2018 年 11 月 12 日第 14 届国会第 6 次会议上面以 100% 全票赞成通过 CPTPP，2019 年 1 月 14 日，CPTPP 正式对越南生效。

建议采取有效措施制止数字环境下的版权侵权。[1] 2020 年 11 月 15 日，第四次 RCEP 领导人会议以视频方式举行，会后东盟 10 国和中国、日本、韩国、澳大利亚、新西兰共 15 个亚太国家正式签署了 RCEP。

RCEP 的签署，标志着当前世界上人口最多、经贸规模最大、最具发展潜力的自由贸易区正式启动。

第二节 美 国

互联网技术最早起源于美国，20 世纪 90 年代以来，美国的立法、司法、行政机构一直在探索网络知识产权的保护之道。对于网络知识产权的保护，经历了从无意识到重视、从细化到强化再到来自产业界反制衡的发展历程。形成了一套较为完备的网络知识产权保护法治体系[2]。

1995 年美国发布了《知识产权和国家信息基础设施》白皮书，探讨了数字经济发展对知识产权制度的冲击。该白皮书强调在保证用户享受互联网发展所带来的便利的同时，要保护权利人的合法权益，并提出了通过修改完善已有法律对网络知识产权加强保护的具体措施，对网络知识产权的保护具有十分重要的意义。1998 年，美国发布了 DMCA 法案，对网络知识产权内容进行了系统的规定，规定了未经许可从互联网下载数字类作品属于非法行为。

2008 年，美国参议院通过了《优化知识产权资源与组织法案》，根据互联网侵权成本低廉和手段多样的特点，扩大了侵权犯罪的界定范围，强化了刑事打击力度。2011 年，美国再次推出强化网络知识产权保护的法案，提交国会审议的《禁止网络盗版法案》（*Stop Online Piracy Act*，以下简称 SOPA 法案）和《保护知识产权法案》（*Protect Intellectual Property Act*，以下简称 PIPA 法案）不仅降低了网络侵权的入罪门槛，也赋予政府管理部门更大的行政执法权力。

2017 年 12 月 21 日，民主党、共和党的 52 名国会议员提出《2017 年音乐现代化法案》，1 个月后，9 名参议员提出《2018 年音乐现代化法案》，该系列法案提出：①要求建立一个新的机构来处理许可和版税；②当他人对唱片进行复制时，作曲家可以获得机械录制税；③改变许可费率法庭制度。2018 年，美国参议院一致通过《音乐现代化法案》（MMA）。

---

〔1〕 华劼："《区域全面经济伙伴关系协定》知识产权章节评述"，载《重庆理工大学学报（社会科学）》2017 年第 5 期。

〔2〕 刘冠华："我国网络知识产权保护的困境及法治体系完善"，载《中州学刊》2017 年第 7 期。

一、版权方面

（一）DMCA 法案

为了落实 WCT 及 WPPT 的相关规定，同时也为了统一司法实践中不断出现的涉及网络环境下知识产权保护问题的解决方案，美国国会于 1998 年制定了 DMCA。该法案由五部分内容组成：第一部分是世界知识产权组织条约的实施，第二部分是在线版权侵权责任限制，第三部分是计算机维护或修理中的版权责任豁免，第四部分是综合性条款，第五部分是对原创设计的保护。

有关作品在新环境中的传播及涉及的相关权利、技术措施与版权管理信息、权利限制与例外的内容，DMCA 综合考虑了 WCT、WPPT 的内容以及 1995 年白皮书的建议，进行了详细的规定。DMCA 制订的新内容也被美国版权法相关条文所吸纳。

1. 关于作品的传播及涉及的相关权利。WCT、WPPT 以"向公众传播权"或"向公众提供权"来控制交互式传播行为。而美国在 1995 年发布的白皮书则提出修改现行法中"发行权"的规定，在现有方式"以出租、租借、借阅"的基础上，增加"传播"这一新的方式。"传播"的含义是指"通过任何设备或方式，向其他地点传播作品的复制件或录音制品"。[1] 而 DMCA 对此既没有采取国际公约的立法模式，也没有采纳白皮书的意见，而是认为美国版权法第 101 条中关于"表演权"和"展览权"的内容足以涵盖新环境中的作品传播行为。根据众议院对 1976 年美国版权法的说明，表演和展览的设备或程序，"包括所有种类的放大声音、形象的设备，所有种类的传输器械，所有类型的电子传送系统，以及其他所有的现有尚未使用甚至尚未发明的技术和系统"。[2] 可以说这种具有前瞻性的法律规定为规制作品在电子商务环境中的传播预留了空间。

2. 技术措施与版权管理信息。1998 年发布的 DMCA 采纳了白皮书关于保护技术措施的建议，其相关的内容也已经被吸纳进美国版权法第 1201 条。第 1201 条第 1 款规定："①任何人不得规避可以有效控制受本法保护作品被接触的技术措施。②任何人不得制造、进口、向公众提供或者运输任何技术、产品、服务、设备、零件或者部件，其（A）被设计或生产的目的就是为了规避可以有效控制受本法保护作品被接触的技术措施的；（B）除了规避可以有效控制受本法保护作品被接触的技术措施以外，只有有限的商业目的或者用途；（C）由某人上市或在某人授意下由他人上市，并且知道可用于规避技术措施的保护，该技术措施可以有效控制受本法保护作品被访问"。第 1201 条第 2 款规定："任何人不得制

---

〔1〕 Appendices, Proposed Legislation, Intellectual Property and the National information Infrastructure, September 1995.

〔2〕 李明德：《美国知识产权法》，法律出版社 2014 年版，第 415 页。

造、进口、向公众提供或者运输任何技术、产品、服务、设备、零件或者部件，其（A）设计或者生产的目的是用于规避技术措施的保护，这种技术措施可以有效保护版权人根据本法规定就某作品或作品的一部分享有的权利；（B）除了可以规避保护版权人依据本法对作品或作品的某一部分享有权利的技术措施外，仅有有限的商业目的或者用途；（C）由某人上市或在某人授意下由其他人上市，并且知道可用于规避技术措施所提供的保护，该技术措施是为了有效保护版权人依据本法就作品或作品的一部分所享有的权利"。[1]

关于版权管理信息，美国版权法第 1202 条第 1 款 "不真实版权管理信息"规定："任何人不得在明知并且有意劝诱、致使、促使或者隐匿侵权的前提下，①提供不真实的版权管理信息，或者②传播或者为了传播而进口不真实的版权管理信息。" 第 1202 条第 2 款 "移除或者改变版权管理信息" 规定："任何人在未经版权人许可或法律有规定的情况下，不得①故意移除或者改变版权管理信息；②在明知版权管理信息没有经过授权或法律规定的情况下被移除或者改变，仍然传播或者为进口而传播该版权管理信息；③在明知版权管理信息没有经过授权或法律规定的情况下被移除或者改变，传播、为了进口而传播或者公开表演载有该版权管理信息的作品、作品复制件及录音制品。" 第 1202 条第 3 款列举了版权管理信息的类型，包括识别作品的题目或其他识别信息；作者的姓名或其他识别信息；版权人的姓名或其他识别信息；视听作品中表演者（除了由广播或者电视台进行空开表演作品的情况）的姓名或者其他识别信息；视听作品中作者、表演者或者导演（除了由广播或者电视台进行空开表演作品的情况）的姓名或其他识别信息；作品使用的条件和情况；表示此类信息的数字或符号或者这类信息的连接；其他美国版权局规定的信息。[2]

3. 关于权利限制与例外。《美国版权法》第 107 条规定了合理使用的内容，第 108 条至第 112 条规定了权利的限制。DMCA 结合新环境下的实际需求，又分别在第三部分计算机维护或修理中的版权责任豁免（Computer Maintenance Or Repair Copyright Exemption）和第四部分综合性条款（Miscellaneous Provisions）中增加了权利限制与例外的情形，这些新的规定分别被美国版权法的相关条文所吸纳。

电子商务环境中的权利限制与例外相较于传统环境，最突出的特点是涉及网络服务商的侵权责任问题。面对网络技术的分散性、匿名性及快速传播性，权利

---

〔1〕 U. S. Copyright Act of 1976, 17. U. S. C. §§ 101 et seq.（consolidated version of December 2011），§ 1201.

〔2〕 U. S. Copyright Act of 1976, 17. U. S. C. §§ 101 et seq.（consolidated version of December 2011），§ 1202.

人通常很难找到直接侵权人，因此为了维护自己的合法权益，权利人转而追究网络服务商的侵权责任。但是面对海量的作品以及网络的快速传播，要求网络服务商主动审查所有作品的合法性并对侵权作品进行删除，实际上缺乏可操作性，亦会额外增加网络服务商的运营成本进而影响网络服务商提供新技术的动力。

综合考虑新环境下作品传播的特点，美国 DMCA 第二部分"网络版权侵权责任限制"针对不同类型的网络服务商的侵权责任限制作出了规定，具体内容如下：

第 512 条第 1 款规定，"暂时性网络传输。网络服务商如果因为提供了传输、路径或者接入系统或者网络的服务，或者在此类传输、路径或者接入系统或者网络的过程中发生了中间性的或者暂时性的存储，则不应当承担金钱责任或者禁令责任。前提是：①此类传输是由网络服务商以外的他人发起的或者是受其指示的；②此类传输、路径、接入或者存储是由自动的技术操作完成的，网络服务商未选择相关的材料；③除了自动回应他人要求的情况，网络服务商没有选择材料接收方；④网络服务商没有在系统或者网络上保留因中间性或者暂时性存储而产生的材料复制件，提供给预期接受者以外的人，也没有在传输、路径或者接入需要的合理期间后仍然保留该复印件；⑤材料在经过系统或者网络传输的过程中其内容没有被修改。"[1]

第 512 条第 2 款规定，"系统缓存。①责任限制。如果在网络服务商控制或运营的系统或网络上进行了中间性的或者暂时性的材料存储，网络服务商不应当承担金钱责任或禁令责任。前提是：（A）材料是由网络服务商以外的人上传网络的；（B）材料是由网络服务商以外的人传输给他人的；（C）存储是伴随自动的技术过程产生的，这种自动的技术过程是为了将材料提供给系统或者网络的用户。"在需要满足的条件方面，第 512 条 2 款②（E）规定："如果某材料在未经版权所有人授权的情况下可在线获得，网络服务商应迅速作出反应，删除该被通知侵权的材料或阻止对该材料的访问。"[2]

第 512 条第 3 款规定，"在用户指示下的系统或网络信息存储。①概述，如果在用户指示下的版权侵权材料存储于网络服务商控制或者运营的系统或者网络上时，网络服务商不因此承担金钱责任或禁令责任。前提是：（A）（i）不知道系统或者网络上的该材料或者发生在系统或者网络上的使用该材料的行为是侵权的；（ii）在缺乏这样的知识的情况下，是不可能意识到明显存在侵权行为的事实或情况的；（iii）在知道或者意识到之后，迅速移除侵权材料或者断开接触该材料的途径；（B）网络服务商在有权利和能力控制侵权活动的情况下，没有从

---

〔1〕 Digital Millennium Copyright Act, Public Law 105~304, Oct. 28, 1998, § 512.

〔2〕 Digital Millennium Copyright Act, Public Law 105~304, Oct. 28, 1998, § 512.

侵权活动中直接获得经济利益；（C）在接到侵权通知后，迅速移除侵权材料或者断开接触该材料的途径。"〔1〕

第 512 条第 4 款规定，"信息定位工具。如果网络服务商提供的网络定位工具，包括指南、索引、参考、指针或者超级链接，指示或者链接用户到侵权材料或侵权行为的位置，网络服务商不因此承担金钱责任或者禁令责任。前提是：①（A）不知道材料或者活动是侵权的；（B）在缺乏这种实际知识的情况下，是不知道明显存在侵权行为的事实或情况的；（C）知道或者意识到之后，迅速移除侵权材料或者断开接触该材料的途径；②网络服务商在有权利和能力控制侵权活动的情况下，没有从侵权活动中直接获得经济利益；③在接到侵权通知后，迅速移除侵权材料或者断开接触该材料的途径。"〔2〕

通过上述条文的表述，网络服务商在满足一定条件下，即可以不承担版权侵权的金钱责任或禁令责任。《美国版权法》第 512 条被称为"责任避风港"规定，网络服务商在满足：主观要件，即对涉嫌侵权的材料或者侵权行为实际不知情或者不可能知情的；客观要件，即对于涉嫌侵权材料处于不干涉的地位、对于侵权活动没有控制的权利与能力、未直接从侵权行为中获得财产上利益；程序要件，在接到侵权通知后，删除侵权材料或阻断接触该材料的途径，则网络服务商可以例外地进入"避风港"，免除金钱责任或禁令责任。

对于程序要件的规定，主要是考虑到新环境下网络服务商中立和被动的地位。如果没有有效的通知，网络服务商很难准确地对侵权材料或者侵权活动进行有效的控制和处理，因此《美国版权法》要求权利人承担有效通知网络服务商的责任。《美国版权法》第 512 条第 3 款③列举了通知大体上需要包括的要素，例如受侵害版权作品的证明、投诉方的联系方式、投诉方关于材料未获授权的陈述等。在实务中多以侵权活动满足"红旗标准"证明网络服务商对侵权应当知情，从而要求网络服务商承担版权侵权责任。

（二）SOPA 法案和 PIPA 法案

随着网络时代的发展，现有的知识产权制度体系已然无法完全适应技术发展下对知识产权保护的需求，美国相继推出了 SOPA 法案和 PIPA 法案。

人们已经适应了通过互联网查找电影、电视剧、音乐等各种盗版资源。以好莱坞为代表的娱乐产业则一直致力于维持收费模式下的作品接触、使用，阻止对网络盗版作品的使用行为。2011 年，美国参议院、众议院分别制定反盗版法案版本，计划通过强迫互联网公司封锁提供盗版内容或产品网站的方式，打击网络盗版行为。SOPA 法案为美国众议院法案，2011 年 10 月 26 日，由众议院德克萨

---

〔1〕　Digital Millennium Copyright Act, Public Law 105~304, Oct. 28, 1998, § 512.

〔2〕　Digital Millennium Copyright Act, Public Law 105~304, Oct. 28, 1998, § 512.

斯州共和党议员兰默·斯密斯（Lamar Smith）提出并得到了众议院两党 12 名议员联名支持。PIPA 法案为美国参议院法案，SOPA 法案以 1998 年的 PIPA 法案为基础。

根据 SOPA 法案，主要包括两大条款："对抗网络盗版"条款和"针对知识产权盗窃的额外执法措施"条款。[1]

"对抗网络盗版"条款包括行政驱动型执法措施、私人驱动型维权措施、鼓励个体主动执法三个方面。行政驱动型执法措施规定在第 102 条，即美国司法部长可以有权对外国侵权网站的域名注册者和所有者发动对人诉讼，在无法找到该等人员时，可直接对国外侵权网站发起对物诉讼。私人驱动型维权措施规定在第 103 条，知识产权人可以向网络支付服务提供者以及网络广告服务提供者发出通知，对于该通知中指明的致力于窃取美国知识产权的网站采取措施。鼓励个体主动执法规定在第 104 条，网络搜索服务提供者、网络支付服务提供者、网络广告服务提供者、域名服务器提供者、域名注册登记机构在有合理理由相信：①该网站是该法定义的国外侵权网站或致力于窃取美国知识产权的网站、②根据服务条款或其他合同权利可以采取上诉措施两种情形下，可自愿采取措施制止公众接触某网站或中断与某网站的经济联系而免于被诉。[2]

针对知识产权盗窃的额外执法措施。包括降低入罪门槛和提升刑罚力度两个方面，法案规定在同等条件下，对于通过流媒体技术而在网络上公开传播的作品也需受到刑事制裁；同时，法案也进一步加大了对严重犯罪行为的惩罚力度。根据美国现行法律的规定，个人窃取美国商业秘密应处以 500 万美元或 15 年以下的监禁，或两者并处，而法人犯该罪则处以 1000 万美元以下的罚金。法案将个人犯该罪面临的罚金刑修改为不超过 500 万美元但不低于 100 万美元，自由刑的上限则提升为 20 年；对于法人犯该罪的，法案将其面临的最高罚金额界定为 1000 万美元与因窃取商业秘密而给该法人带来的收益的 3 倍中的较高者。[3]

该法案极大地加强了网络知识产权的执法力度，遭到了强烈的反对，引起诸多互联网企业的严重不满，Facebook、谷歌等企业纷纷抗议。2012 年 1 月 28 日，美国超过 7000 家的互联网网站联合发起了黑屏活动。该抗议活动甚至得到了俄罗斯盗版党（Pirate Party）的加入和支持。2012 年 1 月 20 日，美国国会宣布暂停 SOPA 和 PIPA 法案，并取消了 2 月份正式起草反网络盗版法案的计划，对 SOPA 法案进行修改。

---

〔1〕 王杰："美国 SOPA 议案评析及其对我国网络知识产权立法的启示"，载《知识产权》2012 年第 8 期。

〔2〕 18 U. S. C. A 1831（a），（b）和 H. R. 3261 Sec. 203（a），（b）.

〔3〕 18 U. S. C. A 1831（a），（b）和 H. R. 3261 Sec. 203（a），（b）.

（三）*Napster* 案与 *Grokster* 案

文件共享技术、视频分享技术的发展带来了新的版权纠纷，美国实务界逐渐意识到网络服务商的注意义务取决于技术的发展水平。在判断网络服务商的侵权责任方面，美国法院也对"责任避风港"规则进行了限制性解释，通过利用其他侵权责任规则追究网络服务商的责任。其中比较有代表性的案例是 2001 年 *Napster* 案与 2005 年的 *Grokster* 案。

在 2001 年的 *Napster* 案中，原告作为音乐作品和录音制品的版权人起诉被告 Napster 公司，要求被告承担侵权责任。被告 Napster 公司向公众提供了音乐分享软件、信息搜索和存储空间等服务，这为用户之间分享享有版权的音乐作品和录音制品提供了方便。在本案中，分享音乐作品和录音制品的用户无疑是直接侵权人，但同时法院认定被告 Napster 公司应当承担帮助侵权责任和替代责任。在认定被告提供软件的行为属于帮助侵权时，法院给出的理由是："根据相关证据，被告实际上知道或者应当知道，用户在使用自己的系统交换享有版权的音乐作品，构成了直接侵权。与此同时，被告也在实质上帮助了直接侵权行为的实现。具体来说，如果没有被告的服务，用户就难以找到和下载自己所需要的音乐作品"。[1] 在认定被告应当承担替代责任时，法院根据在案证据，认定被告有权利也有能力在自己提供的服务中控制侵权活动的发生，并且被告从侵权活动中直接获得了经济利益。"就本案而言，侵权资料的广泛存在，吸引了众多的用户，因而产生了金钱利益。随着注册用户的日益增多，显然也增加了被告获得未来金钱利益的可能。"[2]

在 2005 年的 *Grokster* 案中，被告 Grokster 公司开发了新一代 P2P 技术，并免费向用户提供该软件。用户通过使用这种新的文档共享软件可以直接搜索其他同类软件用户计算机中的共享目录，而无须经过中心服务器的监控。原告对一些音乐和电影享有版权，在发现其享有版权的作品每个月都会通过被告公司的 P2P 软件被用户下载后，向法院提起诉讼，要求原告为用户的行为承担间接侵权责任。由于本案中涉及的 P2P 技术实现了"去中心化"的效果，"帮助侵权"和"替代责任"理论则很难适用于本案案情，因此美国联邦最高法院转而借助"引诱侵权"，判定被告承担侵权责任。法院判决理由有三：其一，被告意识到用户利用软件的主要目的为下载享有版权保护的文件；其二，被告没有采取措施防范用户使用软件实施侵权版权的行为；其三，被告通过出售广告空间获得了经济利益。被告的运营模式是通过在软件中增加广告窗口谋取利益，因此当被告的目标

---

〔1〕　A & M Records v. Napster, 239 F. 3d 1004（9th Cir. 2001）.

〔2〕　A & M Records v. Napster, 239 F. 3d 1004（9th Cir. 2001）.

用户越多，被告以软件为媒介获得的广告营利也就越多，经济利益就越多。[1]根据以上三方面的理由，最高法院认为被告构成引诱侵权，应当承担间接侵权责任。

二、商标权方面

美国商标成文法于 1946 年通过，即《兰哈姆法》，后经过多次修订。其中，该法第 32 条就商标侵权责任进行了规定，为美国商标侵权理论奠定了基础。1982 年，美国法院在 *Inwood v. Ives* 案中首次将间接侵权责任推广至了商标法领域。[2] 在该案中，法院认为，若行为人未直接侵犯商标权人的商标权，但故意诱导他人实施侵权行为，或知道他人实施侵权行为而继续提供帮助，则应承担间接侵权责任。此后，商标间接侵权责任的责任承担方式在商标法领域得以确立，并将适用主体也扩展到网络服务提供商，以适应电子商务环境对商标侵权判定带来的冲击和挑战。

随着电子商务环境的形成与发展，域名与商标之间的冲突也逐渐显现，纠纷频发。初期，美国法院只能通过对《兰哈姆法》的扩大解释来解决相应纠纷。1996 年，美国颁布了《联邦商标反淡化法》，将原《兰哈姆法》中的"淡化"修改为"减少、削弱"，同时增加了新条款，即驰名商标所有人有权阻止他人在其商标或商号驰名后对其进行商业性使用。[3] 此后该法成为美国法院审理域名商标相关案件的主要法律依据，但仍存在一定的局限性。1999 年，美国通过了《反域名抢注消费者保护法》，增添了专门的章节规范域名相关的内容，规定将他人商标或类似名称注册为域名属于商标侵权行为。该法旨在通过对域名注册等行为进行规范，以保护消费者及经营者的权益，推动电子商务健康、有序地发展。

三、反不正当竞争方面

美国反不正当竞争法律制度体系分为三个层次，即由 1890 年的《谢尔曼法》、1914 年的《克莱顿法》以及《联邦贸易委员会法》组成的基本法律。此外还包括以上三部法律的相关补充或修订法案，以及反不正当竞争诉讼中形成的判例规则。[4] 其中，《谢尔曼法》中的条款较为概括、简单，后经多次修改，最终成为美国联邦反不正当竞争法的基础。

《联邦贸易委员会法》在第 5 条对不正当行为进行了规定，但内容较为宽泛，

---

〔1〕 Metro-Goldwyn-Mayer Studios Inc. v. Grokster, Ltd., 545 U. S. 913（2005）.

〔2〕 Inwood Laboratories, Inc. v. Ives Laboratories, Inc., 456 U. S. 844, 102 S. Ct. 2182, 72 L. -Ed. 2d 606.

〔3〕 邱均平、陈敬全："中美域名资源法律保护的比较分析"，载《图书情报知识》2002 年第 5 期。

〔4〕 牛鑫："网络新型不正当竞争行为的法律规制研究"，北方工业大学 2012 年硕士学位论文。

属于授权性的一般条款。[1] 美国反不正当竞争法中的相关规定在电子商务环境下仍然适用。除此之外，美国于 1995 年发布了白皮书，对不正当链接、利用关键词非法搜索等不正当竞争行为进行规制，从知识产权的角度提出规制不正当竞争行为的建议。

四、个人信息保护方面

美国在个人信息保护方面的立法特点是无统一的个人信息保护法，而是以《隐私法》为中心，包含不同领域的多样立法。1974 年《隐私法》作为美国个人信息保护方面的综合性法律，转变了美国对于个人隐私保护的观念，隐私权的含义从最初消极式的"不受打扰的权利"逐渐发展成为控制政府对个人信息的收集与利用的权利，这种转变为其他领域具体的个人信息保护规范确立了指引。美国社会一向倡导自由、不受干预的价值理念，在个人信息保护方面也是推崇行业自律的发展模式，轻易不借助法律的力量。

从早期的关于个人信息的立法来看，通常是从实用的角度出发，在个人信息容易产生纠纷、遭受侵害的领域进行立法，例如《录像隐私保护法》（*Video Privacy Protection Act*，1988 年）、《财务记录隐私法》（*Financial Records Privacy Act*，1988 年）、《电话消费者保护法》（*Telephone Consumer Protection Act*，1991 年）、《儿童在线隐私保护法》（*Children's Online Privacy Protection Act*，1998 年）、《互联网保护个人隐私的政策》（1999 年）等。在 20 世纪的多数时期里，美国个人信息保护主要涉及的是限制政府获取个人信息和保护其免受侵害。但是，近些年来，美国个人信息保护立法越来越多地着手规制私人领域的信息收集与利用。[2] 例如 2012 年的《消费者数据隐私保护法案》强调了对在新环境中使用的个人信息的保护，具体而言，消费者有权控制哪些个人数据可以被企业收集和利用，且这种使用应当负责且安全。同时美国倡导的"自由竞争"及人权理念也体现在个人信息保护的程序方式上，例如采用"OPT-OUT"退出机制以及只有在个人信息遭受侵害时政府才会采取相应措施。

五、知识产权执法方面

2017 年，美国贸易代表办公室（以下简称 USTR）发布了一系列关于重新谈判 1994 年《北美自由贸易协定》（NAFTA）的目标，其中将"为强有力的知识产权执法创造条件（特别是网络知识产权）"作为主要目标之一。[3] 在 USTR 提出的知识产权目标中，第 3 条指出"提高建立知识产权保护的程序和制度的透

---

〔1〕 李胜利："美国联邦反托拉斯法的历史经验与世界性影响"，中南大学 2012 年博士学位论文。

〔2〕 姚岳绒："美国：以隐私权为中心的信息保护立法"，载《法制日报》2012 年 5 月 29 日，第 10 版。

〔3〕 本刊编辑部："USTR 披露 NAFTA 谈判的知识产权目标"，载《中国知识产权》2017 年第 12 期。

明度和效率，包括使公众可在线获得更多的相关信息"。第 6 条规定"确保知识产权保护和执法的标准与技术发展相一致，特别是确保权利人拥有法律和技术手段来控制他人通过互联网和其他全球传播媒体使用其作品，防止他人擅自使用其作品"。第 7 条规定"防止或消除政府参与侵犯知识产权的活动，包括网络盗窃和盗版"。

第三节　欧　盟

自欧盟成立以来，一体化已成为欧洲各国知识产权保护的发展趋势。欧盟的知识产权法律体系包含两个层次，即欧盟层面的法律以及其成员国层面的法律两个部分。其中，以《欧洲联盟条约》为代表的知识产权基础性条约，是欧盟立法权和司法权的最根本来源，[1] 而其成员国的法律则是以相关欧盟法以及其所加入的众多国际条约为基础。[2] 20 世纪末期以来，欧盟开始关注网络技术发展带来的变化，致力于加强网络知识产权的保护，有针对性地制定与修订相关法律法规。

1994 年，欧盟委员会发表了《增长、竞争与就业——通向 21 世纪的挑战与道路》白皮书，[3] 并使用了"信息社会"一词，"特别强调了知识产权在信息社会中的重要作用，建议在整个欧洲乃至世界范围将知识产权作为优先发展领域。"[4]

1996 年欧盟理事会通过了《关于数据库法律保护指令》，要求成员国对数据库提供版权和特别权的双重保护，在立法上开创了对数据库进行特殊保护的先河，是欧盟信息社会知识产权保护的巨大发展。同年颁布的《信息社会著作权及相关权益绿皮书（增补）》对数字著作传输及其再传输的许可或授权行为进行了规定。1998 年通过了《有关附条件取得信息服务的法律保护指令》以保护信息社会中的设备与软件。

2000 年通过《第 2000/31/EC 号电子商务指令》，旨在阐明并协调包括电子商务在内的与信息社会服务相关的各种法律问题。2001 年 5 月通过的《第 2001/29/EC 号信息社会著作权指令》则要求欧盟成员国提供权利人公开传播著作的专

---

〔1〕 牛振喜等："中欧知识产权保护比较以及对我国的启示"，载《科技管理研究》2014 年第 4 期。

〔2〕 蔡雅洁："欧盟知识产权保护的理念机制与战略规划"，载《人民论坛》2013 年第 18 期。

〔3〕 Growth, Competitiveness, Employment the Challenges and ways forward into the Twenty—first century, EU Commission, 1994.

〔4〕 李志军："国外网络知识产权保护情况、做法及对我国的启示"，载《中国经济时报》2015 年 8 月 19 日，第 5 版。

有权，英国、德国等国都根据实际情况对本国法律进行了修正以应对网络环境发展带来的冲击。

一、立法成果

1991 年 5 月 14 日，欧共体理事会通过了《计算机程序法律保护指令》（以下简称《软件指令》），[1] 旨在建立一个开放、独立的欧洲计算机软、硬件市场。《软件指令》规定将计算机程序视为文学作品给予版权保护，其保护的是计算机程序的表现形式，而非其所包含的思想或原则，且不排除其他法律对计算机程序的保护。其规定"是否由作者独立创作"是判断计算机程序是否具有独创性的唯一标准。

1996 年 3 月 11 日，欧盟理事会通过了《关于数据库法律保护指令》（以下简称《数据库指令》），[2] 对数据库进行了定义，要求对数据库进行双重保护，即通过版权及特别权予以保护的模式。对于体现作者智力创作的数据库，可以获得版权保护，版权保护包括数据库的结构，但不延及数据库的内容，而特别权即对数据库内容的保护，防止数据库内容被提取或反复利用，而赋予对数据库内容作出实质性投入的数据库制作者以权利。

2000 年 6 月 8 日，欧盟出台了《电子商务指令》，[3] 旨在确保成员国间信息社会服务的自由流动，以促进欧盟内部市场的正常运行。其中，规定了网络服务提供者的责任及义务，即避风港原则，规定网络服务提供者对非法行为不负有一般性事前审查义务。

2001 年 5 月 22 日，欧盟通过了《关于协调信息社会版权与相关权的指令》（以下简称《版权指令》），[4] 首次增加了版权在网络环境下的保护。由于临时复制是否包含于复制权仍存在争议，在各成员国立法中的定义差异较大，《版权指令》对复制权采用的最终定义为"授权或禁止直接或间接、暂时或永久、以任何方法和形式全部或部分复制的排他权利"，《版权指令》第 3 条规定了向公众传播权，第 6 条规定了技术措施保护。随后分别于 2006 年、2011 年进行了修订。

2010 年，欧盟委员会通过欧洲数字议程，批准了版权领域的诸多行动方案。2011 年，欧盟委员会采纳了一项题为"知识产权单一市场"的战略，提出了一

---

〔1〕　Council Directive of 14 May 1991 on the legal Protection of Computer Programs, 91/2501/EEC.

〔2〕　EU Directive 96/9ec on the Legal Protection of Database.

〔3〕　Directive No. 2000/31/EC of the European Parliament and of the Council of 8 June 2000 on certain legal aspects of information society services, in particular electronic commerce, in the Internal Market (Directive on electronic commerce).

〔4〕　Directive 2001/29/EC of the European Parliament and of the Council of 22 May 2001 on the harmonisation of certain aspects of copyright and related rights in the information society.

系列措施进一步推动数字单一市场高效版权体制建设。2012 年 7 月，欧洲议会否决了《反假冒贸易协定》（ACTA），欧洲委员会开始完善版权法进程，以确保版权能够更好地适应数字时代。

2014 年 2 月 14 日，欧盟通过了《关于版权及相关权的集体管理和内部市场在线使用音乐作品权利的跨国许可指令》（以下简称《网络音乐版权指令》），[1] 该指令赋予了权利人加入和退出 CMO 的自由，增加了音乐作品线上权利的跨国许可，网络音乐服务商可以通过集体版权管理组织获得覆盖多个成员国的版权许可，且集体版权管理组织有义务保证权利人及时获得适当的报酬，为电子商务环境下传播音乐作品带来了很大的便利。[2]

二、版权方面

（一）《数字化单一市场版权指令》

2015 年 5 月 6 日，欧盟发布了《数字化单一市场战略》（以下简称《战略》），旨在通过打造统一的数字商品、服务和资本市场，加强数字领域互联互通，深化一体化进程，提升欧盟的市场贸易竞争力。《战略》明确指出构建单一数字市场的三大支柱，即为个人和企业提供更好的数字产品和服务、创造有利于数字网络和服务繁荣发展的有利环境以及最大化实现数字经济的增长潜力。[3] 其内容主要包括通过出台政策，细化电子商务规则，加强网络平台管理，优化电信、音频市场，推动数字技术发展，增加数字产业投资等方面。[4]

随后，欧盟委员会于 2016 年 9 月 14 日，公布了《数字化单一市场版权指令（草案）》（以下简称《草案》），针对网络版权保护提出了一系列的规制措施，向出版商提供更公平的报酬，并迫使科技公司撤下受到版权保护的材料。《草案》共包括五个部分，第一部分为概括条款，规定了《草案》的主要内容、范围及相关概念定义的解释。第二部分规定了数字及跨境环境下的限制与例外，主要是文本与数字挖掘、以教学为目的的数字方式和跨境使用以及文化遗产保存的侵权例外情形。第三部分是改进版权许可及拓宽作品获得渠道的相关措施，欧盟通过引进新的谈判协商机制，改革版权许可使用制度，以拓宽作品利用的广度和深度，促进社会公众接触文化遗产及视听播放平台中作品的有效传播。第四部分

---

〔1〕 Directive 2014/26/EU of the European Parliament and of the Council of 26 February 2014 on collective management of copyright and related rights and multi-territorial licensing of rights in musical works for online use in the internal market.

〔2〕 "中国音乐版权垄断失控，来看看资深玩家欧美怎么搞"，载搜狐网，https：//www.sohu.com/a/168432887_642733.，最后访问日期：2020 年 5 月 13 日。

〔3〕 "欧盟数字化单一市场战略概述"，载腾讯研究院网，http：//www.tisi.org/Article/lists/id/3938.html.，最后访问日期：2015 年 5 月 13 日。

〔4〕 董一凡、李超："欧盟《数字单一市场战略》解读"，载《国际研究参考》2016 年第 3 期。

是数字版权市场的运营完善。第五部分是最后条款，即对其他指令修正、有效期限等。

2019 年 2 月 9 日，欧盟成员国就更新后的《版权指令》草案达成初步共识，为最终达成协议铺平道路。2019 年 3 月 26 日，欧洲议会以 348 票赞成，274 票反对，24 票弃权的结果通过了《数字化单一市场版权指令》（以下简称《指令》）提案。4 月 9 日，欧盟理事会对《指令》最终审议予以批准，欧盟各国将在 24 个月内根据《指令》制定相关法律细则。《版权指令》制定了网络环境中内容的使用和复制规则，并对内容创作者获取充分补偿作了规定，同时还制定了版权和相关权例外和分割条款，以确保互联网仍然是言论自由的空间。

《版权指令》赋予新闻出版商相关权利（出版者权利），以允许或禁止信息社会服务提供者在网络环境中使用其新闻出版物，从而使新闻出版商能够通过协商获得充分的补偿。网络内容共享服务提供商如果要向公众传播作品或为公众提供作品，则需要得到作者的事先授权。《版权指令》规定，各成员国应采取措施以确保作者和表演者在授权或转让其工作、表演的使用专有权时有权获得适当且公平的报酬，并对其作品的开发拥有一定程度的控制权。

（二）版权保护

2016 年 9 月，欧盟委员会起草了一份关于促进电视与广播节目的网络播送以及转播权利许可的规范。该规范是欧盟力图让版权法律适应数字时代的一项计划。

2018 年 12 月 13 日，欧盟委员会、欧洲议会以及欧洲理事会一致通过了一项涉及欧盟电视与广播节目版权法律的指令，是对当前的《卫星与有线指令》的一种补充。根据新的指令，欧洲的广播公司将更容易通过其网络直播电视或追看服务来提供特定的节目并通过转播运营商来简化广播与电视节目的传输。该新提案象征着欧盟在充分实施数字化单一市场战略的道路上迈出了至关重要的一步。

经过欧盟委员会的领导，欧洲理事会和欧洲议会于 2019 年 2 月 13 日达成协议，确定修改版权法，以大力保护原创内容，适应数字时代的需要。

三、个人信息保护方面

随着全球经济数字化的趋势不断发展，数字经济相关立法逐渐成为各国立法的重点，欧盟对于数据保护较之美国一直采取更为严格的态度，从 2000 年的《安全港协议》到 2016 年取而代之的《隐私盾协议》，从 2015 年的"数字化单一市场战略"到 2018 年的《通用数据保护条例》（以下简称 GDPR）可以看出，欧盟的数字经济立法关注点主要集中在数据本地化、数据跨境流动以及数据共享与再利用等方面。

（一）《隐私盾协议》

与灵活、自律的美国政策相比，欧盟在隐私权与数据的保护上一直坚持采取严厉的态度，早在 1981 年，欧洲议会即通过了《保护自动化处理个人数据公约》，对个人数据的保护予以规范，1995 年欧盟发布的《关于涉及个人数据处理的个人保护以及此类数据自由流动的指令》（以下简称《个人数据保护指令》）要求不得向非欧盟国家传输数据，除非该国家对数据采取充分的保护措施，以此严格限制个人数据的跨国流动，保护欧洲公民的个人隐私，对美国与欧盟直接的贸易造成了很大的阻碍。

. 为了促进双方之间的贸易往来，美国商业部与欧盟于 2000 年建立了《安全港协议》，调整美国企业获取及处理欧洲公民个人数据的相关事宜，要求只有加入《安全港协议》的美国企业才可获取欧洲公民的个人数据，在保护欧洲公民个人信息的情况下，促进双方的贸易顺利进行。但是，随着时间的推移，《安全港协议》无法适应时代快速发展的变化。2015 年，欧盟最高司法机构作出判决，认定《安全港协议》无效。为了应对《安全港协议》无效对欧美贸易带来的影响，双方于 2016 年再次就数据传输达成新的协议，即《隐私盾协议》。

从《隐私盾协议》的内容来看，美国承担了更多的义务，欧盟享有更多的权利。《隐私盾协议》在《安全港协议》基础上增强了数据主体的权利，落实了数据控制者的义务，明确了美国安全机构准入的透明度与安全防护举措。[1] 在《安全港协议》原则的基础上进行了更加详细的规定，要求美国企业采集、传输欧洲公民数据，必须明确告知其采集、传输、使用数据的流程和目的。美国还承诺会设立专门的监察专员，专门负责处理欧洲公民关于个人数据问题的投诉与问询，并及时处理。[2]

（二）《通用数据保护条例》

2012 年，欧盟委员会提出了《通用数据保护条例》（*General Data Protection Regulation*，以下简称 GDPR）。2016 年 4 月 GDPR 通过，并于 2018 年 5 月 25 日起生效。该条例取代了欧盟于 1995 年发布的《个人数据保护指令》，成为当前欧盟在数字保护领域的主要立法。其仅适用于保护个人数据，对非个人数据的保护则通过《里斯本公约》《服务指令》等予以规制。[3]

GDPR 扩大了用户个人数据的定义，即"个人数据是指与已识别或可识别自然人（数据主体）相关的任何信息；可识别自然人是可被直接或间接识别，特别是可被姓名、ID 号、位置数据、在线 ID 或特定于该自然人的物理、生理、遗

---

〔1〕 桂畅旎："美欧跨境数据传输《隐私盾协议》前瞻"，载《中国信息安全》2016 年第 3 期。

〔2〕 "欧盟公布《欧美隐私盾牌》协定部分内容"，载新华网，http：//www. xinhuanet. com/world/2016-03/01/c_1118200926. htm.，最后访问日期：2020 年 5 月 13 日。

〔3〕 Directive 2006/123/EC of the European Parliament and of the Council of 12 December 2006 on services in the internal market.

传、心理、经济、文化或社会身份的多种因素参照的自然人",[1] 将 IP 地址、cookie 数据等信息均涵盖在其中。其明确规定用户在隐私数据方面享有的权利，如查阅权、被遗忘权、限制处理权、数据移植权等。在数据义务主体方面，GDPR 将其分为数据控制方与数据处理方，二者均应当承担相应的责任，如设置专门的数据保护专员、个人数据泄露报告、建设隐私内置机制、实施隐私保护影响评估等。[2] 除此之外，在处罚方面，GDPR 也加大了对违法企业的惩罚力度，罚金最高可达约 1.5 亿元人民币或企业全球营业额的 4%。该法被称为史上最严数据保护法。欧洲各国在执法、司法活动中，积极予以落实。2020 年 11 月 25 日，欧洲议会和理事会发布关于《欧洲数据治理条例（数据治理法）》的提案，该文件旨在通过增加对数据中介的信任和加强整个欧盟的数据共享机制，增强数据可用性。

第四节　英　　国

英国的版权保护也具有一定的历史，1709 年便通过了其第一部版权相关的专门法，即《安娜女王法》，随后又分别于 1814 年、1842 年、1911 年颁布了版权法及相关单行法规，目前生效的是 1988 年《版权、设计和专利法》，其中规定将计算机软件视为文学作品进行版权保护。[3] 1990 年，为规范网络行为，特别制定了《1990 年计算机滥用法》。1997 年英国颁布了《数据库版权与权利条例》，1998 年颁布了《数据保护法》，与欧盟的相关规定类似。

一、版权方面

（一）《数字英国白皮书》

2009 年，英国发布了《数字英国白皮书中期报告》及《数字英国白皮书最终报告》，指出"只有数字化的英国，才能开启想象力与创造力，确保我们和我们的孩子们未来从事高技能的工作；只有数字化的英国，才能确保信息革命发生改变我们生活每一细节的奇迹；只有数字化的英国，才能使我们展示出塑造未来的远见与活力"。[4]

《数字英国白皮书最终报告》建议赋予英国通信局采取措施减少版权网络侵

---

〔1〕 "GDPR 的最大困难在于其定义的个人数据"，载搜狐网，http：//www.sohu.com/a/231517867_490113，最后访问日期：2020 年 5 月 13 日。

〔2〕 田贵生："解析 GDPR 及对中国涉欧企业的影响"，载《对外经贸实务》2018 年第 7 期。

〔3〕 黄先蓉、李晶晶："中外数字版权法律制度盘点"，载《科技与出版》2013 年第 1 期。

〔4〕 Department for Culture, "Media and Sport and Department for Business", *Innovation and Skillsu* (*UK*): *Digital Britain Final Report*, 2009, p. 7.

权的职责，并特别要求网络服务提供者承担以下两项初始义务：一是依据著作权人提供的合理证据，向涉嫌侵权的用户发出其行为违法的警告通知；二是收集严重重复侵权者的匿名信息，在收到法院裁定后，向著作权人提供包括涉案用户个人资料在内的信息。在前述通知程序无法奏效的情况下，《数字英国白皮书最终报告》建议，英国通信局通过法定文件科以网络服务提供者以下技术义务以预防、制止、减少版权网络侵权行为：①对网站、IP 地址、网址实施阻隔；②协议阻隔；③端口阻隔；④带宽限制，限制用户的网络连接速度或限制用户可以获取的数据流量；⑤带宽管控，限制用户获取协议或服务的速度或流量；⑥内容确认及过滤。[1] 建议通过立法规定网络服务提供者负担预防、制止、减少版权网络侵权行为的义务。

（二）《数字经济法》

为落实《数字英国白皮书最终报告》的各项建议，2009 年 11 月 18 日，英国政府向上议院提交了《数字经济法草案》，草案于 2010 年 4 月 7 日由下议院通过，4 月 8 日，草案由皇室批准，并于 6 月 8 日正式施行，即《数字经济法》（以下简称 DEA）。

《数字经济法》包含 11 个议题，48 个条文。对网络环境下的基础设施建设，网络版权侵权议题、数字作品的公共借阅权等内容作了相关规定。其中，关于网络侵权的主要内容包括：①通知制度：网络服务提供者的初始义务；②技术制裁：网络服务提供者的技术义务；③用户申诉制度；④罚款及成本分摊制度；⑤阻隔禁令制度。DEA 授权英国通信局制定初始义务规定和技术规定以落实各项制度。

2011 年 5 月，英国发布了《数字机遇——关于知识产权及增长的评论》（*Digital Opportunity - A review of Intellectual Property and Growth*），报告提出了 10 条具体的建议，以确保英国拥有最适合数字时代经济发展及创新支持的知识产权制度。[2] 2017 年，英国颁布了《数字经济法第 1 号条例》，用于实施《数字经济法》的各项条款。[3] 该条例对《数字经济法》第 32 条在线版权侵权的最长刑期由 2 年延长至 10 年。

2016 年 6 月 23 日，英国启动了脱欧公投，并最终以 52% 的脱欧支持率结束。经过多轮谈判，最终将应该脱欧时间定为 2019 年 3 月 29 日。在此期间，英国于 2017 年出台了新《数字经济法》，旨在加强英国的数字经济建设，推动英国数字

---

〔1〕 汤璇、綦书纬："英国版权网络侵权立法解读"，载《青年记者》2013 年第 16 期。

〔2〕 Ian Hargreaves, Digital opportunity: A review of intellectual property and growth, Intellectual Property Office, 2011, at http://www.ipo.gov.uk/ipreview-finalreport.pdf.

〔3〕 汤璇、綦书纬："英国版权网络侵权立法解读"，载《青年记者》2013 年第 16 期。

化发展。其中第四部分第 31～34 条为知识产权内容，包括电子出版物的公共借阅、侵犯向公众传播权构成犯罪的情形、网络链接侵犯产品标识等内容，同时废除了 1988 年《版权、外观设计和专利法中》有关有线电视转播信号的规定，自此，通过有限电视转播节目不再属于版权侵权行为。围绕数字内容的版权保护、数字化内容管理进行规定，以适应时代的发展。

二、知识产权执法方面

2007 年 4 月 2 日，经英国政府批准，英国专利局（UKPO）正式更名为英国知识产权局（UK-IPO），其总部设在南威尔士的新港。2007 年 6 月 28 日以后，因政府机构变化，UK-IPO 改为隶属于英国创新、大学与技能部（Department for Innovation, Universities and Skills）。UK-IPO 下设的人力资源与行政管理协助部，通过设立网络发展处以研究网络环境下的知识产权问题。[1]

2013 年 9 月，英国政府、执法机构和法院在伦敦警力中组建了 PIPCU（City of London Police's Intellectual Property Crime Unit），即专家知识产权警察小组。专门处理网络中的知识产权犯罪行为，强化对于网络版权的保护，小组有权采取拘捕侵权行为人、雇佣专家对侵权行为进行技术分析，吊销侵权网站域名等措施。在 PIPCU 运行的第一个年度，其调查的知识产权犯罪涉案价值逾 2900 万英镑，共关闭了 2359 个互联网域名，截获了价值逾 129 万英镑的假冒商品。PIPCU 对于情节严重的、有组织的网上盗版行为具有较好的打击效果。

第五节　日　本

日本是国际上重要的知识产权强国，其对知识产权相关法律也十分重视，近年来也在不断加强网络知识产权法规建设。作为大陆法系国家，日本主要采取更新与修订的方式来适应网络环境对知识产权带来的变化与挑战。

一、国家战略方面

2002 年，日本政府发布了《知识产权战略大纲》，将"知识产权立国"列为国家战略，强调把握信息时代的发展趋势及特点，其中具体提出要确立保护数码作品的机制、加强应用于网络的外观设计的保护等。同年，日本通过了《知识产权基本法》，制定了一系列针对新型知识产权问题的规定，为战略的实施提供了法律保障。除此之外，为了更好地保证战略的实施与执行，日本政府还专门成立

---

〔1〕 "英国国家知识产权局"，载国家知识产权局官网，http：//www.sipo.gov.cn/gjhz/qkjs/1020299. htm.，最后访问日期：2020 年 5 月 13 日。

了知识产权战略本部，每年定期推出《知识产权推进年度计划》。[1] 2008 年，战略本部又特别成立数字网络时代知识产权专门调查委员会来监督检查网络知识产权的计划执行情况。2018 年 6 月 12 日，日本发布了《2018 年度知识产权推进计划》，主要包括三大模块，即"培养适应未来社会的人力资源和业务""促进挑战和创造活动的开展"以及"设计新领域的框架"。[2] 其中，第三部分强调要加强数据和人工智能等新型信息财产的知识产权战略，建立与数字化和网络化的著作权系统等网络知识产权相关内容。

二、版权方面

日本的《著作权法》自 1970 年颁布至今，经过了近 30 次修改，目前适用的是 2012 年修订的版本。其中，经过 1997 年、1999 年的两次修订，根据世界知识产权组织于 1996 年通过的两个新条约 WCT 以及 WPPT，日本新《著作权法》中体现了网络环境下包括电子商务领域的版权保护，"增加了数字版权人的传播可能化权、技术措施权、权利管理信息权、网络邻接权等多项数字出版所特有的权利类型"。[3]

2001 年，日本颁布了《特定电信服务提供者损害赔偿责任的限制及请求提供发布者信息的法律》（以下简称《网络服务提供者责任限制法》），旨在明确网络服务提供者在知识产权侵权诉讼中的信息披露义务。除此之外，《网络服务提供者责任限制法》也对不当披露进行了规定，即当网络服务提供者对信息披露存在过错时，需要对用户损害承担赔偿责任。[4]

2018 年 2 月 23 日，日本政府内阁会议通过《著作权法》修正案，这旨在扩大网络使用作品。主要修改内容涉及在未获得许可的情况下认可将书籍全文电子数据化，并提供含特定关键词的书籍网上搜索服务。修正案中还写入新制度，即学校在通过网络向学生发送用作教材的书籍和照片时，若向作为办事窗口的团体支付补偿金，便无需获得著作权所有者的许可。除部分条款外，该法于 2019 年 1 月 1 日正式实施。

三、反不正当竞争方面

日本于 1997 年公布了《有关域名注册等事项之规则》，经过多次修改，最终于 1999 年正式施行。该规则确定了申请在先原则、单一域名制、公共秩序保留

---

〔1〕 李志军："国外网络知识产权保护情况、做法及对我国的启示"，载《中国经济时报》2015 年 8 月 19 日，第 5 版。

〔2〕 "强势围观！2018 中日两国知识产权推进计划重点工作解读！"，载搜狐网，http://www.sohu.com/a/240528307_99944179.，最后访问日期：2020 年 5 月 13 日。

〔3〕 黄先蓉、李晶晶："中外数字版权法律制度盘点"，载《科技与出版》2013 年第 1 期。

〔4〕 吴晓佳："日本网络服务提供者在知识产权侵权诉讼中的信息披露义务"，西南政法大学 2016 年硕士学位论文。

原则等内容。2000 年 8 月 21 日，日本网络信息中心宣布由专门的仲裁中心处理与".jp"相关的域名纠纷，并于同年公布了".jp 域名纠纷处理方针"。[1]

2001 年，日本修改了《不正当竞争防止法》，增加了域名相关的不正当竞争行为，并明确界定了域名的定义。2016 年，日本通过了《不正当竞争防止法》中商业秘密相关规定的第 7 次修改，其中包括"所有商业秘密侵权行为产品的转让、交付，或为转让、交付目的的展览，输出或输入，或通过电子通讯网络之行为均构成侵权行为"，将对商业秘密的保护延及网络环境。

四、个人信息保护方面

日本于 2003 年制定了个人信息保护法，包括《个人信息保护法》《行政机关个人信息保护法》《独立行政法人等个人信息保护法》《信息公开——个人情报保护审查会设置法》《行政机关持有的个人信息保护法》等共 5 部相关法律，[2] 采用统分结合的模式，明确了各个主体应当承担的义务与责任，在信息有效利用与个人合法权益之间进行了有效的平衡。

2017 年，日本对其《个人信息保护法》进行了修正，专门设置了个人信息保护委员会，确立了个人信息权利保护的一体化监督体制，十分注重对政府利用个人信息的法律规制。除此之外，日本还积极吸纳国际标准，对企业采取国际标准认证制度，使公众对企业拥有直观的评判依据，更好地保护自己的个人信息。

第六节 其他国家

一、澳大利亚

2015 年，澳大利亚参议院通过《版权法修正案（在线侵权）法案》，该法案旨在减少版权材料作品的非法下载，允许版权所有人向法院申请屏蔽境外运行的提供版权材料链接的在线网站的访问。有数据表示，2015 年～2017 年澳大利亚非法下载的版权材料数量有所下降，电视、音乐等非法内容下载数量减少了 5%～10%。

2017 年 12 月 6 日，澳大利亚政府出台了新的《2017 年版权修订法案》，该法案建议将澳大利亚《1968 年版权法》中的安全港规则扩展至协助残疾人的组织、教育机构、图书馆、档案馆以及文化领域。2018 年，澳大利亚通信和艺术

---

〔1〕 郭丹、王伟："论我国域名保护法律机制的完善——兼评《中国互联网络信息中心域名争议解决办法》"，载《经济研究导刊》2007 年第 12 期。

〔2〕 魏健馨、宋仁超："日本个人信息权利立法保护的经验及借鉴"，载《沈阳工业大学学报（社会科学版）》2018 年第 4 期。

部就该法案的有效性向公众咨询意见。2018 年 11 月 28 日，澳大利亚议会两院通过了《2018 年版权法修正案（网络侵权）》，并于 12 月 10 日签署生效。该修正案强化了澳大利亚保护创意产业并打击版权侵权的能力，扩大了网络环境法律适用的范围。

二、印度

2006 年 12 月，时任美国国际贸易委员会副秘书长 Franklin L. Lavin 在一次印美双边贸易研讨会上表示，如果想吸引更多的海外投资，印度需要进一步完善其专利法与版权法。

2019 年 5 月 30 日，印度工业和内部贸易促进部门（DPIIT）公布了《2019 年版权修正条例》（*Copyright Amendment Rules*，2019）草案并面向公众征集评论和意见，旨在对《2013 年版权条例》（*Copyright Rules*，2013）进行修订以适应数字经济的飞速发展。

草案扩大了可获取版权内容法定许可的播放平台的范围，规定网站和网络电视等非传统播放平台也可从内容所有者处获得版权内容的法定许可。根据《1957 年版权法》的规定，只有电台和电视台才能获得内容所有者的同意并共同就版权使用费进行协商，或根据该法第 31 条 D 款的规定按照印度知识产权上诉委员会规定的费率来支付版权费用。草案将使多家国际大型网络播放平台能够以更加合理的价格和条件来获取版权内容。

三、俄罗斯

2013 年 7 月，俄罗斯总统普京签署第 187-FZ 号联邦法《关于修订俄罗斯联邦有关信息与通讯网络中的知识产权保护问题的几个单独法案》，旨在提高网络版权保护和解决中介责任问题。为实现互联网对电影专有权等的保护，规定了各种措施；对"信息中介"进行了法定定义；制定了网络服务提供商的相关规则。

2012 年 9 月，俄罗斯加入世界贸易组织，成为第 154 个 WTO 成员方。为落实 2011 年 11 月 17 日俄罗斯入世小组承诺的"将恪守承诺遵守相关国际法规及世贸组织"的相关要求。俄罗斯历时 4 年完成了近二千余处的《俄罗斯民法典》内容修订。修正案致力于规范相关知识产权成果在互联网及其他信息通信网络中的使用，并对《俄罗斯民法典》第四部分做出了重大修订，成为互联网知识产权侵权案件的判定依据。

2013 年 8 月 1 日，俄罗斯对外颁布了《反盗版法》，作为俄罗斯不断强化网络版权保护的里程碑事件。此前，俄罗斯网络盗版现象十分猖獗，遏制网络视频侵权盗版现象已成为政府的当务之急。《反盗版法》就影视作品著作权保护规定了特别的行政和司法程序，防止未经许可传播侵权内容。

网络环境下的著作权法

网络的不断发展给著作权制度带来了一定冲击，网络中涉及的内容复杂多样，使可能受到著作权法保护的作品的类型不断丰富。网络环境下的文图、音视频、网络游戏等产业繁荣发展，使得作品的新传播途径不断出现，导致侵权行为更加隐蔽，通过转载、深度链接的形式进行传输的网络平台增多，侵权的司法判定更加复杂，侵权的主体也呈现多样化的发展趋势。

第一节　网络环境下的作品

我国《著作权法实施条例》第 2 条规定，著作权法所称作品，是指文学、艺术和科学领域内具有独创性并能以某种有形形式复制的智力成果。能够受到著作权法保护的作品，应当属于文学、艺术和科学领域内，且具有独创性和可复制性。其中，独创性是作品受《著作权法》保护的实质性条件。学术界大多数的观点认为独创性是指相对独立创作（"独"）加最低限度的创造性（"创"），也就是说，一部作品只要形式上具有创造性即可受到保护。至于创造性如何判断，可将判断的权力交给全社会（主要指读者、作者、编辑和出版商），一件作品如果缺乏起码的创造性，那么它便不能进入文化市场，不能获得社会的承认，也不能从社会换回相应的物质报酬和精神上的荣誉。[1] 网络环境下，某种客体能否受到《著作权法》保护，产生了巨大的争议，这些貌似特殊的客体在何种情况下能够构成"作品"成为理论和实践中越来越关注的课题之一。极具代表性的有如下几种类型——网页、短视频和网络游戏。

一、网页

网络营销、宣传成为目前公众接触某一主体的主要手段和入口，一个吸引人的网页可以瞬间提升用户体验，因此网页的重要性与日俱增。网页是用超文本标

---

〔1〕　韦之：《知识产权论》，知识产权出版社 2002 年版，第 49 页。

记语言书写的基本文档，以数字化形式存储于计算机的存储设备中，通过网络浏览器以文字、图像、声音及其组合等多媒体效果展现在计算机的输出设备中，并能够以多种形式被复制。网页呈现出来的内容中包含了图片、音视频、文字等要素，上述要素如果分别符合美术作品（或摄影作品）、视听作品、文字作品的构成要件，可以就各个要素分别主张著作权。对于上述内容争议不大，目前争议较大的是对于网页整体的作品认定问题。对于涵盖了多个内容的网页来说，构成汇编作品的可能性较大。

我国《著作权法》第15条规定，汇编若干作品、作品的片段或者不构成作品的数据或者其他材料，对其内容的选择或者编排体现独创性的作品，为汇编作品，其著作权由汇编人享有，但行使著作权时，不得侵犯原作品的著作权。依据该规定，判断某一网页能否受到《著作权法》保护的关键是判断网页是否具有独创性，而该种独创性体现为对内容的选择或者编排。也就是说具有独创性的网页必须是网页设计者通过智力劳动对网页中的内容进行了独特的选材和编排，使网页的版面设计、图案色彩的选择与组合、栏目设置等均应体现设计者独特的审美观和创造力。判断是否具有独创性比较困难的内容是，网页中某些具体要素可能是惯常设计元素，在网页设计制作过程中，颜色、材料、内容选择必不可少，但是仅以网页的颜色、栏目设置、风格等作为判断网页属于作品是片面的。因为对于这些简单要素的拣选并不能体现出作者的独特构思和智力创作。因此网页的独创性判断必须要将网页整体结构编排、颜色等视觉效果的多种要素综合起来进行判断，在颜色、文字、图案的编排上和网页最终的视觉效果上可以体现出设计者的创造力的网页就是具备独创性的；反之，仅是一般网页的栏目设置和结构布局的网页就不具备独创性。[1]

在上海帕弗洛文化用品有限公司诉上海艺想文化用品有限公司侵害作品信息网络传播权纠纷案件[2]中，原告主张其网站首页构成作品，网站内页及网站首页对应的"品牌动态""产品展示""联系我们"三个栏目对应的网页构成一个作品，其首页的独创性体现为页面背景、颜色布局两部分，具体体现为页面内容分为上、中、下三部分。产品展示的位置与方式，星星闪烁的动画效果，内页的独创性体现为页面背景，颜色，笔的位置及气泡效果。而被告辩称其网站由设计师独立设计，设计内容具有其公司特征，原告主张的网页没有独创性，很多内容均为网络中公开使用。法院认为，原告主张的网站首页构成作品，而网站内页不构成作品，因为网站首页页面的内容结合了数字形式的文字，图形动画效果及独

---

〔1〕 高鹏友："网页构成著作权法上作品的认定标准研究——兼论《著作权法》送审稿第五条"，载《中国版权》2016年第2期。

〔2〕 参见上海市闵行区人民法院（2014）闵民三（知）初字第154号民事判决书。

特的色彩选择和版面设计，各元素以数字化的形式进行特定的组合，而非简单的排列，给人以视觉上的美感，其对颜色内容的选择及布局编排体现了独特构思，具有独创性和可复制性，构成《著作权法》上所称的作品，而网站内页页面的内容及布局编排均较为简单，原告有关页面独创性的陈述，未能体现页面中笔的位置及气泡效果的独特构思，不构成《著作权法》上所称的作品。

二、短视频

移动互联行业近年来发展迅速，关键词也在不断发生变化，短视频这两年火爆异常。涉及短视频的著作权案件在不断增多，短视频的可版权性及其权利归属问题既具理论探讨价值，也是司法认定上的难点问题。"短视频"并非著作权法中的概念，也不是一个常用词，是近年来随着网络自媒体的发展，产生的一种为了传播和交互方便的视频形式。有3种视频形式都可以归类为"短视频"，第一种是碎片化的视频，也就是将一个长视频拆分成时长很短的多段视频，每一段视频都是短视频；第二种是短视频平台中的短视频；第三种是视频剪辑和集锦，体现为将某一长视频的经典镜头剪辑或者将某个演员的镜头剪辑集合出新的视频，亦或将原视频的某个经典镜头进行改编、恶搞等重新制作出的视频形式。以上三种形式的短视频并不是孤立的，可能交叉存在。争议较大的"短视频"是视频长度较短，依托短视频平台实现快速拍摄和美化编辑，可在社交媒体平台即拍即传、实时分享的新型视频形式，也称为"小视频"。这种短视频具有拍摄主体、主题多元化和拍摄门槛低的特点，同时与传统的"未经许可，不得转载"的作品不同，作者对于短视频作品的传播渴望和需求极大。

目前短视频平台中的短视频体现出来较为明确的特点，具体包括：①场景式、纪实类的视频较多，这类视频大多采用生活场景，是对生活中某个场景的客观记录；②偶发性、瞬间记录的视频较多，此类视频以记录某个精彩瞬间为主题，不一定是为了拍摄视频而拍摄，基本没有拍摄的手法和角度的选取，而是真实客观地记录实际情况，例如目前流行的 vlog，就是以此种形式存在；③视频融合多个素材，视频的特效和剪辑制作主要依靠短视频平台，多数会选择给拍摄的对象加入配乐、配音，并结合文字、场景、对话、动作等多种元素进行表达，并依靠平台制作好的按钮加入特效和剪辑。短视频的上述分类，导致每种视频形式不相同，因此，对于短视频能否构成作品不应一概而论，而应根据具体的视频形式和内容进行具体分析。根据发布和上传主体的不同，短视频分为 UGC（用户制作）、PGC（专业机构制作）和 PUGC（专业用户制作），对于 PGC、PUGC 的多数短视频来说，由于具有专业的制作能力，其制作出的短视频大多具有较高的专业水准，其构成类电作品的可能性较大，较难判断的是 UGC 的视频。而依据视频内容、独创性程度，可以将短视频区分为类电作品、录像制品和不受著作权法保护的视频。

关于短视频是否可以构成作品的判断。首先，一直以来著作权法贯彻"思想表达二分法"，对于抽象、难以固定的思想并不提供保护。司法实践中，常有以拍摄手法具有原创性，主张其视频构成类电作品的情况。在判断短视频能否构成作品时的逻辑应当是剥离出不受著作权法保护的客体，比如拍摄手法、主题等都属于思想的范畴，不受著作权法保护。其次，判断短视频能否构成著作权法的保护对象，著作权法的保护对象并不仅仅指"作品"，还有可能是邻接权保护的"录像制品"，即从独创性的有无出发将能够进入著作权法保护范围的筛选出来，对于机械录制的毫无创造性的场景（比如演员周边、给小动物喂食物的场景等）无法落入著作权法保护范围。最后，依据《著作权法》对作品的定义判断短视频能否构成"作品"。上述步骤中最难的是将"作品"与"录像制品"进行区分，这种判断又要回归到第三个步骤，即作品的判断上。因此，通常情况下，作品和制品的区分和作品的判断无法实际分开，一般是同时进行的步骤。

我国《著作权法实施条例》中规定，作品是指文学、艺术和科学领域内具有独创性并能以某种有形形式复制的智力成果。作品的属性包括独创性和可复制性，以有形形式复制的要件在短视频判断中似无需考虑，重点是对"独创性"的理解。独创性的判断是著作权法中的核心问题，似乎每出现一种"新鲜事物"就会重新审视这一判断标准。但应当强调的是，任何披着"新鲜"外皮的内容都不应脱离其核心，判断的标准亦不因任何情况的变化而有所改变。我国对于独创性的判断采取了大陆法系国家的判断标准，即独创性分为两步进行判定——独立创作和最低限度的创造性。北京市高级人民法院的《侵害著作权案件审理指南》（以下简称《著作权审理指南》）中规定："认定独创性，应当考虑是否由作者独立创作完成；对表达的安排是否体现了作者的选择、判断"。按照这一规定，必须要进行上述两方面的判断才能全面涵盖"独创性"的内涵。

独立创作完成是指由作者完成，而非一定是"原创"。独立创作中难以判断的是，在他人已有作品的基础上进行的再创作是否属于"独立创作"的范围，比如短视频中对于点击量高的视频的模仿，增加或者减少部分内容。在短视频平台中，这种"模仿"较为多见，某一种类型的视频出现后，立即可能会有其他视频制作者跟风，其中不乏对已有作品的再创作。这种再创作只要是独立完成的，具有显而易见的差异，即可认为是新的作品。最低限度的创造性是判断短视频能否纳入"作品"范围的关键。而短视频作为一种动态的视频形式与《著作权法》中的"电影或者以类似摄制电影的方法制作的作品"（以下简称类电作品）最为接近，对于短视频可作品性的判断实质上是在判断短视频能否成为类电作品。作品内容并不是电影作品独创性的体现，即独创性判断对象不是作品内容本身，而是作者对于如何体现作者个性和思想的拣选和安排。回归短视频中，应当严格区分摄制者、表演者和制作者，这三者在具体视频中所扮演的角色不同，当然不排除这三者合一的情况。也就是说单纯的表演者在短视频中无法构成短视频的作者，其表演的内容是否具有独创性与视频是否构成作品完全是两个问题，不应将表演所选择的场景、所表达的语句等与视频画面的拣选、拍摄角度的选择等混为一谈。《著作权法》中对于类电作品权利归属也进行了规定，即类电作品的著作权归属于制片人，通说亦认为电影作品本质上属于合作作品，电影创作具有复杂性，其中包含了多个主体的创造性劳动。例如，编剧、作曲、导演、摄影、剪辑等都在电影作品中体现了独创性，也就是说电影的画面可能由多个具有独创性的作品组合而成，而将画面与画面进行衔接去表达某种思想，呈现给公众，才使得活动的画面最终成为电影作品。

如前所述，短视频平台中有多种类型的短视频，对其可作品性的判断不应一概而论，应当区分不同的作品类型进行综合判断。根据当前短视频平台中的视频形式可以进行如下区分：

1. 机械录制的生活场景。很多短视频平台中的短视频仅仅是对某个生活场景的录制，比如对喜欢的演员进行跟拍、对某个小动物进行实时拍摄，这种视频大多不剪辑，作者也没有进行作品创作的意图，仅是以视频形式进行某种记录。此种大多以机械录制的方式对生活场景进行录制，不受著作权法保护，《著作权法》的立法目的是"为保护文学、艺术和科学作品作者的著作权，以及与著作权有关的权益，鼓励有益于社会主义精神文明、物质文明建设的作品的创作和传播，促进社会主义文化和科学事业的发展与繁荣"。此类视频既对于精神文明建设无益，也无法促进或者推动文化艺术的发展，因此此类视频不受《著作权法》保护亦符合《著作权法》的立法目的和著作权法的价值应有之义。

2. 机械录制的表演。对表演者针对某个歌曲或者某段台词的表演进行录制的视频，视频本身独创性极低，即使加入简单的元素亦不构成作品，对表演者的表演者权进行保护，该视频可以成为录像制品受到保护。对于在场景选择、镜头设置和拣选切换、录制后对画面、声音、场景的剪辑中仅进行了简单的编辑，融合一定简单元素的视频一般属于录像制品。

3. 有剪辑的视频。由于短视频时长有限，不宜对其独创性程度把握过严，只要短视频制作者在镜头的设置、拣选、切换、画面的剪辑和选择方面能够反映其构思，或者在元素的植入过程中能够综合视频镜头、视频画面一并体现创作者的个性，具有一定程度的智力创造性，即可认定为符合《著作权法》规定的作品定义。北京互联网法院挂牌成立后受理的第一起案件——"抖音短视频"诉

"伙拍小视频"侵害作品信息网络传播权纠纷一案。[1] 审理中，法院首次认定涉案短视频是我国《著作权法》保护的作品，同时认定百度公司作为网络服务提供者，及时删除了涉案短视频，不构成侵权行为。法院认为，在判断短视频是否为类电作品时，首先看作品是否具有独创性，包括是否由作者独立完成，是否具备"创作性"。应以该短视频与党媒平台上的示范视频、网络图片之间是否存在能够被客观识别的差异为条件，主题相同并不影响涉案短视频是否系独立完成的认定。根据上述判断标准，涉案短视频由制作者独立创作完成。在创作性上，基于短视频的创作和传播有助于公众的多元化表达和文化的繁荣，故对短视频是否符合创作性要求进行判断时，对于创作高度不宜苛求，只要能体现出制作者的个性化表达，即可认定其有创作性。同时，法院认为，被告作为提供信息存储空间的网络服务提供者，对于伙拍小视频手机软件用户的侵权行为，不具有主观过错，在履行了"通知—删除"义务后，不构成侵权，不应承担相关责任。法院最终驳回原告的全部诉讼请求。

短视频的兴起使作品尤其是类电作品的可版权性判断受到了挑战，对短视频既要重视权利的保护，也要意识到短视频传播具有即时性和大众化的特点，同时其还具有一定的社交属性，对其进行法律上的判定不应过度苛求，而是应当在促进短视频行业健康有序、繁荣发展的基础上进行有效规制。

三、网络游戏

网络游戏是指以个人电脑、平板电脑、智能手机等为游戏平台，以游戏运营商服务器为处理器，以互联网为数据传输媒介，通过广域网网络传输方式来实现多用户同时参与的游戏。网络游戏是通过对游戏人物角色或场景的操作实现娱乐、休闲、交流、取得虚拟成就为目的的游戏方式，实现多人在线游戏。网络游戏作为一个复合元素组成的作品，是由游戏名称、商标标识、场景地图、故事情节、人物形象、文字介绍、对话旁白、背景音乐等元素组成的。网络游戏整体能否构成著作权法保护的客体，网络游戏中哪些元素能够受到著作权法保护，都成为近年来理论界和实践中争论的焦点问题。

（一）游戏规则

游戏规则、玩法、题材能否成为著作权法上保护对象，一直存在争议。游戏规则的设置、玩法的开发、题材的选取是体现游戏开发者创意的重要部分，也最容易同质化，为后来者所借鉴模仿。一般认为，创意属于思想范畴，无法得到著作权法的保护，即模仿者没有直接复制规则说明书，而是以完全不同的表达方式进行游戏规则、玩法的描述，则无法构成著作权意义上的侵权。但近年来，网络

---

[1] 参见北京互联网法院（2018）京0491民初1号民事判决书。

游戏产业中有一些高级的"抄袭"行为出现，行业内称为"换皮"游戏，就是将游戏界面、文字、人物和武器装备等表达进行更改，使著作权法保护的"表达"看似不同，但其中的数值设定、规则设计等几乎完全相同，而这些正是导致游戏同质化严重的重要来源。法院在太极熊猫诉花千骨一案[1]中首次探讨了游戏设计的可版权性问题，进一步对游戏中的思想与表达进行了区分。法院认为，游戏设计师对游戏的设计具有表达性，游戏设计师的独创性体现在其通过对游戏界面中动态图像的布局，使用可以让游戏玩家感知的具体方式叙述表达了游戏的具体玩法和规则，这种设计使得玩家在游戏体验的过程中能够进行交互式的活动，法院还认为《花千骨》游戏以简单的模仿、抄袭方式，将原告创造的智力成果占为己有，侵害了原告的著作权。由此，司法实践开启了对游戏设计可版权性的探讨。对于游戏规则不应一概而论，不应机械地将游戏规则直接归入"思想"层面，而缩小了网络游戏可受著作权法保护的内容范围。

（二）游戏整体

网络游戏作为计算机软件，可以受到《著作权法》第3条中"计算机软件"的保护。而对于游戏应否成为独立的作品类型，有不同的观点：①将游戏作为视听作品进行保护。这种观点认为，我国《著作权法实施条例》规定，电影作品和以类似摄制电影的方法创作的作品，是指摄制在一定介质上，由一系列有伴音或者无伴音的画面组成，并借助适当装置放映或以其他方式传播的作品。很多网络游戏有完整的剧本、生动的人物、完整的情节、流动的画面，除并非通过拍摄完成以外，完全符合我国《著作权法实施细则》对电影作品的定义，也就是修改后的《著作权法》关于视听作品的规定。②将游戏作品作为独立的作品类型进行保护。这种观点主张，直接在著作权法上确认游戏作品的特殊客体地位，加以特别保护。③适用《著作权法》第3条的兜底性条款"符合作品特征的其他智力成果"对游戏作品进行保护。在"奇迹MU"案[2]中，法院首次将网络游戏的整体画面认定为类电作品。

（三）游戏中可单独受到著作权法保护的元素

游戏集合了多种元素，可能受到著作权法保护的是：①美术作品：游戏界面、游戏场景、道具、角色造型、地图设计、人物造型等均可能构成美术作品从而受到保护。②音乐作品：游戏中的插曲、背景音乐可作为单独的音乐作品。③文字作品：篇幅较长的背景介绍、角色简介、任务介绍可能构成文字作品。单个词语构成的角色或者道具的名称，因其文字过短，独创性较难体现，不宜认定为作品。④电影或者以类似摄制电影的方法创作的作品：根据《伯尔尼公约》

〔1〕　参见江苏省苏州市中级人民法院（2015）苏中知民初字第201号民事判决书。
〔2〕　参见上海市浦东新区人民法院（2015）浦民三（知）初字第529号民事判决书。

第 2 条第 1 款的规定，判断类电作品（以类似电影方式摄制的作品的简称）的关键在于表现形式而非创作方法。游戏画面具有和电影、类电作品相似的表现形式，游戏中事先拍摄或制作好的影视或动漫场景，及根据用户的操作发生变化的连续画面，可以构成电影或类电作品。在斗鱼案[1]中，法院认为原告向网络用户提供的直播内容不仅仅为软件截取到单纯的比赛画面，还包括了原告对比赛的解说内容、拍摄的直播间等相关画面以及字幕、音效等，故原告的涉案赛事直播内容属于由图像、声音等多种元素组成的一种比赛类型的音像视频节目。上述节目可以被复制在一定的载体上，依据其解说内容、拍摄的画面等组成元素及其组合等方面的独创性有无等情况，有可能构成作品，从而受到著作权法的保护。另外，人物设置及相互间的人物关系、由具体事件的发生、发展和先后顺序等构成的情节，只有具体到一定程度，即游戏情节的选择、关卡的设置、情节的推进等设计直接反映出作者独特的选择、表达和取舍时，才能成为著作权法所保护的表达。在目前著作权法可实现分门别类地进行游戏整体及组成元素保护功能的情况下，并无必要单独将游戏作为一种作品类型加以特别规定。同时，并非全部元素都能够构成著作权法上的"作品"，有些元素是某一种类游戏的惯常设计，不能为某个主体所垄断，否则将不利于游戏产业的健康良性发展。

第二节　网络环境下的著作权使用

一、著作权归属的判断

著作权权利归属的判断是此类案件审理的基础，目前审判实践中涉及的图书类作品，署名中有"著""编""编著"等形式，往往要结合书内的具体表述来确定真实权利人。同时，作品中有合作作品、职务作品或者法人作品的情况，给权属认定带来障碍。另外，由于著作权人进行重复授权导致权属混乱的情况也不鲜见。主要难点归纳如下：

（一）合作作品的作者追加问题

涉案作品为合作作品时，实践中有三类难题：一是出版社的出版合同中或者数字版权方仅有其中一位作者的授权，或者作者代表的授权；二是不同作者就作品分别授权给了他方；三是图书封面署名为一名作者，但在图书的序言、致谢等处提及了其他作者的情况，或者图书中收录了其他作者的作品的情况下，能否认定是合作作品，是否需要预留份额。按照北京市高级人民法院发布的《著作权审

---

〔1〕　参见上海市浦东新区人民法院（2015）浦民三（知）初字第191号民事判决书。

理指南》1.13 和 1.14 的规定，首先，判断合作作品是否可以分割，如可分割，应当让权利人明确其所占份额。其次，对于不可分割使用的合作作品，有两种做法：一是追加其他权利人作为共同原告参加诉讼；二是要求原告进一步补充证据，明确其他权利人是否放弃实体权利。按照规定，只有在其他权利人明确表示不愿意参加诉讼，又不放弃实体权利的，才将其列为共同原告。由于涉案的作品部分年代久远、合作作者难以联系，给当事人举证造成障碍，也使审理期限过长。

（二）编委会与编者不同时著作权归属问题

部分教材类的图书中，会出现某套图书由一个编委会署名"编著"，但是具体的每本图书中又出现了"本书编者"的表述，而该书中的具体编者与编委会成员不一定一致，在此情况下，能否直接以编委会认定权利归属，尚存在争议。

（三）著作权人重复授权问题

《著作权审理指南》3.10 规定："受让人或者被许可使用人通过合同取得约定的著作权或者专有使用权，著作权人在合同约定范围内就相同的权利再次处分的，不予支持。著作权人对相同权利重复进行转让或者许可的，在能够查清先后顺序的真实情况下，认定在先受让人或者被许可使用人取得著作权或者专有使用权，但有相反证据的除外。"但实践中，常有在先的非专有许可使用权人与在后的专有使用权人（或著作权被转让方）之间的权利冲突，而涉及图书馆的案件中，多数都是由于权利流转过程中出现重复授权或者超范围使用权利导致的。因此，重复授权的问题成为此类案件中的难点问题。一方面，从实体上来说，在先后获得许可性质不同的情况下，能否适用《著作权审理指南》3.10 的规定，不能明确。另一方面，常出现作者本人意见反复的情况，因此著作权真实的权属情况难以核实。

（四）法定使用方式与约定使用方式不一致

著作权法中规定的使用作品的特定方式有其法定的内涵，而在权利人授权时，授权合同中使用的对行为的"定义"与法定的使用方式的内涵不一致。例如，某作者与出版社签订合同中约定作者授予出版社在合同有效期内，以电子出版物、信息网络传播等方式出版发行某作品的文本（含汉文和外文）的专有使用权。该授权条款会使出版社从作者处受让的权利内容产生模糊，即其中既包括了出版发行，又涵盖了专有使用，还包含了信息网络传播，那么出版社最终获得的是独家的发行权、信息网络传播权，还是独家的通过信息网络发行的权利（即仅有发行权），无法从该条款中得出明确的答案。

二、销售行为还是信息网络传播行为

（一）数字"销售"行为的法律性质

我们发现，在此类案件中，著作权人在给数字图书商授权时，其合作模式也不相同，代代诉国家图书馆、方正阿帕比一案中，[1] 代代公司给方正公司的授权中约定，方正公司的数字资源购买方对协议授权内容享有永久使用权。法院据此认为，实际上方正公司是将数字资源库及其中的电子图书"销售"给国家图书馆，而并非是信息网络传播权的授权行为。在此情况下，著作权人对于其作品会被数据库购买方永久使用的情况应当已经知晓，虽然在该合同中也有权利期限的约定，但是该约定不应阻碍在该合法"销售"期限内的销售行为。也就是说，只要在代代公司与方正公司签订合同期限内，方正公司对外销售的数据库中使用代代公司的作品的行为均应当视为获得了永久的使用权。在北大出版社诉超星公司、绵阳图书馆一案中，[2] 超星公司也认为自己是销售行为，应当免责，但是北大社与超星公司签订的合同中约定，乙方有如下权利：①拥有甲方授权作品的数字版的非专有网络使用权，包括网上收费阅读、销售 E-book、局域网电子图书销售等；②有权在甲方上述授权使用的范围内，根据市场形势决定使用合作图书的具体方式及其宣传、包装和销售形式；乙方为实现使用甲方授权作品的目的，有权委托乙方下属或控股的企业将授权作品按甲乙双方约定的使用方式进行传播和销售；③在局域网销售中采取以复本书模式销售为主；④保证其制作的授权作品的内容与甲方的纸质图书完全一致，尤其不得缺少版权页……协议有效期3 年，合同终止后，乙方应当停止传播、复制、发行授权作品。在该授权合同中，著作权人和数字图书商之间的合同约定不明确，其应当在实际履行合同的过程中明确何为"传播"，何为"销售"，且在合同中已经明确约定了，合同终止后，数字图书商应当停止传播、复制、发行授权作品，说明权利人在授权时已经预见到应当控制作品的传播，不能因数据库的销售行为而导致作品的无限传播，因此不能仅将数字图书商的行为归于"销售"行为。法院认为超星公司的行为是提供作品的行为，而非"销售"行为。

上述案例中反映出，在此类案件的授权合同中，对于信息网络传播行为和发行行为区分不清。"发行"，是将已经印刷成册的书籍或其他作品有形载体进一步推送给公众。发行本身并不涉及复制，当然也就不涉及新的复制件的产生。发行与信息网络传播的区别在于：①是否产生新的复制件；②作品是否仅能通过复制件形式体现（作品载体和其本身是否能够分离）；③是否涉及载体所有权的转移；④能否适用权利用尽原则。但在数字领域内，作品新的复制件是实际产生的，作品体现的方式也并不一定涉及复制件，数字领域内也无所有权的转移（除非转让方从服务器删除作品）。

再看国家图书馆的后续行为，在代代公司案件中，国家图书馆虽然获得了

---

[1] 参见北京市海淀区人民法院（2015）海民（知）初字第 26904 号民事判决书。
[2] 参见北京知识产权法院（2019）京 73 民终 195 号民事判决书。

"永久使用权"，但该种权利在其数字图书商和著作权人的约定中产生，是否能够包含信息网络传播权，是存疑的。

（二）权利用尽原则的适用可能性

发行权用尽原则是知识产权法领域为平衡知识产权与所有权、交易自由的冲突，而设置的重要平衡性原则。信息网络传播行为，无法适用发行权用尽原则。一方面，发行权用尽是对某一复制件上权利的用尽，而信息网络传播则无法保证在传输过程中仅存在一件复制件；另一方面，发行权用尽需要满足载体所有权转移的要件。因此，如果适用权利用尽原则，那么在行为性质上必须以认定是"发行"行为为前提，而非信息网络传播行为。在这里应当严格审理数字图书商与著作权人之间的合同，在有明确约定著作权人将相关权利授予后续使用人永久使用的情况下，才有发行权权利用尽原则的适用空间。

三、侵权认定

实践中无争议的是：其一，局域网内的传播依然是信息网络传播行为；其二，不能只因通过借阅证等进行登陆在线阅读就不构成信息网络传播行为，该种范围上的限定不阻却信息网络传播行为的成立。

（一）分工合作的认定

数字图书商与图书馆一般进行了书库上的合作，离开任何一方，用户也难以获得涉案的作品，根据最高人民法院《信息网络传播权司法解释》第 4 条的规定，以分工合作的方式共同提供作品，构成侵权的，各分工合作方构成共同直接侵权。然而，具体判断什么是"以分工合作等方式共同提供作品"，由于目前案件中所涉的主体多、行为多样，不应仅因其行为涉及了作品的传播或者行为与传播有一定的关联性就认定是分工合作，而应当考察行为客观上是否对作品的传播起到了不可或缺的作用。同时，应当从主观上结合数字图书商与图书馆之间的合同，审查其是否有传播侵权作品的合意，即看合作方的合作仅仅针对软硬件，还是涉及了共同向网络用户提供作品等内容方面的合作。《著作权审理指南》9.7规定："各被告之间或者被告与他人之间存在体现合作意愿的协议等证据，或者基于在案证据能够证明各方在内容合作、利益分享等方面紧密相连的，可以认定各方具有共同提供涉案作品、表演、录音录像制品的主观意思联络，但被告能够证明其根据技术或者商业模式的客观需求，仅提供技术服务的除外。"从已经生效的案例来看，被告分工合作的主观意思表示明显，客观上也确实进行了内容上的合作提供，被告能够举证证明其仅为技术服务的案件基本没有。原因是，图书馆在与数字图书商合作时，直接搭载了数字图书商获得授权的作品，无需图书馆再从著作权人处获得授权。因此，数字图书商与图书馆的分工合作意图明显。

在本地镜像的情况下，作品存储在图书馆本地服务器中，图书馆提供作品在线阅读的行为是信息网络传播行为，根据图书馆与数字图书商之间的合同约定，其本地服务器中的书库由数字图书商提供并进行维护，因此数字图书商与图书馆构成共同侵权。在远程访问的情况下，虽然图书馆提供了链接，但是该链接具有唯一的指向性，且该链接对应的内容系侵权内容，图书馆与数字图书商之间构成共同侵权，承担连带责任。

（二）多重限定的情况下传播行为的性质

信息网络传播行为可以使用户在其选定的时间和地点获得涉案作品，在图书馆就复本数量——同时借阅人数、借阅时间和借阅空间等进行限定的时候，该行为是否仍然是信息网络传播行为？限定到何种程度时不落入信息网络传播行为的控制范围内？例如，几乎所有的图书馆都会限定使用人员范围为图书馆远程注册用户或者图书证的持证人和图书馆工作人员，目前受理的案件中只有国家图书馆限定了同时借阅人数，也就是复本的数量。对复本数量的控制可以使同一时间的阅读人数受到控制，再结合使用时间、地域的限制，则无法使公众在选定的时间和地点进行使用。

第三节　网络环境下的合理使用

我国《著作权法》第24条对合理使用制度进行了规定，并从判断标准上采用了《著作权法实施条例》中的规定，即构成合理使用的情况下，不得影响该作品的正常使用，也不得不合理地损害著作权人的合法权益。合理使用制度系为平衡权利人利益与社会公众利益而产生的一项重要制度，我国《著作权法》中第24条对合理使用的13种情形进行了明确规定，随着信息网络的发展，现有合理使用制度已无法涵盖大量涌现的各种新型案件，《信息网络传播权保护条例》第6条中也规定了网络环境下的合理使用情形，具体包括：①为介绍、评论某一作品或者说明某一问题，在向公众提供的作品中适当引用已经发表的作品；②为报道时事新闻，在向公众提供的作品中不可避免地再现或者引用已经发表的作品；③为学校课堂教学或者科学研究，向少数教学、科研人员提供少量已经发表的作品；④国家机关为执行公务，在合理范围内向公众提供已经发表的作品；⑤将中国公民、法人或者其他组织已经发表的、以汉语言文字创作的作品翻译成的少数民族语言文字作品，向中国境内少数民族提供；⑥不以营利为目的，以盲人能够感知的独特方式向盲人提供已经发表的文字作品；⑦向公众提供在信息网络上已经发表的关于政治、经济问题的时事性文章；⑧向公众提供在公众集会上发表的讲话。《信息网络传播权保护条例》第6至12条对合理使用的具体情形和适用标准进行了规定，其中所涉具体情形均被包含在《著作权法》对合理使用所列举的 13 种情形中。《著作权法》修改后，我国采用因素主义与规则主义相结合的立法模式，即法律不仅通过列举的方式对合理使用制度进行了规定，也规定了判断是否构成合理使用的因素。合理使用必须"指明作者姓名或者名称、作品名称"，"不得不合理地损害著作权人的合法权益"。自著作权法律制度建立以来，利益平衡一直是其追求的价值目标，合理使用制度充分体现了协调权利人与社会公众之间利益冲突的价值取向，其适用需合理平衡知识产权人的利益与社会公共利益。权利人为满足社会公共利益的需要所作出的权利让渡不能过分减损其自身的利益，当然，也不可能为保护其自身利益而牺牲社会公众的利益。著作权法规定的合理使用的 13 种情形充分体现了该种平衡，法律对合理使用规定了严格的适用条件，以防止滥用该制度给权利人造成损失；同时，13 种适用情形也充分考虑了社会公共利益的需要。

国际条约及部分国家的立法采用因素主义的立法模式。如《伯尔尼公约》第 9 条第 2 款规定，本同盟成员国法律得允许在某些情况下复制上述作品，只要这种复制不损害作品的正常使用也不致无故侵害作者的合法权益。《TRIPS 协定》第 13 条规定，各成员对专有权作出的任何限制或例外规定仅限于某些特殊情况，且与作品的正常利用不相冲突，也不得无理损害权利持有人的合法权益。同时，WCT 第 10 条也规定，缔约各方在某些不与作品的正常利用相抵触、也不无理地损害作者合法利益的特殊情况下，可在其国内立法中对依本条约授予文学和艺术作品作者的权利规定限制和例外。

因素主义模式，较规则主义模式更能够适应信息网络社会的发展。但是结合网络环境下信息网络技术的自身属性，合理使用制度即使是在因素主义的立法模式下也发生了一些变化，如合理性判断要素中关于使用目的与性质的判断，对于网络技术中的必然使用难以做出有效的判断。《著作权法》修改后，是否构成合理使用，可以根据以下因素进行判定：

具体而言，可以从以下方面确定标准的内容：

1. 使用作品的性质和目的。传统标准均从营利性角度来评判使用作品的性质和目的。但随着著作权法的发展，营利性标准已越来越弱化。有在先的判决在适用合理使用制度时，将营利性排除在考量因素之外。但合理使用制度系强制权利人将权利和利益让渡出去，故使用是否为明显的营利性使用仍应该成为是否构成合理使用的重要标准。但如何判断营利性使用有时会出现困难，如间接性营利的情形。

2. 使用的数量和内容。作品需体现作者一定程度的独创性表达，倘若作品大量地使用他人作品，很难认定其具有独创性。或者在使用他人作品时，引用了他人作品的核心内容，因核心内容对原作品而言较其他部分具有更高的独创性，更多地凝聚了作者独创性的智慧和劳动，故如果作品引用他人作品的数量较多或者内容较为核心的话，很难认定其构成合理使用。

3. 新作品的性质。传统的标准需要考量原有作品的性质，新作品的性质也需要予以考量，因为随着网络的发展，网络上涌现出大量的新形式的作品，有部分作品虽然引用了原作品的图画或者配音，但如果其独创性的程度更高或形式更新颖，有利于促进网络文化的繁荣与发展的话，可以考虑不将其一概排除在合理使用的范围之外。

4. 使用是否不合理地损害了原作品权利人的利益。因合理使用制度系对作品权利人权利的限制，故在合理使用制度的扩张性适用中，也应充分考虑到其权益。如果使用行为符合合理使用制度的其他因素，但却在一定程度上损害了权利人的利益，也不能纳入合理使用的规制范围。同样，损害必须到达"不合理"的程度，才能够排除合理使用的适用。刘飞越诉江苏省广播电视集团有限公司、央视国际网络有限公司侵害著作权案[1]中，原告明确其在本案中主张央视国际网络有限公司（简称央视公司）与江苏广播电视公司侵犯了其信息网络传播权及署名权，认为在央视网上播放的含有涉案图片的视频系由江苏广播电视公司与央视公司共同提供，本案中其针对网站上共同提供行为要求二被告承担连带赔偿责任。江苏广播电视公司对涉案视频进行了制作未予署名，其对于央视网上有涉案视频的事实并不清楚，其与央视公司之间存在某些合作关系，互相转载，但是没有针对涉案视频有授权协议等。原告刘飞越认为江苏广播电视公司和央视公司的行为侵犯了原告的署名权、信息网络传播权，应承担共同侵权的法律责任。被告江苏广播电视公司答辩称，其在涉案节目中使用刘飞越的图片是出于社会公益目的的合理使用。原告所诉的相关节目，在央视网播出这一事实，与其无关，其与央视国际公司不存在合作关系，不构成共同侵权，不应承担侵权责任。被告央视公司答辩称，节目是由江苏广播电视公司制作，将涉案图片采集到涉案的新闻节目中的也不是央视公司，要求央视公司公开致歉没有事实和法律依据；央视公司既不是节目的制作者，也不是节目的首播平台，央视公司属于网络转载。对于节目中出现的图片，不应附加过高的审核义务，节目中对图片的使用属于有新闻节目的主体进行的必要的合理引用。二审法院在该问题上认为：在认定使用他人作品的行为是否属于"为介绍、评论某一作品或者说明某一问题，在作品中适当引用他人已经发表的作品"时，应当从使用作品的行为是否影响了该作品的正常使用，是否不合理地损害了著作权人的合法利益的角度进行考虑。被告认为作品

---

〔1〕 参见北京市海淀区人民法院（2016）京 0108 民初 31830 号民事判决书；北京知识产权法院（2017）京 73 民终 1068 号民事判决书。

属于为评述社会热点问题的新闻作品，具有公益性质，使用涉案摄影作品的方式应该属于合理使用。但是，从合理使用的法律规定来看，公益性质不是决定是否为合理使用的根本要素。《著作权法》规定合理使用行为中的"为介绍、评论某一作品或者说明某一问题"，这种使用作品的目的既可以包含公益性质，也可以包含商业性质，能够构成合理使用的情形是其使用方式应为适当引用他人已经发表的作品。这是《著作权法》在设计合理使用制度时平衡社会公众利益和著作权人利益的结果。

对于网络环境下的数字图书馆合理使用，应严格适用《信息网络传播权条例》的相关规定。在原告北京中文在线数字出版股份有限公司与被告南宁市兴宁区图书馆侵害作品信息网络传播权纠纷[1]中，法院认为，图书馆合理使用他人数字作品应同时具备三个条件，一是其提供信息网络服务的对象为在其馆舍内的读者，将"馆舍内"严格限定在了实体物理空间中；二是其提供给读者阅读的作品是其收藏的合法出版的数字作品，或者是其依法为陈列或者保存版本的需要以数字化形式复制的作品；三是不能通过该服务获得经济利益。还应审查被告在其接入互联网的网站中是否采取技术限制措施，是否使任何人均可通过互联网络进入被告网站随意阅读和下载涉案数字作品，这对著作权人作品的发行量当然会造成影响，如未采取相关措施，则其行为对著作权人的利益造成实质性损害。

第四节　网络环境下著作权侵权

网络是一个广义的概念，不限于通过浏览器网址登录的互联网，只要是允许不特定人登陆访问的网络都可以作为网络侵权案件中涉及的网络，包括一些局域网和有线电视等。《信息网络传播权司法解释》第2条规定"信息网络，包括以计算机、电视机、固定电话机、移动电话机等电子设备为终端的计算机互联网、广播电视网、固定通信网、移动通信网等信息网络，以及向公众开放的局域网络。"网络著作权案件数量增长迅猛，涉及网络服务的方方面面，其中包括网络存储空间服务商侵权案件、网络开放平台的侵权案件、移动平台 APP 的侵权案件等。网络环境下的著作权侵权问题难点多、新情况复杂多变，避风港原则、红旗规则、网页快照、搜索引擎、高清播放器、P2P 技术、聚合软件等多个难点问题是在高速发展的互联网产业态势下不断被提出和讨论的。

一、信息网络传播权

信息网络传播权，在我国《著作权法》上的规定是以有线或者无线方式向

---

[1] 参见广西壮族自治区南宁市中级人民法院（2014）南市民三初字第 208 号民事判决书。

公众提供作品，使公众可以在其个人选定的时间和地点获得作品的权利。信息网络传播权控制的是权利人得以通过信息网络传播的行为，传播自己享有权利的作品的权利。因此对于信息网络传播行为的判断至关重要，通说认为信息网络传播行为分为提供行为和使公众获取的行为。《信息网络传播权司法解释》第 3 条规定，通过上传到网络服务器、设置共享文件或者利用文件分享软件等方式，将作品、表演、录音录像制品置于信息网络中，使公众能够在个人选定的时间和地点以下载、浏览或者其他方式获得的，人民法院应当认定其实施了侵害信息网络传播权行为中的提供行为。我国《著作权法》规定的信息网络传播权源自 WCT 第 8 条，但将"交互性"作为构成要件之一加以规定，因此由网络服务提供者决定播出时间的网络定时播放，由于缺少了交互性，不属于我国《著作权法》意义上的信息网络传播行为。在央视国际网络有限公司诉北京我爱聊网络科技有限公司侵害著作权及不正当竞争案[1]中，法院认为，网络实时转播行为是否为广播行为的判断，应当结合具体情况进行综合考虑，如果是通过网络转播的内容，初始的传播方式是通过无线信号，即其转播的是电视台、广播电台及卫星广播组织的信号，那么该网络实时转播行为属于广播权的调整范围；如果是转播的其他网站中的内容，那么该网络实时转播行为采用的是有线的方式，不属于广播权的调整范围。采用有线方式进行网络实时转播的行为是否应当受到著作权法的调整呢？有观点认为这是一种信息网络传播行为，但是由于信息网络传播行为必须具有交互式的特点，而网络实时转播行为使用户不能在其选定的时间或者地点获得该转播的内容，因此其不属于信息网络传播权的调整范围。在央视国际网络有限公司起诉百度公司"春晚"著作权侵权案[2]中，法院认为，为尽量弥补"广播权"的立法缺陷，对于初始传播采用"有线"方式的网络实时转播行为应当适用修改前的《著作权法》第 10 条第 1 款第 17 项调整，即兜底保护的条款。《著作权法》修改后，广播权扩展到网络环境下，对网络实时传播的问题进行了回应，因此前述情况可以受到广播权的规制。

二、网络服务提供者

《信息网络传播权保护条例》中只出现了"网络服务提供者"的概念，《最高人民法院关于审理涉及计算机网络著作权纠纷案件适用法律若干问题的解释》（已失效）中则出现了"网络服务提供者"和"提供内容服务的网络服务提供者"的称谓。学界通用的是 ICP 和 ISP 的概念，即"网络内容提供者"和"网络服务提供者"。依据《互联网著作权行政保护办法》的规定，"互联网内容提

---

〔1〕 参见北京市海淀区人民法院（2013）海民初字第 21470 号民事判决书；北京市第一中级人民法院（2014）一中民终字第 3199 号民事判决书。

〔2〕 参见北京市第一中级人民法院（2013）一中民终字第 3142 号民事判决书。

供者"是指在互联网上发布相关内容的上网用户。这里所说的"发布",主要是指"上载",也包括"转载",但不包括"自动接入""自动存储""链接""搜索""提供信息存储空间"等。"互联网信息服务提供者"是指在互联网信息服务活动中根据互联网内容提供者的指令,通过互联网自动提供作品、录音录像制品等内容的上传、存储、链接或搜索等功能的主体。即使区分了 ICP 和 ISP 的概念,实践中这两者也并不是能够严格区分开的,许多网络服务提供者往往既自行上传信息,又提供他人上传的信息,对于自行上传信息的行为来说,其提供的是网络内容服务,而对于提供他人上传的信息的服务行为来说,其提供的是网络服务。因此,严格来说,只有在针对特定的行为的情况下,才能够确定 ICP 和 ISP 的身份。

君和公司诉久邦公司、迈奔公司侵犯著作权案,此案的简要案情是:机锋网(迈奔公司网站)提供久邦公司的安卓手机端 APP 软件 GGBOOK 的下载,在该软件上搜索《失恋 33 天》,可以看到分类和章节编排,能阅读整篇小说。迈奔公司网站中机锋开发者联盟平台合作合同就该软件的发行、推广、捆绑销售、预装、复制生产、提供下载及收费等明确共享收益。君和公司起诉,主张久邦公司、迈奔公司停止侵权,承担连带赔偿责任。法院认为,在机锋网上下载并安装完毕后,输入"失恋"可搜索到涉案作品,该作品信息经过编辑、排列,包含书籍封面、作者名称、分类、内容简介等。在久邦公司未提交相应证据证明该作品系搜索第三方网站得到的结果,且 GGBook 系久邦公司经营管理的情况下,无法分辨出作品上传者及存储于第三方服务器的信息,法院认定涉案作品存储于久邦公司服务器上,由久邦公司承担侵权责任。迈奔公司作为开放平台的经营者,提交了开发者的初步信息,APP 系免费下载,虽然迈奔公司与开发者之间有合作关系,但 GGBook 系一款阅读软件,通过 GGBook 软件可搜索到正版或者盗版图书,而要求迈奔公司进行审查超出其承担义务的范围,客观上也不可能实现,法院最终认定迈奔公司已尽到了注意义务,不构成侵权。

在简乐公司诉北京宝软公司侵犯著作权案中,[1] 宝软网上有简乐公司的手机游戏软件《12 星座斗地主游戏软件》,供网络用户免费下载,简乐公司起诉侵权。宝软公司辩称宝软网系厦门宝软公司经营、所有,与该公司无关。法院一审认为,综合分析证据认定宝软公司是该网站的经营者。公证书显示,宝软网以搜索、链接方式提供被控侵权游戏,虽然相关页面表面显示有 5 条下载链接标识,但所有链接标识指向的下载路径均为同一来源。《斗》游戏是热门游戏,宝软网的经营者应知道该游戏的网络免费下载违背权利人意愿,应知其实际单一链接的

---

[1] 参见北京市海淀区人民法院(2013)海民初字第 21470 号民事判决书;北京市第一中级人民法院(2014)一中民终字第 3199 号民事判决书。

游戏构成侵权。宝软网搜索《斗》游戏下载页面提供 5 条链接，但实际均系同一来源，此种现象极不正常，与常规的搜索链接服务明显不同。宝软网经营者如欲免责，应对其搜索链接模式提供充分合理的解释。鉴于其未作出合理解释，法院认定其构成侵权。

三、"避风港"规则

之所以要区分网络服务提供者的身份，实际上是为了确定能否适用"避风港"规则。"避风港"规则是指《信息网络传播权保护条例》中第 20 条至第 23 条的规定，这几条规定参考了美国的 DMCA 和欧盟的《电子商务指令》。《信息网络传播权司法解释》第 4 条规定，网络服务提供者能够证明其仅提供自动接入、自动传输、信息存储空间、搜索、链接、文件分享技术等网络服务，主张其不构成共同侵权行为的，人民法院应予支持。其中不仅将自动接入、自动传输、信息存储空间搜索链接纳入网络服务形式，还将文件分享作为新的网络服务形式加以规制。文件分享主要体现在微博微信等社交平台中，用户将自己的文件向其他特定或不特定社交用户共享，也有网盘空间服务，存在分享的功能。

"避风港"规则实际上为网络服务提供者在特定条件下不承担侵犯著作权的损害赔偿责任提供了原则上的规定。为网络服务提供者提供"避风港"，是针对网络这一虚拟世界的技术特点，出于促进网络产业发展的政策考量，通过明确划定网络服务提供者不承担责任的范围和具体明确规定可以免除其法律责任的条件的方式，清楚界定其法律责任，从而使网络服务提供者免受各种法律问题过多干扰，能够正常地经营发展网络信息产业的手段。[1] ICP 本身作为侵权内容的发布者，并无适用避风港原则的可能。只有在能确定网络服务提供者是 ISP 的情况下，才有"避风港"规则的适用空间，具体的应当针对个案的情况进行考察。网络空间中存在着海量的信息，各种信息变化迅速，ISP 仅提供技术上的支持，事先难以判断网络空间中的著作权侵权问题，因此立法在此情况下规定 ISP 只需承担停止侵权的民事责任，例如断开链接、移除相关内容、删除网页等，无需承担损害赔偿责任。"避风港"规则也被称为"通知—删除"规则，在《信息网络传播权保护条例》中规定，网络服务提供者为服务对象提供搜索或者链接服务，在接到权利人的通知书后，根据本条例规定断开与侵权的作品、表演、录音录像制品的链接的，不承担赔偿责任，但是明知或者应知所链接的作品、表演、录音录像制品侵权的，应当承担共同侵权责任。值得注意的是不满足避风港条款的有关规定，例如不符合《信息网络传播权保护条例》第 22 条所规定的 5 项免责条件的任何一项，并不必然承担损害赔偿等侵权责任，被控侵权人是否需要承担侵

---

〔1〕 陈锦川："关于网络服务中'避风港'性质的探讨"，载《法律适用》2012 年第 9 期。

权责任，还应当结合《民法典》的有关规定进行判断。

四、网页快照

网页快照是搜索引擎提供的一种专项技术服务，搜索引擎在收录网页过程中，根据技术安排自动将被索引网站网页的 HTML 编码备份到缓存中。用户点击网页快照，实际上反问的就是缓存页面。网页快照中通常标有存档时间，并提示这只是原网站网页页面的存档资料，是搜索引擎自动从原网站上抓取的快照。搜索引擎将根据原网站的更新速度设置网页快照更新周期，定期对网页快照进行更新。搜索引擎能否向用户提供某一网页的快照，取决于两个因素：一是原网站是否上载有该网页；二是该网页是否被禁止快照。也就是说，网页快照的内容来源于上载网页的原网站，且同时受控于原网站，搜索引擎对网页快照的内容无法进行合法性的审查，也基本没有可能知道原网页中是否载有不合法内容。搜索引擎根据技术安排自动对互联网中所有未被禁止快照的网页设置快照，对搜索引擎而言无法获取这一信息。从作用上来说，网页快照的意义在于在原网站发生中断、堵塞、网速过慢、链接更改、内容删除等情况时，用户能够通过网页快照了解到原网页曾经存在的内容。也就是说，在具体的来源网页不可访问的情况下，用户仍能通过网页快照来获得相关的网页内容。可见，网页快照实质上属于复制行为，并非提供了搜索链接或者缓存。

网页快照提供行为是否侵害了涉案作品的信息网络传播权取决于两个前提：一是该行为是否构成未经许可，通过信息网络提供权利人享有信息网络传播权作品的提供行为，也就是要判断，网络服务提供者提供网页快照，是否能够实质性地替代其他网络服务提供者向公众提供相关作品。二是该行为是否属于不影响相关作品的正常使用且为不合理地损害权利人对该作品的合法权益的情形。如果网页快照提供行为，不仅在实质上替代了其他网络服务提供者向公众提供相关作品，而且影响了相关作品的正常使用，不合理地损害了权利人对作品的合法权益，那么这种行为是侵害作品信息网络传播权的行为。最早出现的网页快照的案件是王路诉雅虎公司侵犯著作权案，[1] 法院在这个案件中认为，被告没有主观过错，尽到了告知义务，且原告没有证据证明被告提供网页快照已经超过了合理期限，故驳回了原告的诉讼请求。美国涉及网页快照著作权问题的案件，最为典型的是"*Field v. Google*"案，[2] 在这个案件中，法官认为，谷歌公司缺乏必要的故意，当用户通过点击网页快照链接访问页面时，是用户而不是谷歌公司对页面进行了复制和下载，谷歌公司在这一期间是被动的，没有用户的访问复制是

---

〔1〕　参见北京市第一中级人民法院（2005）一中民终字第 5761 号民事判决书；北京市高级人民法院（2007）高民终字第 1729 号民事判决书。

〔2〕　"Field v. Google Inc"，412F. Supp. 2d 1106（D. Nev. 2006）.

不会产生的，故法院驳回了原告的诉讼请求。我国《信息网络传播权司法解释》第 5 条明确规定，网络服务提供者以提供网页快照、缩略图等方式实质替代其他网络服务提供者向公众提供相关作品的，人民法院应当认定其构成提供行为。前款规定的提供行为不影响相关作品的正常使用，且未不合理损害权利人对该作品的合法权益，网络服务提供者主张其未侵害信息网络传播权的，人民法院应予支持。

五、直接侵权与间接侵权

一般来说，ICP 对应的是直接侵权责任，判定 ISP 侵权的前提条件是必定存在一个已经侵权的 ICP，才可能去判断 ISP 是否构成侵权。

直接侵权的判断中涉及对信息网络传播行为的解释问题，针对不同情况采用的标准有所不同，目前主要有"服务器标准"和"用户感知标准"两种。服务器标准是指网络服务提供者的行为是否构成信息网络传播行为，应当以传播的作品、表演、录音录像制品是否由网络服务提供者上传或者以其他方式置于向公众开放的网络服务器上为标准。用户感知标准，是指应当以提供搜索、链接服务的网络服务提供者所提供服务的形式是否使用户误认为其为作品提供者为标准。有观点认为，服务器标准符合互联网技术现实的客观标准，国外的司法判例遵循这一原则。也有观点认为服务器标准对于权利人的保护不利，域名解析 IP 所指向的服务器易于被人为改变，而用户感知标准直观简便，但是有些情况下过于苛刻。以聚合视频 APP 为例，聚合视频 APP 作为一个视频聚合 APP，其最终起到了一个自有播放终端的作用。从结果上来看，虽然其本身并不存储内容，但其起到了"实质性替代"视频网站向用户提供视频内容的作用；从"用户感知"角度看，聚合视频 APP 播放视频内容播放页面并没有转入到第三方播放页面，在播放视频内容时对视频来源于第三方的提示不够明显；用技术原理来看，其向视频网站请求视频数据的行为很可能违反了通常搜索引擎一般的技术规范和标准，也违背了视频网站相关的技术开放协议，有可能涉嫌直接侵犯视频网站的信息网络传播权。在一些判决中，法院采取了服务器标准认定侵权，例如在北京易联伟达科技有限公司与深圳市腾讯计算机系统有限公司侵害作品信息网络传播权案中，[1] 原告取得涉案影视剧的信息网络传播权，公证书显示：2015 年 6 月 4 日，使用手机下载"快看影视"并安装。点击快看影视，进入应用主页面，点击搜索框输入"宫锁连城"，点击"搜索"，进入相关页面；点击第一个搜索结果"宫锁连城未删减版"，进入相关页面，显示播放来源：乐视网，并有 44 集的剧集排列，点击"8"，进入播放页面，显示来源于乐视网，随机拖动进度条可进

---

〔1〕 参见北京市海淀区人民法院（2015）海民（知）初字第 40920 号民事判决书；北京知识产权法院（2016）京 73 民终 143 号民事判决书。

行播放；2015 年 12 月 7 日，使用手机下载乐视视频，在其上搜索"宫锁连城"，在相应网页点击"宫锁连城未删减版"进入播放页面，显示 44 集全，有"标清"、"流畅"、"极速"三种版本。使用手机下载"快看影视"，进入首页，点击"专题"，找到并点击专题"帅到没朋友——古装美男子"进入相关页面，点击该专题内的"宫锁连城"，共 44 集，显示的第一个来源是"乐视网"（还有其他几大视频网站来源），点击播放第一个"乐视网"来源的电视剧，播放时页面地址栏显示乐视网的网址，可随机选择正常播放。比较快看影视与乐视视频上"宫锁连城"的提供和播放方式，二者存在以下不同：①在乐视 APP 上播放涉案作品时有前置广告，在对涉案作品暂停播放时也有广告，而在快看 APP 上播放或暂停播放涉案作品时却并未显示任何广告；②在乐视 APP 上播放涉案作品时显示"乐视网"的水印，但在快看 APP 播放时却没有"乐视网"的水印；③在乐视 APP 上播放涉案作品分为标清、流畅、极速三种观看模式，而在快看 APP 播放时却显示高清、标清、流畅三种模式；④在乐视 APP 与快看 APP 中显示的集数布局存在不同，并将涉案作品设置在了"专题"板块中。腾讯公司通过以上对比，证明易联伟达公司在快看影视 APP 中对涉案影视作品进行了选择、编辑、整理、专题分类、缓存等服务，具有主观过错。腾讯公司主张，乐视网在官网上有明确的版权声明，禁止任何第三方对其进行视频盗链，否则依法追究相关法律责任，故易联伟达公司使用涉案作品不可能有任何合法来源，其实际上对涉案作品的链接内容进行了编辑和处理，破坏了乐视网的技术保护措施而设置链接，其行为具有主观故意；同时故意引诱用户使用其应用，未支付任何版权、广告、宣传等成本，却提供涉案作品的点播和下载服务，侵犯其所享有的独家信息网络传播权。法院就此向案外人乐视网进行了调查，乐视网提供其采取禁链措施的截屏，表示其已经采取了禁链措施，并提供乐视网与腾讯公司之间的授权合同书等文件，表示其并未与易联伟达公司就快看影视播放涉案电视剧达成合作关系，易联伟达公司应属盗链行为。易联伟达公司表示，公证书显示涉案电视剧是链接自乐视网，但其并未与乐视网签订过合作协议，而是通过技术手段抓取乐视网等视频网站的相关视频，聚合到了快看影视 APP 中。乐视网虽然采取了防盗链的措施，但比较简单，该公司知晓如何通过技术手段的设置来破解乐视网的技术措施，通过可绕开禁链设置的网页搜索爬虫，抓取相关视频资源然后设链，机器进行自动匹配，获取来源于各影视网站的视频。该公司只提供链接服务，缓存是为了方便网络用户，由用户决定是否需要缓存，缓存的内容也并不在该公司服务器上，缓存并非下载。公司所设置的链接是链接到有合法授权的乐视网上，并不构成对腾讯公司独家信息网络传播权的侵害。快看影视的开发运营者为易联伟达公司。腾讯公司认为，易联伟达公司进行了涉案作品的编辑，具有恶意，易联伟达公司为获取盈利直接设链播放涉案作品，未经任何权利人的同意，侵犯了腾讯公司的合法权利。易联伟达公司辩称，涉案作品并非在快看影视上播放，而是在腾讯 APP 上播放；易联伟达公司快看影视播放无广告，未获得任何盈利；只提供设链服务，并不提供信息存储空间。本案中，法院肯定了服务器标准在判定信息网络侵权中的重要意义，法院认为，信息网络传播行为是信息网络传播权所控制的行为，对该行为的认定属于事实认定范畴，服务器标准最为符合信息网络传播行为这一客观事实属性。依据服务器标准，信息网络传播行为是指将作品置于向公众开放的服务器中的行为。信息网络传播行为应指向的是初始上传行为。因任何上传行为均需以作品的存储为前提，未被存储的作品不可能在网络中传播，而该存储介质即为服务器标准中所称"服务器"，因此，服务器标准作为信息网络传播行为的认定标准最具合理性。法院最终未认定被告的行为构成侵犯了原告信息网络传播权的侵权行为。

另外一个在侵权判断中的难题是关于分工合作的认定问题，法律规定有证据证明被告之间存在分工合作提供作品、表演、录音录像制品的主观意思可认定为以分工合作的方式，共同提供作品，表演、录音录像制品，证据可以是被告自认、合作协议、体现双方合作意愿及方式的往来邮件等。仅部分被告即能完成通过信息网络传播作品、表演、录音录像制品的行为，其余被告虽然与其定有合作协议等合作的主观意思，也只是帮助扩大信息网络传播的行为，不应当认定与直接提供作品、表演、录音录像制品的被告以分工合作的方式提供了作品。也就是说在判断分工合作的时候应当是在行为主体上做减法，虽然表面上看可能和提供行为相关，但是实质上并未参与提供的，不应当被认定为直接侵权的行为主体。

ISP 侵权是在间接侵权的范畴下考量的内容。也就是说 ICP 提供商具有对其提供的信息进行著作权审核的义务，而 ISP 并不负有事先的主动的审查义务。ISP 的义务体现在何处呢？应当体现为一定的注意义务——也就是排除明知应知的可能性。以提供信息存储空间服务的网络服务提供者为例，其应当知道也能够知道被诉作品、表演、录音录像制品侵权的，可以认定有过错，具体包括以下几种情况：①存储的被诉侵权的内容为处于档期或者热播热映期间的视听作品、流行的音乐作品或知名度较高的其他作品，及与之相关的表演、录音录像制品，且上述作品、表演、录音录像制品位于首页其他主要页面或者其他可为服务提供者明显所见的位置的；②被诉侵权的作品、表演、录音录像制品，位于信息存储空间首页或其他主要页面，在合理期间内网络服务提供者未采取移除措施的；③将被诉侵权的专业制作，且内容完整的视听作品，或者处于档期或热播热映期间的视听作品放置在显要的位置，或者对其进行推荐，或者为其设立专门的排行榜或者专栏等分类目录的；④对服务对象上传的被诉侵权作品、表演、录音录像制品进行选择整理分类的。尤其对于搜索引擎来说，知道或应当知道是否要考量其"不可避免的技术性特征"（必要技术）不能以是否阻碍在分类目录中引入人为因素作为判断标准。分类目录中必不可少地会对内容进行聚合，必不可少地会有智能或人为的因素，但是明知和应知的判断标准，不应当因为这些因素而变得不予适用，或者说不像通常情况下适用。值得注意的是，《信息网络传播权保护条例》第 22 条第 3 项所规定的"不知道也没有合理的理由应当知道"服务对象提供的作品、表演、录音录像制品侵权，与《侵权责任法》第 36 条所规定的"知道"含义并不完全一致，后者既包括"知道"或者"有合理的理由应当知道"其服务对象提供了有关作品、表演、录音录像制品，也包括"知道或者有合理的理由应当知道"服务对象提供的作品、表演、录音录像制品侵权。

六、技术中立原则

技术中立原则并非泛指，应当考虑未来技术发展，因而在立法时具有技术意义上的包容性而有其特定含义。在著作权法中技术中立原则也被称为"实质性非侵权用途"原则，其含义为被告提供的某种商品或服务同时具有合法和非法用途，则可以免除其侵权责任。该原则来源于美国最高法院 1984 年判决的"索尼"案。[1] 虽然技术中立原则规定的是被告承担侵权责任的情形，但在网络侵权纠纷的司法实践中，该原则通常被用于被告的抗辩，被告常常以特定经营模式系技术中立来进行抗辩。应当注意的是，侵权判断的重点在于过错，而非使用的技术是否是中立性质的。即使使用了中立性质的技术，但使用在提供侵权作品上，这种技术中立的抗辩，应当是无效的。当然，过错的考量，并非一般意义上的过错，而是对具体行为的过错的考量，应当个案确定。也就是说，同样一种技术，既可能使用在中立的技术服务提供上面，也可能使用在侵权用途上。

---

〔1〕　Sony Corp of America v. Universal City Studios, Inc. , 464 U. S. 417（Supreme Court 1984）.

第
七
章

网络环境下的商标法

互联网催生了以电子商务为代表的"数字经济"时代，人们从个人交易盛行的物理（离线）世界走向了彼此陌生、信息激增的网络海洋，这使得识别商品来源、承载企业商誉的商标扮演了更为重要的角色。同时，开放的互联网开启了通往数字环境的大门，使得商标很容易被滥用，给商标权人带来了新的挑战。[1] 这种新挑战带来的问题是：网络环境中的商标法，是否像有人所说的相当于"马法"或"驴子法"的"网络法"[2]，不过是在"商标法"前面加了"网络环境"几个字，适用的仍然是我们熟悉的商标法律规则？亦或是，网络环境对现有商标法造成了新的冲击，我们必须制定新的法律规则，以回应这种冲击？采取"法律保守主义"或者"法律进步主义"的立场，我们会得出两种不同的答案。但无论采取何种态度，网络环境中确实出现了许多新型的案件，在这些案件中，当事人要么将互联网作为实施不法行为的工具，要么将网络空间作为实施不法行为的新场域，而运用法律规则、法律技术解决这些案件，是我们无法逃避的问题。

有鉴于此，我们对网络环境下的商标法问题予以梳理，介绍网络环境下的商标法基本情况，指出商标法在网络环境下的现存问题，提出相应的完善对策。希

---

〔1〕 世界知识产权组织编著：《知识产权指南：政策、法律及应用》，北京大学国际知识产权研究中心译，知识产权出版社 2012 年版，第 362~363 页。

〔2〕 美国 Easterbrook 法官指出，有许多涉及马匹买卖、马匹踢伤人类、马匹执照和赛马、马匹兽医治疗、马术表演评奖的案件，将这些分散的判例规则整合成一门"马法"课程不仅肤浅，而且缺乏统一的规则。向学生讲授 100%的马匹伤人案件，也不会很好地传授侵权法。对大多数学生而言，更好的选择是上诸如财产法、侵权法、商业交易法等课程，在马匹案件之外加少许关于黄瓜、猫、煤炭和婴儿床的案件。只有将关于马匹的法律规则置于更广阔的商业活动规则之内，人们才能真正地理解关于马匹的法律规则。继而，Easterbrook 法官指出，"网络空间的财产法"不过是"关于马匹的法律"，"我不了解网络空间，我了解的知识在 5 年甚至 5 个月后就会过时；我对事态动向的预测毫无价值，这使得任何为某个主题量身定制法律的做法徒劳无益。"See Frank H. Easterbrook, *Cyberspace and the Law of the Horse*, 1996 University of Chicago Legal Forum 207 (1996), quoted in David C. Hilliard, etc., Trademarks and Unfair Competition, 8th Edition, LexisNexis, 2010, p. 696.

望这种尝试能够减轻商业活动主体在网络环境中从事商标使用行为的困惑，在保护权利人商标权益的同时，兼顾各网络活动主体的利益关切。

第一节　网络环境下的商标法基本情况

一、互联网发展各阶段的商标法

（一）1982 年~2001 年：互联网探索阶段的商标法

我国《商标法》的制定早于我国网络商业活动的产生。1982 年全国人大常委会通过《商标法》后的第七年即 1989 年，我国才开始建设互联网；1993 年全国人大常委会作出通过第一次修改《商标法》的决定后一年即 1994 年，中国国家计算机与网络设施（NCFC）率先与美国国家科学基金会主干网络（NSFNET）直接互联，实现了中国与 Internet 全功能网络连接，这标志着我国最早的国际互联网络的诞生。同年，我国获准加入互联网并在同年 5 月完成全部中国联网工作。1995 年，张树新创立首家互联网服务供应商——瀛海威，普通百姓开始进入互联网。"中国四大门户网站"则在 1997 年（网易）、1998（新浪、搜狐、腾讯）才成立，搜狐、新浪、网易在 2000 年于美国纳斯达克挂牌上市。[1] 可见，从 1982 年《商标法》制定之后直到 2000 年，我国包括商标使用在内的网络商业行为活跃度都很低。[2]

（二）2002 年~2013 年：互联网发展兴盛阶段的商标法

从 2001 年年底到 2013 年年底，我国网民数量从 3.37 千万增长到 6.18 亿，网站数量从 27.71 万增长到 320 万，域名数量从 69 万多增长到 1844 万。这段时期，我国互联网络经历了个人门户兴起（2002 年）、淘宝网上线（2003 年）、网民数量首次超过美国（2008 年）、QQ 和人人等社交平台活跃（2009 年）、团购网站兴起（2011 年）、微博迅猛发展（2011 年）、手机网民首次超过台式计算机网民（2012 年）、淘宝"双十一"销售额达 350 亿元（2013 年）等标志性事件，网络环境中的商业行为日益活跃。

（三）2014 年至今：互联网成熟繁荣阶段的商标法

从 2014 年至今，我国网络环境下的商业活动日益成熟繁荣。从 2013 年年底到 2019 年 6 月，我国网民数量从 6.18 亿增长到 8.54 亿，手机网民数量从 5 亿增长到 8.47 亿，网站数量从 320 万增长到 518 万，域名数量从 1844 万增长到 4800

---

〔1〕　有关中国互联网的历史介绍，参见"百度百科--中国互联网"词条，最后访问日期：2020 年 5 月 13 日。

〔2〕　梁咏、徐勇："Internet 域名：企业网上的商标"，载《港澳经济》1997 年第 2 期。

万。2014 年，京东、阿里纷纷上市，他们占据了中国线上 B2C 零售 80% 的市场份额，采取"电商+企业服务"商业模式的滴滴打车快速崛起。2015 年 3 月，李克强总理在《政府工作报告》中首次提出移动互联网、云计算、大数据、物联网等与现代制造业结合的"互联网+"行动计划，P2P、众筹、消费贷、供应链金融和扫码支付等互联网金融项目开始掀起热潮。2016 年，网络直播、人工智能开始兴起，开启了以共享单车为代表的共享经济模式。2017 年，无人零售商店、人脸识别自动支付等新零售出现。2018 年，区块链卷土重来，快手、抖音等短视频应用崛起，有望成为下一代社交网络。

二、网络环境中的新型商标纠纷

由于当事人的活动场域在网络空间，网络环境中商标权纠纷的新型案件出现了一些现实物理空间不具备的元素。虽然少有纠纷能让法院创设一个新的"案由"，让立法者制定一项新的条款，但是，网络空间和现实物理空间在活动场域、行为方式等方面的差异，造就了一些网络环境中的新型商标权纠纷。

（一）商标确权纠纷

在商标确权案件中，由于涉及商标的申请注册、无效程序和撤销程序，很少有所谓网络环境中的商标权纠纷出现。少量的新型纠纷包括：借助境外互联网的商标囤积纠纷、损害他人在先网络视频或游戏作品的商品化权益纠纷。

1. 借助境外互联网的商标囤积案件。如果在后申请人是通过互联网（例如，国外新闻、社交网站、国外股票网站、国外各类排名网站等）了解到的国外知名商标（未达到驰名程度），而在中国众多商品或服务类别上申请大量的相同或类似商标，我国《商标法》怎么规制？

2. 损害他人在先网络视频或游戏作品的商品化权（益）纠纷。在"007"商标纠纷案、"功夫熊猫"商标案之后，我国法院逐渐承认，知名电影人物角色名称应作为《商标法》第 32 条的"在先权利"予以保护（商品化权益）。那么，对网络视频、游戏作品名称以及角色的名称、形象及外形特征的抢注，是否会违反《商标法》第 32 条前半句，即"损害他人在先权利"？

（二）商标侵权纠纷

互联网技术的发展促进了以基础网络服务（接入、自动传输、缓存）、信息定位服务（链接、搜索、导航等）、信息储存服务（论坛、博客、微博、音乐视频分享网站、网络云盘等）和平台服务（内容平台、电子商务平台）为代表的互联网行业的发展。在这些行业从事商业活动的利益相关方之间，不仅产生了从现实物理空间延伸到网络空间的传统商标侵权纠纷，还出现了链接、元标签、搜索关键词等相关的新兴商标侵权纠纷。

1. 传统商标侵权纠纷在网络上的延伸。

（1）电子公告板中的商标侵权。未经许可在电子公告板（BBS）上使用他人商标作为相似商品的商业标记，可能造成消费者混淆，构成商标侵权。[1]

（2）电子邮件中的商标侵权。未经许可在电子邮件中使用他人商标作为相似商品的商业标记从事广告宣传活动，也可能造成消费者混淆，从而构成商标侵权。[2]

（3）网络广告中的商标侵权。经营者在自家网站、网络电子出版物、网络服务上的门户网站上发布宣传商品或服务的广告，如果使用的是同他人商标近似的商标，也构成商标侵权。[3] 2000 年 6 月，北京市海淀区人民法院在审理金洪恩电脑公司诉惠斯特中心不正当竞争纠纷案时判定，在网络广告宣传中擅自使用竞争对手的注册商标和商品名称来宣传自己的商品，会构成商标侵权。在该案中，被告在其公司网站主页宣传销售软件产品"股神经典"时，以同原告近似的注册商标和产品名称"股神 2000"作为链接标识，且只有在被告网站主页点击"股神 2000 升级版"栏目，才能从被告网站下载"股神经典"升级版软件。[4]

2. 网络链接中的商标侵权纠纷。

（1）超文本链接中的商标侵权。在商品或服务网站中创建接向他人相似商品或服务网站的超链接（Hypertext Links），并且使用后者的商标作为该超链接的交互按钮或者超文本，如果有关场景让消费者认为其所访问网站的运营方同被链接网站的运营方之间存在关联，即构成商标侵权。

此外，如果两个经营者的域名相同或近似，网站主页亦相同或近似，则可能使访问者产生两个经营者之间具有某种密切的特殊的联系，从而导致误认或混淆，构成不正当竞争。[5]

（2）深度链接中的商标侵权。在商品或服务网站中创建接向他人相似商品或服务网站分页而非主页的深度链接（Deep Linking），并且使用后者的商标作为该超链接的交互按钮或者超文本，如果前者虚假地表示他同目标网站之间存在某种关联，即构成商标侵权或不正当竞争。

（3）加框链接中的商标侵权。加框链接（Framing，亦称视框链接、加框布局）是指运用加框技术把一个网页分成不同的信息呈现区间即视框，并通过链接

---

〔1〕 薛虹："因特网上的商标侵权"，载《中华商标》1998 年第 5 期。

〔2〕 吴永臻："网络信息环境的商标权保护问题"，载《现代情报》1998 年第 3 期；郑新建、高晓春："网络与商誉保护"，载《知识产权》2000 年第 3 期。

〔3〕 郑新建、高晓春："网络与商誉保护"，载《知识产权》2000 年第 3 期。

〔4〕 参见《最高人民法院公报》2001 年第 2 期。

〔5〕 杨柏勇："利用网络进行不正当竞争的几个法律问题"，载《法律适用》2000 年第 10 期。

将另一网页的信息呈现在自己网页的某一视框中，而其他视框仍保持本网页的原有内容。网络用户进入设置视框链接的网页以视框链接到他人网站的内容时，屏幕上显示的网址不是被链接的网站地址，而是设置视框链接的网址。[1] 这样，用户很难分清哪些是设链网站自己的信息，哪些是从其他网站链接过来的信息。

在商标或服务网站中创建框架，使他人相似商品或服务网站显示在前一网站中。这时，如果被加框网站运营方的商标同框架中的低俗广告产生关联，则可能造成消费者混淆或者商标淡化，构成商标侵权；如果前一网站运营方将被加框网站运营方的商标或广告内容删除、更换或调整，而在框架中置入不同的广告，则会破坏后者商标的来源识别功能或者经营自由，构成商标侵权或者不正当竞争。

3. 元标签中的商标侵权纠纷。元标签〔Meta tags，亦称隐藏代码（Hidden Code）、埋藏代码（Buried Code）或机器可读代码（Machine Readable Code）〕是网页中人类往往看不见的一列代码，它起着帮助搜索引擎识别网页内容的索引或参考来源的作用。在商标或服务网站中嵌入大量的带有他人商标文字的元标签，从而让检索该商标文字的搜索引擎将前一网站置于搜索结果相关选项列表的前列，这会将网络用户的注意力从商标权人的网站转移到前一网站。如果有人未经许可在元标签中使用商标权人的商标，从而造成了相关公众的注意力转移，商标权人往往会以商标侵权为由向那些在元标签中使用其商标的侵权者提起诉讼。这时，人们的关注焦点在于：这种行为是否满足商标侵权的构成要件，构成商标侵权行为？

4. 关键词广告买卖中的商标侵权。搜索引擎服务商在搜索结果自然排名基础上推出的竞价排名机制，促成了关键词广告（Keyword Advertising）买卖行为的盛行。搜索引擎服务商在其网站设有专门的内置推广系统，广告客户通过注册取得一个账户，进入该系统之后，指定一个或几个广告关键词、设置广告标题、产品或服务的描述、网站链接地址等信息，这些信息被存入到搜索引擎的系统里。当网络用户输入的搜索词与广告客户指定的某个广告关键词匹配时，该广告客户的网站链接会在搜索结果中居于前列或者单独显示在页面右侧的推广栏目中，此结果也会被加注"推广""推广链接""广告"等字样。这曾经是一种非常流行的一种商品或服务网络推广模式，同时也是搜索引擎商的主要收益来源。[2] 基于竞价排名机制，搜索引擎服务商可以向广告客户出售关键词广告，即出售其搜索结果页面中的广告空间，而这些广告是由网络用户输入的检索词即"关键词"所触发。如果出售的关键词中包含商标，则商标权人的竞争对手可能会有兴趣购买该关键词，从而让其广告链接出现在普通搜索结果列表的周围。对

---

〔1〕 韩学志："试论网络链接的法律问题"，载《情报杂志》2002 年第 10 期。

〔2〕 陶乾："中欧搜索引擎关键词引发的商标侵权案件分析"，载《知识产权》2011 年第 4 期。

广告客户在关键词中使用其商标转移网络用户兴趣这种行为不满的商标权人，会以商标侵权为由向广告客户、搜索引擎服务商提起诉讼。这时，人们关注的焦点在于：关键词广告买卖行为是否属于商标使用行为？这种行为是否造成了消费者对商品来源的混淆或者误认，从而构成商标侵权？

5. 网络交易平台上的侵权纠纷。知产宝发布的《2016 年中国法院商标案件诉讼数据分析报告》指出，"近几年，中国互联网行业迅速发展，特别是电子商务的发展，使得网络购物平台上的侵权案件越发常见。在样本数据中，2016 年涉网商标侵权案件 1087 件，占案件总数的 9.5%；其中，涉及网络购物平台侵权案件 566 件，占涉网案件总数的 52.1%。"知产宝发布的《北京知识产权法院司法保护数据分析报告（2016）》指出，"商标涉外诉讼的实质是网络平台销售中的商品或服务涉及了商标侵权问题。"

以去中心化、开放性和共享性的 Web2.0 为主的互联网技术，极大地拓宽了人们从事市场经济活动的空间。随着网络交易平台、搜索引擎竞价排名服务、订阅推送服务以及社交媒体平台等网络服务的蓬勃发展，在这些网络场域涌现了大量的商标侵权行为，而这些商标侵权往往具有成本低廉、主体分散、角色多重、行为多样、关系复杂等特征。完善网络环境下的商标权保护，不仅应当禁止那些直接侵犯商标权的行为，而且应当对间接侵权行为予以规制。

第二节　网络环境下的商标法现存问题

在我国互联网发展的各阶段，除了传统商标侵权在网络环境中的延伸、网络链接中的商标侵权等问题以外，网络环境下的商标法问题主要包括：域名、元标签、网络游戏名称等网络标识的商标保护，网络环境中的商标侵权等。

一、网络标识的商标保护

（一）域名的商标保护

虽然有人称域名为"网上商标"，但这种"网上商标"毕竟不是注册商标。域名是联网计算机在网络中的特定标识符，是计算机 IP 地址的外部代码。识别计算机网络地址的域名，不同于识别商品或服务来源的商标。[1] 域名要获得商标权保护，可以通过商标注册或者商标性使用来实现。申请商标注册的域名必须服从于一般的商标注册规则。[2]

域名像街道地址或者电话号码般，发挥着确定网站在网络空间位置的纯技术

---

〔1〕　蒋志培："域名与商标争议处理的比较法研究"，载《中华商标》2000 年第 1 期。
〔2〕　柳沈知识产权律师事务所："域名寻求商标保护"，载《中华商标》1999 年第 1 期。

功能。只有将域名作为商标使用，它才能作为商标受到保护。判断是否构成商标使用，关键在于对域名的使用是否会让相关公众产生一种视觉印象，即他们将该域名视为某种与众不同的来源标识。这时，域名发挥着识别和区分商品来源的商标功能。[1]

（二）话题标签的商标保护

微博、推特等社交平台兴起后，人们使用话题标签（Hashtag，亦称主题标签或题标）组织话题讨论成为一种新时尚。话题标签是一种互联网的元数据（Metadata），它由井字符号"#"加字词或语句构成，用以将平台内各篇独立的帖子串联在一起。用户可以借着各种话题标签链接到同一个平台内标有相同话题标签的帖子。人们通常会用话题标签识别或者搜寻某个感兴趣的关键词或者主题，商家可以用话题标签推广产品、散播新闻。

话题标签仅仅有辅助归类、辅助搜索的功能，其本身不具备来源识别功能。只有将话题标签作为商标使用，亦即将话题标签用在商业活动中以识别和区分商品来源，它才能作为商标受到保护。[2]

（三）网络游戏名称的商标保护

网络游戏名称或者标题要想取得商标权保护，必须符合商标法的显著特征要求，或者虽然表面上不具备足够的显著性，但已经通过相当的营销、宣传等让该名称获得了"第二含义"。游戏开发者或者运营商要想最大化地保护游戏名称或标题的商标权，还需及时到商标注册机构申请注册。在美国，判断他人将网络游戏名称作为商标使用的行为是否构成商标侵权，首先，要看商标使用是否与他人作品有艺术上的关联；其次，要看他人使用商标是否具有明显的误导性。美国法院将电子游戏认定为受宪法保护的商业言论，在游戏中使用他人商标的行为有可能属于行使言论自由权的合理使用。在我国，《商标法》第57条第1项、第2项是认定他人使用网络游戏名称注册商标行为侵权与否的依据。[3]

二、网络环境下的商标侵权

在1982年~2001年我国互联网的探索阶段，囿于我国网络发展的水平，当时我国网络上的商标侵权纠纷尚未出现。学界主要引介了国外出现的元标签中的商标侵权、关键词广告买卖行为等典型网上商标侵权行为。在2002年~2014年我国互联网的发展兴盛阶段，学界继续关注网络链接中的商标侵权、元标签中的商标侵权等问题，但司法机关和学界的关注重点为关键词广告买卖、网络交易平

---

〔1〕 J. Thomas McCarthy, McCarthy on Trademarks and Unfair Competition, §7：17.50（5th ed., June 2019 Update, Westlaw）.

〔2〕 J. Thomas McCarthy, §7：17.70.

〔3〕 郝敏："网络游戏要素的知识产权保护"，载《知识产权》2016年第1期。

台商的间接侵权等问题。从 2014 年至今，我国互联网走向成熟繁荣阶段，司法机关和学界对关键词广告买卖、网络交易平台商的间接侵权等问题的探讨日益深入。

（一）元标签中的商标侵权

1. 在元标签中使用他人商标是否构成商标侵权的认定。早在 2000 年前后，美国法院即对元标签中的商标侵权问题作出了处理。美国法院认为，判定在网站元标签中置入他人商标的行为是否构成商标侵权，首先要看行为人使用商标的意图是合理使用抑或故意利用商标混淆消费者，其次要看该行为是否可能造成消费者混淆或者造成消费者的最初兴趣混淆。[1]

有学者认为，可将元标签商标侵权列入我国《商标法》规定的"给他人的注册商标专用权造成其他损害"行为。判定元标签商标侵权与否的步骤为：首先，确定在元标签中使用商标行为的性质。一方面，学者没有明确这种行为是否属于商标使用，但指出商标法意义上的使用具有一定限制，需要在商业活动中作为商标使用，即将商标与商品、服务相联系。另一方面，如果在元标签中使用他人商标是为了加强网站的吸引力，从而带来商业上的利益，就有可能构成商标侵权。其次，判定这种行为是否会造成混淆，应当考虑商标的显著性、商标的知名度、商标权人的网页内容、行为人的网页访问人次与频率、使用的时间和手段、消费者的实际混淆或者最初兴趣混淆、行为人的主观意图、对驰名商标的淡化等因素。[2]

2. "最初兴趣混淆"规则：美国法院早期采用的判定标准。美国联邦第九巡回法院在 1999 年审理 *Brookfield* 案时首次确立了"最初兴趣混淆"（initial interest confusion）规则。该法院认为，被告在其网页元标签隐藏代码中使用原告商标的行为构成商标侵权。虽然消费者没有在决定购买时产生混淆，但消费者在用原告商标检索过程中，通过点击推广链接被诱导到被告网站，导致了消费者兴趣的转移。在这个过程中，被告不正当地获取了来源于原告商誉的利益。所以，被告的行为构成初始兴趣混淆，从而构成商标侵权。[3] 法院将这比喻为高速公路上的误导性标牌："假设 West Coast 公司的竞争对手 Blockbuster 公司在高速公路上树立一块广告牌，牌子上写着'West Coast 录像带出租店：前方 2 英里 7 出口'，而 West Coast 店实际上位于 8 出口，Blockbuster 店位于 7 出口。寻找 West Coast 店的客户会从 7 出口下高速公路而在附近开车寻找这家店。他们未能找到

---

[1] 刘贵增："美国元标签应用与商标权冲突之分析及许可建议"，载《知识产权》2005 年第 3 期。

[2] 李亮："网络元标记商标侵权的司法认定"，载《人民司法》2007 年第 19 期。

[3] 姚志伟、慎凯："关键词推广中的商标侵权问题研究——以关键词推广服务提供者的义务为中心"，载《知识产权》2015 年第 11 期。

West Coast 店，却在高速路口看到了 Blockbuster 店，那么，他们可能会直接在后一家店租借录像带。"[1]

3. "最初兴趣混淆"规则的缺陷：将"注意力转移"等同于"混淆"。在审理 Brookfield 案时持反对意见的 Berzon 法官指出，用户以原告的商标作为关键词进行检索，出来的是相关的多条搜索结果，而并不是直接跳转到购买关键词推广者暨竞争对手的网站，这样很难说是会引起用户产生实际混淆。在线下，将商标用于比较广告中是合法的，这同样可能导致消费者的兴趣发生转移，但并没有被认为导致消费者混淆，因此，线上同样也不能仅因消费者的兴趣转移就认定产生混淆。[2]

美国有学者认为，美国法院在 2000 年左右以"最初兴趣混淆"为由认定元标签中使用他人商标行为构成商标侵权的做法有误。McCarthy 教授认为，在元标签中使用他人商标的行为，只有在造成网络用户"注意力转移"的同时，可能会造成他们"混淆"的情形，才构成商标侵权。在元标签中使用他人商标，不会自动地将用户转移到搜索结果列表所列的任何网站，用户必须自己选择并点击搜索结果列表中的某个选项，才能进入相应的网站。用户在搜索引擎显示的各个网站之间的选择，是夹在该行为和消费者混淆之间的"介入因素"。这时，网络用户消费者往往没有对两个网站的商品或服务来源产生混淆。此外，只有能够确定网络用户一开始在搜索引擎中输入某个商标文字时是想要搜寻何种信息，才能认定他后来受到了误导。[3]

4. 在元标签中使用他人商标行为的逐渐消失。在互联网发展的早期，搜索引擎极为依赖元标签去搜寻网页。然而，从 2005 年开始，大多数搜索引擎都不再采用元标签技术，它们在相关性算法中移除了关键词元标签。2009 年，Google 正式宣布其搜索算法不依赖元标签，它在网络搜索排名时不采用关键词元标签。搜索引擎技术的革新，使得搜索排名不再取决于元标签或者文字在网页中出现的次数，这让那些用元标签转移用户注意或者实现搜索结果高排名的做法徒劳无益。一些网站开始采用诸如搜索引擎优化（Search Engine Opitimization，SEO）等技巧提高其网站在搜索结果列表中的排名，而这种可能违反搜索引擎自定规则的行为，并不构成商标侵权。[4]

（二）关键词广告买卖行为

对于关键词买卖行为，司法机关和学界的关注焦点在于：将他人商标作为搜

---

[1] J. Thomas McCarthy，§25A：3.

[2] 姚志伟、慎凯："关键词推广中的商标侵权问题研究——以关键词推广服务提供者的义务为中心"，载《知识产权》2015 年第 11 期。

[3] J. Thomas McCarthy，§25A：3.

[4] J. Thomas McCarthy，§25A：3.

索关键词使用是否构成商标使用行为？关键词广告买卖行为是否会造成消费者混淆？广告客户将他人商标设置为关键词的行为是否构成侵权？搜索引擎服务商出售关键词广告的行为是否构成商标侵权？

1. 将他人商标作为搜索关键词使用是否属于商标使用行为。明确这一问题，是认定关键词广告客户的购买、使用关键词发布广告行为是否构成商标侵权的第一步。对此问题，有以下两种对立的观点：

（1）商标使用行为论。江苏省高级人民法院在 2011 年审理梅思泰克公司诉安固斯公司侵犯商标权纠纷案时认为，判断广告客户以原告商标为关键词进行竞价排名的行为是否属于商标性使用，要看这种使用行为是否是用于商业目的，并能使一般消费者产生商品或者服务来源的认知。由于广告客户购买原告商标关键词进行竞价排名的行为所指向的对象是广告客户的公司网站，而通常情况下，输入原告商标关键词进行搜索的网络用户，往往是对原告商标所标识的产品或者服务有一定认识的消费者，广告客户行为的存在，导致上述用户访问广告客户的公司网站，从而增加广告客户的交易机会。也就是说，广告客户以商业性目的利用原告商标的声誉来吸引消费者对其网站的访问。因此，广告客户的行为构成商标性使用。[1]

持商标使用行为论的学者给出的理由主要有：①虽然商标没有直接使用在商标上，但已使用于推广商品的媒介上，这可视为商标使用行为；[2] ②广告主的行为直接面向消费者，广告主通过关键词检索，旨在向消费者提供相关产品或服务的替代品，从而实际引发消费者在消费前的导流现象；③广告主的行为搭载在他人商标的价值之上，其行为实现了商标功能。广告主利用他人商标对消费者购买倾向施加影响，并以此来寻找自己潜在的消费者，推出自己的商品或服务。这种行为实际上利用了他人商标的独特性，而且是商标独特性的体现和商标功能的实现，符合商标性使用的实质特点；[3] ④虽然相关公众不能直接感知作为搜索关键词的商标，但搜索关键词本身就是为了指示和定位某一特定信息，搜索某一商标就是为了找寻其所标识的特定商品或服务。购买他人商标作为关键词的行为，如果其对商标的实际具体使用足以产生误导，使消费者无法区分商标所标识的商品或服务的正确来源，就实质性地损害了商标的区分功能，应当被认定为商标使用。如果仅导致竞价客户的搜索结果排名提前而不至于发生误认，则不构成商标

---

〔1〕 参见江苏省高级人民法院（2011）苏知民终字第 33 号民事判决书。

〔2〕 黄武双："搜索引擎服务商商标侵权责任的法理基础——兼评'大众搬场'诉'百度网络'商标侵权案"，载《知识产权》2008 年第 5 期。

〔3〕 王宇飞、雷艳珍、曹新明："'关键词检索'中的商标侵权问题"，载《天津师范大学学报（社会科学版）》2012 年第 4 期。

使用。[1]

（2）非商标使用行为论。北京市高级人民法院在 2013 年审理费希尔厂诉百度公司侵害商标权及不正当竞争纠纷案时认为，广告客户将原告商标相关的文字设置为百度推广服务的关键词，从而使网络用户在搜索相关词语时，其设置的链接能出现在搜索结果页面的推广链接栏目中，而在推广链接的描述或广告客户网站页面中没有使用原告商标文字的行为。其将相关文字设置为推广链接的关键词系在计算机系统内部操作，并未直接将该词作为商业标识向公众展示，不会使公众将其识别为区分商品来源的商标，不属于商标性的使用。[2]

上海市杨浦区人民法院在 2015 年审理等势线公司与星谷公司侵害商标权及不正当竞争纠纷案时认为，是否将商标作为标识向公众展示以区分商品来源是判断是否是《商标法》意义上使用行为的关键。广告客户将原告商标相关文字设置为百度搜索关键词系在计算机系统后台操作，在百度搜索结果页面或其网站上并未直接将上述词语作为商业标识向公众展示，不会使公众将其识别为区分商品或服务来源的商标，未损害涉案商标的识别功能，因此不属于商标性的使用。[3]

持非商标使用行为论的学者给出的理由主要有：①将他人商标作为竞价排名的关键词，是将该商标作为一种交流工具在使用，而不是作为指示商品来源的标志在使用。[4] ②关键词没有损害商标的区别功能。关键词广告对搜索用户是不可见的，搜索用户只能看到网页标题与网页描述部分，他们既无法感知商标的存在，也无法产生对商标指示的商品来源的认识，关键词在整个过程中并没有建立产品与来源的联系。[5] ③关键词选定与搜索结果页面生成的整个过程是计算机系统的机械操作，网络用户无法感知，商标符形相应的符号意义（对商品或服务来源的指示）无从产生。[6] ④关键词广告没有消减商标的广告功能。关键词广告所在的区域以"推广"或"赞助商链接"等字样注明，这些竞价排名结果与排序中立的自然搜索结果显示在同一页，这确保了商标权利人的广告条目能够进入网络用户的视野。[7] ⑤这种行为并未直接标识商品和服务，其目的是吸引消

---

[1] 刘姝琪："竞价排名中的商标使用行为"，载《中华商标》2014 年第 7 期。

[2] 参见北京市第一中级人民法院（2011）一中民初字第 9416 号民事判决书、北京市高级人民法院（2013）高民终字第 1620 号民事判决书。

[3] 参见上海市杨浦区人民法院（2014）杨民三（知）初字第 307 号民事判决书。

[4] 邓宏光、周园："搜索引擎商何以侵害商标权？——兼论'谷歌'案和'百度'案"，载《知识产权》2008 年第 5 期。

[5] 陈晓俊："竞价排名商标侵权认定的新思路——商标间接侵权原则的应用"，载《电子知识产权》2009 年第 4 期；林婉琼："关键词广告商标侵权问题初探"，载《科技与法律》2010 年第 6 期；姜琨琨："数字网络环境下商标侵权证成的难点与分解"，载《电子知识产权》2019 年第 2 期。

[6] 朱晓睿："商标侵权中'商标使用'的认定"，载《知识产权》2017 年第 11 期。

[7] 林婉琼："关键词广告商标侵权问题初探"，载《科技与法律》2010 年第 6 期。

费者的关注而不是指示商品和服务的来源，不会产生混淆误认的结果。⑥关键词的选定、搜索引擎技术对设定关键词的解读和抓取是对商标"符形"的使用，商标权人不能对商标符形本身享有排他性的使用权，否则商标权人将实现对语言的控制。同样地，关键词广告商业模式对其他公司商标的使用仅包含"符形"要素，商标权人不能单纯就目录中的词汇本身获得保护。[1]

2. 关键词广告买卖行为是否会造成消费者混淆。在关键词广告交易过程中，如果搜索引擎服务商出售的关键词包含商标，则商标权人的竞争对手可能会有兴趣购买该关键词，从而让其广告链接出现在普通搜索结果列表的周围。这种造成网络用户注意力转移的行为，是否能采用"最初兴趣混淆"理论认定它造成了商标法意义上的混淆或误认？对此问题，有以下三种观点：

（1）支持"最初兴趣混淆"理论的观点。江苏省无锡市高级人民法院在2011 年审理梅思泰克公司诉安固斯公司侵权商标权纠纷案时指出，广告客户的行为主观上具有利用原告商标、商誉的故意，客观上增加了原告商标品牌潜在客户访问其网站和产品的机会，导致原告客户的流失，损害了原告的商业利益。理由在于：首先，原告与广告客户提供的部分产品和服务相同或者相似；其次，原告注册商标通过原告的使用和宣传，相关消费者已将该商标与原告的产品和服务产生了一定的联系，具有一定的识别、联系功能；最后，鉴于原告商标并非缺乏显著特征的通用标志和描述性标志，故而当互联网搜索用户在搜索原告商标时，其意图很明显就是要查找原告商标所代表的商品或服务。然而，由于广告客户通过竞价排名已将原告商标设定为其关键词，搜索结果排在第一位的是广告客户的网站及其产品，客观上会使搜索用户认为广告客户与原告商标存在某种联系，因而产生误解，引起混淆，从而进入广告客户的网站。虽然被告的网站中并没有显示原告商标，其网站中宣传的产品亦是广告客户的产品，而不是原告的产品，但是广告客户在明知原告为同行业企业，且相关商标是原告注册商标的情况下，仍选定该商标为关键词购买"谷歌"竞价排名服务，从而吸引意在寻找原告商标品牌产品的用户访问广告客户的网站及其产品。[2]

支持"最初兴趣混淆"理论的学者给出的理由主要有：①关键词广告买卖行为有意地妨碍了网络用户与商标权人之间进行联系，不仅会误导公众，而且利用了他人的商标和商誉"搭便车"牟利。[3] ②这种行为会向消费者提供过多过滥的无用信息，掩埋了真正有价值的信息，直接增加了消费者的搜索成本。此外，这种行为打击了企业维持网上优质服务的积极性，减少了消费者可资利用的

---

[1] 朱晓睿："商标侵权中'商标使用'的认定"，载《知识产权》2017 年第 11 期。
[2] 参见江苏省高级人民法院（2011）苏知民终字第 33 号民事判决书。
[3] 薛虹："网络上的关键词系统引发的侵权纠纷"，载《中华商标》2001 年第 1 期。

有效信息总量，间接地损害了消费者的利益。③行为人实施这种行为而引导网络用户进入其网站，虽然用户很快就认识到该网站并非其最初所要寻找的网站，而且只要轻点鼠标就可返回到他想访问的网页，但是，这无法改变行为人通过引诱用户进入其网站（以提高网站点击率，增强广告效果，从而吸引更多的消费者购买广告商品）而获得不正当利益的动机，无法抹杀其利用商标权人商誉以吸引顾客的事实。[1] ④商标保护的法律政策重心从消费者向商标权人有所偏转，是商标功能从最原始的区分来源作用逐渐扩张至承载商誉的体现，这与现行商标法的立法宗旨相吻合。因此，商标的侵权行为自然应以是否导致混淆、误认和是否侵犯商标上所承载的商誉为标准。⑤将售前混淆类型化为商标侵权行为，不仅有利于商标权的行使，还降低了诉讼中的举证成本。[2] ⑥通过搜索此商标而显示彼网页的行为，已经产生了误导和客户分流，尤其是在相似商标之间，更难免发生混淆。并且，驰名商标频繁地被其他网站用做关键词也可能会导致驰名商标被淡化，这对商标权人的经营来讲，是一个巨大的灾难。[3] ⑦即便初始混淆行为没有造成消费者的最终混淆，但基于消费者已发生的初始混淆与其后对被告网站或产品的识别，不仅商标权人商标的识别功能在此过程中会被削弱，商标权人的商誉也会受到一定程度的影响。特别是在原告商标的市场认知度高于被告的情形，在消费者对被告商品并不了解或认识不充分的情况下，消费者基于被告网站的宣传而选择了市场认知度低、质量低劣的商品，不仅影响了原告的商誉，而且损害了消费者的利益。相对于初始混淆行为给消费者带来货比三家的选择权，其对商标权人及消费者长远利益的损害更为显著。[4]

（2）反对"最初兴趣混淆"理论的观点。北京市高级人民法院在 2013 年审理费希尔厂诉百度公司案时认为，在同时提供搜索服务和关键词广告服务的搜索引擎网站，广告链接通常会出现在自然搜索结果列表的上方或者旁边。根据网络用户对搜索服务的认知水平，能够认识到广告客户的广告链接条目仅仅出现在推广链接部分，尚未直接与搜索关键词之间建立指示商品来源的关系，广告链接条目是否会造成相关公众的混淆误认取决于其广告宣传的具体方式。本案中，根据以原告商标为搜索词后搜索结果页面的显示，广告客户设置的推广链接位于页面右侧，未处于页面中的自然搜索结果当中，且页面右侧上方标明了"推广链接"；该推广链接的描述部分使用了广告客户的企业名称字样，并未出现与原告

---

〔1〕 邓宏光："商标混淆理论之新发展：初始兴趣混淆"，载《知识产权》2007 年第 3 期。

〔2〕 黄武双："搜索引擎服务商商标侵权责任的法理基础——兼评'大众搬场'诉'百度网络'商标侵权案"，载《知识产权》2008 年第 5 期。

〔3〕 齐爱民、廖晖、熊远艳："电商时代搜索引擎运营基础法律问题探析"，载《社会科学家》2014 年第 6 期。

〔4〕 姜琨琨："数字网络环境下商标侵权证成的难点与分解"，载《电子知识产权》2019 年第 2 期。

商标相关的文字，网址注明了带有广告客户企业名称拼音的域名网址；点击该链接进入广告客户的网站，亦未显示有与原告商标或原告有关联的内容。因此，广告客户设置该推广链接的行为不会导致相关公众对商品来源的混淆误认。[1]

北京市第一中级人民法院在 2013 年审理四通公司与百度公司不正当竞争纠纷案时指出，广告客户将原告字号设置为百度推广的关键词，网络用户在百度搜索栏输入关键词时，搜索结果页面的左上方会显示指向广告客户网站的广告链接，而广告链接的标题和网页描述中均未使用原告字号。鉴于相关公众仅可能看到网页上显示的搜索结果，而对后台运行情况并无认知，故相关公众在看到网页上的搜索结果时并不会认为相关搜索结果与原告有关，亦即不具有混淆误认的可能性。[2]

反对"最初兴趣混淆"理论的学者给出的理由主要有：①在商标法中，"分散或者转移注意力"并不等于"造成网上购物者的混淆"。网络用户在输入商标关键词时不一定是在查询他们所检索品牌的相关信息，当网络用户在搜索引擎输入某个商标关键词，搜索结果页面出现由该关键词触发的竞争对手广告时，可能会分散或者转移用户的注意力，用户可能会点击由商标关键词所触发的非误导性广告链接，但并未对其最终从该广告链接网站上所购买商品的来源或者从属关系产生混淆。②商标权人可能会主张竞争对手的行为不正当地搭了其商标的便车。但是，商标侵权责任的认定从不取决于"搭便车"行为本身，商标侵权的判定标准始终为是否存在混淆可能性。有时候，"搭便车"行为不过是一种正当竞争行为。[3] ③在搜索结果页的广告链接条目中并未使用他人商标的情形，并不存在混淆的事实，因为广告中并未出现他人商标，混淆不会发生。即便在搜索结果页的广告条目中使用了他人商标的情形，如果广告客户网站上明确区分自己推广的产品和商标权人的产品，未以导致混淆的方式使用他人商标，那么，网络用户有充足的理由因不符合自己的需求而关闭该网页。在网络世界中，信息的流动是便捷的，"最初兴趣混淆"并不会使用户产生"既然来了，就买点东西"的心理，理性的人都会主动关闭不需要的网页而选择其它自己需要的网页。[4] ④随着网络用户对赞助商链接的日益熟悉，他们知道如何将搜索引擎提供的结果进行准确的评估和归类。搜索引擎服务商销售关键字广告并不会引起理性消费者的混

---

[1]　参见北京市第一中级人民法院（2011）一中民初字第 9416 号民事判决书、北京市高级人民法院（2013）高民终字第 1620 号民事判决书。

[2]　参见北京市第一中级人民法院（2013）一中民终字第 3106 号民事判决书。

[3]　See J. Thomas McCarthy, §25A：3, §25A：7, §25A：8.

[4]　陈晓俊："竞价排名商标侵权认定的新思路：商标间接侵权原则的应用"，载《电子知识产权》2009 年第 4 期；姚志伟、慎凯："关键词推广中的商标侵权问题研究——以关键词推广服务提供者的义务为中心"，载《知识产权》2015 年第 11 期。

淆，反而增加了消费者自由选择的空间。[1] ⑤初始兴趣混淆是以信息接触的误导为特点，与商标权人商誉所涉及的范围没有直接的关系，这种信息接触的误导只会对商标权人竞争机会产生影响而无害于商标权人的商誉。而竞争机会并不是商标法所保护的对象，如果因为丧失竞争机会也构成商标侵权，实际是扩大了商誉的效力范围。从利益平衡的角度看，过度保护不仅强化了商标权人干涉公众合法使用商标取得其他利益的机会，而且增加了商标权人获取商誉以外的商业利益的可能。⑥竞价排名这种互联网新型营销方式实际上为竞争者提供了一个更有效的竞争工具，为消费者提供了更多的消费信息以供选择，如果因此工具的提供被认为造成初始兴趣混淆而构成商标侵权，不仅无利于互联网电子商务的发展壮大，也会加速造成商标法利益平衡的扭曲和瓦解。[2]

（3）部分支持、部分反对最初兴趣混淆理论的观点。陶乾认为，判断消费者是否因关键词广告而产生混淆时，对象应该是关键词广告本身，而不是对应的广告链接所指向的网站内容。这时，有两种情形：其一，如果网络用户看到广告链接，认为所链接的网页与商标权人存在关联，那么，相关商标所承载的商誉的初始利益则被利用了，即关键词引起"初始利益混淆"。虽然网络用户在点击广告链接进入网站后因为发现网站内容与商标没有关联而未产生实际混淆，但是，无论用户是选择关闭网页还是继续购买商品，他们都点击链接进入该网站，这造成了"初始利益混淆"，代表了广告客户成功地利用他人商标所承载商誉"搭便车"，影响了他人商标识别来源的功能。其二，如果网络用户看到广告链接，意识到广告中的商品不是其输入的关键词所对应的商品，但是他对该商品也产生了兴趣，从而点击链接进入网站，广告客户得到了潜在的交易机会。这时，网络用户登录广告客户的网站并选择购买商品之前，并未产生混淆。[3]

3. 广告客户将他人商标设置为关键词的行为是否构成侵权。

（1）主张不构成商标侵权、但构成不正当竞争的观点。广东省东莞市第一人民法院在 2013 年审理清大润彩公司诉欧帕公司不正当纠纷案时认为，广告客户与原告存在市场竞争关系，且广告客户的成立时间晚于原告的成立时间，也晚于原告注册商标专用权的时间，且原告商标并非通用名词，可见，广告客户应当知道诉争关键词系原告注册商标的主要识别文字。而在互联网搜索中，注册商标中的主要识别文字正是相关公众要寻找特定商品时所使用的关键词。现广告客户

---

〔1〕 张体锐："追踪网络商标侵权责任主体研究"，载《东南学术》2014 年第 3 期。

〔2〕 刘燕："论互联网环境下商标侵权认定的标准及原则"，载《兰州大学学报（社会科学版）》2015 年第 1 期。

〔3〕 陶乾："隐性使用竞争者商标作为付费搜索广告关键词的正当性分析"，载《知识产权》2017 年第 1 期。

网站内容与诉争关键词无关，却将原告注册商标中的主要识别文字作为百度推广的关键词，将广告客户经营的网站与原告商标品牌相关联，很可能会造成通过互联网搜索诉争关键词以准备购买原告所生产产品的潜在客户流向广告客户，减少了原告的交易机会，损害了原告的合法权益，亦违反了市场经营者应遵守的诚实信用原则和公认的商业道德，属于不正当竞争行为。[1]

上海市杨浦区人民法院在 2014 年审理等势线公司与星谷公司侵害商标权及不正当竞争纠纷案时认为，不管广告客户是否知道原告注册了诉争商标，其将与原告注册商标相同的文字、字母设置为百度搜索关键词，使广告客户网站链接在百度搜索结果中位于原告网站链接之前，主观上具有借用原告的声誉提高其网站点击率的故意，客观上也确实会使原本想访问原告网站的潜在客户访问广告客户的网站，从而增加用户选择广告客户的可能性，减少原告的交易机会。这种行为损害了原告的经济利益，构成不正当竞争。理由在于：①广告客户与原告属于同业竞争对手。②在主观故意方面，广告客户在购买竞价排名服务时的出价是其推广链接在搜索排名中排序的决定因素之一，故而其对于网络用户输入商标关键词后其推广链接排名靠前的结果是可以预见并且是希望的。③被告的诉争行为改变了百度搜索的结果。正是由于广告客户在后台将原告商标相关文字设置为百度搜索的关键词，干预了网络用户在搜索上述关键词后所应当出现的自然排序，从而导致了在搜索结果中广告客户网站链接出现在原告网站链接前面的结果。④广告客户提出其系对注册商标要素正当使用的抗辩不能成立。[2]

持这种观点的学者给出的理由主要有：这种行为虽然属于商业活动中使用商标标识，但并未直接标识其本人的商品和服务，其目的不是指示商品和服务的来源，不会使消费者产生混淆误认的结果，因此不属于商标法意义上的商标使用行为。但这种营销方式本质上是搭便车的行为，虽然不构成商标侵权，但涉嫌营销手段不正当，其行为属于不正当竞争。[3]

（2）主张不构成商标侵权、不构成不正当竞争的观点。北京市高级人民法院在 2013 年审理希尔厂诉百度公司案时判定，广告客户将他人商标设置为关键词的行为不属于商标性使用，也没有损害原告商标的识别功能和广告宣传功能，不构成商标侵权。这种行为也不构成不正当竞争。理由主要有：①广告客户并没有通过不正当的手段获取原告可以合理预期获得的商业机会。当网络用户用某一

---

〔1〕　参见广东省东莞市第一人民法院（2013）东一法知民初字第 254 号民事判决书。

〔2〕　参见上海市杨浦区人民法院（2014）杨民三（知）初字第 307 号民事判决书。

〔3〕　刘燕："论互联网环境下商标侵权认定的标准及原则"，载《兰州大学学报（社会科学版）》2015 年第 1 期。持相同意见者，参见王赛、刘淑均："互联网环境下商标合理使用制度的新发展"，载《重庆邮电大学学报（社会科学版）》2016 年第 1 期。

商标作为搜索词进行搜索时，其目的既有可能是寻找与该商标相关的信息，也有可能是寻找该商标所有人竞争对手的信息。因搜索引擎服务商同时提供自然搜索和关键词广告服务，以该商标设置推广链接关键词的行为并不影响商标权人的网页或广告同时出现在自然搜索结果（且通常位于第一位）。只要设置的推广链接对其商品来源及相关信息作了清楚而不引人误解的描述，在面对自然搜索结果和推广链接中出现的多种商品时，相关公众仍会从综合衡量各方提供商品的价格、质量、功能等因素的基础上选择进行交易的对象，这也符合市场交易的常态。②广告客户设置的推广链接的描述及其公司网站的内容足以表明其提供的商品的来源，其行为并未导致原告的网络链接不能出现在搜索结果中或导致其排序处于不易被网络用户识别的位置，并未故意造成与原告的商品的混淆误认或使人认为二者有特定的联系。广告客户的行为未导致网络用户因在搜索结果中不能发现或难以发现原告的网站链接或者因对广告客户产品的混淆误认而错误地购买广告客户的产品。③虽然广告客户以与他人商标相关的文字作为推广链接的关键词有借此增加其网站及产品广告出现在搜索结果中的机会的意图，但综合考虑其设置的推广链接的具体情形、关键词广告市场特性以及网络用户的认知水平等因素，其行为尚未达到违反诚实信用原则和公认的商业道德的程度。广告客户所设推广链接及其网站并未借用原告的名义，也未导致相关公众对商品来源的混淆误认，其行为亦不属于利用了原告的商誉。[1]

陶乾认为，对于代表了新时代竞争方式革新的关键词广告买卖行为，应当综合考虑消费者、市场经营者和商标权人等各方主体的利益，考虑该新兴模式对公平竞争所带来的是损害还是创新和促进，不应简单地以违反诚实信用和商业道德为由将其扼杀。从利益平衡的角度看，在少数消费者发生混淆或者被误导而产生的成本与多数消费者获取更多信息和选择的效益之间，在商标权人的客户可能被分流的成本与促进竞争的效益之间，关键词隐性使用行为所能带来的效益明显大于成本。从经济学的角度看，一方面，这种行为在没有损害商标权人利益的情况下，会推动竞争者对产品作出改进和创新以增加产品辨识度和竞争力，为消费者提供更多的信息以降低查询成本、作出理性购买决策；另一方面，法律和司法裁判本身会反作用于消费者的认知，在允许广告客户选定他人商标作为关键词的制度环境下，网络用户在用商标关键词进行搜索时会逐渐习惯去识别广告链接与自然搜索结果，他们不会期望自己搜到的结果全部是与商标权人有关联的结果，否

---

〔1〕 参见北京市第一中级人民法院（2011）一中民初字第 9416 号民事判决书、北京市高级人民法院（2013）高民终字第 1620 号民事判决书。

则，网络用户更容易会产生相反的习惯和期望。[1]

4. 搜索引擎服务商出售关键词广告的行为是否构成商标侵权。

对于将他人商标作为搜索关键词使用是否构成商标使用、关键词广告买卖行为是否会造成消费者混淆、广告客户将他人商标设置为关键词的行为是否构成侵权这三个问题的判断，决定了对于搜索引擎服务商出售关键词广告提供竞价排名服务的行为是否构成商标侵权这一问题的认定。对此问题，有以下两种对立的观点：

（1）主张构成侵权的观点。对于主张搜索引擎服务商出售关键词广告的行为构成侵权的学者而言，由于他们对广告客户将他人商标作为搜索关键词使用是否构成商标使用、关键词广告买卖行为是否会造成消费者混淆以及造成何种混淆、广告客户将他人商标设置为关键词的行为是否构成侵权以及构成何种侵权这三个问题的看法不同，他们的观点具体可细分为以下三种：

第一，构成对广告客户售前混淆和售中混淆行为的帮助型共同商标侵权论。王宇飞、雷艳珍和曹新明认为，根据《侵权责任法》第9条和第36条，搜索引擎服务商明知或者应知广告客户将其提供的竞价排名服务用于商标侵权，而持续向其提供这种服务的，构成帮助型共同侵权。其中，搜索引擎服务商作为竞价排名广告合作方，负有判断搜索结果页面的广告链接所指向的广告客户网站的关键词使用行为是否具有合法性的主动形式审查义务。[2]

黄武双认为，搜索引擎服务商出售知名商标关键词的行为构成帮助侵权，理由在于：其一，它提供的竞价排名服务是对搜索引擎技术的非中立性使用，它在提供服务时没有履行避免其明知或可预见的搜索引擎技术某些侵权用途的注意义务，还主动地为广告客户提供了搭品牌便车的帮助。其二，它对知名度较高的商标等明知或应知涉嫌侵权信息进行审查和监控，在技术层面完全具有可行性。它所提供的竞价排名服务是有偿收费服务，故而理应承担更高的注意义务，负有审查商标关键词是否为知名商标、审查商标关键词链接的目标网页内容是否合法的义务。其三，由于作为关键词的商标具有一定知名度，它明知或者应知其提供的竞价排名服务将会造成商标权人的商誉损失，可能使网络用户误将被链接的网站认为与商标权人存在某种关联，而仍为非商标权人进行竞价排名，则可以认定其存在"帮助"网络用户侵权的主观意图。从技术角度来看，它不利用搜索引擎工具开展竞价排名业务的话，网络用户难以从海量网页中找到造成消费者混淆的

---

〔1〕 陶乾："隐性使用竞争者商标作为付费搜索广告关键词的正当性分析"，载《知识产权》2017年第1期。

〔2〕 王宇飞、雷艳珍、曹新明："'关键词检索'中的商标侵权问题"，载《天津师范大学学报（社科学版）》2012年第4期。

广告链接。[1]

第二，构成对广告客户部分售前混淆行为的帮助型共同商标侵权论。欧洲法院认为，当普通网络用户看到了使用他人商标的广告条目，认为所链接的网页与商标权人相关联，则构成混淆。搜索引擎服务商在提供竞价排名服务时处于中立的地位：竞价排名服务具有技术性、自动性和被动性；它对存储的侵权信息既不知情，也不能控制。因此，它对存储的关键词没有一般监控的义务，依据"避风港"规则免责。当它知道信息的违法性之后，立即采取措施来阻止信息的传播则无责任。不同于欧洲法院，我国法院在谷翔案和百度案中，将竞价排名服务所具有的广告性质、有偿性以及驰名商标的知名度作为搜索引擎服务商监控义务的依据。[2]

齐爱民、廖晖、熊远艳认为，鉴于广告词出卖是搜索引擎公司的经营行为，因此应该明确课以搜索引擎公司对于关键词广告进行合法性审查的法律责任。其责任范围包括：①关键词是否为注册商标，权利人注册的类别以及是否是驰名商标等商标信息；②关键词与该网站的关联程度信息。如果搜索引擎未履行上述审查义务，应和购买人共同承担由关键词广告引发的商标权侵权责任。[3]

第三，构成对广告客户售前混淆行为的帮助型共同不正当竞争侵权论。北京市第一中级人民法院在 2013 年审理睿达华通公司与东方京宁公司不正当竞争案时，维持了一审法院作出的以下判决，即广告客户将他人商标设置为搜索关键词的行为构成《反不正当竞争法》第 2 条一般条款所禁止的不正当竞争。法院认为，以原告商标为关键词在百度搜索引擎中搜索获得的第一项搜索结果为广告客户的网站链接，搜索结果标题含有的"现浇空心楼盖填充体"字样为原告与广告客户都经营的产品，亦属原告注册商标核定使用的商品范围之内，因此广告客户将原告商标设置为其百度推广关键词的行为，将使欲通过百度搜索引擎搜寻原告网站购买其相应产品的相关公众误入广告客户网站。在原告未能举证证明其有合理的理由使用诉争商标关键词的情况下，广告客户的上述行为使原告就其对诉争商标享有的注册商标专用权应获得的相关利益受损，争夺了本该属于原告的商业机会，淡化了原告与其注册商标的联系，给原告造成消极影响，广告客户的主观过错明显，违反了诚实信用原则。[4]

林承铎、杨彧苹认为，搜索引擎服务商拥有以较低成本检验关键词推广的广

---

[1] 黄武双："搜索引擎服务商商标侵权责任的法理基础——兼评'大众搬场'诉'百度网络'商标侵权案"，载《知识产权》2008 年第 5 期。

[2] 陶乾："中欧搜索引擎关键词引发的商标侵权案件分析"，载《知识产权》2011 年第 4 期。

[3] 齐爱民、廖晖、熊远艳："电商时代搜索引擎运营基础法律问题探析"，载《社会科学家》2014 年第 6 期。

[4] 参见北京市第一中级人民法院（2013）一中民终字第 4394 号民事判决书。

告客户网站和关键词是否相符、是否存在虚假点击和不正当竞争的能力，也负有抑制网络有害信息泛滥的社会责任。因此，如果广告客户的广告链接及网页内容构成侵权，或者权利人已经向搜索引擎服务商发出侵权通知，那么，可以推定服务商在提供竞价排名服务时应当知道广告客户使用商标作为关键词的行为构成不正当竞争，这时，它未采取必要措施的，构成帮助型共同不正当竞争侵权。[1]

（2）主张不构成侵权的观点。北京市高级人民法院在 2013 年审理希尔厂诉百度公司案时判定，搜索引擎服务商的行为不构成商标侵权，也不构成不正当竞争。理由主要有：①百度公司提供百度推广服务以及向推广用户提供关键词推荐工具的行为系向用户提供一种网络技术服务，本身不涉及对其推荐的或推广用户设置的关键词进行商标性的使用，也不存在违反诚实信用原则和公认商业道德的问题，这种行为本身未侵犯原告的商标权，也未构成不正当竞争行为。②提供关键词广告服务的网络服务提供者通过网络参与、教唆、帮助他人实施侵权行为并有过错的，应承担共同侵权的责任，但其构成侵权应当以他人实施了直接侵权行为为前提条件，即他人利用关键词广告服务的行为侵犯了他人权利或构成不正当竞争。本案中，由于广告客户设置推广链接的行为未侵犯原告的商标权，也未构成不正当竞争行为，故百度公司在本案中提供的百度推广服务的行为亦不属于构成共同侵权的情形。[2]

基于商标侵权判定的逻辑步骤，凡是认为广告客户将他人商标作为搜索关键词使用不构成商标使用、关键词广告买卖行为不会造成消费者混淆的学者，自然会对广告客户将他人商标设置为关键词的行为是否构成侵权、搜索引擎服务商出售关键词广告的行为是否构成商标侵权这两个问题持否定态度。

（三）网络交易平台的间接侵权责任

以去中心化、开放性和共享性的 Web2.0 为主的互联网技术，极大地拓宽了人们从事市场经济活动的空间。随着网络交易平台、搜索引擎竞价排名服务、订阅推送服务以及社交媒体平台等网络服务的蓬勃发展，这些网络场域中涌现了大量的商标侵权行为，而这些商标侵权往往具有成本低廉、主体分散、角色多重、行为多样、关系复杂等特征。完善网络环境下的商标权保护，不仅应当禁止那些直接商标侵权的行为，而且应当对间接侵权行为予以规制。除了前文所述的搜索引擎服务商应承担的责任问题以外，人们关注的热点主要有：网络交易平台商的法律地位，网络交易平台商应负有的注意义务，网络交易平台商应承担的间接侵

---

〔1〕　林承铎、杨彧苹："论关键词推广服务中搜索引擎服务商的责任"，载《北京交通大学学报（社会科学版）》2013 年第 1 期。

〔2〕　参见北京市第一中级人民法院（2011）一中民初字第 9416 号民事判决书、北京市高级人民法院（2013）高民终字第 1620 号民事判决书。

权责任，以及《电子商务法》中的"通知—删除"程序性规则。

1. 网络交易平台商的法律地位。对于网络交易平台商在网络交易中扮演何种角色，具有什么法律地位这个问题，存在不同看法。虽然有观点认为网络交易平台是网络交易的卖方或卖方合营者、网络交易的中介方、交易场所的提供方或"柜台出租方"，但是，我国法院和学界一般认为，网络交易平台商是网络服务的提供者，而非网络交易的中介方。[1]

持网络服务提供方论的学者给出的理由主要有：①网络交易平台商只提供在线交易平台作为交易市场，不会代客户从事交易活动，而是由客户自己达成交易。网络交易平台在网络空间通过计算机系统自动撮合、买卖双方最后确认来达成交易，网络交易平台商与用户在注册、认证、建立专卖店、发布供求信息和传递交易信息等方面存在长期合同关系，它所提供的服务远大于居间和经纪服务；[2] ②它不是网络交易的卖方、柜台出租方或者网络交易的中介方，它为当事人提供缔结网络交易合同所必需的信息发布、信息传递、合同订立和存管等服务，它不参与具体的交易，而只为当事人提供一个商品信息的发布平台，是被动的网络服务提供商而非内容提供商；[3] ③它不直接参与交易，网络交易的任何后果均由交易方自行承担。[4]

2. 网络交易平台商应负有的注意义务。《民法典》第 1195 条第 1 款及《电子商务法》第 42 条、《民法典》第 1195 条第 2 款及《电子商务法》第 45 条分别适用于网络交易平台商一开始"不知道"直接侵权行为、一开始"知道"直接侵权行为的情形。在网络交易平台商一开始"不知道"直接侵权行为时，其在接到商标权人的通知时即可认定其知道或者应当知道直接侵权行为，此后负有采取必要措施避免损害扩大的注意义务；在网络交易平台商一开始"知道"直接侵权行为时，其从一开始即负有采取必要措施避免损害发生的注意义务。其中，对于网络交易平台商注意义务的认定有以下三个问题：

（1）网络交易平台商的主观认知。在 2019 年 1 月《电子商务法》施行之前，学者认为《侵权责任法》第 36 条第 2 款中的"知道"不仅包括有关证据能够确定无疑地证明网络交易平台实际知道直接侵权行为的"明知"，还包括有关证据能够证明网络交易平台具有知晓直接侵权行为高度盖然性意义上的"应知"

---

[1] 王柯："'衣念诉淘宝案'：浅析 C2C 模式下商标'间接侵权'"，载《电子知识产权》2010 年第 11 期；胡开忠："网络服务提供商在商标侵权中的责任"，载《法学》2011 年第 2 期。

[2] 王洪海："网络交易平台的法律地位——从一则商标侵权案谈起"，载《电子知识产权》2005 年第 10 期。

[3] 胡开忠："网络服务提供商在商标侵权中的责任"，载《法学》2011 年第 2 期。

[4] 王轶坚："网络交易平台提供商的基本义务分析"，载《中国经贸导刊》2011 年第 12 期。

或"有理由知道"或"推定知道"[1];《电子商务法》第 45 条明确规定,网络交易平台商的主观认知为"知道或者应当知道"。

在认定网络交易平台商是否"知道"方面,应以具有一般知识、经验的普通人是否尽了合理的注意义务而发现相关侵权事实这种"具体知道"作为判断标准,而不宜采用"概括性的知道"或者"大概知道"等抽象、模糊的标准,以免对网络交易平台苛加过于严格的责任,造成法律的不确定和不可预见,影响电子商务的发展。[2] 对于网络平台商是否"具体知道",可以结合权利人是否发出侵权警告、侵权事实的明显程度等因素综合判断。[3] 客观上,要求侵权行为本身的违法性明显,如果商品名称中出现了"高仿""A 货",或产品说明中含有模仿品牌产品的说明信息,可以认为符合显而易见的标准。但如果只是一般性的违法或需要经过调查取证才能判断构成侵权的,不宜认定违法性明显;主观上,要求网络交易平台商尽了一般的注意义务就能意识到侵权事实的存在,如该信息长期处于网站首页显著位置、网络交易平台主动推介位置等平台服务提供商可以明确感知的位置。[4] 对于网络交易平台商是否尽了注意义务,应以其是否采取了一定的预防侵权措施、是否在发现侵权行为后及时删除假冒商品信息作为考量因素。[5] 在网络交易平台商具体知道网络用户利用其服务实施侵权的情况下,其应当采取必要措施避免侵权行为继续发生。

（2）网络交易平台商的注意义务内容。对网络交易平台商法律地位的认定,有助于我们确定其处于何种法律关系之中,进而能够明确相应法律关系对其施加的注意义务内容。

如果将网络交易平台商视为交易场所提供方或者"柜台出租方",而参照实体交易中商铺或柜台出租者的标准认定侵权责任,那么,网络交易平台商应当承担监督、管理直接侵权人的义务。北京市第二中级人民法院在 2006 年审理路易威登马利蒂公司与北京朝外们购物商场有限公司不正当竞争纠纷案时判定,购物商场作为交易场所提供者,不仅有权利而且有义务对该市场进行管理及对商户出

---

〔1〕 申屠彩芳:"网络交易平台提供商辅助侵权责任的过错认定——以 C2C 交易平台中商标权侵权为视角",载《浙江学刊》2014 年第 4 期;冯术杰:"网络服务提供者的商标侵权责任认定——兼论《侵权责任法》第 36 条及其适用",载《知识产权》2015 年第 5 期。

〔2〕 胡开忠:"网络服务提供商在商标侵权中的责任",载《法学》2011 年第 2 期;潘文君:"Web2.0 下的商标间接侵权问题研究",载《电子知识产权》2009 年第 3 期。

〔3〕 钱玉文、张加林:"论网络服务提供者商标侵权的法律责任",载《知识产权》2013 年第 2 期。

〔4〕 司晓、费兰芳:"电子商务平台服务提供者的商标间接侵权责任探析——论《侵权责任法》第 36 条在电子商务商标侵权中的适用",载《知识产权》2012 年第 3 期。

〔5〕 胡开忠:"网络服务提供商在商标侵权中的责任",载《法学》2011 年第 2 期;潘文君:"Web2.0 下的商标间接侵权问题研究",载《电子知识产权》2009 年第 3 期。

售商品的种类、质量等进行监督，特别是应制止、杜绝制假售假现象。[1]

杭州市中级人民法院在 2005 年审理无锡昆达制球公司诉张醒狮、阿里巴巴公司商标侵权纠纷案时认为，阿里巴巴公司作为网络服务提供者，并不具有审查所有所传播信息的能力和义务。上海市第一中级人民法院在 2006 年审理 AKTIE-SELSKABET 公司与易趣网络信息服务公司等商标侵权纠纷案时认为，网络交易平台商在网络交易中并非交易的一方当事人，故其对交易本身并不负责。由于网上用户及每日登录的商品数量非常多，因此，要求网络平台商对登录其平台网络的每件商品是否涉嫌侵权均进行事前审查或者监督并不现实，且即使它尽到了事前审查义务或者监督义务，其也不能完全保证网下交易商品的安全性与合法性，故被告没有控制自己在交易平台以外实现交易商品的义务与能力。[2]

王洪海认为，网络交易平台提供商并非交易主体，也不代表任何一方进行交易，故而不对交易本身负责。但是，在因特网上发生交易纠纷的情况下，它应该要承担一种附随义务，即其有义务向交易一方披露另一方，或者向权利人披露涉嫌侵权的交易方。此外，它有必要对网上交易承担一种谨慎义务：如果权利人发现购物网站上销售的商品涉嫌侵犯了自己的知识产权，该权利人就可以向该网络服务平台提供商举报，网络服务平台提供商在接到上述举报后，第一步就要立即中止该涉嫌侵权销售商在网上的交易行为，第二步就要要求该网上销售商提供其销售的商品不涉嫌侵权的证据，如果该网上客户在一定期限内不能提供有效证据，平台提供商就可以根据用户协议取消其交易资格。[3]

（3）网络交易平台商的注意义务程度。司晓认为，在知识产权侵权构成要件中，网络服务提供者注意义务的高低，应当结合服务类型、行为类型和权利客体类型综合判断。其一，分析网络服务提供者提供的服务类型，认定其对侵权内容的识别和控制能力，在接入服务、自动传输服务、缓存服务——信息定位服务——信息存储空间服务——开放平台服务中，识别和控制能力逐渐增强，注意义务随之增高。其二，分析网络服务提供者从事了何种行为，是否从侵权行为中直接获得经济利益，对相关侵权内容的"人为干预"因素又有多少，是否具体表现为设置榜单，对相关信息是否进行了选择、编辑、修改、推荐等。其三，网络服务提供者间接侵犯的权利客体类型以及客体具有什么样的特点。此外，还应综合考虑网络服务者获得的收益、权利人所受的整体损害、网络服务提供者的预防成本与行为效率、网络服务提供者追究直接侵权责任的可行性等因素来确定网络服务提

---

[1] 参见北京市第二中级人民法院（2006）二中民初字第 2140 号民事判决书。

[2] 参见上海市第一中级人民法院（2005）沪一中民五（知）初字第 371 号民事判决书。

[3] 王洪海："网络交易平台的法律地位——从一则商标侵权案谈起"，载《电子知识产权》2005 年第 10 期。

供者的注意义务。[1]

在认定网络交易平台商是否"采取必要措施"方面，应当根据网络服务的类型、技术可行性、采取措施的成本、难易程度和侵权情节等因素，酌情采取公开警告、减低商户信用评级、删除侵权通知列明的特定链接、删除所有侵权信息、关闭商户账户等措施中的一种或者数种措施。相关措施的"必要"与否，在于它是否能够在不损害他人经营自由和民事权利的同时，避免侵权行为继续发生。[2] 例如，在删除侵权通知列明的特定链接、删除所有侵权信息、屏蔽投诉商品的名称这几种限制商户发布商品信息的措施中，屏蔽投诉商品名称的方法显然不可取，因为这会导致商标权的滥用，限制他人的营业自由。而在同一商家重复侵权的情形，删除侵权通知列明的特定链接、删除所有侵权信息这两种措施难以有效地避免侵权行为的继续发生。此外，删除所有侵权信息会使得网络交易平台商面对海量的动态信息，无法仅根据信息本身做出准确判断，不具有技术可行性。[3]

冯术杰认为，可以从保护权利人、利益平衡这两个角度解读《侵权责任法》第36条规定的"必要措施"。其一，从保护权利人的角度来看。一方面，有关措施应当能够有效预防或者制止侵权行为，网络交易平台要穷尽对可能采取的措施的选择，并将其采用到有效预防或制止侵权行为的程度。正如有学者所言，不能以删除侵权信息作为其采取必要措施的最终要求。[4] 另一方面，必要措施并不是"充分措施"，网络交易平台商仅承担预防或制止侵权的行为义务而非结果义务，不能以其采取的措施未能预防或制止所有侵权行为而认为其违反"必要性"特征。其二，从利益平衡的角度来看，所采取的措施不应给平台内经营者带来不必要的损害。例如，因销售假冒商标的产品被关闭账户的经营者在同一网络交易平台再次申请开户时，网络交易平台如果拒绝开户，则该措施有超出必要性而损害开户申请人权益之嫌。对于有售假记录的申请人，再次销售商品时，要求其提供权利人的授权证明，就可以被认为是采取了必要措施。[5]

---

〔1〕　司晓："网络服务提供者知识产权注意义务的设定"，载《法律科学（西北政法大学学报）》2018年第1期。

〔2〕　钱玉文、张加林："论网络服务提供者商标侵权的法律责任"，载《知识产权》2013年第2期。

〔3〕　司晓、费兰芳："电子商务平台服务提供者的商标间接侵权责任探析——论《侵权责任法》第36条在电子商务商标侵权中的适用"，载《知识产权》2012年第3期。

〔4〕　朱冬："网络交易平台商标侵权中避风港规则的适用及其限制"，载《知识产权》2016年第7期。

〔5〕　冯术杰："网络服务提供者的商标侵权责任认定——兼论《侵权责任法》第36条及其适用"，载《知识产权》2015年第5期。

3. 网络交易平台商应承担的间接侵权责任。

（1）网络交易平台商的间接侵权责任类型。网络交易平台商的法律地位和注意义务的确定，决定了其应承担替代侵权责任、帮助侵权责任和引诱侵权责任这三种间接侵权责任中的哪一种责任。一方面，持网络交易平台商是网络交易中介方观点者，会主张平台商对直接侵权行为承担替代责任。另一方面，持网络交易平台商是交易场所提供方观点者，以及持网络交易平台商是网络服务提供方观点者，都认为平台商应承担帮助侵权责任。但是，二者对网络交易平台商负有何种注意义务的问题存在不同看法：前者认为平台商负有监督、管理直接侵权人的作为义务；后者认为平台商不负有这种实现监控的作为义务，仅负有在知道第三人之侵权行为时不得协助、促成后者从事这种侵权行为的不作为义务。相应地，二者在网络交易平台商的过错认定标准方面也持有不同意见：前者认为通过第三人多次从事侵权行为这一事实本身，即可推定平台商没有尽到监控义务，进而认定平台商存在过错；[1] 后者认为只有在平台商知道第三人之侵权行为并且协助、促成第三人从事侵权行为的情况下，才能认定平台商存在过错。我国 2009 年颁布的《侵权责任法》第 36 第 2 款和第 3 款分别规定了网络服务提供者承担侵权责任的提示规则即"通知与删除规则"和"知道规则"，采纳了后一种观点。

（2）我国网络交易平台商应承担的间接侵权责任。我国现行法律和学界通说认为，网络交易平台商因他人实施商标直接侵权行为而承担的间接责任为帮助侵权责任。根据《侵权责任法》（已失效）第 9 条关于帮助侵权的规定，当有人知道他人准备或者正在实施直接侵权行为时，其负有采取不对直接侵权行为提供实质性帮助的措施以避免权利人遭受损害的注意义务，如果其违反了该注意义务且因此造成了权利人的损害，其应当就该损害与直接侵权人承担连带责任。在商标法领域，根据《商标法》第 57 条第 6 项和《商标法实施条例》第 75 条、《侵权责任法》（已失效）第 9 条的规定，当有人知道他人准备或者正在实施商标直接侵权行为时，其负有采取不对他人直接商标侵权行为提供实质性帮助（例如，仓储、运输、邮寄、印制、隐匿、经营场所、网络交易平台等便利条件）的措施以避免商标权人遭受损害的注意义务，如果其违反了该注意义务且因此造成了商标权人的损害，其应当就该损害与商标直接侵权人承担连带责任。在网络环境中，根据《侵权责任法》（已失效）第 36 条第 2 款和第 3 款、《电子商务法》第42 条和第 45 条的规定，当网络交易平台商一开始不知道直接商标侵权行为而在接到他人通知后知道商标直接侵权行为时，或者网络交易平台商一开始即知道商标直接侵权行为时，其负有采取删除、屏蔽、断开链接、终止交易和服务等必要

---

〔1〕 王柯："'衣念诉淘宝案'：浅析 C2C 模式下商标'间接侵权'"，载《电子知识产权》2010 年第 11 期。

措施以避免商标权人遭受损害的注意义务，如果其违反了该注意义务且因此造成了商标权人的损害，其应当就该损害与商标直接侵权人承担连带责任。

4.《电子商务法》中的"通知—删除"程序性规则。《侵权责任法》（已失效）第 36 条第 2 款的不足在于，该条款仅规定了"通知—删除"实体性规则，而没有操作层面的程序性规则。一方面，在适用条件层面，不同于《信息网络传播权保护条例》第 14 条的权利人"认为"其版权受到侵权时有权通知网络服务提供者并要求后者采取必要措施的规定，《侵权责任法》（已失效）第 36 条第 2 款要求网络用户实施了侵权行为，这表明侵权行为的存在或成立必须是客观的，如果不存在网络用户的侵权行为，被侵权人不享有必要措施请求权。另一方面，在请求权层面，《侵权责任法》（已失效）第 36 条第 2 款没有规定《信息网络传播权保护条例》第 14 条至第 17 条、第 24 条那样的"通知与反通知"程序性请求权和被控侵权人的实体性救济权利（侵权不成立则权利人赔偿损失），而是设置了实体法上的必要措施请求权，由于网络服务的中立性，不应由网络服务提供者判断侵权是否成立，故而这种请求权在没有生效判决或行政决定为依据的情况下无法有效发挥作用。[1]

《电子商务法》第 42 条至第 45 条在《侵权责任法》（已失效）第 36 条第 2 款的基础上，构建了知识产权权利人、电商平台、平台内经营者之间关于知识产权侵权投诉的互动机制，即"通知—删除—反通知—选择期间"机制/规则。[2] 较之于《侵权责任法》第 36 条第 2 款的"通知—删除"规则，《电子商务法》的规定不仅更为详细、具有可操作性，而且顾及了电子商务行业的各方利益及其相互关系。《电子商务法》规定的新进展有：①配置与通知权相对应的反通知权，保障争议双方当事人在表达自由方面的利益均衡；②规定错误行使通知权的后果责任规则，防止通知权的滥用；③规定行使通知权与反通知权的程序，包括有关证据的要求。将通知权建立在可能侵权并有初步证据而非实际上确实构成侵权的基础上，更具有科学性。[3]

2020 年 5 月发布、2021 年 1 月施行的《民法典》第 1194 条至第 1197 条，将《电子商务法》第 42 条至第 45 条的网络知识产权侵权"通知—删除"程序性规则扩张为网络民事权益侵权"通知—删除"程序性规则，对网络环境下的知识产权以及知识产权以外的民事权益提供充分的保护。

---

〔1〕 冯术杰："网络服务提供者的商标侵权责任认定——兼论《侵权责任法》第 36 条及其适用"，载《知识产权》2015 年第 5 期。

〔2〕 刘晓春："《电子商务法》知识产权通知删除制度的反思与完善"，载《中国社会科学院研究生院学报》2019 年第 2 期。

〔3〕 杨立新："电子商务交易领域的知识产权侵权责任规则"，载《现代法学》2019 年第 2 期。

第三节　网络环境下的商标法完善对策

互联网技术广泛应用于商务、出版、娱乐乃至科学、文化、教育等领域，不仅渗透到社会生活的方方面面，而且催生了一系列新兴的互联网产业。[1] 这不可避免地引发了网络环境下的行为主体与其他网络活动参与者之间的利益冲突，在既有法律规则因立法空白难以对利益冲突各方的法律关系予以调整的情况下，会带来新的利益分配需求。法律上满足这种利益分配需求的方法有两种：一种方法是基于既有法律规则的法律解释，这秉持的是法律保守主义态度；另一种是对法律规则的修订与革新，这秉持的是法律激进主义态度。在商标法领域，我们在面临网络环境中的商标问题时，也会遇到相应的利益冲突与利益分配需求，而到底是用保守的法律解释方法抑或是激进的法律制定与革新方法，来解决这种利益冲突与利益分配需求，则应当从技术创新、市场竞争、社会福利和消费者利益等方面综合考量。

一、网络环境下的商标法问题所反映的利益冲突

在网络环境下的商标法领域，我们主要面临传统商标侵权行为在网络上的延伸，域名、元标签、网络游戏名称等网络标识的商标保护，网络链接中的商标侵权，元标签中的商标侵权，关键词广告买卖行为，网络交易平台商的间接侵权等问题。其中，有些问题所体现的依然是既有的利益冲突，有些问题体现了新的利益冲突，产生了新的利益分配需求。

（一）未反映新利益冲突与利益分配诉求的问题

1. 传统商标侵权行为在网络上的延伸。在电子公告板、电子邮箱、网络广告中未经许可使用竞争对手的商标而导致相关公众混淆的行为，不过是传统商业活动中的商标使用行为在网络上的延伸。这种行为的商标侵权认定所体现的利益冲突，是商标权人对标志识别来源之商标使用的专有权益与他人的行为自由之间的利益冲突。

2. 网络标识的商标保护。对于域名、话题标签和网络游戏名称等网络新型标志而言，其能否受到商标法保护，取决于人们是否对这些标志申请商标注册，是否将这些标志作为商标使用，即在商业活动中使用这些标志以识别商品来源。因此，网络新型标志的商标保护与传统商业标志的商标保护所体现的利益冲突一样，都是标志所有人对标志识别来源之商标使用的专有权与社会公众对标志非识

---

〔1〕　王利明："论互联网立法的重点问题"，载《法律科学（西北政法大学学报）》2016 年第 5 期。

别来源之非商标使用的自由之间的利益冲突。通过商标注册和商标使用的途径对前述标志予以产权公示和界定，能够有效地解决这种利益冲突。

3. 网络链接中的商标侵权。在超链接或深度链接的交互按钮或者超文本、视框链接的框架中未经许可使用竞争对手的商标而导致相关公众混淆的行为，是网络环境下新兴的商标使用行为。同现实空间的商标侵权行为一样，这种行为的商标侵权认定所体现的利益冲突，是商标权人对标志识别来源之商标使用的专有权益与他人的行为自由之间的利益冲突。

（二）反映新利益冲突与利益分配诉求的问题

1. 元标签、关键词广告买卖中的商标侵权。在网站网页元标签代码、搜索引擎关键词中使用他人商标，网络用户在搜索引擎中输入该商标文字时，嵌入大量带有商标文字元标签的网站、购买关键词广告推广服务的广告客户网站会出现在搜索结果页面的前列，这会造成网络用户的注意力从商标权人的网站转移到前述网站，造成所谓的"最初兴趣混淆"。

人们对元标签、关键词中使用他人商标的行为是否属于商标法意义上的商标使用行为，行为导致的网络用户注意力分散或转移这种"最初兴趣混淆"是否属于商标侵权构成要件中的消费者混淆这两个问题，存在肯定和否定两种看法。其中，持否定态度的观点，以商标识别来源功能是否受到妨碍或者损害作为商标侵权的判定标准，侧重于保护消费者免受欺诈；持肯定态度的观点，以商标的广告功能和商誉承载功能是否受到妨碍或者损害作为商标侵权的判定标准，侧重于保护商标权人对标志广告宣传、商誉承载之使用的专有权益。

持肯定态度的观点，反映了网络环境下商标权人扩张商标权保护范围的利益诉求，造成了商标法保护重心的转移，突破了基于保护消费者不受混淆、保护经营者投资与商品自由流通、言论自由之间利益平衡所构建的商标"混淆可能性"和"淡化可能性"二元保护机制。其所树立的以交易机会、商誉受到影响为准的新型权利保护机制，过分扩大了商标权的支配属性，加重了商标权的产权化程度，冲击了商标救济的传统框架，对市场自由竞争有过度干预之嫌，过分限缩了标志非标识来源之这种非商标使用的公有领域。[1]

2. 网络交易平台商的间接侵权责任。对网络交易平台商的法律地位、注意义务的认定，决定了网络交易平台商应当承担何种间接侵权责任。对此，人们有不同的看法：其一，主张网络交易平台商是网络交易的中介方者，认为平台商在直接侵权人实施了侵害商标权的行为时即违反了最大限度的注意义务，应当承担替代侵权责任。其二，主张网络交易平台商是交易场所提供方或者"柜台出租

---

〔1〕 刘维："中国知识产权裁判中过度财产化现象批判"，载《知识产权》2018 年第 7 期。

方"者，认为平台商应当承担监督、管理直接侵权人的作为义务，如果平台商不履行这种作为义务而致使商标直接侵权行为发生，则具有过错，应当承担帮助型间接侵权责任。其三，主张网络交易平台商是网络平台服务提供方者，认为平台商无需承担监督、管理直接侵权人的作为义务，只负有在知道直接侵权人之商标侵权行为时不得协助、促成后者从事这种侵权行为的不作为义务，如果平台商不履行这种义务，则具有过错，应当承担帮助型间接侵权责任。

这些观点反映了不同的利益分配诉求：其一，主张网络交易平台商是网络交易的中介方者，无视网络交易平台在网络交易中的被动角色，对平台商课以最大限度的注意义务，以商标直接侵害行为的发生推定平台商违反相应的注意义务，在平台商不具有过错时即让其承担替代侵权责任。这在商标权人对标志识别来源之商标使用的专有权益与平台商的行为自由之间，侧重于对商标权的保护，对平台商的行为予以最大程度的限制。这种观点，反映了极力保护商标权、全面管制互联网企业的利益诉求，妨碍了电子商务这种互联网产业的发展。其二，主张网络交易平台商是交易场所提供方或者"柜台出租方"者，系以现实空间的商场、柜台类比网络交易平台，从而将现实空间商场、柜台在他人商标直接侵权方面应承担的注意义务挪用于网络空间的网络交易平台商，忽略了网络交易平台商的服务特征，对平台商课以监督、管理直接侵权人的作为义务。这在商标权人的专有权益与平台商的行为自由之间，偏向于对商标权的保护，对平台商的行为予以相当的限制。这种观点，反映了强力保护商标权、从严管制互联网企业的利益诉求，不利于电子商务产业的发展。其三，主张网络交易平台是服务提供方者，仅仅让平台商在知道直接侵权人之商标侵权行为时承担不得协助、促成后者从事这种侵权行为的不作为义务，这在充分保护商标权的同时，降低了网络平台在电子商务活动中的法律风险。这种观点，反映了推动新兴互联网产业发展的利益诉求。

这三种观点之间的分歧，不仅反映了人们在保护商标权人的专有权与确保他人的行为自由这两种利益之间的不同权衡，更加体现了德国、法国和美国、中国等在电子商务产业发展方面资源禀赋存在差异的国家对电子商务产业的不同态度。20 世纪 90 年代，美国在版权法和侵权法方面进行改革，减少了互联网平台的第三方责任、降低了隐私保护程度，为互联网企业的崛起提供了良好的法律环境。相反，欧洲、亚洲的一些国家以严格的中介责任机制、生硬的知识产权法和强力的隐私保护阻碍了互联网企业的发展。[1] 从 1994 年我国互联网的诞生至今的 25 年内，伴随着互联网技术对经济、社会、文化各方面的逐步渗透，我国网

---

〔1〕 谢晓尧、吴楚敏："转换的范式：反思知识产权理论"，载《知识产权》2016 年第 7 期。

络交易平台商对内容的阅读和获取的控制能力不断增强,自我规制能力不断提高,其在市场中的结构地位愈发重要。不过,这并未从根本上改变网络交易平台商在网络交易中的服务角色,网络交易平台商、商标权人、网络交易当事人、消费者之间社会关系的也没有因为互联网的发展产生根本性变动。让网络交易平台商对商标直接侵权行为承担替代责任或者监督、管理直接侵权人的作为注意义务,尚非其时也。

二、商标法完善的保守主义方式:法律解释学的运用

对于未能反映新利益冲突与利益分配诉求的问题,诸如网络新型标志的商标保护、传统商标侵权行为在网络上的延伸、网络链接中的商标侵权等,并未突破现行商标法制度的调整范围,适用现行商标法足以解决。同样,对于反映新利益冲突与利益分配诉求的元标签、关键词广告买卖中的商标侵权以及网络交易平台商的间接侵权责任等问题,学界和司法机关还是运用基本的商标法原理,根据现行的商标法制度,通过文义解释、体系解释和类推适用其他知识产权单行法的方式,给出了相应的回答。这表明,这些反映新利益冲突与利益分配诉求的问题,现行《商标法》通过吸收过去的裁判经验与学理,以历次修订的方式予以完善。

(一)元标签、关键词广告买卖中的商标侵权

1. 将商标作为元标签、搜索关键词使用不属于商标使用行为。人们对元标签、关键词广告买卖是否构成商标侵权这个问题产生分歧的重要原因,在于人们对于将他人商标作为元标签代码、搜索关键词使用行为是否属于商标法意义上的商标使用这个问题存在不同看法。现行《商标法》第48条对2002年《商标法实施条例》第3条的"商标的使用"概念予以完善,在"商业使用"之外,增加"识别商品来源"作为使用目的,明确了商标的基本功能定位。根据现行《商标法》规定,那种仅仅选定他人商标作为元标签代码、搜索关键词的行为,不会让相关公众认识到相应标志的存在,当然未能让消费者产生该商标与特定来源存在关联的印象,该商标并非发挥识别商品来源的功能,这种使用当然不构成商标法意义上的商标使用行为,人们无须对这种行为是否会造成消费者混淆予以分析,即可认定这种行为不构成商标侵权。

2. 将商标作为元标签、搜索关键词使用不会造成消费者混淆。不同于既将他人商标作为元标签、搜索关键词使用、又将该商标使用于搜索结果页面的关键词广告链接的行为,仅仅将他人商标选定为元标签、搜索关键词的行为,在搜索结果页面的关键词广告链接中并没有使用他人商标。此时,网络用户输入商标关键词进入搜索结果页面之后,不会产生该商标与广告客户存在关联的印象。即便网络用户会因为关键词广告链接位于搜索结果页面的前列而点击进入广告客户的网站,也有可能会在广告客户的网站中购买商品,这种点击进入、购买行为的产

生也不是因为网络用户在商标权人和广告客户之间产生了混淆，而是因为关键词广告链接转移了网络用户的注意力。

3. 将商标作为元标签、搜索关键词使用不会损害商标权人的市场利益。将他人商标作为元标签、搜索关键词使用，虽然位于搜索结果页面前列的关键词广告转移了网络用户的注意力，但是，广告链接并没有取代商标权人的网站链接，从而夺取商标权人在自然搜索结果中通过使用商标标识来源可预期获得的商业机会，导致商标权人基于商标应取得市场份额的减少。相反，关键词广告为网络用户提供了某种商品替代选择的信息，为他们转而选择性价比更高的可替代产品或找到能满足其他要求的产品提供了机会，促进了消费者福利的提高。[1]

（二）网络交易平台商的间接侵权责任

1. 网络交易平台商是电子商务平台服务提供方。网络交易平台商既不是网络交易的中介方，也不是等同于现实空间的交易场所提供方或者"柜台出租方"。在网络交易过程中，网络交易平台商并未从事行纪、居间等中介行为，其提供的网络交易平台系商品信息平台而非商品实体平台，也不像现实空间的商场、柜台等交易场所那般易于进行事前监督、管理。因此，我国《电子商务法》明确规定，网络交易平台商是为交易双方或者多方提供网络经营场所、交易撮合、信息发布乃至仓储、物流、支付结算、交收等服务，供交易双方或者多方独立开展交易活动的电子商务平台服务提供方。

2. 网络交易平台商应承担在知道直接侵权行为时不予帮助的注意义务。鉴于网络交易平台商对信息阅读和获取的控制能力不断增强、自我规制能力不断提高，网络交易平台商可以建立专门保护知识产权的技术规则和自治规则。然而，这两种规则都难以实现网络交易平台商对侵权行为的事先监督和管理。一方面，在技术规则层面，商标侵权认定等法律问题往往涉及数理逻辑之外的道义逻辑，模糊的"消费者混淆"等判定标准难以通过代码语言和算法予以准确表达和运行。另一方面，在自治规则层面，同网络交易平台商的服务协议、交易规则中的禁止侵权条款一样，专门的知识产权保护自治规则仍然是一种契约安排，其有效运作有赖于网络交易平台商、平台内经营者等主体对规则的遵守和执行。

网络交易平台商作为电子商务平台服务方，处于商标权人和直接侵权人之外的第三方地位。虽然网络交易平台商在技术、资本等方面相对于平台内经营者、消费者和商标权人具有优势，但是这种优势不足以改变既有的社会关系。在网络交易平台商未能在技术上实现对商品信息构成商标侵权的自主判定时，在网络交易平台未能对信息阅读、获取形成全面控制时，要求网络交易平台商承担主动鉴

---

[1] 杜颖："商标法律制度的失衡及其理性回归"，载《中国法学》2015 年第 3 期。

别、监督、控制商标侵权行为的义务，实在是不合时宜。因此，我国《电子商务法》第 42 条至第 45 条明确规定，网络交易平台商只有在接到侵权通知或者原本知道或应当知道他人直接侵权的情形，才负有不帮助直接侵权人促成商标侵权行为的义务，其所应采取的删除、屏蔽、断开链接、终止交易和服务等必要措施，是履行这种不作为义务的方式。

三、商标法完善的激进主义方式：法律的制定与革新

商标法完善的保守主义观点认为，只有当网络环境下商标法问题所体现的新利益冲突与利益分配诉求对既有社会关系产生重大影响，从而突破了现行商标法律制度调整范畴的情形，才应当进行法律的制度与革新。除此之外，在现有商标法理论、现行法律制度和法律解释足以解决相关问题的情况下，没有必要制定新的法律，革新现有的理论与制度。相反，商标法完善的激进主义方式，则会强调网络环境下商标法问题的特殊性，认为互联网技术的发展使得网络环境下的商标法问题超出了现行商标法律制度的调整范畴，必须制定新的法律予以应对。持这种态度者，将会主张制定专门的网络商标法，来解决元标签、关键词广告买卖中商标侵权、网络交易平台商的间接侵权责任等问题。

在互联网全面渗透人类社会的当今，人工智能、智能机器人、虚拟财产、大数据和云计算等新生事物出现，各国也陆续制定了专门的法律予以应对。但是，新生事物所涉及行为背后的权利义务关系不一定因借助互联网技术而具有特殊性，专门的法律不一定等于调整新型社会关系的新法律。近年来，知识产权学界也出现了对人工智能生产作品是否享有著作权等问题的讨论，这十分类似于 2002 年至 2006 年间学者们对域名是否属于新型民事权利或者新型知识产权问题的探讨，往往流于"蹭热度"式的人为制造话题，属于在缺乏相关纠纷、裁判经验而在社会关系发生重大变化的情况下对未来做出的理论臆测。然而，法律的保护本质意味着理论和立法不能领先于时代，而是应当基于社会关系这种经济基础的变动去相应地做出上层建筑的变动。

作为规范商业活动中商标法律关系的商标法，面临着搜索引擎技术、网络平台技术发展带来的商标侵权认定和侵权责任认定等方面的问题。有学者也创建了"最初兴趣混淆"这种新原理解决元标签、关键词广告的商标侵权问题，或者沿用"替代责任"这种旧理论来解决网络交易平台商的间接侵权责任问题。这种"花样翻新"或者"张冠李戴"，都未能认清相关问题所反映的利益冲突与利益分配诉求，未能认识到相应社会关系的稳定性和协调性。2006 年之后，几乎不再有学者对域名属于新型民事权利或者新型知识产权这个问题予以讨论，这充分表明，那种为未来构建新理论的做法经不起法律发展历史规律的检验。如果未来互联网技术的发展致使网络空间产生了新型的商标法律关系，相关裁判经验表明既有商标法存在立法空白的情形，我们也对构建网络环境下的商标法制度持开放态度。但在当下而言，对于网络环境下的商标法问题，我们应当对动辄制定新法律的激进主义方式持慎重的态度，而应当采取法律解释或者调整既有商标法规则的保守主义方式予以应对，不能在预测未来的基础上制定超前的新法律。

第八章

网络环境下的专利法

互联网技术的发展给专利制度带来了前所未有的动力和挑战。技术要素不仅直接影响专利新颖性、创造性的判断，而且大量网络证据的真实性和公开的时间也往往难以认定。同时，大数据、人工智能、基因技术所引发的商业方法能否给予专利权，同样是学理和实务中颇受争议的问题。此外，产生于版权保护领域的"通知—删除"规则能否适用于专利范畴，亦是颇受关注的问题之一。随着我国《专利法》第四次修改的完成，这些问题都亟需深入探讨研究。

第一节　网络证据真实性和公开时间的认定

一、网络证据的概念和特点

在网络时代，大量知识蕴涵于网络之中，利用网络检索信息和获取知识逐渐成为人们的习惯，计算机网络改变了人们研究问题的方式，与此相适应的是，在专利授权、确权、侵权程序中使用从网络上获取的资料作为现有技术等证据的情况也越来越多，网络证据日益成为专利法领域重要的一种证据形式。

（一）网络证据的概念

电子数据已成为一种法定的证据种类，网络证据是电子数据证据的下位概念。《网络安全法》第 76 条第 4 项中规定，"网络数据，是指通过网络收集、存储、传输、处理和产生的各种电子数据"。而关于电子数据，《民事诉讼法解释》第 116 条第 2 款规定，"电子数据是指通过电子邮件、电子数据交换、网上聊天记录、博客、微博客、手机短信、电子签名、域名等形成或者存储在电子介质中的信息"。《最高人民法院关于民事诉讼证据的若干规定》第 14 条规定："电子数据包括下列信息、电子文件：①网页、博客、微博客等网络平台发布的信息；②手机短信、电子邮件、即时通信、通讯群组等网络应用服务的通信信息；③用户注册信息、身份认证信息、电子交易记录、通信记录、登录日志等信息；④文档、图片、音频、视频、数字证书、计算机程序等电子文件；⑤其他以数字化形式存储、处理、传输的能够证明案件事实的信息。《中华人民共和国电子签名法》（以下简称《电子签名法》）第2条第2款也规定了"本法所称数据电文，是指以电子、光学、磁或者类似手段生成、发送、接收或者储存的信息"。由此，可以将网络证据定义为，借助于电子、信息等技术生成、发送、接收、存储，并通过网络收集、存储、传递、获取的证据。

网络证据一般包括以下内涵：网络证据是以数字形式存在的，即其生成、传送、接收、收集都离不开二进制的数字代码序列；网络证据是以通信网络作为传播媒介的证据；网络证据是必须通过计算机系统来展现的证据；网络证据是能够作为证据使用的材料。

（二）网络证据的特点

由网络证据的定义和内涵也可以看出，网络证据作为一种以特殊形式存在的证据，与其他类型的证据相比，具有以下五个特性：

1. 数字性。网络证据的数字性是指，网络证据是以计算机代码的形式存在的，依靠的是将信息转化为逻辑信号0和1组成的二进制代码序列，网络证据的生成、存储、传送、处理、接收都是围绕着由"0"和"1"组成的二进制代码序列进行的。数字性是网络证据的根本特性，并决定了其他特性的存在。

2. 准确性。由于网络证据在产生、存储、处理的过程中必须用特定的二进制编码表示，而二进制代码序列和想要表达的信息存在一一对应关系，因此只要该二进制代码序列没有发生变化，其所表达的信息也就不会发生变化，就能够准确再现信息最初生成时的情形。另外在二进制序列的生成、存储、传送和收集过程中，还有很多校验和自动纠错技术来发现和自动修复差错，保证准确性。故只要不被篡改，网络证据一旦生成便能够保持最初状态，准确地反映客观事实。

3. 系统依赖性。网络证据不像书证和物证那样，能够直接为人们观察或阅读，其载体和内容具有分离性，内容必须借助计算机系统才能读取。网络证据的形成和处理均是通过计算机系统完成的，并依赖于计算机网络来传输和获取，最终也通过计算机来表现和识别。网络证据的生成、存储、发送、收集均离不开计算机系统。

4. 脆弱性。当出现人为破坏或者技术故障的时候，网络数据容易被修改和删除。而且由于网络证据在计算机系统中使用电子、光学、磁等介质作为信息载体，因此内容的修改或删除不容易留下任何痕迹。如果没有可供对照的副本或者映像文件，内容被破坏后难以发现、查清和判断。

5. 多样性。网络证据的多样性表现在呈现形式的多样化和发布来源的多样化。从表现形式看，网络证据不仅可以表现为静态的文本、图片等，还可以表现为动态的语音、视频、动画等。从网络信息的发布来源看，网络证据可由各类网站、论坛、自媒体等各种资质不同的平台发布。

将网络数据作为证据使用时，必然要对其真实性、合法性和关联性加以认定。网络证据在合法性和关联性的审核方面与传统证据相比并无特别之处，审核规则相同。合法性主要审核证据的主体形式及收集程序或提取方法是否符合法律的有关规定，关联性主要审核证据的事实是否和案件相关联、对证明案情是否有实际意义。然而，由于网络证据具有数字性、脆弱性和系统依赖性等特点，而且各类技术和规则又在不断的发展和变化当中，对网络证据真实性的审核存在很大困难，这也成为研究网络证据问题的重点。此外，在专利授权、确权、侵权程序中经常要确定证据是否构成申请日前的现有技术，也正是由于网络证据的上述特性，对网络证据公开性认定以及公开时间的认定方面还存在诸多争议，因此这也成为当前知识产权界的研究热点。

二、网络证据的真实性判断

证据的真实性是证据最本质的特征，谈到证据具有真实性，是指证据所反映的内容是真实的，客观存在的[1]。从网络证据的形成和使用过程来看，网络证据经历了电子数据的生成、网络环境下的传播和获取、通过一定方式固定并呈现出来作为证据使用三个阶段。因此，认定网络证据能否反映事实的客观情况，或者说网络证据是否具有真实性，主要需要考察以下三个问题：①网络证据产生时，其所具有的信息是否真实；②该初次产生的网络数据是否经过篡改；③该网络证据的固定和再现是否反映了该网络证据的真实情况。

初次产生的网络信息是否真实，主要取决于网站的可靠性，该网站的可靠性可以通过网站的综合水平以及网站与当事人之间的利害关系等方面加以判断。该初次产生的网络数据是否经过篡改，可以通过考虑网络证据的存储、传输、接收、完整性等方面加以分析，并可以有多种方法予以佐证。该网络证据的固定和再现是否反映了该网络证据的真实情况，主要取决于对网络证据固化的方式进行判断。

（一）审核网站的可靠性

1. 网站的综合情况。网站的综合情况主要包括网站的资质，网站系统的稳定性，网站的交互性，网站运行和管理的规范性，网站审核监督惩戒机制的健全性等多个方面。

审核网站的资质可以从网站的运营主体、运营资格、备案许可情况、信用状况等方面入手。一般来说，政府网站、高校和科研院所网站、在线期刊或数据库网站、业内知名度较高的大型网站等，资质较好，此类网站上的证据真实性较为

---

[1]　李国光主编：《〈最高人民法院关于民事诉讼证据的若干规定〉的理解与适用》，中国法制出版社 2002 年版，第 335 页。

可靠。

网站系统的稳定性主要指构成网站系统的硬件、软件与固件的稳定情况以及正常运行的情况。如果网站的硬件系统没有出现过故障或者具有完备的日志系统与备份系统，网站的软件系统运行比较可靠，没有出现自动故障和黑客入侵，那么网络证据被技术性地修改或恶意篡改的可能性较小。[1]

网站的交互性是指网站与用户之间的数据交流情况。一是在原始数据产生阶段，数据是由计算机程序自动生成（例如通过一定的程序所实现的内容自动生成或抓取），还是由人工输入。二是信息发布主体是否有限制，如仅限于网站管理员、编辑人员、注册用户还是任意访客。三是信息发布后的阶段，发布主体是否容易对已发布的信息作出变更。

网站运行和管理的规范性包括网站的日常管理维护是否及时，网站建设、管理、运行维护、安全等方面是否有详细的管理规定、严格的操作规程，网站是否有严格的权限分配和管理机制等。

网站审核监督惩戒机制的健全性包括网站的审核与记录机制、虚假信息识别与惩戒机制等。具体而言，可考察管理员对于网站内容审核的情况以及记录网络使用者的操作的日志系统的情况，考察对数据篡改等行为是否有有效的识别、监督、惩戒等途径。比如一些大型商业网站（例如淘宝、京东等），虽然该类网站的审核机制较为宽松，但是该类网站具有较好的记录机制和监督机制，交易双方都可以对对方信息的真实性以及可信度做出评估，起到了很好的监督作用。

2. 网站及发布者与当事人之间的利害关系。网站与当事人之间的利害关系主要涉及网站运营主体以及信息发布主体与本案件的当事人之间的特殊关系，例如是否由当事人自己运营或者发布，或者与当事人是否存在亲属关系、合作关系、赞助关系等。

如果网站属于独立运营的第三方网站，信息发布主体也与当事人没有任何利害关系，那么该证据的真实性较强；如果一方当事人与网站或者信息发布主体有任何利害关系，例如一方当事人与网站具有业务往来关系、一方当事人系网站的赞助商或者广告商等，则该证据的真实性较弱。

（二）判断网络证据是否经过篡改

通过考察网络证据的存储、传输、接收、保证完整性等过程，可以判断初次产生的网络数据是否经过篡改。

网络数据生成后，首先面临的就是存储问题，网络数据的存储情况是影响数据真实性的重要因素。在考虑存储的可靠性时，需要考虑如下四方面因素：存储

---

[1] 丁惠玲等:《网络证据的法律适用》，国家知识产权局学术委员会一般课题，课题编号 Y070703。

方法、存储介质、存储主体和加密措施，例如存储数据的方法是否科学，存储数据的介质是否可靠，存储数据的主体是否客观、中立、具备良好的技术条件，以及存储的数据是否加密等。

网络数据进入到传送与接收阶段时，需要考虑如下三方面因素：所采用的数据传送手段、所采用的数据加密技术以及服务提供商的状况。例如考虑传递、接收数据时所用的技术手段或方法是否科学、可靠，传递数据的服务提供商等是否公正、独立，数据在传递过程中是否采用科学的加密技术等。

综上可知，判断网络证据是否经过篡改、网站是否有保证数据完整性的措施，应该以网络证据的基本技术作为逻辑起点，综合考虑证据生成、存储、传输各个过程当中，是否有足够的技术条件确保数据的完整。此外，当事人也可以进一步提供其他证据进行佐证。

1. 网站的日志文件。一般情况下，网站服务器日志文件会记载网站服务器上进行的所有操作。因此日志文件能够反映出网络证据是否经过了修改。如果当事人提交经过公证程序获得的或者经过其他合法途径获得的日志文件，在对方当事人没有提交合理反证的情况下，可以通过网站的日志文件确认数据内容未经修改。

2. 网络服务商的证明或网站管理人员的证言。一般情况下，如果当事人提交了网络服务商的证明或者网站管理人员的证人证言，尤其是该网站与双方当事人均没有利害关系的情况下，可以一定程度上证明数据的完整和真实。

3. 网络爬虫的时间快照。通过网络爬虫的时间快照，可以证明网页的真实性和公开时间。例如，通过 Google、Baidu 等搜索引擎进行搜索时，可以通过网页快照查看某一特定日期该网页的部分内容。

4. 互联网档案馆。互联网档案馆定期对网页档案资料进行保存，许多已关闭网站或网页更新前的信息内容均会记录在互联网档案馆中。其中最为著名的互联网档案馆为美国的 Internet Archive（www. archieve. org）。互联网档案馆所记录的网页内容具有较高的可信度，实践中在没有相反证据的情况下，当事人提交的这类证据一般都得到了认可。

（三）考察证据固化方式

由于网络证据的数字性、无形性，存在该数据中的信息无法被人的器官所直接感知，不能直接证明任何事实，借助于计算机等特定电子设备后，虽得以被感知和查看，但是，在专利行政和司法程序中，证据仍然需要通过一定的物理形式进行固定和再现，即必须使用一定形式将无形性的网络证据加以固定。网络证据的表现形式主要考虑呈现在裁判者面前的网络证据的形态。

通过公证书的方式提交网络证据是实践中最常用的一种方式，一般使用公证书记载网页内容的打印件并记载网页的下载过程。除此以外，当事人还可以通过可信时间戳、哈希值校验、区块链等证据收集、固定和防篡改的技术手段或者通过电子取证存证平台认证等方式进行固证。如果当事人提供的证据通过公证或其他有效的方式固定的，其真实性更加容易得到确认。

（四）案例评析

1. 案例一。在某一专利无效宣告请求案中，无效宣告请求人提交的公证书中记载了通过 Google 搜索进入到中国信息产业网的网页的过程。

（1）从网络证据的固化方式来看，当事人所提供的公证书记载了中国信息产业网的网页内容的打印件，并且记载了通过 Google 进行搜索获得该网页的过程以及该网页的下载过程。虽然网络证据具有数字性和系统依赖性，网页内容的打印件所反映的网络证据具有非正式或者易变的表现形式，但是该打印件完整地反映了公证当时网页的显示情况；另外，该公证书记载了通过 Google 进行搜索获得该网页的过程以及该网页的下载过程，因此能够证明该网络证据的证据来源；还有，该公证书能够证明在打印页形成的时刻该打印件与中国信息产业网的网页内容相一致。因此，对于该网络证据的真实性可以初步予以认定。

（2）从网站的可靠性方面来看，网站的综合水平较高，且和当事人无利害关系。中国信息产业网由信息产业部主管，人民邮电报社报业集团承办，是我国通信行业唯一拥有国务院新闻办授予新闻发布权的新闻网站。并且该网站中的网页由网站的系统管理员或者栏目管理员发布或者修改信息，社会公众无权发布或者修改信息。网站的可靠性、稳定性、审核记录以及权限管理由人民邮电报社报业集团负责，并且虚假信息的惩戒与识别由人民邮电报社报业集团以及信息产业部内部的行政管理机制负责，相对严格。而且，在没有相关证据证明的前提下，应当认定中国信息产业网与双方当事人均不具有利害关系。

（3）从判断网络证据是否经过篡改出发，从该网络证据的形成、存储与传送接收过程来看，由于中国信息产业网由人民邮电报社报业集团维护，所以该网络证据报文的原始报文数据由人民邮电报社报业集团生成，由中国信息产业网的网站服务器的数据库加以存储，并且采用 TCP/IP 协议所要求的报文形式加以传送和接收。

综合上述因素，合议组认可了该网络证据的真实性。

2. 案例二。在某一专利无效宣告请求案中，无效宣告请求人提交的公证书中显示了"大众源码网"上的内容。通过分析网站的综合水平，合议组认定该网站属于为个人或公司运营网站，网站所披露信息的公信力和权威性不足；同时，该网站存在诸多错误之处且管理混乱，例如部分软件简介页面上的链接名称与链接到的页面不一致，软件简介页面上软件名称、收录/更新时间与标签不一致，软件简介中的内容与软件名称不一致，软件的日/周下载次数大于日/周浏览次数，软件的收录、发布机制混乱，等等；在该网站的"关于本站"栏目中，提及该网站始建于 2007 年，属于企业运营网站，但是在"广告服务"栏目中，提及该网站始建于 2006 年 12 月份，为个人网站，即在该网站的性质介绍上存在相互矛盾之处；同时在"版权声明"栏目中，声明不保证下载资源的准确性和完整性；该网站"关于本站"页面下方的版权声明为"Copyright 2006～2013"，网站首页下方的版权声明为"Copyright 2006～2015"，版权期限存在不一致之处。从以上现象来看，该网站的内容存在很多明显前后不一致或错误之处。可见，当网站的运行管理混乱、审核监督机制欠缺、综合水平较差的情况下，该网站上证据的真实性不容易得到裁判主体的认可。

三、网络证据的公开性和公开时间的判断

（一）网络证据公开性的判断

根据《专利法》第 22 条第 1、2、3 款的规定，授予专利权的发明和实用新型，应当具备新颖性、创造性和实用性。新颖性，是指发明或者实用新型不属于现有技术；也没有任何单位或者个人就同样的发明或者实用新型在申请日以前向国务院专利行政部门提出过申请，并记载在申请日以后公布的专利申请文件或者公告的专利文件中。创造性是指与现有技术相比，该发明有突出的实质性特点和显著的进步，该实用新型具有实质性特点和进步。《专利法》第 23 条第 1、2 款规定，授予专利权的外观设计，应当不属于现有设计；也没有任何单位或者个人就同样的外观设计在申请日以前向国务院专利行政部门提出过申请，并记载在申请日以后公告的专利文件中。授予专利权的外观设计与现有设计或者现有设计特征的组合相比，应当具有明显区别。因此，对专利申请是否符合法定授权条件的判断均涉及对现有技术或现有设计的认定。

根据《专利法》第 22 条第 5 款的规定，本法所称现有技术，是指申请日以前在国内外为公众所知的技术。所谓"为公众所知"，不是指有关技术内容已经为公众中所有人实际得知，而是指有关技术内容已经向公众公开的状态，使想要了解其技术内容的人都有可能通过正当途径获得该项技术的全部内容。这种向公众公开的状态只要客观存在，有关技术就被认为已经公开，至于有没有人了解或者有多少人实际上已经了解该技术是无关紧要的。这就是说只要一项技术处于可为非特定人获取的状态，则该技术就已经公开。故《专利法》中的"公开"必须是针对非特定人的公开[1]。

在互联网环境下，网络数据的传输和获取等均依赖于复杂的技术手段，数据

---

〔1〕　刘春田主编：《知识产权法教程》，中国人民大学出版社 1995 年版，第 196～197 页。

的传播方式的也多种多样，在认定某些网络证据是否构成针对非特定人的公开时，应当把握一些重要的标准。在考量时要根据互联网信息的不同类型区别对待。

1. 具有公开性的情况。下述类型的网站发布的信息一般被认为是公众所能得知的，可以构成专利法意义上的公开：

（1）在搜索引擎上加以注册并能进行搜索的网站；

（2）其存在和位置为公众所知的网站（例如，与有关学术团体或者新闻单位的网页链接的网站，以向公众提供信息的方式显示的网站等）；

（3）对于需要输入口令的网站，如果公众中的任何人通过非歧视性的正常途径就能够获得所需口令访问网站，则该网站发布的信息可被认为是公众可以得到的；

（4）对于需要付费的网站，如果公众中的任何人仅仅需要缴纳一定的费用就可以访问，则该信息可被认为是公众可以得到的。

2. 不具有公开性的情况。下述类型的信息一般不能被认为是公众所能得知的：

（1）网页具体地址的来源没有公开，公众只能偶然地进行访问的网站。对于一般公众而言，如果要访问某网页，一般有两种方式：一种是先访问网站主页，再通过网页上显示的路径进入上述具体的网页，另一种是通过搜索类网站直接输入相关关键词进行搜索，而一般不会直接通过输入某复杂的网址进行访问。因此，如果当事人提交的证据没有体现通过常规方式访问网页的过程，而是直接通过输入某具体网址进入，且又没有提交能够直接获得该网址的公开来源，则无法判断该网页已经向公众公开。

（2）只有特定机构或者特定的成员才能访问的内容。例如，只有公司员工才能访问的公司内网，并且其中的信息有保密要求的网页。再如，在QQ空间中发布的较具私密性、仅对好友可见的内容。这些内容通常认定为不具有公开性。

（3）网页信息采用了特殊的编码方式，一般公众无法阅读的网站（不包括通过一组付费或者不付费的方法就能公开地得到解码工具的情况）。

（二）网络证据公开时间的判断

《专利法》规定了以申请日（享有优先权的以优先权日）作为是否构成现有技术的时间界限，所以确定网络证据的公开时间是认定其能否证明现有技术或现有设计状况的前提。由于网络证据从生成到存储、上传、接收等过程涉及多个时间节点，而且对数据的修改、删除等也会影响时间和内容的对应性，因此，如何准确地认定网络证据的公开时间，成为其能否在专利审查中作为证据使用的关键所在，这也是研究互联网证据使用问题的难点。

1. 发布时间的确定。《专利审查指南》中明确规定了公众能够浏览互联网信息的最早时间为该互联网信息的公开时间，一般以互联网信息的发布时间为准。而如何把握网络信息的发布时间，目前既缺乏法律上的依据，也有可能会遇到技术上的障碍。这是由于互联网信息的传播涉及了多个时间点，包括网页的撰稿时间、网页的上传时间、网页的发布时间、网页上记载的时间、服务器上记载的时间、日志文件中记载的时间等。而且，网页上记载的时间也经常会出现多种名称，例如上传时间、发表时间、发布时间、分享时间、原创时间等。这些多个时间节点和多种时间名称都增加了认定真实的公开时间的难度。

网页的撰稿时间是指网页内容的撰稿人完成文件的撰写，并且将文件录入网站的内容管理系统的时间，通常表现为网站的内容管理系统记载的进入系统时间以及网页文件的生成时间。网页的上传时间是指，撰稿生成的网页被上传到网站并且进入网站的数据库的时间。网页的发布时间是指网页被业务层应用于网站的事务管理中，网站访问者可以看到该网页内容的起始时间，同时也是搜索引擎能够抓取网页的起始时间。因此，根据《专利法》以及《专利审查指南》中有关现有技术的规定，可以认定网页的发布时间是网络证据构成专利法意义上的公开的起始时间。[1]

一般来说，服务器上记载的时间就是网页内容上传到服务器上并得以发布的时间，也就是网页的发布时间。至于日期文件中记载的时间则有多种，包括网页的上传时间、网页的发布时间以及网页内容修改的时间等。可见，日志文件记载的时间非常全面，记载了与网页相关的所有操作的时间，因此可用于查证网络证据实际公开的时间。

在一专利无效案件中，无效请求人提交的网页中公开了一篇文章，文章的标题下标注了"【原创】2008 年 05 月 23 日"，请求人认为 2008 年 05 月 23 日是该文章的公开日。最终，合议组认定，"原创"通常指最早的、首创的，特指自己独立完成、非抄袭或转载的创作，因此，原创时间也仅能表示原创作品被作者创作完成的时间，与该作品是否被公开、是否被上传到上述网站，即是否处于能够为公众获得的状态，并无必然的联系。因此，证据中所述的原创时间并非《专利审查指南》中所述的互联网信息的"发布时间"，而且请求人也没有提交任何其他证据佐证该时间即为公开时间，因此，合议组对公开时间为"2008 年 05 月 23 日"的理由不予支持。

请求人对无效决定不服起诉，一审判决认为，根据一般公众的普遍理解，"【原创】"的含义是指该文章为作者独立完成、非抄写或转载而成，故该文章

---

〔1〕　丁惠玲等：《网络证据的法律适用》，国家知识产权局学术委员会一般课题，课题编号 Y070703。

系作者原创。而随后出现的"2008 年 05 月 23 日",根据行业惯例和一般公众的普遍认知,其应为该文章的发布时间,并非创作完成的时间。这是由互联网作为互联互通的信息沟通平台,其所具有的互动性的传播方式所决定的,互联网更多关注的是沟通、分享,而非作者私下的创作行为,而且网站也无从知晓、核实文章的创作完成时间。因此通常情况下,文章标题下显示的时间应为发布时间。

无论是无效决定还是一审判决,虽然对该具体时间的含义最终认定不同,但本质上同样都是在判断到底何时为该网页内容的发布时间。而且,从决定和判决中也可以看出,如果在当事人较难获得网站服务器日志等能够佐证网页发布时间的证据时,也可以结合行业内的通常理解或者惯例来判断发布时间。

2. 修改是否会改变发布时间。在确定了网页的发布时间后,还需要确定后续的修改是否会改变发布时间。具体来说,如果认定了网页上记载的时间是网页第一次被上传的时间,也就是该网页的发布时间,那么还需要进一步确认,该网页在发布之时与网络证据固定之时的内容一致,这样才能够确认固证时网络证据所示内容在上述发布日期已经公开。换言之,如果网页内容被修改,而网页上记载的时间仍然是网页第一次被上传的时间,而不是新修改的网页内容的修改时间的话,则不能将网页第一次被上传的时间认定为网络证据的公开时间。

在一专利无效案件中,无效请求人提交的公证书证据中显示了某一拆屏工具在 EBAY 网上的销售页面,根据页面所示的"物品修改记录"显示,从 2014 年 02 月 04 日已经有修改记录,因此请求人基于此主张该产品在 2014 年 02 月 04 日前已经公开。而合议组最终认定,从公证书第 15~36 页显示了该产品在该网站上架后编辑过的历史,这些修改过程从 2014 年 02 月 04 日起到 2015 年 03 月 23 日,根据这些内容可看出修改编辑过程多处涉及新增/删除图片的操作,其中,多处对图片的修改在本专利申请日 2014 年 02 月 11 日之后发生等。根据现有内容,并不能确定这些对该网站上相关产品的图片进行编辑的具体内容。因此不能确定证据公证书作出公证时所显示的网页上的图片确切的发布日期、是否在本专利的申请日之前。因此,基于现有证据,不能确定该产品是否在本专利的申请日之前公开。

第二节　商业方法专利的授权问题研究

互联网与社会经济各个领域的深度融合,孕育出了诸多新业态,比如互联网交通、互联网物流、互联网金融、互联网制造等,贯穿这些"互联网+"的是与互联网结合的商业模式的改变。现在商业模式与传统商业模式发生了巨大的改变，从参与的实体来讲，通常不再是仅有买卖双方和互换的商品，而是还包括数量众多的服务器、通信网络和用户终端等；从参与的过程来讲，人的活动在全部商业活动中所占比例越来越小，甚至几乎没有人的活动，而全部是机器的活动，例如在市场调研和广告规划的商业活动中，服务器通过人们随身携带的具有定位功能的移动通信终端，可以在人们不知不觉中自动获取他们的地理轨迹信息，通过跟踪人们利用移动通信终端进行的网络浏览行为，可以在人们毫无察觉的情况下获取其爱好信息，并进而基于这些地理轨迹信息和爱好信息进行市场调研和广告规划。在现代商业活动中，商业方法所采用的步骤或手段通常主要是针对机器，而不是针对自然人，即商业方法的内容主要是限定服务器、通信网络或客户终端进行何种动作或者进行何种交互。

国家高度重视对于商业模式的保护政策制定，商业模式能否获得专利权，如何获得专利权成为近年来的热点话题。

2015 年 12 月 18 日，国务院发布了《国务院关于新形势下加快知识产权强国建设的若干意见》（国发〔2015〕71 号），指出："研究完善商业模式知识产权保护制度和实用艺术品外观设计专利保护制度。"

2016 年 5 月 8 日，国务院办公厅发布了《国务院办公厅关于建设大众创业万众创新示范基地的实施意见》（国办发〔2016〕35 号），指出："在示范基地内探索落实商业模式等新形态创新成果的知识产权保护办法，推行知识产权管理规范的国家标准。"

2016 年 6 月 24 日，国务院知识产权战略实施工作部际联席会议办公室制定了《2016 年深入实施国家知识产权战略加快建设知识产权强国推进计划》，在第一项"严格保护知识产权"中第 15 条提出"开展商业模式知识产权保护办法研究，提出制定修改法律的意见和建议"。

一、专利领域对于商业方法的定义

商业模式在专利法领域常常被称为商业方法，其并无统一的定义。

在《欧洲专利公约》第 52 条第 2 款中，商业方法被定义为经营业务的计划、规则和方法。在欧洲也被定义为："商业方法涉及人、社会与金融之间关系的任何主题，具体可以包括以下内容：调查用户习惯的方法；市场营销的方法；服务的方法；记账方法；开发新市场和新交易的方法；服务的分配方法；制作方法的利用。在金融服务和与互联网有关的电子商务活动中则有更多的商业方法的专利"[1]。

美国众议院议员 Howard Berman、Rick Boucher 曾在其呈交国会讨论的

---

〔1〕 EPO 2000/05/19：Examination of "business method" application〔EB/OL〕. http：//eupat ffii org/papri/epo~tws~app6/index en. html

《2000 年商业方法专利促进法》中认为："商业方法是指下列方法之一：①一种经营、管理或者其他操作某一企业或者组织，包括适用于财经信息处理过程的技术方法；②任何应用于竞技、训练或者个人技巧的技术方法；③上述①、②中所描述的由计算机辅助实施的技术或者方法[1]。

日本特许厅第四审查部部长井上正认为："商业方法专利是一项通过计算机系统完成创造的发明。"[2]

韩国特许厅涉及电子商务发明的申请，是指与商业活动的方法相关、该商业方法为了能够在计算机上执行是依据计算机技术来实现的，而且在互联网上用于电子商务、金融、经营管理、教育、娱乐等多种领域相关发明的申请。商业方法发明（BMI）是指将商业方法（BM）运用于具体的具备工业实用性的技术手段的发明，这里所说的技术手段是指基于电脑技术、通讯技术和因特网。

国家知识产权局于 2004 年 10 月曾发布《商业方法相关发明专利申请的审查规则（试行）》，其中，对于"商业方法"的解释为："商业的含义是广义的，包括金融、保险、证券、租赁、拍卖、投资、营销、广告、旅游、娱乐、服务、房地产、医疗、教育、出版、经营管理、企业管理、行政管理和实务安排等。""商业方法相关发明专利申请"是指以利用计算机和网络技术完成商业方法为主题的发明专利申请。

通过比较各国专利局对于商业方法的定义可见，各国普遍认为，只有利用了计算机和网络技术来完成的商业模式才有可能作为涉及商业方法的专利从而具有授予专利权的前景。

二、商业方法可专利性争议

在理论上，反对商业方法专利保护的理由概括起来主要如下：一种观点认为，从根本上说，商业方法与科学技术不同，二者的创新需要不同的激励机制。科学创新之所以需要专利保护来促进，在于科学发明的研发成本大，而且容易被搭便车，如果不赋予发明人专利垄断权，就难以保证其收回研发成本，从而不利于激励和促进科技的发展。而对于商业创新，为创新者提供了在市场上的创新优势，其本身创造的经济激励已经能够充分鼓励商业活动的创新和发展。另一种观点认为，商业方法绝大部分已经是公开的，为其提供专利保护，不符合专利制度以公开换保护的原理。商业方法实施的公开性使得对其提供专利保护与专利制度

〔1〕 Business Method Patent Improvement Act of 2000, H. R. 5364, 106th Cong（2000）

〔2〕 ［日］井上下："网络空间中的专利"，载 http://www.lookjapan.com/LBecobiz/02JanEF.htm，最后访问日期：2020 年 5 月 13 日。

的鼓励技术公开相矛盾[1]。

在专利审查实践中，否定商业方法可专利性的主要理由是商业方法属于智力活动规则或者不属于技术方案。2004 年以前的审查实践尝试以《专利法》第 25条第 2 项规定的"智力活动的规则和方法"将此类案件排除在专利保护客体之外。

但是，商业活动的现代模式不同于其初始形态。在现代商业活动中，一方面，由于商业方法的步骤或手段是作用于机器的，所以难以再有令人信服的理由认为这种商业方法仍是一种智力活动的规则方法。另一方面，倘若专利申请人想要找商业方法与明显的技术内容关联点，则不管是从服务器、客户终端上提高执行效率或降低资源依赖方面，还是从网络上节约流量方面，总是可以找到一些关联的地方。比如申请号为 201110358205.3、发明创造名称为"一种交易信息的处理方法及装置"的专利申请涉及一种分期付款的网络购物的方法，其背景技术中记载如下内容"如果用户支付金额不足，将无法完成交易。此时，用户只能在以后金额充足后，再重新搜索或访问相关商品信息页面，这不但增加了用户操作的复杂性，而且增加服务器的访问负担和网络带宽的占用。"显然，申请人将降低服务器访问负担和网络带宽作为其想要解决的技术问题，使得该分期付款的购物方式与服务器负担好网络带宽这个明显的技术内容具有了一定的关联。

现代商业方法已不再是纯粹的智力活动的规则方法，而是或多或少地具有一些技术特征。现代商业方法的技术性，使得以非技术方案的理由质疑商业方法的可专利性不断受到挑战。

三、我国商业方法专利的审查实践情况

我国在涉及商业方法专利申请的审查制度方面一直缺乏较为明确的规定，在审查实践中，由于审查标准的不明确，造成了审查方式一直处于变化当中，审查方式表现形式多样化，审查标准不稳定且不统一。具体而言，按照时间顺序，我局对涉商专利申请的审查方式大体经历了一下几个阶段：

第一阶段（2004 年之前），审查标准偏于严格，涉及商业方法的专利申请通常都被以"智力活动的规则和方法"排除在专利保护范围之外。

第二阶段（2004 年~2006 年），国家知识产权局发布了《商业方法相关发明专利申请的审查规则（试行）》，对于商业方法相关发明专利申请的审查，主要以《专利法》第 25 条第 1 款第 2 项的规定和《中华人民共和国专利法实施细则》（以下简称《专利法实施细则》）第 2 条第 1 款（后改为《专利法》第 2 条第 2 款）的规定为法律依据，以判断是否构成技术方案以及是否属于智力活动的

---

〔1〕　郎贵梅：《专利客体的确定与商业方法的专利保护》，知识产权出版社 2008 年版，第 134~138页。

规则和方法为核心，认定要求保护的方案是否属于《专利法》保护的客体。要求以最接近的现有技术作为参照物，客观地确定所要求保护的方案在解决的问题、采用的手段和获得的效果 3 个方面对最接近的现有技术实际作出的贡献，其中确定最接近的现有技术需要客观证据，即"采用客观性的判断方式认定技术三要素的性质"。

第三阶段（2006 年~2009 年），在此期间，国家知识产权局对于涉及商业方法的专利申请的审查标准存在一些争议，特别是在确定是否属于专利保护的客体时，对于是否需要检索、是否沿用技术贡献论等问题，一直没有形成比较一致的意见。

第四阶段（2009 年~2012 年），采用三种并行的审查思路，即：①直接根据说明书背景技术或公知常识判断是否属于专利保护客体；②根据检索结果，引证对比文件后判断是否属于专利保护客体；③可以依据检索到的现有技术评述新颖性或创造性。在审查实践中审查员仍多以第一种审查思路来处理此类案件，主要是由于第一种无需进行检索且有较大的自由裁量空间，而且按照当时的审查政策，技术三要素中只要有一个要素不满足即可得出整体方案不构成技术方案的结论。

第五阶段（2012 年~2020 年），审查思路为两步法：首先考察方案是否属于专利保护的客体，如果权利要求请求保护的方案属于单纯商业方法，不包含任何技术手段，则该申请不属于专利保护的客体；第二步对该申请的新颖性、创造性进行评判，在创造性的判断过程中，基于区别特征确定该方案实际解决的问题，如果该问题不属于技术问题，则该申请没有对现有技术做出技术贡献，因而不具备创造性；如果该问题属于技术问题，则判断该技术问题的解决方案是否显而易见。

第六阶段（2020 年至今），根据 2020 年 12 月《专利审查指南》的最新修改所给出的审查基准，审查思路为三步法：首先考察方案是否属于智力活动的规则或方法，如果权利要求请求保护的方案属于单纯商业方法，不包含任何技术特征，则该申请不属于专利保护的客体；第二步考察方案是否属于技术方案，如果权利要求没有对要解决的技术问题采用了利用自然规律的技术手段，并且由此获得符合自然规律的技术效果，则该申请不属于技术方案，不能获得授权；第三步对该申请的新颖性、创造性进行评判，创造性的判断过程中，将与技术特征功能上彼此相互支持、存在相互作用关系的商业方法特征与技术特征作为一个整体考虑。

四、司法保护情况

经初步了解，目前我国国内没有涉及商业方法的专利侵权案件发生。这可能是跟我国该领域专利授权比例低有一定关系。

五、国外审查标准

（一）欧洲

《欧洲专利公约》第52条第2款"经营业务的计划、规则和方法"不属于可授予专利权的客体，《欧洲专利公约实施细则》提出了对专利客体的技术性要求，在2003年通过的《以计算机实施的发明的可专利性指令》中，欧洲专利局将商业方法专利申请分为抽象的商业方法、以计算机或其他设备实施的商业方法，并强调只有符合特定要求的由计算机实施的方法具有可专利性，纯粹的商业方法不具有可专利性。在专利审批实践中，欧洲专利局申诉委员会通过判例确立看商业方法可专利性的"技术贡献"的要求。

在T0931/95号判例决定中，欧洲专利局申诉委员会明确了实施商业方法的设备属于专利保护的客体，也就是说，只要将商业方法专利申请撰写为设备权利要求，那么物理实体的存在使得商业方法不再属于EPC第52条第2、3款规定的商业方法"本身"。

在T258/03号判例决定中，欧洲专利局申诉委员会认为，由于权利要求中包含了例如服务器、网络、客户机等技术特征，因而属于保护的客体。而对于创造性来说，将区别特征区分为技术方面和非技术方面，由于技术方面未超出本领域技术人员的常规编程技术范围，而非技术方面并没有对要求保护主题的技术性做出贡献，从而否定了权利要求的创造性。由此可见，对于包含技术特征的权利要求，它属于保护的客体，但其中非技术方面的特征在评价创造性时不予考虑。

在T641/00号判例决定中，欧洲专利局申诉委员会明确地将权利要求与对比文件之间的三个区别特征进行了技术和非技术方面的认定，由于技术方面的区别特征可在公知常识和另一篇对比文件中找到技术启示，并且非技术方面的区别特征未对技术性作出贡献，因而否定了权利要求的创造性。

上述三个案例体现了欧洲对于商业方法相关发明专利申请的审批政策，即侧重于方案中技术内容的审查，而否定商业内容对于整个方案的技术贡献。在欧洲的审查实践中，权利要求只要包含技术特征就认为具备技术性，也就是说，对于客体的要求较为宽松；在对创造性进行审查时，需要判断区别特征是否作出技术贡献，如果没有作出技术贡献则认为不具备创造性，如果作出技术贡献则判断解决相应技术问题的方案是否显而易见，只有当非显而易见时才具备创造性，也就是说，对于创造性的要求较为严格，在创造性评述时，不会考虑权利要求中没有作出技术贡献的特征。

（二）美国

1908 年美国第二巡回上诉法院对 *Hotel Security Checking* 案[1]作出判决，认为涉案专利不属于美国《专利法》第 101 条规定的可授权客体，确立了商业方法除外原则。该案中，法院认为"在专利法意义上，技术不是单纯的抽象。根据最宽泛的解释，处理商业的系统如果与用于实现该系统的装置没有联系，则其不是一种技术。建议是不具有可专利性的。"

随着计算机技术的发展，利用计算机技术来改进商业方法的创新逐渐涌现，对这类创新寻求专利保护的需求也越来越多。1998 年美国联邦巡回上诉法院（以下简称 CAFC）在 *State Street Bank* 案[2]中确立了商业方法可以基于产生了"有用的、具体的和有形的结果"而被授予专利权的原则，在判决中同时指出，"自开始以来，'商业方法'除外原则仅表示某些一般的申请……但它已经被删除了，所以该原则已不再是合适的法律原则。商业方法已经并且应当享有对其他处理或方法适用的可专利性法律要求。"

State Street Bank 案后，有关商业方法的专利申请出现爆发式增长。1999 至 2001 年三年间，在美国的商业方法专利申请年增长量均翻倍，之后也一直高位运行，不仅产生大量低质量商业方法专利，而且也引发了大量专利诉讼，造成司法资源严重紧张。2008 年 CAFC 在 *Bilski* 案[3]中确立了"机器或转换测试"标准，认为涉案专利不具有可专利性，具体来说，该权利要求没有关联具体的机械设备也没有转化物体、该权利要求涉及的是商业方法以及该权利要求仅为抽象概念。自此，美国对于商业方法专利的审查趋于严格。2010 年美国最高法院对此案作出最终判决[4]，支持了 CAFC 的判决，但认为"机器或转换测试"方法并不是唯一的判断可专利性客体的方法。

2014 年美国最高法院对于 *Alice* 案[5]作出一致判决，认为该权利要求中虽然涉及了计算机，但并未提高计算机本身的性能或者带来其他技术或技术领域的提高，并未将抽象的概念转化为可专利性的发明，从而否定了权利要求的可专利性。受该案判决的影响，大量案件被以不属于授权客体为由拒绝。

由此可见，美国对于涉商申请的审查日趋严格，抽象概念和通用装置的结合并不能使得权利要求具有可专利性，美国专利商标局（以下简称 USPTO）对于商业方法申请的授权标准趋于收紧，2018 年 4 月 20 日 USPTO 就专利客体适格性

---

[1]　160 F 467（2d Cir 1908）

[2]　149 F. 3d 1368

[3]　545 F. 3d 943

[4]　561 U. S. 593

[5]　134 S. Ct. 2347

判断标准发布了指导性意见，旨在为专利审查员提供一个清晰的主题适格性判断标准，其判断标准采用"Alice-Mayo"两步法，第一步是判断该专利要求保护的客体是否属于自然规律、自然现象或者抽象概念；如果属于三者之一，第二步再判断该专利是否存在足以确保整体专利方案"明显多于"非适格性客体的发明概念，也就是说专利的技术方案是否带来了与众不同的技术改良，而使得该专利被转换为适格性客体。在 USPTO 的专利申请审批实践中，在确定专利主题适格后，会继续进行非显而易见性的判断，此时，该主题中的所有特征都用于显而易见性的判断，即只要商业规则本身或技术特征二者之一导致该主题非显而易见，则该主题具备创造性。

（三）日本

日本特许厅将商业方法相关的发明专利申请也置于计算机软件相关发明的审查规则之下进行审查。判断主题的专利适格性，若整体上未使用自然规律，即使一部分使用了自然规律，也不认为其具备专利适格性，例如利用聊天系统在远程棋手之间下棋的方法，虽然聊天系统是技术手段，但该方法整体上仅仅是棋手间交替下棋的人为安排，因此不属于法定的发明。

在判断创造性时，要整体考虑而不适宜将其划分为人为安排等和系统化的方法进行判断。

具有所述商业领域的普通知识和计算机领域知识的技术人员可以容易地通过公知装置和方法进行组合而得到的发明不具备创造性。例如下面的例子不具备创造性：

1. 将一种技术应用到另一特定领域，如，在医学领域中应用公知的"文件检索系统"创建一"医学数据检索系统"；

2. 手动任务的自动化，如，创建一用于接收指令的系统，将该指令的接收由传真机和电话接收变为通过因特网网站接收；

3. 基于人工配置改变设计等，如，仅仅将一公知的冷却系统应用到一电子商业装置中。

横向对比中国、欧洲、美国、日本对商业方法相关发明专利申请的审查方式、纵向研究中国相关审查标准的历史沿革为改革涉及上述领域的发明专利申请的审查方式提供了诸多思路。当前我国《专利法》《专利法实施细则》《专利审查指南》中，仅有涉及上述相关申请在客体判断方面的案例，在创造性审查标准方面并无细化规定。但实际上，现有的区别技术特征和非技术特征的审查方式存在剥离技术方案的嫌疑。而且也不能简单地因为某件申请涉及商业方法，就否定其对现有技术可能做出的贡献。此外，随着商业方法领域的飞速发展，国内创新主体在改革审查方式方面呼声日高，建议逐步从保护客体的审查角度转向新颖性、创造性的审查，从整体上考虑技术方案和技术效果。我国关于商业方法专利的审查思路也随之进行了改变。

六、商业方法专利的客体审查思路

涉及商业方法的发明专利申请可分为单纯商业方法发明专利申请和商业方法相关发明专利申请。单纯商业方法发明专利申请是指以单纯的商业方法为主题的发明专利申请；商业方法相关发明专利申请是指以利用计算机及网络技术实施商业方法为主题的发明专利申请。

单纯商业方法发明专利申请属于《专利法》第 25 条第 1 款第 2 项规定的智力活动的规则和方法的范围，因而不属于专利保护的客体。

2017 年 2 月 28 日，国家知识产权局发布对《专利审查指南》进行修改的第 74 号令。修改后的《专利审查指南》于 2017 年 4 月 1 日起开始实施，其中在第二部分第一章第 4.2 节增加内容如下："涉及商业模式的权利要求，如果既包含商业规则和方法的内容，又包含技术特征，则不应当依据《专利法》第 25 条排除其获得专利权的可能性。"判断一项商业方法相关发明专利申请是否属于包含技术特征与现有技术无关，应当在评述该申请的创造性之前进行。依世界知识产权组织经典教材的论述，"发明是人脑的一种思维活动，是利用自然规律解决生产、科研、实验中各种问题的技术解决方案。"其中强调的也是只要各种问题的"解决方案"是技术性的，都属于可专利保护的范畴。就我国《专利法》第 2 条第 2 款的立法本意而言，也采用了上述对"发明"定义的理解，即一项解决方案只要体现了技术属性，就应当纳入专利保护的客体范畴，而采用技术手段则是技术属性的最直接体现。虽然《专利审查指南》中规定技术方案应当包含技术手段，解决技术问题并带来技术效果，但后两者往往又是与技术手段相伴而生，因此在判断技术属性时，着重强调前者，即强调技术手段即可。

【案例 1】 一种新的促销方法

权利要求：一种商品或服务的促销方法，其特征在于该方法采用在销售商品或服务过程中增加售后答题环节来促进商品或服务的销售。

案例分析：该申请属于典型的单纯商业方法的申请，其属于《专利法》第 25 条第 1 款第 2 项规定的智力活动的规则和方法的范围，同时也不具备技术三要素，即未采用技术手段、解决技术问题并获得相应技术效果，不符合《专利法》第 2 条第 2 款的规定。

【案例 2】 一种差旅订位方法

权利要求：一种差旅订位方法，包括如下步骤：

1. 订位需求维护步骤，用于取得客户端计算机的订位请求资料，并对客户端计算机的变更订位需求进行处理；

2. 订位作业步骤，用于根据客户端计算机的订位需求的时间与行程来从航班基本资料中筛选相应航班，并按其订位请求资料来向服务器发送预订位通知，接收服务器反馈的订位记录单并发送给客户端计算机，通知其订位资料；

3. 派车作业步骤，用于对所有已经确定开票的用户，按时间、行程及交通车基本资料排定交通车服务。

案例分析：权利要求 1 所请求保护的方案包括客户端计算机和服务器等技术手段，因此具备技术属性，属于技术方案[1]。

七、商业方法专利的创造性审查思路

商业方法专利的创造性审查思路适用《专利审查指南》规定的"三步法"审查方式，即首先根据技术领域、技术问题、技术效果、公开的相同技术特征的多寡确定与要求保护的发明最密切相关的现有技术，然后，将权利要求所请求保护的方案和最接近的现有技术进行全面对比，确定区别特征，基于上述区别特征确定权利要求所请求保护的方案实际解决的问题，最后，判断要求保护的发明对本领域的技术人员来说是否显而易见。

在适用"三步法"进行创造性判断时，应注意第二步中确定实际解决的技术问题时，如果基于区别特征确定权利要求所请求保护的方案实际解决的不是技术问题，则权利要求所请求保护的方案相对于现有技术未作出技术性贡献，可直接得出权利要求不具备创造性的结论；如果基于区别特征确定所请求保护的方案实际解决的是技术问题，则继续进行第三步"显而易见"的判断；如果基于区别特征确定所请求保护的方案实际解决的不仅仅是技术问题，则剔除掉非技术问题，仅基于技术问题出发，判断现有技术整体上是否存在某种技术启示，会使本领域的技术人员在面对所述技术问题时，有动机改进该最接近的现有技术并获得要求保护的发明。

【案例1】账单安全自动分析方法

权利要求：一种方法，用于在保证客户和记账公司双方安全的同时，由第三方代表客户自动分析来自记账公司的客户账单的错误和使用，所述账单具体对应于每个客户和每个记账公司，所述方法包括：

1. 由客户获取电子格式的账单；

2. 上传所述电子格式的账单至第三方网站系统；

3. 对照所述记账公司的预存计费计划，分析所述客户的账单的错误和使用；

4. 向客户显示分析公司账单的结果报告。

---

[1]　刘铭等："涉及计算机程序的发明专利申请的客体及创造性判断研究"，专利复审委员会课题。

案例分析：

权利要求 1 请求保护一种客户账单错误和使用的分析方法，其实质上是通过网络三方通信的技术架构对记账公司提供的客户账单的错误和使用进行分析，并向客户和记账公司反馈分析结果。

对比文件 1 公开了一种对来自服务提供商的服务数据进行检索和分析的方法，具体公开了如下内容：客户登录第三方网站，向其提供姓名、地址、电话号码等信息；第三方网站使用客户提供的信息登录数据源，该数据源可以是如 Verizon、MCI 之类的通信提供商（相当于权利要求中的记账公司）；对应客户提供的遵循特定账单计划（相当于预存计费计划）的电话号码，第三方网站获取其对应的服务数据记录，具体包括：显示有日期、时间、持续时长、被叫号码等信息的呼叫明细记录和每月的账单综合数据（相当于权利要求中所述账单具体对应于每个客户和每个记账公司）；第三方网站根据不同提供商的不同计划为客户的以上原始数据进行重新分析来检查花费和性能（相当于权利要求中对照记账公司的预存计费计划，分析客户的账单的使用），并将分析结果按最好至最差的次序向客户显示；将分析结果提供给客户（相当于权利要求中向客户显示分析公司账单的结果报告）；此外，由于对比文件 1 公开了客户需要设置登录名和密码以安全地登录数据源，因此，基于数据安全的考虑，对比文件 1 隐含公开了其第三方网站系统进行的分析是在保证客户和记账公司双方安全的前提下进行的。

由此可见，权利要求请求保护的方案与对比文件 1 相比，其区别特征在于：①权利要求是由客户获取电子格式的账单并将其上传至第三方网站系统，而对比文件 1 是由第三方网站根据客户提供的信息登录数据源获取客户的原始数据；②权利要求是第三方网站系统对照记账公司的预存话费计划分析账单的错误，而对比文件 1 是第三方网站根据不同提供商的不同计划对客户的账单等原始数据进行重新分析，以对比不同计划的花费和性能。基于如上区别特征可知，权利要求相对于对比文件 1 实际解决的问题是：①第三方网站系统如何获取原始数据；②如何获知账单错误。

关于区别特征①，通过网络上传数据至某一站点是本领域技术人员的常用技术手段，属于本领域的公知常识；关于区别特征②，权利要求和对比文件 1 中均由第三方网站按电话服务提供商提供的账单计划对客户的账单进行分析，对比文件 1 中对照账单计划对账单等原始数据进行分析的目的是从不同提供商提供的不同计划中选出花费和性能较优的计划，而权利要求中对照计费计划对账单进行分析是为了找出账单的计费错误。可见，仅仅是因为用户需求的不同导致第三方网站分析账单数据的目的有所不同，这样的不同使得本领域技术人员不用克服技术困难就能在对比文件 1 公开的解决方案的基础上获得本申请权利要求请求保护的解决方案，即对比文件 1 给出了应用其技术方案以获取账单计费错误的技术启示。因此，权利要求请求保护的方案不具备创造性。

第三节　"通知—删除"规则在专利领域的适用

随着互联网技术的广泛应用，我国电子商务市场迅猛发展，网络交易平台的交易量爆炸式增长，与此同时，网络交易中的专利侵权问题也愈发严重，以淘宝为例，日均专利纠纷处理量超千件，由于缺少明确的法律规制，如何明晰网络专利侵权中网络服务提供者的法律责任成为司法实践中的棘手难题。

一、我国法律规定

（一）侵权责任法的相关规定

2009 年 12 月 26 日颁布的《侵权责任法》（已失效）第 36 条明确了"通知—删除"规则在网络环境中的运用，第 36 条第 2 款规定："网络用户利用网络服务实施侵权行为的，被侵权人有权通知网络服务提供者采取删除、屏蔽、断开链接等必要措施。网络服务提供者接到通知后未及时采取必要措施的，对损害的扩大部分与该网络用户承担连带责任。"第 36 条第 3 款规定："网络服务提供者知道网络用户利用其网络服务侵害他人民事权益，未采取必要措施的，与该网络用户承担连带责任。"

上述第 2 款被称为"通知—删除"条款，第 3 款被称为"知道"条款，学界通说认为，第 2 款与第 3 款为并列关系，被侵权人可以依据任一条款的规定提起诉讼。但由于证明网络服务提供者主观是否"知道"的难度较大，所以实践中多利用第 2 款的规则，被侵权人可以发出"通知"使得网络服务提供者"知道"侵权事实的存在，如果在已经知道的情况下网络服务提供者并未采取必要措施，便对扩大部门的损害存在主观过错，继续需要承担连带侵权责任。

由于《侵权责任法》（已失效）第 36 条没有明确排除对特定民事权利的适用，因此，本条适用范围应涵盖第 2 条规定的民事权益的全部类型，包括专利权。由于 2019 年以前在专利侵权领域，对于网络服务提供者的责任和义务并无专门的规定，可适用的法律只有《侵权责任法》（已失效）第 36 条，面对日益繁多的专利侵权投诉，许多网络服务提供者选择遵循《侵权责任法》（已失效）第 36 条的规定，将该条适用于专利侵权从而规避自身责任。《侵权责任法》（已失效）第 36 条在《民法典》侵权责任编中被进一步细化至第 1194~1197 条。

在司法实践中，依据《侵权责任法》（已失效）第 36 条审理的典型案例为威海嘉易烤生活家电有限公司诉永康市金仕德工贸有限公司、浙江天猫网络有限公司侵害发明专利权纠纷案[1]（以下简称嘉易烤案）。该案探讨了在专利侵权领域，网络服务提供者应当承担共同侵权责任的条件，其中，对于《侵权责任法》（已失效）第36条第2款规定的含义、适用的条件，进行了深入探讨。

嘉易烤公司就一种"红外线加热烹调装置"的发明享有专利权，金仕德公司在天猫公司开设的交易平台上，销售了涉嫌侵权的3D烧烤炉。嘉易烤公司向天猫公司提交了投诉材料，但天猫公司对该投诉材料作出审核不通过的处理。在嘉易烤公司提起诉讼后，天猫公司才对涉案的产品进行了删除链接的处理。

法院经审理后认定，金仕德公司销售的3D烧烤炉落入了原告专利权的保护范围，构成侵权，责令金仕德公司停止侵权并支付损害赔偿。

关于天猫公司是否构成共同侵权的问题，二审法院认为，根据《侵权责任法》（已失效）第36条第2款的规定，权利人发现侵权并且向网络服务提供者发出"通知"后，网络服务提供者应当采取必要措施，以防止侵权后果的不当扩大。就本案而言，天猫公司是否构成侵权，应结合嘉易烤公司"通知"的有效性、天猫公司在接到嘉易烤公司的通知后是否采取措施，以及所采取的措施的必要性和及时性等因素，加以综合考量。关于嘉易烤公司"通知"的有效性，二审法院认为只要通知的内容包括了权利人身份情况、权属凭证、证明侵权事实的初步证据以及指向明确的被诉侵权人网络地址等材料，就应当视为有效通知。关于天猫公司在接到通知后采取的措施，二审法院认为天猫公司没有采取必要的措施，判决认为，天猫公司作为电子商务平台的提供者，对于相关的专利是否受到侵犯，显然没有判断能力，同时，天猫公司也没有能力判断侵权投诉的胜诉概率，更没有能力平衡专利权人、被控侵权人之间的利益，从这个意义上说，并不必然要求天猫公司在接受投诉后对被投诉商品立即采取删除和屏蔽措施，对被诉商品采取的必要措施应当秉承审慎、合理原则，以免损害被投诉人的合法权益。但是将有效的投诉通知材料转达被投诉人并通知被投诉人申辩当属天猫公司应当采取的必要措施之一，否则，权利人的投诉行为将失去任何意义，权利人的维权行为也将难以实现。被投诉人对于其生产或销售的商品是否侵权，以及是否应主动自行停止被投诉行为，自会作出相应的判断及应对。但是，天猫公司未履行上述基本义务，导致被投诉人未收到任何警示从而造成损害后果的扩大。与此相应，天猫公司应当对损害扩大部分，与金仕德公司一起承担连带责任。

该案传递出的审判思路和规则为司法机关所认同并遵循。

但是，学界有反对意见，有学者认为，"嘉易烤公司诉天猫公司"，是一个

将通知和删除制度泛化的案例[1]。不应当将著作权领域中的"通知与删除"制度，轻易地引入专利和商标等其他知识产权领域，理由如下：

"首先，互联网络仅仅是信息传播的渠道。由于作品、表演、录音和广播信号本身就是信息，可以在网络上直接交易，才有了'通知与删除'的制度。在这方面，侵犯他人专利权的产品仍然是有形物，仍然需要网络之下的交付。至于互联网络，不过是提供了涉嫌侵权产品的信息。即使是实施了'通知与删除'的制度，也不能制止侵权产品的实际交易。其次，专利不同于著作权。专利权的保护范围是由权利要求界定的，需要专业的审查员、法官或者行政执法人员在严格的程序之中加以确定、解释。而且，专利技术还涉及了机械、化学、生物工程、电学和光学等，需要专门的知识加以理解。与此相应，让网络服务商例如天猫公司承担起一个判定是否侵权的义务，显然是不可能的。"

（二）电子商务法的相关规定

2018 年 8 月 31 日颁布的《电子商务法》，明确规定了电子商务平台经营者的知识产权保护义务和责任，在第 42~45 条中作出细化的规定，该法将利用网络销售侵犯专利权产品的行为涵盖在内。

《电子商务法》第 42 条规定，知识产权权利人认为其知识产权受到侵害的，有权通知电子商务平台经营者采取删除、屏蔽、断开链接、终止交易和服务等必要措施。通知应当包括构成侵权的初步证据。电子商务平台经营者接到通知后，应当及时采取必要措施，并将该通知转送平台内经营者；未及时采取必要措施的，对损害的扩大部分与平台内经营者承担连带责任。因通知错误造成平台内经营者损害的，依法承担民事责任。恶意发出错误通知，造成平台内经营者损失的，加倍承担赔偿责任。

《电子商务法》第 43 条规定，平台内经营者接到转送的通知后，可以向电子商务平台经营者提交不存在侵权行为的声明。声明应当包括不存在侵权行为的初步证据。电子商务平台经营者接到声明后，应当将该声明转送发出通知的知识产权权利人，并告知其可以向有关主管部门投诉或者向人民法院起诉。电子商务平台经营者在转送声明到达知识产权权利人后 15 日内，未收到权利人已经投诉或者起诉通知的，应当及时终止所采取的措施。

《电子商务法》第 45 条规定，电子商务平台经营者知道或者应当知道平台内经营者侵犯知识产权的，应当采取删除、屏蔽、断开链接、终止交易和服务等必要措施；未采取必要措施的，与侵权人承担连带责任。

---

〔1〕 李明德："'通知删除'制度在专利侵权领域的适用——威海嘉易烤生活家电有限公司诉永康市金仕德工贸有限公司、浙江天猫网络有限公司侵害发明专利权纠纷案"，载《中国发明与专利》2018 年第 7 期。

根据以上规定可见，该法对于"通知—删除"规则的流程规定为：①权利人向电商平台发出侵权通知；②电商平台接到通知后，应当及时采取必要措施，并"转通知"给被投诉人；③被投诉人接到通知后，可以"反通知"电商平台，提交不侵权声明；④电商平台将"反通知"转送给权利人；⑤转送"反通知"15日内，若电商平台未收到权利人向有关主管部门投诉或向人民法院起诉通知的，应当及时终止所采取的措施。

《电子商务法》与《民法典》侵权责任编相比，存在以下区别：

1. 仅规定了电商平台经营者的责任。相比《民法典》侵权责任编中的网络服务提供者而言，电商平台经营者是下位的概念，是指在电子商务中为交易双方或者多方提供网络经营场所、交易撮合、信息发布等服务，供交易双方或者多方独立开展交易活动的法人或者非法人组织。电子商务法并未对网络搜索引擎的责任加以规定。

2. 增强了规则的可操作性。不仅明确了电商平台经营者的具体义务和责任，也规范了权利人的通知应包括构成侵权的初步证据，还赋予了平台内经营者的抗辩权。

3. 确立了对权利人过错或恶意进行制裁的保障机制。权利人通知有误的，依法承担民事责任，权利人恶意发出错误通知的，加倍承担赔偿责任。这些规则将对遏制权利人滥用通知、打击恶意投诉[1]发挥作用。

4. 加重了电商平台经营者的法律责任[2]。《电子商务法》规定，电商平台经营者如果没有及时采取必要措施的，需对损害的扩大部分与平台内经营者承担连带责任，而且还可能面临知识产权行政部门的罚款[3]。

《电子商务法》自2019年1月1日开始实施，笔者于2019年7月底在知产宝数据库中进行了检索，仅检索到一件依据该法起诉电子商务平台经营者侵犯专利权的案件[4]，在该案件中，法院认为，因没有证据证明被诉的平台经营者知道或应当知道在其电商平台上销售的是侵权产品，故平台经营者无需承担相应责任。

---

〔1〕 根据《浙江省网络市场知识产权保护调研报告》（2014年3月），淘宝网被投诉侵犯专利权的卖家中至少有33.8%遭受的是恶意投诉。

〔2〕 张德芬："《电子商务法》中'通知与移除'规则评析——以专利侵权纠纷中电商平台责任为例"，载《知识产权》2019年第3期。

〔3〕《电子商务法》第84条规定，电子商务平台经营者违反本法第42条、第45条规定，对平台内经营者实施侵犯知识产权行为未依法采取必要措施的，由有关知识产权行政部门责令限期改正；逾期不改正的，处5万元以上50万元以下的罚款；情节严重的，处50万元以上200万元以下的罚款。

〔4〕 广州市白云区圣洁美美容仪器厂、苏州纳通生物纳米技术有限公司与杭州阿里巴巴广告有限公司侵害外观设计专利权纠纷案，参见江苏省高级人民法院（2019）苏民终641号民事判决书。

虽然目前司法案例较少，但是《电子商务法》的实行给电子商务尤其是被投诉人带来了很大困扰。该法规定"电子商务平台经营者接到通知后，应当及时采取必要措施，并将该通知转送平台内经营者"，由此明确了"转通知"不属于必要措施的范畴，电子商务平台接到侵权通知即需采取删除等必要措施，显然会造成不公平的后果。该法还规定"电子商务平台经营者在转送声明到达知识产权权利人后 15 日内，未收到权利人已经投诉或者起诉通知的，应当及时终止所采取的措施"，也就是说，在电商平台收到被投诉人"反通知"之后，并不能立即终止"删除"等措施，而需要至少 15 天的等待期以根据权利人的反应作出应对，如果权利人没有投诉或起诉，才可以终止"删除"等措施，这 15 天的等待期对于被投诉人的销售行为会产生严重影响，尤其是在销售热销商品时，15 天的静默期将导致错过最佳商机，即使恢复上架，店铺排名亦很难挤进首页，这意味着被投诉人基本丧失了销售该商品的机会。

（三）专利法修改的相关规定

我国第四次修改《专利法》并未将"通知—删除"规则纳入，2015 年底，国务院法制办公室就《中华人民共和国专利法修订草案（送审稿）》（以下简称《专利法修订草案（送审稿）》）公开征求意见，该草案第 63 条第 2 款规定：专利权人或者利害关系人有证据证明网络用户利用网络服务侵犯其专利权或者假冒专利的，可以通知网络服务提供者采取删除、屏蔽、断开侵权产品链接等必要措施予以制止。网络服务提供者接到合格有效的通知后未及时采取必要措施的，对损害的扩大部分与该网络用户承担连带责任。

该条款是《侵权责任法》（已失效）第 36 条在专利领域的具体适用，其规定一脉相承，与电子商务法的相关规定亦是相通的。但是该送审稿在知识产权学界却引发部分学者的强烈反对，反对的主要理由如下：

1. 从"通知—删除"规则的起源和本意探讨，该规则不应适用于专利领域。"通知—删除"规则首次创立于美国 DMCA，其立法目的是解决网络环境下著作权保护与网络服务提供者责任的问题，它的基本含义是，当信息存储空间中出现了用户上传的侵权内容，或者链接指向了其他网站中的侵权内容时，权利人可以向信息存储空间服务提供者或搜索和链接服务提供者发出通知，告知相关侵权事实并提供初步证据，服务提供者在接到通知后，如果及时移除了被指称侵权的内容或断开了链接，且权利人无证据证明服务提供者事先知道侵权事实存在，在符合其他免责条件的情况下，服务提供者不承担责任，即可以进入"避风港"[1]。

可见，"通知—删除"规则源于著作权法，在著作权法中，该规则仅针对网

---

〔1〕 王迁："论'通知与移除'规则对专利领域的适用性——兼评《专利法修订草案（送审稿）》第 63 条第 2 款"，载《知识产权》2016 年第 3 期。

络服务被他人用于未经许可以信息形式提供受著作权法保护的作品的情形。作品可以是信息形式提供的，比如传播由文字组合构成的小说，也可以附着于物质载体中提供，比如销售一本纸质的小说，"通知—删除"规则仅适用于前者，仅适用于此类单纯提供信息的行为。

相反，专利制度的目的在于促进专利文件中技术信息的传播，专利权保护的并非信息形式提供的作品，而是产品背后的技术方案，此外，《专利法》限制的是未经权利人许可制造、使用、销售、许诺销售专利产品等行为，仅仅靠删除销售信息无法完全禁止侵权行为，由于专利权与著作权存在上述差异，因此"通知—删除"规则不能被直接移植进《专利法》。

2. 从侵权事实判定难度的角度来看，该规则不应适用于专利领域。有学者认为，"通知—删除"规则"如果广泛适用于名誉权、专利侵权、商业秘密侵权等情形，在信息真实判断与技术专业判断方面难度很大。在这种情况下，被动通知处理或主动审核的要求，对网络服务提供者都不适合。"[1]

对于在网络平台上未经许可提供电子书下载的情形，该网络平台的经营者可在"通知—删除"规则的保护下进入避风港，但是，对于在网络平台上未经许可销售盗版小说的情形，则无法适用"通知—删除"规则。之所以作出这样的区分，原因在于，相关网络服务者容易对通知所指称的侵权行为进行初步核实，这样的规定充分考虑了利益平衡的需要，具有合理性[2]。在网络中以信息形式提供作品的，网络服务者很容易进行比对，并作出初步判断是否为通知中指称的侵权作品。

而对于专利权而言，其是否构成侵权的判断是专业且复杂的，需要对证据的真实性进行认定，需要对侵权行为进行认定，需要对不侵权的抗辩理由进行认定，网络服务提供者缺乏对通知所指称的销售侵权产品的行为进行初步核实的能力。对于发明和实用新型专利权来说，需要将被控侵权产品分解为技术特征，进而与权利要求进行技术特征对比，还需要进行等同侵权的判断；对于比较直观的外观设计专利权来说，其优势仅在于网络中通常会显示被投诉商品的外观，可以以此与外观设计专利权进行直接比对，但仍会涉及对外观设计专利保护范围的界定、侵权判定标准的适用等需要专业技能的判断。上述这些判断都超出了普通经营者的能力范围。

3. 将"通知—删除"从免责条件改为归责条件导致利益失衡。DMCA将"通知—删除"作为网络服务提供者进入"避风港"的"免责条件"，如果网络

〔1〕 吴汉东："侵权责任法视野下的网络侵权责任解析"，载《法商研究》2010 年第 6 期。

〔2〕 王迁："论'通知与移除'规则对专利领域的适用性——兼评《专利法修订草案（送审稿）》第 63 条第 2 款"，载《知识产权》2016 年第 3 期。

服务提供者没有及时根据权利人的通知进行删除，并不必然要承担责任，而是转而根据认定侵权责任的一般规则进行判断。

原《专利法修订草案（送审稿）》将"通知—删除"改造成了归责条件的组成部分，即只要网络服务提供者接到了符合形式要求的通知，但未删除以制止被指称侵权的行为，只要日后证实相关侵权行为确实存在，就要承担连带责任。

对于免责还是归责的问题，学界亦有争论，虽然原《专利法修订草案（送审稿）》的表述表面上看是归责，但其前提对损害的扩大部分承担连带责任，这就要在认定构成侵权的前提下承担责任。而 DMCA 虽未作类似的责任描述，但据美国众议院报告给出的立法解释，DMCA 关于"通知—删除"规则的有关规定无意明确网络服务提供者在满足免责条件时可不作为侵权者承担侵权责任，相反，恰在其依据现行法应认定承担侵权责任时才可适用免责条款[1]。也就是说，不管是 DCMA 中免责的表述，还是原《专利法修订草案（送审稿）》中归责的表述，前提都是需要承担侵权责任时才适用，此时，不管如何表述，结论是一致的。

但是，不论属于归责条款还是免责条款，这一规定在专利领域必将导致利益失衡的结果，将原来处于劣势地位的权利人转变成处于强势地位，制造了新的不平衡。

对于实用新型专利权和外观设计专利权来说，其权利的授予并不经过实质审查，权利的稳定性较差，仅依据权利人具有实用新型或外观设计专利权的通知而不对权利的稳定性进行核实就进行删除，会导致利益失衡。据调查，淘宝网接到的侵犯专利权的投诉中超过 30% 为恶意投诉，其恶意主要表现在，将他人已经上市销售的产品申请为实用新型或外观设计专利，获得专利权后再投诉原卖家侵权。

由于专利侵权判定的专业性以及实用新型和外观设计专利权的不稳定性，《专利法》中如果做出如上规定，将使得网络服务提供者承担过重的法律责任，而网络服务提供者为了规避责任，只能进行删除，这继而会将责任转移给网络卖家，而网络卖家将因此遭受经济损失，尤其是在"6·18""双十一"期间，如果因投诉而被删除链接，损失将是巨大的。

此外，有学者担心，在专利领域适用"通知—删除"规则将使诉前禁令失去意义，《专利法》在规定诉前禁令时设计了完善的利益平衡机制，要求申请人提供担保，并规定申请人自法院责令停止有关行为的措施之日起 15 日内不起诉的，法院将解除该措施。"通知—删除"规则将仅需一份通知即可实现诉前禁令

---

[1] Nimmer, David: "Appreciating Legislative History: The Sweet and Sour Spots of the DMCA's Commentary", *Cardozo Law Review*, 23 Cardozo L. Rev. 909 (2001~2002).

相同的效果，这将使得网络环境中针对专利侵权的诉前禁令制度彻底被规避。

上述争议已经影响到立法。2019 年 1 月 4 日，第十三届全国人大常委会对原《专利法修正案草案（送审稿）》中，删除了上述第 63 条的规定，并于第 71 条第 1 款中规定：专利权人或者利害关系人可以依据人民法院生效的判决书、裁定书、调解书，或者管理专利工作的部门作出的责令停止侵权的决定，通知网络服务提供者采取删除、屏蔽、断开侵权产品链接等必要措施。网络服务提供者接到通知后未及时采取必要措施的，对损害的扩大部分与侵权网络用户承担连带责任。对于该变化，有学者认为，否定"通知—删除"规则适用于专利领域既与权益保护优位于促进网络产业发展的法律价值取向相悖，又系对专利权不当限制[1]。但是，该修改条款依然未通过审议，最终通过的《专利法》中未对网络服务提供者的责任进行规定。

二、专利法中明确网络服务提供者责任的必要性与可行性

虽然《专利法修正案草案（送审稿）》中的上述规定遭到了学界的反对，并预期会对电子商务行为产生不良的影响，但是，在《专利法》中明确网络服务提供者的责任是必要的也是可行的。原因如下：

（一）网络侵权泛滥维权难

电子商务平台使得商品信息广泛传播，网络卖家易于获知爆款商品的信息，导致网络侵权容易出现群体侵权、重复侵权的现象。据浙江省知识产权局发布的数据，2014 年~2016 年的 3 年里，全省知识产局系统累计办理电商领域专利案件 194 526 起，可见电商平台已经成为侵犯专利权泛滥之场所。而对于电子商务平台而言，在主观方面，存在扩大电商规模、简化卖家注册流程方面的商业考量，在客观方面，存在侵权判定难、权利不稳定的理由，这导致电商平台在规制侵权行为时能力不足，意愿不强。

由于网络的虚拟性，平台内的经营者的真实身份和地址难以确定且经营状态不稳定，同时，侵权人以网络交易平台为依托，实现线上销售与线下制造和跨地域物流的融合，侵权行为变得更为隐蔽，导致维权变得更加困难，逐一通过线下起诉侵权卖家从而维权几乎是不可能的。

在此情况下，明确网络服务提供者的责任，从线上"删除"销售侵权商品的信息，将是最直接有效、成本最低的制止侵权的手段。据浙江省知识产权局发布的数据，在其办理的上述 194 526 起专利案件中，关闭、删除、屏蔽、断开侵权假冒商品或网店 115 141 个，99.96%的侵权判定意见书得到了专利权人、网店及平台商的认可。可见，59.19%的案件均以"删除"为结果。

---

[1] 刘建臣："'通知—移除'规则适用于专利领域的理论困境及其破解"，载《知识产权》2019 年第 1 期。

（二）　网络服务提供者的义务

从专利侵权法律责任的角度出发，如果网络服务提供者知道存在侵权行为，那么就构成共同侵权。网络服务提供者所应承担的义务受其与买卖双方的法律关系以及网络环境的特殊性两方面影响，主要包括如下义务：事先审核义务，包括对主体资格的审核，以便发生专利侵权纠纷时能够迅速准确地确定当事人，包括对所经营的专利商品的信息进行登记备案；主动提醒义务，提醒经营者不要出现销售专利侵权商品的行为；协助义务，当发生专利侵权纠纷时，披露侵权经营者的真实个人信息，以协助权利人、专利行政部门、法院进行证据搜集和调查处理；合理注意义务，包括因通知而引发的被动注意义务和主动注意义务，对于重复侵权、群体侵权应承担更重的主动注意义务[1]。

（三）　司法机关已经在适用《侵权责任法》（已失效）

尽管学界对于专利侵权适用"通知—删除"规则尚有争议，但由于《侵权责任法》（已失效）第36条没有限制其适用范围，我国司法机关已经直接以其为依据将该规则适用于专利侵权纠纷。前述"嘉易烤案"对于《侵权责任法》（已失效）第36条第2款的含义、适用的条件，进行了深入探讨，经最高人民法院审判委员会讨论通过，于2017年3月6日发布成为第83号指导案例。该指导案例体现出的裁判规则被最高人民法院所倡导。

综上可见，在电子商务技术的加持下，侵犯专利权的行为更加容易且更为多发，这样的行为不仅侵犯了专利权人的利益，破坏了社会秩序，通常也会伴随着损害消费者的利益，与此同时，维权难度加大。在《侵权责任法》（已失效）的规定不明晰，《电子商务法》的规定对于网络服务提供者课以较重责任的情况下，有必要在《专利法》中增加相应条款（尽管第四次修改并未引入），明确网络服务提供者的法律责任，加大对于专利权的保护力度，避免电商平台成为专利保护的法外之地，同时，应避免矫枉过正，不能施加给网络服务提供者过重的义务，导致利益失衡进而在实际执行中产生新的更大的矛盾。

三、《专利法》修改后适用中的建议

（一）　关于通知

通知应有形式上的要求，对于通知的合格有效性要求应遵循"低门槛"的思路，确保通知成为专利权人高效便利的维权渠道，同时，为了防止恶意投诉，增加投诉的严肃性和严谨性，应提交为何构成侵权的比对分析材料。

《民法典》侵权责任编第1195条第1款第2句规定，通知应当包括构成侵权的初步证据及权利人的真实身份信息。《浙江省电子商务领域专利保护工作指导

---

〔1〕　许谅亮："网络交易平台提供商专利侵权法律责任"，载《科技与法律》2015年第3期。

意见（试行）》中规定的要件可供进一步参考。投诉材料应当包含下列内容：①专利权人身份证明（营业执照副本或身份证复印件）、有效联系方式和地址，委托他人投诉的，还应当提供授权委托证明。②专利权证书及其有效性证明；③要求删除、屏蔽的商品名称和具体互联网链接；④涉嫌侵权商品与专利权保护范围的比对材料；⑤其他能够证明存在侵权行为的证据材料。

（二）关于转通知

有学者借鉴加拿大和日本相关立法，提出转通知规则，其含义是，当网络服务提供者收到专利权人的通知后，只要该通知形式适格，无需对实质内容进行审查，便应立即将相关投诉材料转送给被投诉人，若被投诉人在合理时间内未发回形式适格的反通知，则立即断链，若被投诉人于合理时间内发出适格的反通知，则网络服务提供者保留链接，并将反通知内容转送给专利权人。

这一规则的核心在于，免去了网络服务提供者对专利侵权事实的实质审查义务，保护被投诉人的权益不致在侵权事实未定状态下不合理受损。《民法典》侵权责任编第 1195 条第 2 款规定了转通知："网络服务提供者接到通知后，应当及时将该通知转送相关网络用户，并根据构成侵权的初步证据和服务类型采取必要措施；未及时采取必要措施的，对损害的扩大部分与该网络用户承担连带责任。"

（三）关于转通知是否可以被认为是必要措施

必要措施是指足以防止侵权行为继续或侵害后果扩大的措施。在网络服务提供者接到专利权人的通知时，由于网络服务提供者不具备对专利侵权事实的判定能力，侵权事实处于不确定的状态，此时，如果要求网络服务提供者对商品销售信息采取删除的措施，那就是置被投诉人的利益于不顾，有违利益平衡原则。在嘉易烤案中，二审法院作出如下认定："但是将有效的投诉通知材料转达被投诉人并通知被投诉人申辩当属天猫公司应当采取的必要措施之一"，可见，该判决将转通知程序纳入必要措施范畴。

根据该判决，可以将"通知—删除"规则修改为"通知—必要措施"规则[1]。"必要措施"包括转通知，如果通知中包含了公权力机关的裁判文书，已经作出了侵权认定，那么必要措施即为"删除"，但如果通知中关于涉嫌侵权商品与专利权保护范围的比对材料并非由公权力机关作出，则可以采取转通知的方式。但是，《民法典》侵权责任编第 1196 条第 2 款规定："网络服务提供者接到声明后，应当将该声明转送发出通知的权利人，并告知其可以向有关部门投诉或者向人民法院提起诉讼。网络服务提供者在转送声明到达权利人后的合理期限内，未收到权利人已经投诉或者提起诉讼通知的，应当及时终止所采取的措施。"

---

[1] 詹映："'通知—移除'规则在专利领域的适用性分析"，载《法商研究》2017 年第 6 期；姚志伟、沈一萍："网络交易平台的专利侵权责任研究"，载《中州学刊》2017 年第 8 期．

据此，仅仅是转通知并不能终止"必要措施"，换言之，"必要措施"不包括转通知。

（四）关于反通知

应设置给予被投诉人辩论的程序，避免因专利权人单方的投诉而启动"删除"程序，从而导致利益失衡。

《电子商务法》中规定的反通知程序如下：网络服务提供者接到具备形式适格性的通知后，应当及时将所指称侵权商品信息删除，并将通知材料同步转送至平台内经营者（以下称为被投诉人），要求平台内经营者在合理的时间内发回反通知，平台内经营者接到转送的通知后，可以向电子商务平台经营者提交不存在侵权行为的声明。声明应当包括不存在侵权行为的初步证据。电子商务平台经营者接到声明后，应当将该声明转送发出通知的知识产权权利人，并告知其可以向有关主管部门投诉或者向人民法院起诉。电子商务平台经营者在转送声明到达知识产权权利人后 15 日内，未收到权利人已经投诉或者起诉通知的，应当及时终止所采取的措施。

《电子商务法》中的上述规定对于网络服务提供者和被投诉人施加了过重的义务，有学者认为，应采取"反通知—恢复"程序[1]，即只要在规定的时间内收到合格有效的反通知，即应恢复已删除链接，由专利权人启动侵权诉讼程序，交由裁判机关进行认定，根据裁判机关的认定结论，再行决定是否删除。对于该程序设置，有学者持反对意见，认为"反通知—恢复"程序与"通知—移除"规则类似，通常都需要网络服务提供商对专利侵权与否进行实质性审查，但这项工作并非网络服务提供商所能胜任的，并且增加"反通知—恢复"程序还会进一步促使网络服务提供商越位为"法院"，进一步扭曲相关的法律关系。如果让网络服务提供商在接到"反通知"后无需进行实质性审查就可立即恢复被移除的信息或链接，那么这种"反通知—恢复"程序又并无太大的实际意义，还不如一开始就不采用"通知即移除"的做法[2]。

有学者建议，在接到侵权投诉的通知后并不采取"删除"措施，而是直接转通知，若在规定的时间没有收到合格有效的反通知，则采取"删除"措施，即"通知—转通知—删除"程序[3]。笔者支持这样程序，该程序将"转通知"视为必要措施，在没有收到适格的反通知时，则进一步采取"删除"措施，在

---

〔1〕 王迁："论'通知与移除'规则对专利领域的适用性——兼评《专利法修订草案（送审稿）》第 63 条第 2 款"，载《知识产权》2016 年第 3 期。

〔2〕 詹映："'通知—移除'规则在专利领域的适用性分析"，载《法商研究》2017 年第 6 期；姚志伟、沈一萍："网络交易平台的专利侵权责任研究"，载《中州学刊》2017 年第 8 期。

〔3〕 王迁："论'通知与移除'规则对专利领域的适用性——兼评《专利法修订草案（送审稿）》第 63 条第 2 款"，载《知识产权》2016 年第 3 期。

收到适格的反通知时，将保留链接并等待公权力机关的裁定，该程序的价值在于，对于明显侵权或者明知侵权的被投诉人来说，其发出反通知的概率很低，这样就可以对此类被投诉人自身都找不到正当理由作出反通知的情形采取"删除"措施，而这些情形恰恰是对专利权保护破坏力最大的情形。

此外，对于反通知也应规定适格的要件，至少应包括对于不侵犯专利的理由的充分说明，在没有充分说理的情况下，网络服务提供者可以认定反通知无效。《民法典》侵权责任编第 1196 条第 1 款规定了反通知："网络用户接到转送的通知后，可以向网络服务提供者提交不存在侵权行为的声明。声明应当包括不存在侵权行为的初步证据及网络用户的真实身份信息。"

（五）关于错误通知的责任

专利权人发送通知的成本很低，但对于网络卖家的影响却是巨大的，删除链接导致商品下架往往是致命的打击，即使实际中可能不被删除或者能够通过反通知的手段恢复链接，但一方面需要投入成本，另一方面对于网络服务提供者是否将采取删除措施的不确定性会给网络卖家造成困扰，在这样的情况下，可以预想的到，网络卖家会花钱消灾与专利权人和解，进而将激励专利流氓更加疯狂的发送投诉通知，要挟、敲诈更多的网站卖家。

有必要对于专利权人发送错误通知的责任进行规定，应当明确，因专利权人的不当投诉给被投诉人造成损害的，应当承担赔偿损失、消除影响等责任，对于专利权人多次恶意投诉的，应当加重对其处罚力度。《民法典》侵权责任编第 1195 条第 3 款规定："权利人因错误通知造成网络用户或者网络服务提供者损害的，应当承担侵权责任。法律另有规定的，依照其规定。"

综上，虽然在第四次修改《专利法》中摒弃了"通知—删除"规则适用于专利领域，但在专利领域设置这样的规则有其现实需求和意义，若基于专利领域的特点对该规则加以保留进行适应性修改，既可避免《专利法》与《侵权责任法》（已失效）和《电子商务法》之间的适用冲突，又可促进对专利权人合法权益的保护。修改建议为，设立"通知—转通知—删除"规则，将"转通知"视为网络服务提供者采取的必要措施，在没有收到被投诉人发出的适格的反通知时，应进一步采取"删除"措施。

网络环境下的竞争法

广义的竞争法，包括竞争法律与竞争政策，狭义的竞争法在我国法律体系中一般指的就是《反垄断法》与《反不正当竞争法》。无论广义还是狭义的竞争法，其本质都是为了促进、维护竞争，实现效率与公平；而传统知识产权的价值取向也是为了通过推动创新来促进竞争，二者的根本目标殊途同归。知识产权制度通过向创新者授予专有权而减少竞争者的数量，使权利人获得回报；竞争法则通过维护自由竞争环境、保障企业扩大其产出来实现利润，以此实现对于新产品与市场的进一步开发，最终目的也在于实现技术创新，从而与知识产权的利益取向不谋而合。反垄断法一般不会阻止知识产权的实现，"毕竟知识产权的排他性只及于权利客体而非相关市场，所以无法天然的赋予权利人提高产品价格的能力从而阻碍竞争"，[1] 而只是对其中滥用知识产权并损害竞争的行为加以关注。

虽然二者价值取向一致，且没有明显冲突，但有时知识产权由于其天然的"垄断性""排他性""专有性"也会给竞争法带来一些特殊问题。如知识产权权利人通过设立"许可协议"而成立"垄断协议"，或由于其专有性占有了市场支配地位并实施了支配地位滥用的行为（如通过专有许可等实施知识产权的行为导致价格歧视或搭售），从而客观上限制、阻碍了相关市场内的竞争，阻碍了竞争法的有效实施，因此会被纳入《反垄断法》与《反不正当竞争法》的管辖范围而进行调整。

由此可见，通常知识产权的实现与竞争法的实施并无根本性的抵触，且价值目标具有一致性。但一些行使知识产权的行为尤其是滥用知识产权的行为，会给竞争法带来许多特殊问题从而需要特殊规则的介入与调整，而对知识产权的行使进行一定程度上的限制其实也是保证知识产权得以实现的手段之一，坚持"反垄断法本身即在于维护知识产权的创新价值"是协调二者冲突的关键，毕竟从广义而言，知识产权法其实也属于一国的竞争法律政策。

随着互联网信息技术的快速发展与普及，作为知识经济典型代表的互联网高

---

〔1〕 许光耀："知识产权因素在反垄断法上的特殊性"，载《电子知识产权》2011 年第 3 期。

新技术行业正成为各国新的支柱经济增长点以及国家之间竞争的关键力量，互联网技术不仅越来越深入人们日常生活的方方面面，更深刻地改变了许多传统产业的经济结构，并在促进经济提质增效、实现创新驱动战略、保障和改善民生等方面同时发挥着重要的作用。作为一种发展迅速、高度依赖知识产权、以创新能力为核心竞争力的新经济现象，数字经济的发展与繁荣也给传统竞争法的适用提出了新的挑战，司法实践中诸多案件的发生与判决的不统一，急需立法对此做出回应。而本章将主要讨论与知识产权有关的竞争法问题，包括相关的制度、法律与案例，并且分析网络环境中的限制竞争行为与传统经济中的限制竞争行为的表现与实质究竟有何不同，从而找到更有效、更具体、更有针对性的规制方法。

第一节　网络环境与数字经济

一、概念辨析：数字经济、互联网经济与网络经济

网络环境顾名思义就是整个依托互联网发生的虚拟世界，不仅指网络资源与网络工具发生作用的地点，还包括整体的氛围、虚拟的社交网络、基于此的经济形态等非物理形态，在本章中特指"数字经济"。

"数字经济"也被称为"互联网经济"或"新经济"，起初并非一个经济学或法学概念，只是作为媒体领域对于互联网相关行业经济活动及现象的统称，通常指的是"基于互联网所产生并依赖信息技术、知识专利而得以开展的所有经济活动的总和，在当今发展阶段主要包括电子商务、互联网金融、即时通讯、搜索引擎和网络游戏五大类型"[1]，并随着信息技术的持续发展，移动互联网技术与相关行业也在其中占有越来越重的比例，所以本章认为根据这一概括加列举式的定义还应当将"移动互联网技术（主要是应用软件行业）"[2]也纳入考察范围。

同时，"数字经济"也时常被以"新经济"一词替代。New Economy 这个英文词组最早出现于美国《商业周刊》1996 年 12 月 30 日发表的文章中，指的是在经济全球化背景下、由信息技术（Information Technology）以及信息技术革命所带动的、以高新科技产业为龙头的全部经济形态。我国正式提出这一概念是在2016 年两会期间的政府工作报告中提到"为发展'新经济'是要培育新动能，

---

〔1〕　陈荣辉等："福建省信息经济学学科发展报告"，载《海峡科学》2016 年第 1 期。
〔2〕　工业和信息化部电信研究院政策与经济研究所、腾讯互联网与社会研究院：《中国互联网法律与政策研究报告（2013）》，电子工业出版社 2014 年版，第 83 页。

促进中国经济转型"〔1〕，并且在之后的新闻发言中进一步解释道"新经济的覆盖面和内涵非常广泛，涉及一、二、三产业，不仅仅是指三产中的'互联网+'、物联网、云计算、电子商务等新兴产业和业态，也包括工业制造当中的智能制造、大规模的定制化生产等，还涉及一产当中像有利于推进适度规模经营的家庭农场、股份合作制，农村一、二、三产融合发展等"〔2〕等。

由此可见，在中国当前经济形势的语境下，"数字经济"与美国所指的"新经济"的内涵与特征还略有区别：美国的"新经济"是信息化、技术化所带来的经济文化成果，具有低失业、低通货膨胀、低财政赤字、高增长的特点，其整个经济现象都具有"持续、快速、健康"发展的特征。而中国所提出的"新经济"的外延则较为狭窄和确定，指的就是依托互联网和信息技术产业所产生和发展的一切经济形态。但从竞争法的角度考察二者时，都是将其视为一种典型的知识经济来对待，从其所具备的区别于传统经济形态的特殊性（如双边市场的特点，网络效应、锁定效应的存在等）方面来考量，所以在本章之后的展开中，尤其是从竞争法的角度进行分析与法律评价时，笔者将不再对"新经济""数字经济""互联网经济"等词做特别的区分。

而"网络经济"一词最早则具有非常确切的经济学意义。有学者将其概念定义为"网络经济为经济体之间以节点和链路构成的系统为主要作用方式的经济现象"〔3〕，并认为"网络经济是具有网络经济效应等网络经济学特征的网络产业"〔4〕。这一经济现象伴随着互联网出现而诞生，并随着信息技术的普及使用和深入发展而繁荣，之后繁荣于20世纪90年代，主要涵盖了信息技术产业、通信产业、互联网及相关产业，包括利用了网络技术的金融业和零售业等传统产业，可以被认为是包括一切以信息和计算机网络为核心的信息和通信技术的产业群体。

如前所述，"数字经济"产生于信息网络化的时代，并以信息技术和知识为其主要推动力，那么经济学意义上的"网络经济"就可以视为数字经济的一种主要运行机制，由此可见，"网络经济"指的就是"产生于全民经济信息化基础之中，各类企业利用信息和网络技术整合各式各样的信息资源，并依托企业内部和外部的信息网络进行动态的商务活动，研发、制造、销售和管理活动所产生的

〔1〕　载国务院新闻办公室网，http：//www.scio.gov.cn/ztk/dtzt/34102/34261/34265/Document/1471601/1471601.htm，最后访问日期：2020年5月13日。

〔2〕　新浪财经新闻："李克强详解'新经济'内涵"，载http：//finance.sina.com.cn/roll/2016-03-16/doc-ifxqhnev6203666.shtml，最后访问日期：2020年5月13日。

〔3〕　张小强、卓光俊："论网络经济中相关市场及市场支配地位的界定——评《中华人民共和国反垄断法》相关规定"，载《重庆大学学报（社会科学版）》2009年第5期。

〔4〕　张小强：《网络经济的反垄断法规制》，法律出版社2007年版，第23页。

经济"。[1] 并且，经济学意义上的"网络经济"通常有两个明显区别于传统经济现象的经济学特征：①网络是各个经济体之间互相发生作用的方式或平台，且这里的网络应当包括实体的网络（如传统行业的通信电话、邮政运输等）和虚拟的网络，后者主要指的就是互联网或相关的信息技术网络；②具有网络外部性这一重要特点。网络外部性（Externalities）也叫作网络效应、外部效应或外部经济效应等，作为经济学中经常提到的一个专业术语，指的是"一个经济主体的行为对另一经济主体的福利产生影响，而这种影响并没有从货币或市场交易中反映出来，如果这种影响增加了他人的收益，就是正的外部性，反之若造成他人损失，则称之为负的外部性；而网络外部性就是一种积极的外部性，也就是说它具有增加他人收益的正的外部效应"[2]。网络外部性这一特征不仅是网络经济的重要特征，也是数字经济中集中表现出的一种特点，经济学意义上的"网络经济"与我们即将分析的"数字经济"因此而得以产生交集。

"数字经济"中之所以会集中体现这种网络外部性，其主要原因在于互联网产业中普遍存在的锁定效应这个规律。关于锁定效应和网络外部性的详细解释与分析，将在本书后面的相关章节中集中体现。当网络在规模上领先时——其市场领先地位也会不断得到加强。当变化发生，特别是技术的转变使原有网络过时的时候，这种正向的增强才会停止。由此可见为了提升经济能力，通常而言经营者会偏爱网络正外部性的出现，尤其是在互联网这种特殊的经济形式中，网络正的外部性体现为互联网持续不断增加的客户数量，导致在互联网中的生产和消费环节产生的效益已经溢出了传统企业的边界，不仅会为经营者创造更多的收益，同时还会衍生出如百度百科等完全利他的互联网产品（这种利他性的产品往往是免费提供的并开放资源的，由此普通用户会自行修改其中的内容，但是这种免费产品的提供并非完全不能获利，而是利用数字经济的平台效应从另一平台获得利益，进一步达到信息资源的刺激与共享）。

也正是因为网络外部性和锁定效应的存在（以及双边市场的数字经济特点），竞争法的规制在数字经济中经常遇到障碍，最明显的体现就在于难以界定正确的相关市场以及难以认定确切的市场力量。网络的外部性会导致价格机制失效，也会导致企业转移成本而在反垄断评估时难以确定市场份额或竞争力，或者由于网络经济的创新速度非常快、技术竞争异常激烈，竞争法审查时难以运用一些诸如传统的"需求替代性分析"这样的工具与方法去界定相关市场。与此同时，数字经济最主要的"免费"盈利模式，实质是利用了"双边市场"这一原

---

〔1〕 吴君杨："网络经济研究——网络对经济活动影响的规律性探析"，中共中央党校 2002 年博士学位论文。

〔2〕 刘珊珊："网络经济条件下的相关市场界定研究"，西南财经大学 2009 年硕士学位论文。

理以及"网络效应"和"锁定效应"来实现，即利用"免费市场带动流量，引流至关联市场去盈利"，这种新的商业模式对于竞争法而言为"正当竞争与否"的边界确定制造了很大麻烦。也就是说，仅在相关市场的界定这一基础性的问题上（而相关市场的界定正是反垄断法相关制度能否正确实施的关键前提），数字经济这些新的变化和特征都会给反垄断法的适用带来新的挑战，而互联网的这些特征恰恰也是网络经济特征的集中体现，因此可以说，作为数字经济的一种运行机制，分析网络经济本身的特征也是极为必要的。

综上，如无特殊说明，本章在提到"网络经济"时指的是一种具体的经济态势以及"数字经济"的一种具体运作机制，而"数字经济"与"互联网经济"、"新经济"一样，都是指网络环境中发生的一切经济现象，不再作特别区分。

二、"数字经济"的范畴与内涵

前文提到的"互联网行业"这一概念也并非一个具有法律意义的定义，而只是经济产业划分领域的一个名词，其中与竞争法有关的定义也就是互联网行业涉及竞争法调整的范围，从这一角度，可以将其限定为"以网络技术及平台为中心，包含电子商务、即时通讯、搜索引擎、社交网络、网络游戏、电子支付等服务并因此获得利润的产业"，然而这一概括式加列举的定义，只是描述了数字经济的表现形态和赖以实现的平台，并没有表述清晰为什么这种经济形态会给竞争法提出新的挑战。

"数字经济"或称"互联网经济"是在互联网即"信息技术"出现与繁荣之后，才受到广泛关注的概念，可惜目前在法学界依然缺乏一个公认的权威表述来概括究竟何为"数字经济"以及数字经济之所以需要竞争法介入的本质特征是什么。目前我国学者们对数字经济的定义可以粗略做出以下几种类型的区分：

（一）经济学意义上的区分

1. 将"数字经济"限制为一项特定的经济活动。如有学者认为，"数字经济是建立在由现代通讯网络、电子计算机网络所形成的信息网络基础之上的一切经济活动"[1]。这个定义里所强调的是数字经济这种经济活动所赖以发生的平台和载体，而没有说明这一经济活动所包含了哪些具体的内容。还有学者则将数字经济的概念进行了广义和狭义的区分限制，其认为"狭义的数字经济指的是基于互联网所发生的一切经济活动"[2]，而"广义的数字经济则指以信息网络为基础和平台、以信息技术和信息资源应用为特征的、信息和技术起重大作用的一切经

---

〔1〕 盛晓白：《网络经济通论》，东南大学出版社 2003 年版，第 2 页。

〔2〕 盛晓白：《网络经济通论》，东南大学出版社 2003 年版，第 2 页。

济活动"[1]。这个定义同样只是对于这种经济活动所产生的平台与空间进行了列举性的描述，而缺乏一般标准的概括；辛向前博士则描述"数字经济"为"利用互联网组织分工和专业化的所有经济活动的总称"[2]。这个定义虽然提到了数字经济一个非常重要的特点"专业化（主要是专利集中）"和"组织分工"，但仍然缺乏基础性的原理概括，也就是无法通过这一概念去进行一般性的分类与定义，不具有普适性。以上提到的诸位学者有一个共同的特点，即都是将"数字经济"概括定义为"某种形式的经济活动"，将经济活动的产生基础限定为以"互联网络、信息技术"为基础，即"数字经济"是基于"互联网络、信息技术、因特网"而发生的所有"经济活动"这样的公式。

2. 将"数字经济"概括为某种特定的经济形态。有学者指出"数字经济是以经济全球化为背景，以现代电子信息技术为基础，以知识和信息为核心，以电子网络为载体，以电子商务为重要表现形式，中介服务为保障，实现信息、资金、物资流动，促进整个经济持续增长的全新经济形态"[3]；还有学者认为，"数字经济是在知识背景下以 Internet 为核心，以电信网，通讯网和企业内部网等系列网络为基础，以信息产业为主导产业，以全球市场为导向，进行以信息和知识的生产、交换、分配和消费为主要内容的全部经济形态"[4]。这些定义的共同点为，都是用"某种经济形态"来定义和限制"数字经济"，而且都依然只是强调了数字经济发生的平台和介质是因特网、信息技术，并没有指出这种发生在因特网上的经济形态为何不能适用传统的反垄断法调整规则，并且各个定义之间的区别只在于不同学者对其特征的表现形式进行了区别性的描述，而实质上描述的都是一个基本的特征，即：这种经济形态其发生的重要载体是互联网（平台），主要获益的资源是信息技术（而非传统的自然资源），并且这种经济形态具有全球化和规模化的特点。

3. 立足于"互联网行业"这一概念进行界定。这种定义方法主要是强调数字经济这一经济现象所发生的平台，重点在于解决"何为互联网行业"这个命题。基于互联网行业所发生的经济现象早已渗透人民生活的各方各面，而虽然"互联网行业"（Internet Industry）一词已被学界和社会大众广泛使用，但是迄今为止理论界与实务界对于互联网行业的概念仍然没有统一的界定与概括，对其范围的理解也因人而异。

国外学者，如美国芝加哥学派的代表人物波斯纳以及后芝加哥学派代表人物

---

[1] 乌家培："关于网络经济与经济治理的若干问题"，载《当代财经》2001 年第 7 期。

[2] 辛向前："网络经济若干理论问题研究"，中共中央党校 2002 年博士学位论文。

[3] 薛伟贤：《网络经济效应及测度研究》，经济科学出版社 2004 年版，第 15 页。

[4] 陶长琪等：《新概念经济》，江西人民出版社 2005 年版，第 100 页。

夏皮罗、萨罗普、贝克尔等国外学者则用"New Economy"（国内学者也多译为新经济）这一词汇来替代数字经济。波斯纳教授认为："新经济包括三个截然不同但相互联系的行业：计算机软件的制造；互联网企业（互联网接入提供者，互联网服务提供者，互联网内容提供者）提供的服务，比如美国在线（AOL）和亚马逊电子商务（Amazon.com）；以及为前面两个行业提供支持的通讯服务和通讯设备"[1]，这个定义从经济学的角度对于互联网行业的概括及其形成的经济现象进行了一定的概括，具有一定的普适性，但是也是偏重于列举具体的行业模式而缺乏可以推而广之的原理概括。

上述经济学上的定义，虽然都指出了数字经济发生的场所或者说介质是"互联网"，但是都只是将其描述为一种客观的"现象"或"形态"，而没有关注到这种新的经济"现象"或"形态"所具备的新特点对竞争法提出了何种挑战，更不会关注到这些新挑战会带来分析方法和步骤上有哪些新的特点，所以还需要进行法学上的定义和分析。

（二）法学上的定义

前文提到，目前的学者多数只阐述了数字经济作为一个经济学概念的特征和意义，如果需要将其列为一个法学的研究对象尤其是反垄断法研究的对象，则需要将经济学上的概念转化为法律概念。也就是说，必须分析清楚数字经济这一经济现象本身究竟有何特殊性从而导致传统竞争法规则的适用不能，以至于需要设立特殊的规则或调整手段去规制这种新经济。

法律上的概念明显区别于经济学上的定义，法律概念或法律定义应当是客观的权威性、概括性、普遍适用性的高度抽象概念，而经济学上的概念则只需要对经济关系进行一种假设性概括即可。而且，法学上的概念需要对法律事实进行明确的界定与分类，而经济学上的概念只要可以做出假设并符合逻辑即可，不需要其是确定的、现实的。由此可见。我们在研究时可以将"数字经济"作为一个不确定的经济学假设，并且可以从不同的研究角度以及研究方法出发对其进行限制与概括，但如果要将它作为一个法律的研究对象甚至启动某个部门法对其进行干预与规制时，就必须存在一个确定的法律事实（以反垄断法为例，启动反垄断法介入某一行为的根本标准即在于"损害竞争"这一事实结果的判断），然后从法律的角度出发对其进行明确的、可普遍适用的定义，尤其是要明确清楚地限制其范围以避免法律的滥用。

综合以上论述，我们可以得出这样的结论：数字经济指的是，基于互联网技术而产生及维持并展开活动的一种经济现象（概括），须具有网络经济效应等网

---

〔1〕〔美〕理查德·A. 波斯纳：《反托拉斯法》，孙秋宁译，中国政法大学出版社 2003 年版，第 289 页。

络经济学特征（特征描述）以及双边市场的特点，主要涵盖了信息技术与通信技术行业、互联网（包括电子商务）及相关产业（如以电子支付、电子理财为代表的利用了互联网技术的电子金融业）（列举）。具体包括这些以互联网（Internet）为基础建立起来的，为用户（消费者、企业、组织）提供某项基于信息技术而生产的商品（包括产品和服务）的行业，也就是说数字经济中主要涉及的行业需要包括以互联网为基础的应用（程序）和服务行业两大部分，这种概括加列举式的定义方式也会贯穿本章的写作始终。

三、数字经济的特点

由此可见，数字经济或者是"新经济"相比传统行业涉及竞争法调整领域时具有以下特点：

（一）数字经济赖以存在的基础是网络及互联网，其本质是知识经济

如前所述，"网络"一词在中文中含义广泛，包括真实的网络（具有连接点的诸多对象及其联系）与虚拟的网络（主要指的就是互联网以及信息技术），但日常生活中的真实网络并非都等同于物理学意义上的现实的网络。互联网作为虚拟网络的典型代表，依托其建立的"数字经济"除了是以知识、技术为核心内容的经济形式以外，还应当具备通俗意义上网络经济的经济学特征（即具有一定的网络效应与网络外部性），并且还应当是基于虚拟网络（互联网及信息技术）基础之上而存在，并以创新和知识技术为核心竞争力的新的经济现象。

（二）突出特点是网络效果（Network Effect）与锁定效应（Lock-in Effect）

网络效果与锁定效应是数字经济现象的最突出特点，同时也是给竞争法带来新挑战的根本原因。

网络外部性是数字经济时代一个最主要的特征。一个产品如果使用它的消费者的数量众多，很容易在同类产品中胜出，同时这个产品相应有依赖性的互补品越多，高质量的互补品的质量越高，那么这个产品对于消费者的价值就越大。此时就有可能产生市场锁定的效应。在同类的产品竞争过程中，当一个产品的用户规模越大，它的互补性越多，有更多的消费者选择，那么在数字经济时代就会出现"赢者通吃"的现象，这种网络经济下"赢者通吃"（winner-take-all）的特性早已被国内外学者所关注并且分析，但相关的文献更多地集中在研究方法的对比分析与总结上，经济学类的文章更是着重在模型构建等技术层面，而鲜有以企业竞争策略为出发点，基于双边市场理论来讨论在赢者通吃效应的影响下，企业的关键竞争要素和核心竞争力的文章。或者会出现这个相关市场上只有少数竞争者胜出的情况，其他的竞争对手和胜出的竞争者之间的市场力量相差悬殊，那么对于消费者来说使用这种产品是最有价值也是最有吸引的。

锁定市场之后就会增加消费者的转移成本。也就是说，如果有同类竞争产品

出现在市场上，哪怕是质量更高，消费者转移到新的产品中也不像之前那样容易了，这就是增加了消费者的转移成本。这种锁定效应同时还会形成市场进入的壁垒。当前竞争者的市场份额决定了后续潜在竞争者的进入难度，高的市场份额会产生一个结构性的壁垒，由于这个产品竞争者开发了一系列的互补品，与前序产品组成了一个所谓数字产品的系统，于是会出现纵向一体化的策略，把这个产品向下游延伸，又进一步增加潜在竞争者的竞争成本或者进入市场的成本。

要运用竞争法来调整数字经济，并非必须运用产业组织理论为必要工具进行分析，而应当从"相关市场"这一角度出发。无论是反垄断法还是反不正当竞争法事实上都不关注市场力量的来源，而只是关注当事人的行为对某一独立相关市场的竞争效果造成的影响。而在一个涉嫌垄断的争议中，往往还有可能存在多个独立的相关市场，因此当我们分析这个行为的竞争效果时，首先运用明确的方法去确定相关市场，进而进行相关市场内竞争效果的正负比较分析。

对于数字经济而言，进行竞争法分析的时候，考察其网络效果与锁定效果的目的在于考察经营者足以影响竞争秩序的力量来源。具备网络效果与锁定效果的企业或行为人往往具备不同来源的垄断力量（或称之为优势力量或支配力量）。网络效应本身并非数字经济的本质特征，如传统的网络经济代表——电话网络或软件行业——也具备网络效应。而在数字经济中，是通过网络产品或服务来体现网络价值的。在许多经济学著作中，一般认为网络效应和网络的外部性是一个概念而并不加以区分，但二者还是有明显不同的。定义"网络外部性"的关键在于确定其具有"外部性"即正面的影响效果（也被称之为"网络的溢出效应"）；而网络效应则指的是"某种行为对他人强行征收了不可补偿的成本，或给予他人了无需补偿的收益的情形"[1]。这种行为的本质，是对他人产生了不会反映在市场价格中的间接效应。

（三）有较强的寡头垄断性，"数据"和"流量"成为竞争核心

这主要是由于互联网产业的双边市场属性导致的。与传统行业的市场形成不同，双边市场是依据买卖双方的直接交易直接形成的，供需双方无需借助第三方平台或场所来进行交易。而互联网行业交易的实现，通常需要借助第三方平台才能完成，因此被称为双边市场。那么当互联网行业中，如果其中一个企业获得了一个提供低价甚至免费服务的平台，且该平台已经在市场中占有优势地位，那么

---

〔1〕 Katz & Shapiro 把网络中尤其是虚拟网络中所发生的对他人产生的外溢效应称为"网络外部性"，实质指的是不能被内部化的网络效应。鉴于二者的区别，本书之后会将研究对象界定为网络效应影响下的企业竞争策略（即互联网产业的核心竞争力），更多关于网络效应的定义与介绍可以参见 MICHAEL K L, SHAPIRO C.，"Network externalities, competition and compatibility", *American Economic Review*, 1985, 75 (3): pp. 424~440.

当其利用此平台提供其他付费服务的时候，这种优势地位所带来的垄断效果就可以通过网络效果和锁定效果传导到其他付费的服务市场从而使企业获利。对于这个双边市场而言，两边任一方的加入或变更或退出，都会对该市场产生极大的影响，可以说依据此市场产生的各项交易和获利都会由于任一方相关市场的变动而发生改变，这也是双边市场区别于单边市场的本质特征。因此，由于其很强的双边市场特性，互联网行业天然具备寡头的可能性。

然而互联网行业中的电子支付、电子商务、电子理财等行业是不存在双边市场的，它们的本质只是传统行业的信息化而已，这些商业模式适用传统的竞争法即可调整，不需要为此特设规则。还需说明的是，双边市场并不等于平台，双边市场中顾名思义必须存在"一对"市场，而非一个单独的平台，且这组市场必须相互依存，缺一不可。所以数字经济基于平台产生，但双边市场并非等同于平台市场。关于这一点区别，现有文章和著作都较少提到，大多数研究都是将二者相同对待的，这就会导致在司法实践中出现适用错误。如"奇虎诉360"案，虽然法官的判决是正确的，但其对于相关市场和双边市场的论述出现了错误，判决错误地将双边市场作为一个平台，从而在界定相关市场时候出现了误差。

正是双边市场的存在，使得"数据"与"流量"成为驱动数字经济的主要生产力。经营者不再需要占有实体生产资料就可以在数字经济中盈利，"免费"成为互联网产业最富特色的商业模式。传统行业的产品一般只能以付费形式出现，除非是样品，而数字经济中互联网行业的产品很多是免费的，只有一部分是需要付费的。经营者同时拥有免费产品市场与付费产品市场两个相关市场，可以通过在免费市场中提供免费产品、服务，以锁定用户（流量），再通过网络效应的存在，将用户引流至收费市场从而盈利。同时因为有免费产品的存在，所以用户对付费产品的要求自然会更高。有些互联网产品因为存在多种盈利模式，产品可以允许用户完全免费使用，用户可以直接免费使用并升级更新产品。数字经济中的很多盈利模式都是建立在拥有一定用户量的基础之上，如招广告商、提供额外付费服务、卖数据报告等。没有足够的用户量与数据的占有，这些盈利模式根本无法实现。当然，如果经营者前期没有规划好可经营的盈利模式，而只是一味经营用户量，企业也不能在另一付费市场中存活并盈利。以共享单车为例，摩拜和OFO单车进入市场时，通过大量补贴以提供极其低价甚至免费的服务，其前期的盈利仅依靠单车押金和租金，但后期一旦有了足够多的用户量，就可以开启广告及流量变现的盈利模式，从而实现市场份额的传导。

（四）专利集中，科研创新是其赖以生存的基础与核心竞争力

作为知识产权密集型产业的典型体现，数字经济依托知识产权产生，其核心生产力"创新"更是知识产权的首要保护目标，专利技术与创新是互联网行业

的核心竞争力。因此，如何避免知识产权滥用在该行业中导致的竞争法无法实施的问题就变得尤为重要。数字经济一定是"智能经济"，知识产权的实现不能得到保障就是对数字经济的釜底抽薪。区块链、密码学等高新技术则是对知识产权的实现进行保障的重要技术支持，是数字经济的基础设施。

以中国的司法实践为例，与知识产权相关的反垄断法案件大量集中在互联网行业，协调知识产权法与反垄断法的关系，是这个行业得以发展的一个重要保障。当然，知识产权的行使与反垄断法的实现发生冲突时，是可以利用现有规则进行干预的，所以在具体案例中应当区别对待。

第二节　数字经济下的竞争分析

无论是适用《反垄断法》还是《反不正当竞争法》，其前提首先都是要确定竞争关系以及"经营者"。若要在数字经济的背景下进行竞争关系的分析，也需要和传统市场一样考虑两个基本因素：一是考虑对于竞争的影响而非竞争者的影响，著名的竞争法谚语"竞争法保护的是竞争而非竞争者"[1] 说的即是如此；二是在竞争法的执法过程中，应当以证据为基础去判断行为对于竞争的损害，而不是对于竞争者的损害。

一、竞争分析原则：审慎的分析效率

既然要保护竞争而非竞争者，那么在数字经济的情况下，同样不能仅仅基于一些猜测就对部分市场行为进行执法，否则有可能对所有的市场竞争者都造成毁灭性的打击，尤其是一些新兴商业模式的互联网企业。竞争法应当秉持"审慎"的原则，尽量发挥市场的自我调节作用，只有在证据清晰、损害确定的情况下才启动法律程序。比如在下一部分会详细讲到的固定价格维持类案件，传统的态度是认为这种行为本身违法，即一旦成立即违法。类似的还有固定价格、分隔客户以及分隔地域的案件，但在数字经济中，这些行为依托互联网，如果明显可以产生效率，有利于市场整体竞争的充分性，那么就应当谨慎比较其正负效果。

所谓数字案件，界限非常模糊，既可以将所有与数字经济有关的案件都称之为"数字案件"，也可以特指互联网行业相关的案件，包括一切在线的商品销售

---

〔1〕　此格言源于美国反托拉斯法，首次在 1962 年的 *Brown Shoe* 案件判决中被提出（Brown Shoe Co. v. U. S.，370 U. S. 294，June 25，1962）。此格言被应用于各种情形，比如，由于竞争法保护的是竞争而非竞争者，所以在诸如低价销售排除竞争对手的不公平交易方法及私人垄断案件中，即便垄断性经营者的经营活动，对中小企业等竞争者不利，也不会认为其行为违反了竞争法。因此也可以得出"竞争法保护的法益是由市场机制所带来的公益，而非单个竞争者的私益"的结论。

及服务。然而我们认为应取广义，因为在目前的经济态势下，几乎任何一个公司都有线上的行为，所以可以认为所有的竞争法案件都与数字或互联网有关。因而"审慎"原则还应当包含另一层含义：对于数字经济带来的新挑战，竞争法不需要大刀阔斧的改革去迎合，而是应当尽量利用传统的法律框架进行分析解决，然后针对部分特殊行为进行个案分析。未来竞争法的修改宜概括不宜具体，过于细化的规定，尤其是我国现在法律中常用的"列举式"立法模式，并不有利于司法发挥纠偏的作用，反而会因为过于具体而在法律适用时被限缩解释，影响法律的实施。另外，数字经济的一个显著特点是"快"，既包括体量增长的迅速，也包括模式更新的快速，此时法律的滞后性弊端就体现得极为明显，唯有更概括性的法律规定才适合快速变化的现实，"以不变应万变"是竞争法更可取的立法之路，保障法律的稳定性显然也更加重要。

法律的发展应当注意与经济之间的关系，尤其是及时关注最新的经济形态变化，才能更好地适应崭新且不断变化的新环境。所以任何反垄断法理论或规制路径的选择，都需要切实的把握一国的经济发展状况，尽量避免法律的滞后性带来的弊端，保证法律制度与经济发展相契合。对于竞争法数百年受到的挑战而言，科技发展带来的冲击并不是第一次，在过去竞争法理论与执法经验发展的一百多年历程中，科技总是会给法律带来诸多挑战。但并非一旦科技带来挑战，竞争法就必须改变自身来做出回应。事实上，完全可以在现有的竞争法框架之下，做出微调与发挥司法能动性，去适应新科技带来的问题。关于微软的案件[1]就是一个非常好的例子，欧盟和美国的反垄断法执法机构在判断微软公司是否滥用支配地位或构成垄断协议的时候，事实上还是使用传统的反垄断分析框架对其进行了规制。

二、竞争执法基础：立足事实证据

人们总是讨论如何站在技术变革的前沿保护竞争才不会落后，对于竞争法执法机构而言则更应当关注"证据"而非"变革"，执法者更应关注保护竞争而非竞争者。在进行执法分析时，要立足数字经济的特殊性去分析相关市场，紧密关注进入市场的新障碍，谨慎地检查经济证据，并在调查的基础上比较行为的正负效果来衡量对竞争造成的损害。这种分析过程可能较慢，但是避免了案件出现问题以后的反复程序，事实上是可以减少行政与司法成本的。如此才可以保护创新与竞争，才可以确保有充分的激励机制去创造新的竞争环境，包括数字市场、平台经济等等。

---

〔1〕 关于欧盟与美国对于微软案的分析，可参见许光耀："互联网产业中双边市场情形下支配地位滥用行为的反垄断法调整——兼评奇虎诉腾讯案"，载《法学评论》2018年第1期。

三、差异性分析的出发点：双边市场

"双边市场"是近年来广泛受到关注的经济学理论，最早源于 David S. Evans 等西方经济学者的概括，近几年也逐渐进入了中国经济学者的视野而开始对其进行分析与研究。由于双边市场下的经营模式往往有一些经济学上的特征，如相互依赖性、免费性和外部网络性等，这些特点都会对竞争法的分析和执法产生一定程度的影响，并且还会提出新的挑战。与此同时，"双边市场"理论不仅在理论界得到了广泛关注，在司法实践中，许多国家和地区都出现了涉及双边市场的案例，可以说，这一经济学理论看似高深莫测，实际上并不难理解，并且与我们的生活息息相关。以中国的司法实践而言，"唐山人人诉百度案"[1] 和 "腾讯诉奇虎360案"[2]（即俗称的3Q大战）均涉及了双边市场的认定问题。

双边市场可以界定为：若某种产品或者服务的供求双方之间具有交叉或间接的网络外部性，从而可以促使企业将买卖双方同时吸引到一个交易介质中，并且该介质存在的目的在于促进双方的交易，此时交易双方与该介质形成一个独立的市场，且该市场的一边往往提供低于边际成本甚至免费的服务来留住最终消费者，并通过网络效应和锁定效应将这一边的用户传导到另一边去，从而在另一边市场上获利。双边市场本身并不是平台，而是"一对"同时存在的市场，在这组市场中，会因为一次交易发生两个需求。

而目前国外的学者如 Rochet 和 Jean Tirole（2003）[3]，Brian[4]，Armstrong 和 Wright（2004）[5] 等均为此提供了丰富的学术论证。这些学者将双边市场分为四种类型：交易中介、媒体、支付工具和软件平台。其中伦敦大学的 Armstrong 教授将"交易平台"概括为"在某些经济活动中，有些市场交易必须在某个交易平台上进行，该交易平台通过一定的价格策略向交易双方提供产品或服务，并且努力促使双方在交易平台上实现交易的市场即为双边市场"[6]。这一定义强调了双边市场存在的前提是有"一个固定的平台"，也提到了同时存在的两个市场是相互依存的，但是没有说明在互联网经济中，往往平台两边的其中一方是通过提供极其廉价甚至免费的商品（包括产品和服务）来锁定消费者，并在

---

〔1〕 本案历经两审。一审判决参见北京市第一中级人民法院（2009）一中民初字第845号民事判决书；二审判决参见北京市高级人民法院（2010）高民终字第489号民事判决书。

〔2〕 参见最高人民法院（2013）民三终字第4号民事判决书。

〔3〕 Jean-Charles Rochet and Jean Tirole, "Two-Sided Markets: A Progress Report", *The Rand Journal of Economics*, vol. 37（March 2006）, pp. 645-667.

〔4〕 Brian W. Arthur, "Competition Technologies, Increasing Returns, and Lock-In by Historical Events", *The Economics Journal*, Vol. 99（March 1989）, pp. 116-131.

〔5〕 Mark Armstrong, "Competition in Two-Sided Markets", *The Rand Journal of Economics*, Vol. 37（March 2006）. , pp. 668-691.

〔6〕 李允尧、刘海运、黄少坚："平台经济理论研究动态"，载《经济学动态》2013年第7期。

另一边市场盈利的根本特征；同时也将"平台说"与"双边市场"理论有所混淆，事实上双边市场是一组相互依存的市场，而非一个平台，关于这一点许多学者都没有指出二者区别，有待进一步研究去厘清。

四、平台经济与平台理论

平台理论与双边市场理论一样是互联网经济中为反垄断法带来新挑战的新理论。传统的市场上只是简单的对于卖家和买家双方进行分析，但双边市场是以"平台"（本书为区别于平台说中的"平台"，而以"介质"代替）为分析核心的，通过增强两种或多种类型顾客之间的接触而获利。

传统的平台理论中，常以日常生活中的发行刊物、贷记卡消费（信用卡）和电脑操作系统来获利的模式来举例，上述行为都会构成相应的独立平台。对于贷记卡而言，持卡人和商户是两边的客户，所发生的接触则是指终端消费者（持卡人）在商户消费时，用贷记卡来进行消费结算；而对于电脑操作系统来说，用户和应用软件开发商是平台两边的顾客，所发生的接触就是用户通过操作系统进行电脑上各种应用软件的使用。结合上述实际的例子，Rochet 和 Tirole（2006）提出了一个双边市场的定义，"如果通过提高向一边的收费，同时同等程度地降低向另一边的收费，则平台可以改变交易量，那么就称这一市场是双边市场"。[1] 也就是说，在双边市场中，价格结构会导致交易量的显著差异，所以一个合理的交易平台应当尽可能地设计更适合吸引两边参与者的价格结构。这两个理论在互联网经济中的集中体现就是软件平台，包括了如操作系统、视频游戏、各种其他应用程序、手机移动应用程序等。如前所述，在软件平台的双边市场中，买卖双方的交易必须通过介质（可以是软件，也可以是硬件）来实现。

平台竞争作为当下互联网竞争的主要形式，也是各大互联网企业技术竞争最激烈的领域，这些互联网经济中的主要经营者都先后宣布进入平台战略时代。互联网经济的很多特征，例如"网络外部性、消费者黏性、网络的兼容性和标准性"[2] 等也通过互联网应用平台经营模式而得以充分显示和发挥。互联网应用平台产业是具有典型双边市场特征的产业。这种产业不是由一类企业作为供给方和一类用户作为需求方所构成的单边市场，而是通过运营商提供平台和应用服务，两类或者多类用户通过平台实现交换的双边市场或者多边市场。数字产品这种平台化的趋势也是其区别于传统经济的重要体现。这个平台提供了综合的产品

---

〔1〕 Chakravorti. S. W. R. Emmons, "Who Pays for Credit Cards", *Journal of Consumer Affairs*, 2003（4）, P. 138.

〔2〕 关于互联网本身的特点，更多详细介绍可参见蒋岩波：《网络产业的反垄断政策研究》，中国社会科学出版社 2008 年版，第 31 页；张小强：《网络经济的反垄断法规制》，法律出版社 2007 年版，第 33 页；郭立仕："网络经济时代中竞争政策的新课题"，载《网络法律评论》2004 年第 2 期。

服务。最初很多企业推出一个数字产品都局限于某一个功能，比如说支付宝的支付功能，但现在支付宝平台提供了大量的其他的附加服务。微信软件也是如此，从最早的免费社交软件，建立了一个拥有庞大体量用户量的平台后，又在平台上推出了支付、理财、购买等盈利功能。还有一些音乐软件也是如此，从最开始的单纯播放功能到后期整合了大量的社交功能以及其他的功能。这种产品的边界越来越模糊，产品迭代的速度也越来越迅速。

五、数字经济中的核心竞争资源：数据

关于新经济区别于传统产业的另外一个重要特征，就是数据与算法是其核心竞争要素，而非传统的固定的生产资料，数据驱动与算法驱动成为数字经济环境下企业行为最明显区别于传统的特点，这些要素对于评价行为主体的市场力量，以及涉嫌行为反竞争效果的认定，具有关键性的作用。

由于数据（特别是用户个人数据）在商业中的地位日益重要，现今许多并购交易的目的就是数据整合。2016 年发生的微软收购领英案，便是全球高度关注的数据驱动型并购交易。从欧盟对微软收购领英的处理情况来看，数据驱动型并购交易中，"数据相关的原料封锁（input foreclosure）将是今后竞争法执法部门关注的焦点。"[1] 日本公正交易委员会 2017 年发布的《数据与竞争政策》调研报告也对企业通过并购实现数据整合这一趋势予以关注。依据该报告，对于并购申报，如果合并企业一方拥有大量的数据或者拥有收集数据的渠道，执法部门除了考虑数据的稀缺性和可替代性，还需要综合考虑的一点是，通过免费服务等方式收集的大量数据，可以在短期内基于算法去改善产品功能。这种情形下，"应当确保网络效应作用下基于对原始数据的收集与机器学习带来的产品功能改善的良性循环，不会导致在利用数据的产品市场中出现市场支配地位。"[2]

之所以称数据为核心竞争要素，是因为企业可以利用数据在决策中获得竞争优势。同时，数据本身也是竞争法上行政执法可以使用的有效工具，比如大数据的汇总和分析。对于经营者而言，合理使用数据去参与竞争对于市场总体而言利大于弊，一个数据可以使一个公司更有效率、更强大，同时也可以很好地分配员工以及其他的资源，还可以很快地提供一些重要的反馈和洞察。同时，数据的获得与占有也可以让他们在市场上获得竞争优势，尤其是下游市场公司来说，格外需要这些数据的支持。数据对于上游市场和下游市场的竞争都是有影响的。同时，数据尤其是大数据本身并非进入市场的壁垒，消费者可以同多个公司分享他

---

〔1〕　韩伟："数据驱动型并购的反垄断审查——以欧盟微软收购领英案为例"，载《竞争法律与政策评论》2017 年第 3 卷。

〔2〕　韩伟、李正："日本《数据与竞争政策调研报告》要点与启示"，载《经济法论丛》2018 年第 1 期。

的数据，因此其数据并不是排他性的，而是易获得的，且往往成本很低。而高质量的数据以及专业技术、使用数据的相关专业技能都是一种竞争要素。数据可以让公司有更强的竞争的优势。且因为网络效应的存在，一个产品和服务的价值会随着使用者人数的增加而增长，这就使得数据的效力因传播与分享而变得更大，对于消费者来说也就更具有吸引力。

此处需要说明的一点是，竞争执法与审查机构在此时不应当仅仅因为一个公司拥有大量数据以及有使用大量数据的专业技能，就主动干预，因为这种干预以及强制公司以某种形式对其关键数据进行分享，往往会伤害到创新的激励机制。一个公司要消耗大量的时间以及科研成本、经济成本去收集、存储、分析这些数据，既是该公司提升竞争力的途径，同时也会改善其服务与商品，最终使消费者获利，那么哪怕强制性的数据分析可以让其他竞争者在市场上进行竞争，但对于整体竞争秩序并非是一种保护，反而是对创新机制的损害。因此，在数字经济时代尤其需要合理性分析，不能仅仅因为一个公司占有大量数据、优质创新产品就受到竞争法的规制。

第三节 网络环境中反垄断法的新挑战

在对网络环境下数字经济的特点以及因此给竞争法整体带来的问题进行分析后，之后将分别对网络环境下反垄断法与反不正当竞争法所受到的新挑战进行阐述。

一、域外相关的法律修订与执法经验

（一）立法做出的回应

欧盟、美国、法国、德国、英国、荷兰、日本、加拿大、西班牙等辖区、国家的竞争执法部门以及 OECD[1]、GSMA[2]、CERRE[3] 等组织和研究机构，近年纷纷就数字经济相关的反垄断法问题展开调研，发布了系列研究报告。这些报

---

〔1〕 OECD 是"经济合作与发展组织"的简称，是由 38 个市场经济国家组成的政府间国际经济组织，旨在共同应对全球化带来的经济、社会和政府治理等方面的挑战，并把握全球化带来的机遇。成立于 1961 年，目前成员国总数 38 个，总部设在巴黎。

〔2〕 GSMA 是"全球移动通信系统协会"的简称，该机构于 2016 年 10 月，正式对外发布研究报告《数字生态系统竞争政策框架重整》。参见韩伟、徐美玲："GSMA《数字生态系统竞争政策框架重整》调研报告介评"，载韩伟主编：《数字市场竞争政策研究》，法律出版社 2017 年版，第 96~114 页。

〔3〕 CERRE 为"欧洲监管中心"的简称，该机构 2017 年 2 月发布项目报告《大数据与竞争政策：市场力量、个性化定价与广告》，参见韩伟、高雅洁译："CERRE2017 年《大数据与竞争政策》调研报告摘要"，载微信公众号"数字市场竞争政策研究"，最后访问日期：2020 年 5 月 13 日。

告有的针对数字经济给竞争政策带来的影响进行了全面梳理，有的侧重平台、数据、算法等具体问题。

以欧盟为例，欧盟委员会于 2015 年 5 月启动了针对电子商务行业的调查，调查内容涉及日用品的在线销售以及数字内容的在线分销。[1] 该行业调研的一项重要发现是，参与调研的数字内容供应商，至少 60% 与版权所有者达成了"地域限制"（geo-blocking）条款。"地域限制"是指零售商和服务供应商基于消费者所处地域或居住地的原因，阻止网络消费者购买产品或者获取数字内容服务。这种限制会妨碍消费者从其他成员国购买商品或获取数字内容。但是，该调研报告也指出，任何有关地域限制的竞争执法均应个案分析。澳大利亚竞争和消费者委员会（ACCC）在 2017 年底启动了一项针对数字平台的调研，具体针对数字搜索引擎、社交媒体平台和其他数字内容聚合平台对该国媒体和广告服务市场的影响进行调查，该项目于 2019 年 7 月 26 日完成最终报告，是截至本文完成时最新的一份国家调查报告。[2] 该报告中明确指出诸如 Google 与 Facebook 这样的数字平台，依靠双边市场效应而得以在免费市场以及收费市场同时具备强大的市场力量。

除了上述机构的调研报告，部分地区还做出了立法的修正来应对数字经济带来的竞争法问题。目前已经实质展开法律修改工作的是德国与奥地利。依据 2017 年生效的德国《反对限制竞争法》第九修正案，在认定市场力量时，应当将那些对平台和网络市场力量至关重要的新型因素（例如网络效应、数据的可获得性等）考虑在内。[3] 此外，德国的并购申报门槛也被修改，引入了以交易额（transaction value）为基础的补充性门槛。[4] 上述修订都是考虑到在数字经济中，原本占有优势地位的企业有能力通过收购仍处于发展初期的竞争对手，从而改变或终止对手的初衷，从源头上消灭新型竞争对手。相应地，这类收购所体现出的高额收购价款就意味着创新型商业理念具备重大市场竞争潜力。因此从竞争政策角度来看，这类收购就需要事先的并购审查来保护创新潜能。

欧盟方面与此相关最重要的修法实践是 2018 年出台的 GDPR，其前身是欧盟在 1995 年制定的《计算机数据保护法》。GDPR 号称欧盟史上最严格的个人数

---

〔1〕 载 http://ec.europa.eu/competition/antitrust/sector_inquiries_e_commerce.html，最后访问日期：2020 年 5 月 13 日。

〔2〕 载 https：//www.accc.gov.au/focus‐areas/inquiries/digital‐platforms‐inquiry，最后访问日期：2020 年 5 月 13 日。

〔3〕 该修正案于 2017 年 6 月 9 日生效，载 https：//www.competitionpolicyinternational.com/germany‐competition‐law‐amend‐mentcame‐into‐force/，最后访问日期：2020 年 5 月 13 日。

〔4〕 载 https：//www.bundeskartellamt.de/EN/Economicsectors/Digital_economy/digital_economy_artikel.html？nn=3589784#doc10321670bodyText3，最后访问日期：2020 年 5 月 13 日。

据隐私保护条例，是目前欧盟最全面的隐私权改革措施，在控制个人数据的问题上向欧洲公民赋予了新的权利，包括他们拥有了解公司如何使用其数据以及强迫公司销毁其数据的权利等。

欧盟做过多次调研报告，尤其是针对数字经济的调查报告，如 2016 年 10 月至 2017 年 1 月公开征求意见。[1] 欧委会此次征求意见主要就是为了关注新的问题，即目前以相关企业营业额为基础的管辖权门槛能否在数字经济中继续提供有效的参照。从反馈报告中可以发现大多数成员国及企业关注的就是数字经济中跨境并购的问题，而现行欧盟《并购条例》无法覆盖所有可能给竞争带来负面影响的跨境数字并购。遗憾的是迄今为止欧盟并未进行实质的相关修订。不过欧盟委员会于 2018 年 4 月 26 日提出了《关于促进在线中介服务用户的公平和透明度条例》(*Regulation on promoting fairness and transparency for users of online intermediation services*) 的议案，虽然该条例尚未通过，但其中主要关注的内容即在于解决在线平台滥用市场支配地位的相关问题。[2]

（二）反垄断执法的实践

1. 德国调查 FACEBOOK。德国反垄断机构联邦卡特尔办公室（以下简称 FCO）2017 年对 FACEBOOK 公司利用其社交网络收集用户信息的行为展开反垄断调查，并于 2019 年 2 月做出初步决定：FACEBOOK 在德国社交网络市场享有市场支配地位。FACEBOOK 将用户允许其无限制地收集用户使用第三方网站所产生的数据作为用户使用其网站的前提条件，并将据此获取的数据与用户的 FACEBOOK 账户信息合并，利用所收集的用户数据提供精准广告服务，以从中获利。FCO 裁定其构成滥用市场支配地位，并宣布今后将打击 FACEBOOK 的数据收集行为。

2. 欧盟调查谷歌滥用市场支配地位。欧盟 2017 年对 GOOGLE 谷歌公司展开调查，针对其"歧视性杠杆"（Discriminatory leveraging）行为进行了处理，认定谷歌滥用搜索引擎市场支配地位，损害比较购物服务的市场竞争。但当时调查的一个争议即在于难以将谷歌的行为纳入传统的排他性滥用行为类别之中。

2018 年，欧盟认为谷歌采取"非法限制措施"以加强其在搜索引擎方面的主导地位，违反了欧盟反垄断规则，欧盟委员会决定对谷歌处以 43.4 亿欧元罚款。欧盟委员会表示，自 2011 年以来，谷歌采取的三种做法违反了欧盟反垄断规则：其一，谷歌以"非法捆绑"方式向设备制造商提供其应用程序和服务，

---

〔1〕 此次报告载 http://ec.europa.eu/competition/consultations/2016_merger_control/index_en.html，最后访问日期：2020 年 5 月 13 日。

〔2〕 载 https://eur-lex.europa.eu/legal-content/EN/TXT/? uri = CELEX:52018PC0238，最后访问日期：2020 年 5 月 13 日。

如要求设备制造商预先安装谷歌搜索和 Chrome 浏览器，作为使用智能手机应用商店 Google play 的条件；其二，谷歌使用"非法财务激励"措施，使某些大型移动网络运营商和设备制造商预装谷歌搜索程序，而非其他竞争对手的程序；其三，谷歌阻挠有意预装谷歌应用程序的设备制造商使用任何未经谷歌批准的"安卓分支"系统。谷歌以上三种行为构成了谷歌整体战略的一部分，以巩固其在互联网搜索中的主导地位，剥夺竞争对手在搜索引擎上与其展开竞争的可能性。此外，谷歌还在更广泛的移动领域损害竞争和进一步创新。

2019 年，欧盟数据保护委员会又根据 2018 年生效的《数据保护法》（*Data Protection Act* 2018，以下简称 DPA2018）第 110 条的规定，开始对谷歌爱尔兰有限公司（Google Ireland Limited）在线上广告交易中处理个人数据的行为展开法定调查。这项调查启动的另一重要背景是恰逢 GDPR 正式实施一周年，自 GDPR 实施后，欧盟的科技公司正在全球范围内面临着从内容到数据保护等各个方面的监管审查。

3. 法国调查谷歌滥用数据案。2019 年 1 月 22 日，法国隐私监管机构 CNIL 决定对谷歌处以 5000 万欧元（约合 5600 万美元）的罚款，这是自 GDPR 正式实施以来，欧盟首次对一家美国科技巨头处以罚款。CNIL 认为，在安卓（Android）新用户设置新手机并按照安卓系统的引导流程操作时，谷歌没有遵守 GDPR 有关透明度和获取用户同意方面的规定。

首先，对于缺乏透明度问题，监管机构在报告中写道："有些重要信息，如数据处理目的、数据存储周期或用于个性化广告的个人数据类别，过度散布在多个文档中，用户需要点击按钮和链接才能获取补充信息。"其次，CNIL 认为，谷歌使用数据前获取用户同意的流程不符合 GDPR 规定。在默认情况下，谷歌会促使用户注册谷歌账户。该公司告诉用户，如果没有谷歌账户，他们的体验会非常糟糕。CNIL 宣称，谷歌应将创建账户的行为与设置设备的行为分开，这种捆绑行为是违法的。如果用户选择注册谷歌账户，当该公司要求用户勾选或取消某些设置时，谷歌不会解释其含义。除此之外，谷歌在用户创建账户时不会获取其明确同意，因为选择退出个性化广告的选项隐藏在"更多选项"链接的后面。在默认情况下，该选项是预先勾选的（尽管本不应该勾选）。最后，在默认情况下，当用户创建账户时，谷歌在"我同意按照上面描述的方式处理我的信息，并在隐私政策中进一步解释"的框中打上标记。这种广泛的同意在 GDPR 中也是被禁止的。CNIL 还提醒谷歌，自 2018 年 9 月展开调查以来，该公司行为没有发生改变。

这是欧洲数据保护监管机构首次利用 GDPR 来惩罚明显违反法律的行为。随着 GDPR 的引入，人们发现像谷歌这样的大公司只是简单地"以不同的方式解释法律"，往往只是对其产品进行表面上的调整。而法国 CNIL 的此次司法实践对于垄断巨头这种"阳奉阴违"的整改做出了有力打击。

二、对垄断协议调整的变化

反垄断法对于垄断协议的调整，因垄断协议的类型是横向垄断协议还是纵向垄断协议而有所区分。但是无论哪种垄断协议，首要步骤都是确定相关市场与"垄断"事实，如果是对竞争秩序毫无损害的中小企业，即便其实施了一些符合"垄断协议"的行为，也不在反垄断法关注的范围内。而在网络环境下，对于垄断协议调整最明显的变化体现在相关市场与违法性的判断两方面。

（一）相关市场界定的变化

"相关市场"（Relative Market）指的是经营者在一定时期内就特定商品（包括产品及服务）进行竞争的商品范围和地域范围，也就是固定的发生竞争作用的领域；而"相关市场的界定"就是指通过特定的方法、用特定的标准对这个发生竞争的领域进行确定的过程。"相关市场的界定"本身并不是《反垄断法》中的一项独立制度，甚至不是一项独立的法律制度，但它却是建立和开展反垄断法各主要制度的基础，更是反垄断法实施中的一个基础性问题和最基本的方法论。

如前所述，网络外部性是数字经济时代一个非常重要的特征，然而在锁定市场之后就会增加消费者转移的成本，也就是说，如果有同类竞争产品出来，哪怕是质量更高，消费者转移到新的产品中也不是非常容易了，这种锁定效应同时会形成结构性的市场壁垒，即现有的高市场份额的竞争者、通过研发其另一市场的产品，将已有的高市场份额产品转移过去，所谓"引流"，之后又通过开发一系列的互补品，与之前的产品组成一个所谓数字产品的系统，这种情况下市场份额还会延伸到下游市场去，即所谓的纵向一体化的策略，这种结构性的壁垒对于其他竞争者而言更难打破，会大大增加竞争者的竞争成本或者进入的成本。

上述这些新的变化必然会对相关市场的界定方式造成冲击。传统的相关市场界定方法最常用的是需求替代法和假定垄断者测试法。需求替代法是着眼于定性的方法，指的是从产品物理特性、销售模式、用途等角度分析产品对于消费者的价值，考察的是"转换供给成本，它包括沉淀成本、时间成本、风险程度等"[1]。假定垄断者测试法，其基本原理是："先确定一个备选市场，假设该市场中的某个垄断者进行一个'不大但是明显的非临时性涨价'（Small but Significant Transitory Increase in Price，以下简称 SSNIP），然后测试这个备选市场上其他相似产品或服务的反应，最终确定一个相对固定的相关商品市场或相关地域市

---

[1] 丁茂中：《反垄断法实施中的相关市场研究界定》，复旦大学出版社 2011 年版，第 113 页。

场。"[1] 除此之外传统市场在对相关市场进行界定时，某些情况下除了考虑需求替代的时候还会考虑供给的替代，而需求替代分析和供给替代分析是从一个交易行为的两个方面进行分析，通常在需求替代不能准确界定相关市场时才使用供给分析，而 SSNIP 测试法则是在上述两者基础上通过具象化的步骤进行判定。

数字经济时代，首先是需求替代分析法产生了一些变化。传统制度中，对于这种需求的替代考虑了每一个消费者可能存在不同的想法，因此考虑不同的标准时，最后所界定的相关市场的范围就可能不一样。比如欧盟对于贝塔斯曼图书在线销售的案件中，欧盟采取的就是以销售的需求来决定相关市场，因此认为远程销售模式是比较特殊的需求，构成一个独立的相关市场。那么在数字经济中，书店的销售渠道可能有网络、私人会员制、普通门店零售，如果按此区分相关市场显然是不正确的，因为目前而言大多数都会同时采取线上与线下并行的销售模式。

同时，在网络环境中，锁定效应的一个后果就是增大了消费者转移的难度与成本。若仅从产品的功能来区分，那么两个竞争产品表面看起来无论性能还是目标消费者都是近似的，按照传统方法判断二者都是具有替代性的。而实际上，只要二者之间的消费者不存在转移的可能性，事实上就不存在于一个相关市场内，并不具有竞争关系。

盈利模式的变化也会带来问题。传统经济模式是一种二维的经济关系，通过消费者付费购买服务与产品而与商家建立联系。但是在互联网经济中，商家的获利不再仅仅是通过直接的售卖而获得差价，反而很多情况下是免费的提供产品来锁定顾客，可以说互联网经济中很多时候都是基于免费的商业模式而展开，因此客户的锁定才显得尤为重要。而平台的竞争也是通过提供免费服务来锁定不同客户端群体之间、不同产品之间"交叉补贴"而最终获得整体上的利益。按照传统的 SSNIP 测试步骤，需要通过解读和分析相关的数据来假定涉嫌垄断的经营者有将价格维持在高于竞争价格水平的能力，并且还可以维持其提高价格且不丧失用户的能力从而确定相关市场。但是在互联网经济中，免费竞争所造成的新现象导致价格竞争不再是最核心的竞争因素，所以在互联网行业想要依照传统路径而使用 SSNIP 分析就难免会出现适用困境。

最后，双边市场的存在也给 SSNIP 测试法的适用带来了新的使用难题。并且由于网络外部性和锁定效应的存在，一边市场的价格变化会同时引起双边市场的需求都发生改变。这种改变不仅会波及双方，还会进一步引发相关市场中其他平台的竞争与规模都发生改变，可谓牵一发而动全身，此时就无法单纯适用假定垄

---

〔1〕 戴龙："反垄断法中的相关市场界定及我国的取向"，载《北京工商大学学报（社会科学版）》2012 年第 1 期。

断者测试法分析相关案件，否则会导致相关市场界定的不准确性。以腾讯与 360 案为例，无论是二者各自的哪一笔交易中，一笔交易过程中必然包含两种需求：一方面是广告主对于互联网服务的需求，这种需求的核心是软件所拥有的终端用户（流量）；另一方面是二者分别对于终端用户的差别性服务，分别是即时通讯、杀毒软件等需求。这两种需求虽然同时发生，但是有本质区别，并因此被划分在不同的相关竞争市场当中，面临着不同的竞争产品和竞争者，此时单纯的用"平台说"就无法解释了，会导致"双边市场"与"平台市场"两种交易模式的混淆，并忽略了双边市场的两边同时面对着两种不同质的需求，因而应当同时为其界定两个相关市场。

（二）违法性判断的变化

对于垄断行为是否合法的问题即违法性的判断，因为并非所有的垄断行为都会损害效率，只有那些限制、损害竞争的行为才会被纳入反垄断法的管辖。长期以来，对此的分析模式一直有"本身违法"与"合理性分析"之争。

1. 本身违法原则（Illegal Per Se Rule）。该原则肇始于美国的《谢尔曼法》。作为世界上最早规制垄断行为的法律，《谢尔曼法》第 1 条即指出"任何合同、以托拉斯或其他形式的联合或共谋，如果妨碍州际或对外贸易，都得被视为违法……任何人订立上述合同，从事上述联合或通谋，都得被视为轻罪行为。"[1] 由此可见，本身违法原则非常严厉，只要判断该行为构成垄断协议即视为违法，后续不再进行正负效果的分析。1911 年的 *Dr. Miles* 案[2]（即迈尔斯案）是美国联邦最高法院第一次运用"本身违法原则"针对纵向市场垄断协议作出的判决。此后的相当一段时间内，美国在纵向市场转售价格维持的反垄断司法实践中反复引用此判例，对转售价格维持的商业行为认定为"本身违法"。

2007 年，美国联邦最高法院在 *Leegin* 案[3]中推翻了将近百年之久的迈尔斯案先例，判决最低转售价格维持不再适用本身违法规则，转而适用合理原则。负责主审该案的肯尼迪大法官在判决书中指出："限制竞争行为往往同时具有损害消费者利益的反竞争后果和促进消费者利益最大化的推进竞争的后果。"[4]

2. 合理原则（the Rule of Reason）。合理原则由后期的司法实践发展而来。1911 年美国的美孚石油案提出了"合理原则"来解释适用《谢尔曼法》，并经

---

〔1〕［美］赫伯特·霍恩坎普、兰磊："论反垄断法上的合理原则（上）"，载《竞争政策研究》2018 年第 6 期。

〔2〕 *Dr. Miles* 案也被称为迈尔斯案。参见 Dr. Miles vs. John D. Park & Sons. 220, Supreme Court of the U. S. A., 2007.

〔3〕 Leegin Creative Leather Products Inc. v. PSKS Inc., 127, Supreme Court of the U. S. A., 2007.

〔4〕 卢延纯、苏华："美国纵向价格限制反垄断十年回顾：2007 年-2016 年"，载《竞争政策研究》2017 第 1 期。

Leegin 案确定。此后，《谢尔曼法》只是禁止"不合理的垄断行为"，即当一个涉嫌垄断行为出现时，如果这一行为同时有限制竞争的效果和推动竞争的效果，那么法院应当接受当事人的证据（即由被告负担举证责任），对正负效果进行综合考量，即便已经判定"垄断行为"成立，也仍需要综合比较其正负效果再考虑是否需要进行法律干预。只有那些负面效果大于积极影响的垄断行为，才最终被纳入反垄断法的管辖。

我国《反垄断法》第 13 条对横向垄断协议的构成和"垄断协议"的概念都做出了具体规定。第 14 条则采取"一般列举+兜底条款"的方式对于纵向垄断协议的构成进行了描述，但并未对于纵向垄断协议的成立标准给予明确规定。所以在司法实践中，我们只能综合第 13 条、第 14 条以及第 15 条有关"豁免制度"的规定进行综合判断。由于法律条文的不明确，不同学者和法官对上述三条文做出了不同的解读。一种观点认为第 13 条对于"垄断协议"的规定只限于对横向垄断协议的判断，所以对于纵向垄断协议的考察无需考虑"排除、限制竞争"，而只需要看是否满足第 14 条的列举性规定，一旦满足则该协议违法，这种解读被称为"违法推定"。另一种观点则认为，同属于一部法律的条文当然应当前后呼应，第 13 条的规定同样适用于第 14 条，不能因为语义上的重复而违背反垄断法的立法目的。在对于纵向垄断协议进行判断时，必须考虑到该协议是否具备限制、排斥竞争的效果。这种解读固然比第一种更符合立法原意，但是还忽略了纵向垄断协议本身即便成立了，也是可以产生积极效果的。如果真的综合三个条文来进行判断，那么首先应当是判断该纵向垄断协议是否成立，再次综合考察协议成立以后的反竞争效果（即是否有效率大于消极效果），同时还要以豁免制度作为底线对其进行最终的违法性考察，以上三个步骤应当次第进行，缺一不可。

3. 网络环境中判断标准的变化。对于互联网经济中，经营者滥用市场支配地位的行为则更应该秉持适度、谨慎干预的态度以及审慎干预的原则。我国互联网行业的发展仍处于起步阶段，政府应将更多的问题交给市场解决。在执法机构和司法机关还未全面地掌握该行业发展规律的情况下，市场解决能避免造成政府干预错误、互联网企业发展困惑、扭曲互联网企业市场行为的严重后果。如前所述，互联网经济给反垄断执法机构和司法机关提出新挑战：一方面，目前从世界范围来看，分析互联网领域多边平台的法学和经济学理论、法律制度并不发达；另一方面，互联网经济发展非常迅速。这种态势持续发展，必然导致人们对反垄断调查和诉讼的迫切需要与落后的法律和执法司法实践之间矛盾的日益激烈。

综上所述，对于目前互联网企业滥用市场支配地位行为的反垄断法规制，反垄断执法机构和司法机关需要加倍谨慎，原因在于要做到以下两方面的"平衡"。其一，要"平衡"保护消费者免受反竞争行为的损害，和防止干预这些发展迅速且我们还没有完全理解的复杂企业而造成伤害互联网行业发展之间的关系；其二，由于适用反垄断法规制互联网企业滥用市场支配地位的行为会涉及复杂的、专业的和特殊的相关市场界定、市场支配地位认定等大量难题，反垄断执法机构和司法机构要"平衡"保护长期社会福利的需要与在这个高度动态和复杂的经济领域停止反竞争战略的需要。互联网经济在发展过程中可能出现"市场失灵"现象。但若反垄断执法机构和司法机关未完全了解互联网行业的发展规律就贸然规制，也很可能出现"规制失灵"现象。两个"失灵"之间的冲突也为反垄断法对互联网企业滥用市场支配地位的规制提出了高要求。

由于互联网企业具有锁定性、网络性、双边性、创新为竞争核心等特殊性，本书认为，在进行支配地位滥用行为的违法性判断时，需要明确考察的核心在于经营者是否有提高价格的能力，并且运用双边市场的理论正确界定相关市场。互联网经济中，由于双边市场的存在，完全可能出现只有两方当事人但是需要界定三个相关市场的情况，此时就需要跨市场来进行考察市场力量。在规制互联网企业滥用市场支配地位的行为时，还需要客观地分析企业行为的效率合理性和反竞争效果的大小，才能达到比较有效的规制效果。

例如，互联网企业对市场的一边实行补贴或免费策略，以传统的规制眼光来看，该行为是限制竞争的违法掠夺性定价行为，然而该行为却也能促进互联网市场的竞争。因此，分析互联网企业滥用市场支配地位行为时，如果忽略了"正当理由"的抗辩，无疑会不合理地加大国家对互联网行业的干预。反垄断政策过严，不利于互联网行业的发展壮大，阻碍其国际竞争力的实现。也就是说，"如果反垄断法的目标是经济效率，经济效率最终指向消费者福利，则对所谓的互联网垄断现象就不能过于严厉，也不能将其与传统经济领域的垄断现象等量齐观。"[1] 基于审慎干预及执法谦抑性的角度和经济效率的考量，我们认为对于互联网经济中滥用市场支配地位行为的反垄断法规制，借鉴"垄断协议"的豁免制度来进行"正当理由"的分析，是最终落实反垄断法立法目的的重要步骤。

（三）对市场地位滥用行为调整的变化

1. 对市场支配地位的认定。拥有市场支配地位本身并不违法，而唯有滥用才为反垄断法所关注并禁止，因为反垄断法作为行为主义的立法，其根本关注的要点在于某一行为是否影响了相关市场的竞争秩序，而非这种支配力量的来源。因此，我们首先要对经营者的支配地位本身进行认定，因为只有具备支配地位的企业所实施的相关行为才是反垄断法应当关注的对象。

市场支配地位（Market Dominant Position），指的是企业的一种客观状态，一

---

[1] 焦海涛："论互联网行业反垄断执法的谦抑性—以市场支配地位滥用行为规制为中心"，载《交大法学》2013 年第 2 期。

般是指"企业在特定市场上所具有的某种程度的支配或者控制力量，即在相关的产品市场、地域市场和时间市场上，拥有决定产品产量、价格和销售等各方面的控制能力"[1]。在这种状态下，拥有市场支配地位的企业可以不受有效竞争的约束，会对市场运行产生严重的负面影响。拥有市场支配地位的企业可以通过多种方式运用其市场力量，如限制产量或者提高价格损害消费者，或者通过搭售等方式将其支配地位扩展到另一个市场，长久维持其地位。因此，对具有支配性的企业及其行为的规制、管制或者控制也就成为反垄断法的核心内容之一。

在认定企业是否具有市场支配地位时，"各法域的认定标准一般考虑企业本身的市场地位、竞争者的市场地位、潜在竞争者的进入壁垒等"[2]。其中企业本身的市场地位的重要衡量指标是市场份额，各国一般都对市场份额做出了规定，低于一定市场份额的企业一般不认为其具有市场支配地位。

互联网企业由于网络效应与锁定效应的影响，市场份额常常很高，而这种高度集中的结构有其内在的经济合理性和必然性，应当得到法律的尊重。一般说来，各国对企业市场支配地位的判断中除了市场份额外还会考察其他的因素，如：竞争者的市场地位、潜在竞争者的进入壁垒、企业维持其市场地位的能力等。判断互联网企业是否具有市场支配地位时，这些因素的考量就显得更为重要。互联网产业中，政策法律限制较少，潜在竞争者的进入壁垒一般不高。悬殊的市场份额常常缘于网络效应的影响。而实际上从技术、资金等角度衡量，其他竞争者与占有较高市场份额的企业可能相差不大。由于创新速度很快，企业维持其市场地位的能力可能很差，比如人人网一度在社交网络领域占有极高的市场份额，但在几个月内就被新浪微博迅速超越（此时人人网甚至还没有实现盈利）。到 2018 年，人人网就已经宣告永久关闭，此时距其产生也不过 7、8 年时间。

由此可见，相对于垄断协议行为的调整步骤而言，我国法律对于支配地位滥用行为进行反垄断法分析时，规定得更加清晰明确。我国《反垄断法》第 17 条第 1 款规定了 6 种明确被禁止的滥用市场支配地位的行为，从以上条文的内容可以看出，市场支配地位滥用行为的基本分析步骤如下：首先须界定相关市场，并在相关市场中认定当事人拥有支配地位（构成垄断事实，此时的垄断一定是一个中性的表述，并不做任何违法性的评价）；然后进行竞争正负效果的比较，判断该支配企业从事这些行为时构成垄断行为，此时若该经营者不能提出合理的抗辩（"正当理由"抗辩），则认定该经营者从事了排斥竞争的行为，该行为是非法的。

中国经济已经实现了巨大的飞跃，中国反垄断法的相关研究也应如此。现实

---

〔1〕　尚明：《对企业滥用市场支配地位的反垄断法规制》，法律出版社 2007 年版，第 69 页。

〔2〕　许光耀：《欧共体竞争法通论》，武汉大学出版社 2006 年版，第 377 页。

生活也的确提供了这样的机会，比如对于软件及以软件为基础的互联网产业中的网络效果、锁定效果的作用方式与意义，以及该产业中双边市场条件下相关市场的界定方法、支配地位的认定方法、竞争效果的考察方法等，人们虽然做出过种种理论分析，但一直缺乏典型的实证研究材料。而我国发生的一系列案件，如前文屡次提到的奇虎诉腾讯案〔1〕，华为技术有限公司诉美国交互数字公司案、发改委对高通进行的反垄断调查，以及 2014 年商务部核准微软收购诺基亚案等，都成为难得的载体和研究素材，立即引起了国内外反垄断法学界的广泛关注，也为反垄断法的研究提供了绝佳材料。

第四节　网络环境中反不正当竞争法的新挑战

2017 年第十二届全国人民代表大会常务委员会第三十次会议修订通过了《反不正当竞争法》。自 1993 年《反不正当竞争法》颁布并施行以来，经过 24 年，《反不正当竞争法》终于完成了首次修改。作为一部调整市场竞争秩序的重要法律，此次修订引起了社会各界的关注。相比旧法而言，新法修改改进了立法技术，更倾向于成为原则性和纲领性的规范。〔2〕新法将不正当行为的侵权对象范围扩大到"消费者"〔3〕，对商业贿赂的规定篇幅明显增多〔4〕，并且赋予了人民群众"举报权"〔5〕，而最大的亮点则是增加了对于网购经营者的关注，以及增加了"互联网专条"来规制网络环境中的不正当竞争行为。最后这两点与本章主题息息相关，所以接下来会对此详细展开分析。

一、一般条款是否具备可诉性？

根据我国《反不正当竞争法》第 2 条第 2 款的规定，"本法所称的不正当竞争行为，是指经营者在生产经营活动中，违反本法规定，扰乱市场竞争秩序，损害其他经营者或者消费者的合法权益的行为。"并且在之后第 6 条至第 12 条列举了 7 类涉嫌不正当竞争的行为。但是现实中涉嫌不正当竞争的行为显然无法以这 7 类穷尽概括，所以第 2 条第 1 款规定的"诚信原则"，即"经营者在生产经营

---

〔1〕 参见最高人民法院（2013）民三终字第 4 号民事判决书。

〔2〕 例如，新法内容与时俱进，厘清了与《商标法》（2019 年修正），《中华人民共和国广告法》（以下简称《广告法》，2021 年修正），《中华人民共和国招标投标法》（以下简称《招标投标法》，2017 修正），《反垄断法》（2007 年颁布）等多部法律之间的逻辑关系，调整对象更加明确。吸收了许多年来的具体应用经验，将网络经营者的行为模式也概要地纳入了调整范围内。

〔3〕 《反不正当竞争法》第 2 条。

〔4〕 《反不正当竞争法》第 7 条。

〔5〕 《反不正当竞争法》第 16 条。

活动中，应当遵循自愿、平等、公平、诚信的原则，遵守法律和商业道德"，可以被视为《反不正当竞争法》的一般条款补充法律没有列举出的行为。

由于修订后的《反不正当竞争法》第2条第2款具备了法律规范的逻辑结构，所以第2条可以被视为一般条款，那么接下来要解决的就是该一般条款是否具备可诉性或者司法适用性以及如何适用的问题。事实上，列举性规范可以被视为是一般条款的"特别规则"，而"一般条款"又是"法律原则"的特别规则，三者的关系应当是先行后续的，即穷尽狭义的规范再去向广义的规范寻求帮助。经此立体的调整，一般而言是可以将所有的不正当竞争行为规制其中的。然而在我国，无论新法修订前后，由于第2款"违反本法规定"的存在，都限制了一般条款效力的强力扩张。根据这一款的表述，只有"违反本法规定"的行为才是不正当竞争行为，表面看来是无法根据"一般条款"和"诚信原则"这一法律原则来扩张适用的，但是司法实践中又有大量案例是依据第2条"诚信原则"来判决的，其中的矛盾除了可以用前文提到的历史原因来解释外，还可以通过寻求立法目的来进行协调。

同时，《反不正当竞争法》修订后，将原本的"遵守公认的商业道德"改为了"遵守法律和商业道德"，也就是说这一条将原有的"诚实信用""遵守商业道德"两个原则扩张增加了"遵守法律"的三个原则，只有同时符合这三个原则的竞争行为才被认为是正当的。此处的"法律"当然不限于《反不正当竞争法》，而应当是我国法域内的所有法律，尤其是反不正当竞争法的上位法。此处微小的改动就可以很好地应对第2款"违反本法规定"的限缩解释，也就是说，除了本法列举的7类不正当竞争行为以外，在考察一个竞争行为是否非正当时，还应当同时考察此行为是否违反其他法律、是否有损竞争效率（反不正当竞争法归根到底是保护竞争效率的法律），同时还要考察行为人的主观意图、是否发生实际混淆等因素的影响。

一般条款具备可诉性有很强的现实意义。

1. 可以弥补法律的滞后性，避免法条僵化的问题。虽然在立法技术的层面我们力求使法律具备一定的预见性，但是稳定与确定显然是其更需要维护的价值。尤其是在竞争法领域，根本的目的即在于维护竞争秩序，并可以为行为人提供行为指引，于是确定明晰的条文表述就显得尤为重要。所以无论是《反不正当竞争法》还是《反垄断法》都需要大量准确具体的行为描述来进行列举性规定。此时，一般条款就可以发挥极大的作用来保证竞争法适用的灵活性与个案公正，使竞争法具有开放性和时效性。我国的《反不正当竞争法》第2条虽然早已行"一般条款"之实，但由于文字表述的瑕疵而显得名不正言不顺。结合之前的语义分析，我们认为可以将其做出以下修改：删除"违反本法规定"，改为"本法所称的不正当竞争，是指经营者损害其他经营者的合法权益、扰乱社会经济秩序的行为；司法机关和相关行政执法机构可以依据本条认定本法列举之外的不正当竞争行为"，并在之后的"法律责任"章节也增设相对应的"其他违法行为"的法律责任。如此一来，既使得第 2 条成为实至名归的"一般条款"，还授予了相关司法机关一定法律原则范围内的自由裁量权，这显然更符合"竞争效率"的立法初衷。

2. 有利于发挥"体系化"的功能，提高立法技术。"一般条款"存在的价值即在于利用尽量概括且原则性的规定来对竞争秩序进行动态的规制。该类条款本身不仅对于竞争法的司法适用大有裨益，更是由于它的开放性、发展性而对于整个反不正当竞争法的建立具有体系化的作用，因为构成一般条款的主要因素有"竞争性行为""不正当"与"禁止"，这三个要素事实上也是整个反不正当竞争法的立法模式中重要的因素。

3. 更符合数字经济发展的特征。数字经济的诞生与繁荣对于传统的竞争法和知识产权法制度都提出了极大的挑战。综合而言，涉及的新类型案件主要有三类：其一，是依靠传统法律框架可以解决，但其中的一些细微规则如举证制度等受到挑战的案件，这一类案件的主要特点是利用新技术行旧的不正当竞争行为；其二，是新技术本身就是不正当竞争的手段；其三，是涉及数据这一缺乏法律明确定义的客体而导致的纠纷。然而无论哪种情形，显然都是发生于互联网环境，与互联网经济密切相关的。快速变革甚至飞速变革恰恰是互联网经济最大的特征，无论是技术本身还是利用技术创新的商业模式、平台等，这些全新的内容生命周期非常短暂，更新迭代的速度早就超出了法律的预期，所以此时只有充分利用"一般条款"，才能避免"无法可依"的尴尬。

百度诉 360 违反 *Robots* 协议案[1]则是对此践行的一个很好的体现。本案中，百度通过 Robots 协议，拒绝 360 公司抓取其网站栏目的页面，但 360 公司仍坚持抓取，为对抗这种强制行为，百度公司就此采取了强制链接跳转到百度主页的措施，但 360 公司随后仍坚持提供给终端客户网页快照。百度因此将 360 公司以不正当竞争为名诉至法院，全案的焦点即在于 360 违反 Robots 协议抓取百度网页的行为是否为不正当竞争行为。由于该案发生时，新的《反不正当竞争法》尚未通过，也无法适用互联网专条对于跳转页面的禁止性规定，且上述行为也不能被《反不正当竞争法》（1993 年）第 5~15 条的列举条文所纳入，因此该案的判决只能单纯的依照反不正当竞争法的一般条款进行，所以该案是一个纯粹适用一般条款的典型案件。这种新类型的案件，显然是无法适用传统反不正当竞争法的核

---

[1] 参见北京市第一中级人民法院（2012）一中民初字第 5718 号民事判决书。

心部分——禁止搭便车、诋毁和欺骗等不正当竞争行为——的规则来进行判断的，因此如何运用一般条款来判定行为的非正当性就成为该案的判决关键。

在该案中，法官强调"参与竞争者不能为了自身发展，而采用违背诚实信用及商业道德的方式攻击竞争者"，否则"互联网行业就会停留在原始丛林的发展阶段"，为了避免这种恶性竞争，"必须重视和强调规则在自由竞争中的作用"，并进一步在判决中解释了到底什么是互联网行业的规则，即"应当被认定为行业内的通行规则，应当被认定为搜索引擎行业内公认的，应当被遵守的商业道德"，所以360公司在运用Robots协议时，必须受到"不得不合理限制竞争"这一原则的约束。

二、新法对于电商经营者的关注

与网络零售相关的内容集中在《反不正当竞争法》第6条第3项以及第12条。其中第6条第3项实际规制的是"混淆行为"。此处需要注意的是，尽管新法修改将"消费者"也纳入了侵权/保护对象，但并不意味着对于不正当竞争行为的判断可以脱离"竞争关系"的前提。"混淆行为"的判定需要以存在竞争关系为前提，即混淆是对竞争者利益的已然或可能之损害。司法实践也已经逐渐地适用了这一裁判思路，并发展出了一套"相关市场——竞争关系——混淆界定"的判断路径。然而，在新近出现的一些案例中，竞争关系被有意识地淡化乃至忽视，比如在"岳彤宇诉周立波"案中，法官认为，反不正当竞争法的根本目的是要建立和维护自愿、公平、诚实信用和遵守商业道德的竞争秩序，所要维护的乃整个竞争秩序，并非仅仅限于具有之间竞争关系的经营者之间的竞争秩序。[1]

不正当竞争行为的立足点是竞争，而竞争的本质在于客户的争夺。不正当竞争就是以不正当的手段争夺客户。如果经营者之间在目标客户上无法形成交集的话，那么竞争关系就无从成立，即使是扩张解释也是无从说起的。就"岳彤宇诉周立波"案而言，二审法院认为，岳彤宇以不正当手段获取了不正当利益，从而认定岳彤宇构成了不正当竞争行为。此种论证模式，虽然符合"任何人都不可因错误行为获利"的正义原则，但仅仅以此就认定行为人违背竞争秩序进而扩大对竞争关系的解释，实在是有些勉强，不宜采纳。如此一来，会使得反不正当竞争法实际上具备了万金油的品格，即使不具备保护某种类型的法益的功能，但法官依然可以随意扩大解释行使自由裁量权，以求结果之"合理"。另一方面，竞争关系在反不正当竞争法规定的诸多行为中扮演着重要的角色，如果不执着地坚守这一内在品质，那么以后的法律构造就不可避免地野蛮生长，所以此次修法将"消费者"纳入，实在不是明智之举。

---

〔1〕 参见上海市高级人民法院（2012）沪高民三（知）终字第55号民事判决书。

三、互联网专条的适用

2017 年修订的《反不正当竞争法》中增加了互联网领域的特别规定，体现了鲜明的时代特色，也为今后法院处理互联网类型案件提供了一定的参照。这些修订变化无疑是《反不正当竞争法》朝着不断完善的目标向前迈出的一大步，但在具体适用中仍然存在许多局限性。这时候就需要《反不正当竞争法》第 2 条作为一般条款来发挥作用了，这也体现了一般条款直接可诉的必要性。

"互联网专条"的先天缺陷，包括以下方面：

1. 文本表述不够确切清晰。从条文本身的规定出发。新法第 12 条第 2 款规定，"经营者不得利用技术手段，通过影响用户选择或者其他方式，实施下列妨碍、破坏其他经营者合法提供的网络产品或者服务正常运行的行为……"其中提到的"利用技术手段"并非是必要规制的行为要件，因为"影响用户选择"本身也不应当是判断正当性的理由。市场经济中，用户的选择是契约自由和市场规律的体现。如果经营者通过正当运营"影响"客户选择，如其提供的产品或服务物美价廉，则不应当被视为是"不正当的"，只有故意误导、欺骗、胁迫等违背消费者自由意志的行为才可能构成不正当竞争。因此，"利用技术手段"不该被纳入行为要件。即便在互联网环境中，经营者的误导行为不需要技术手段也可实现，这种规定反而会限制该条款的适用，产生漏网之鱼。此条应该借鉴《反垄断法》改为，"经营者不得实施下列妨碍、破坏、限制其他经营者合法提供的网络产品或服务正常运行的行为……"

新法还规定了不得从事"未经其他经营者同意，在其合法提供的网络产品或者服务中，插入链接、强制进行目标跳转"的行为。这一条从表面看是针对"流量劫持"行为的，但在实际运用中存在运用上的障碍。比如上文提及的"百度诉搜狗案"[1]，在该案中，被告通过分析用户的使用习惯设置自己的输入法软件并将搜索结果导向自己经营的搜索引擎网站。单从文义解释的角度，很难将被告搜狗公司的行为解释为强制进行目标跳转的行为，其更倾向于误导用户做出选择的行为。若严格地依法判决，则无法适用第 12 条这一款的规定。

新法还规定了禁止"误导、欺骗、强迫用户修改、关闭、卸载其他经营者合法提供的网络产品或者服务"。仔细分析会发现这一条并不能适用于屏蔽广告的案件。因为在屏蔽广告的案件中，用户不仅没有受到误导、欺骗、胁迫，反而是有意做出的选择，因而仅根据条文也是无法直接适用的。

2. 与《反垄断法》相关规定的冲突。依旧以百度诉 360 案为例，由于"网

---

〔1〕 参见北京市海淀区人民法院（2015）海民（知）初字第 4135 号民事判决书。

络经济固有的规模效应、外部性和间接外部性"〔1〕，以及平台之间的锁定和链接效应，互联网企业非常容易在某一相关市场上获取流量，然后传递到另一相关市场上，从而在后者市场内呈现自然垄断。那么在做出竞争行为是否具有正当性的判断时，就需要考虑对在先垄断行为的定性，并要求在后的行为者无论在先行为是否已违反了《反垄断法》都不得采取不正当竞争的手段。本案的法院判决即遵循了这个原则。但是这种逼迫在后行为者无论如何都需要放弃"以暴制暴的自力救济"〔2〕的做法就真的符合竞争效率和公正吗？互联网经济中竞争尤其激烈，许多公司的崛起的消失几乎就在一夕之间，此时断绝经营者自力救济的道路，对于相关市场内的竞争是弊大于利的，也不符合竞争法的立法初衷。

新法第 12 条第 2 款第 3 项同时规定了禁止"恶意对其他经营者合法提供的网络产品或者服务实施不兼容"。此规定存在的主要瑕疵在于，经营者当然有权利对其他经营者的产品或服务不兼容，除非该经营者具备市场垄断地位，否则是不会损害竞争的。但若在此种情况下，具备垄断地位的经营者实施了滥用支配地位的行为，依法应当纳入《反垄断法》的管辖；如果经营者不具备支配地位，但从事了损害用户利益的行为（默认用户不知情或用户没有作出同意的表示），此时也应当依法由消费者权益保护法予以规制；但如果经营者故意误导、欺骗、胁迫消费者使其认为产品是不兼容的，并且卸载或删除了该软件，那么此时直接使用本款第 2 项规定即可调整。综上所述，《反不正当竞争法》第 2 条第 2 款第 3 项规定并无实质意义，可以删除。

3. 应当与"一般条款"结合使用。《反不正当竞争法》是一部禁止性的法律，与《著作权法》《专利法》《商标法》这三部传统的知识产权法不同，它们是授权性法律，通过授权和许可来指引权利人的行为。而《反不正当竞争法》和《反垄断法》则是通过反向规定来引导如何行为，凡是这二者没有禁止的行为就可以留给市场自行尝试与运行。在网络环境中，互联网企业的网络竞争行为，更迭迅速，创新求异，高速发展，仅靠修改法律显然是无法及时跟进的，法律的滞后性本来就是其固有的特点。

中国作为一个制定法国家，并没有适用判例的传统，所以显然也无法通过更新判例来追上时代潮流。从形式上来看，《反不正当竞争法》第 12 条第 2 款第 1、2、3 项，其实都是根据已有经典案例提炼而出的。可惜的是自新法实施以来，目前并没有有影响力的案例适用该三项条文，反倒是其中第 4 项"兜底条款"成为最有生命力的条文。

---

〔1〕 吴泗宗、蒋海华："对网络外部性的经济学分析"，载《同济大学学报（社会科学版）》2002 年第 6 期。

〔2〕 参见北京市第一中级人民法院（2012）一中民初字第 5718 号民事判决书。

区块链、人工智能等高科技新技术的跳跃性发展更是为法律的适用提供了不断的挑战，以至于能够保持常用常新的只有一般性、原则性的条款。由此可见，利用一般条款来解决互联网纠纷，有巨大的现实需求，也具备正当性和可能性。

（1）网络环境下二者的结合适用。在《反不正当竞争法》修订之前，有关互联网环境中不正当竞争案件的审理中，如何合理适用一般条款有效解决个案以捍卫竞争伦理底线，为经济活动提供司法指南，但同时还要保证不过分干预市场自由竞争，是一个值得深思的问题。而在新法实施后，对于具体的违法行为，我们就可以直接适用第 12 条及第 8 条这样的"互联网条款"来进行法律评价；对于依旧无法直接纳入管辖的行为，则可以通过一般条款的概括性规定进行正当性判断。其中，第 8 条是关于虚假宣传用户评价、组织虚假交易的规定；第 12 条是关于互联网领域特有的、利用技术手段进行的不正当竞争行为，监督检查以及相关法律责任的完善等。

（2）非公益必要不干扰原则。该原则由北京市高院在"百度诉奇虎涉及安全软件插标和流量劫持"〔1〕一案的二审确立。法院认为，"根据《反不正当竞争法》第 2 条的规定，网络服务提供者在经营互联网产品或服务的过程中，应当遵守以下五项基本原则：①公平竞争原则；②和平共处原则；③自愿选择原则；④公益优先原则；⑤诚实信用原则"，进而认为"在互联网产品或者服务竞争应当遵守的上述五项基本原则基础上，虽然确实出于保护网络用户等社会公众的利益的需要，网络服务经营者在特定情况下不经网络用户知情并主动选择以及其他互联网产品或服务提供者同意，也可干扰他人互联网产品或服务的运行；但是，应当确保干扰手段的必要性和合理性。否则，应当认定其违反了自愿、平等、公平、诚实信用和公共利益优先原则，违反了互联网产品或服务竞争应当遵守的基本商业道德，由此损害其他经营者合法权益，扰乱社会经济秩序，应当承当相应的法律责任，前述规则可以简称为非公益必要不干扰原则"。〔2〕之后最高人民法院认为，"尽管安全软件具有一定的公益价值，但奇虎方涉及安全软件的'插标'行为与'流量劫持'行为都不属于'公益必要'"；"奇虎公司并未证明该行为的必要性和合理性，不能因为该行为具有一定的公益性而反推'不允许该行为就有害于公共利益'的结论"。〔3〕所以，2014 年 11 月最高人民法院对该案的再审裁定结论认为奇虎方的"插标"行为和"流量劫持"行为违反了我国《反不正当竞争法》第 2 条的规定，从而维持原判，"驳回北京奇虎科技有限公司的

〔1〕 参见北京市第一中级人民法院（2012）一中民初字第 5718 号民事判决书、北京市高级人民法院（2013）高民终字第 2352 号民事判决书，最高人民法院（2014）民申字第 873 号民事裁定书。
〔2〕 参见北京市第一中级人民法院（2012）一中民初字第 5718 号民事判决书。
〔3〕 参见最高人民法院（2014）民申字第 873 号民事裁定书。

再审申请"。

由此可见，在目前的法律框架下，可以将公平竞争、和平共处、自愿选择、公益优先、诚实信用作为五项基本的商业道德和商业伦理，并在互联网相关领域与第 2 条这个一般条款对接起来，将"非公益必要不干扰"这个规范视为软件领域中"一般条款"的具体表现。

（3）防止权力滥用、审判标准不统一。在适用一般条款时，其实法官是被赋予了一定自由裁量和纠偏的权力的，此时裁判者的专业性以及对法律的理解就会对案件的结果起到决定性的结果。一般条款虽然可视为竞争法中的"帝王条款"，发挥着不可代替的作用，但其本身不可避免地存在着模糊性、抽象性、可操作性差等缺点，如何将其负面作用降至最低就是适用一般条款时最关键的问题。除了前述提到的"禁止向一般条款逃避"，还需要在适用一般条款时，仔细分析具体行为的构成要件，尽量找到可以类比的规范和指导性案例，只有完全穷尽具体规范、甚至当具体规范经过类推解释后仍无法适用时，才可以启动一般条款。对于一般条款的使用一定要保持审慎、谦抑的态度。

作为行为主义的竞争法律，《反不正当竞争法》和《反垄断法》一样都是关注行为人的行为是否违法的法律，且通过"列举+一般条款"的方式为行为人提供了很好的行为指引，在此情况下行为人通过预判即可明晰哪些行为是需要避免的不正当竞争，除此之外的经济行为都可被视为法律允许的竞争方式。互联网新经济形态对《反不正当竞争法》的司法适用提出许多新的挑战，但是法律不可能朝令夕改。法律的滞后性与稳定性是其本质特征。"互联网条款"的设立，其立法初衷原本是好的，即为了满足不断出现的互联网经济不正当竞争案件，但由于规定得过于具体，反而限制了一般条款的使用。归根到底对于所有"互联网不正当竞争行为"的调整都是对于经营者行为的规制，此时只要根据行为本身的性质抽象出该行为"不正当性"的一般规范即可，而不应当追随技术的延伸去刻意规范某一领域或行业。

2017 年修订后的《反不正当竞争法》，其第 2 条无论从语义表述、法理分析，还是司法实践以及立法技术而言，都不应当仅仅是一个原则性规定，而应该被视为一个一般条款，只是在语义的表述上需要更加精确和符合法律规范。新法修订后，虽然第 8 条、第 12 条、第 20 条构成的"互联网条款"是新法修改的一大特色，但是在司法适用时仍有很大的局限性，这也为第 2 条作为一般条款的适用提供了更广阔的实践空间。

目前而言，尚无经典的司法判例是直接适用"互联网条款"进行判决的，若想真正保证互联网新经济环境中《反不正当竞争法》可以发挥最大效用，那么就应当灵活适用第 2 条和其他诸多互联网条款去处理互联网经济中的相关纠纷案件，同时还要在保证个案正义的情况下，以消费者福利的增加为最终目的，审慎适用一般条款，以此保障裁判的一致性，避免同案不同判的尴尬局面。

2019 年 4 月 23 日修改后的《反不正当竞争法》进一步明确侵犯商业秘密的情形，扩大侵犯商业秘密责任主体的范围，强化侵犯商业秘密行为的法律责任，提高违法成本，降低违法收益，加大法律惩戒力；对侵犯商业秘密的民事审判程序中举证责任的转移作了新的规定，减轻商业秘密权利人的举证责任，大幅降低维权成本。

网络知识产权纠纷解决机制研究

第一节 网络知识产权纠纷与解决

一、网络环境下的知识产权纠纷

发端于 20 世纪六七十年代的互联网可以说是近代以来的重大发明之一，互联网的出现极大地推动了人类文明的进程，在促进资源共享、文化传播等方面发挥了巨大的作用。网络的确犹如仙女的魔法棒，点到哪里哪里便大放异彩。特别是近年来，随着"互联网+"理念的提出，互联网与传统行业进一步融合，互联网所到之处往往一片繁华。然而，这种繁华之下亦有诸多问题存在，知识产权纠纷就是其中之一。网络环境下的知识产权纠纷更为复杂，现有的纠纷解决方式在应对数量大、专业性强、时效要求高的知识产权纠纷时显得力不从心，这也提供了研究相应纠纷解决机制的契机。

（一）内涵

在探讨网络知识产权纠纷前，我们有必要先来探究"纠纷"的内涵。纠纷是指社会主体间的一种利益对抗状态。纠纷的本质是主体行为与社会既定秩序和制度以及主流道德意识的不协调或对之的反叛。[1] 网络知识产权纠纷作为纠纷的一种，其本质与纠纷无异，不过因其是知识产权领域的纠纷，又处在网络环境下，不论纠纷类型还是纠纷范围均有其独特之处。具体来讲，网络知识产权纠纷指的是在网络环境下，因知识产权的使用、转让、许可、确权、授权等行为而产生的纠纷。比如信息网络传播权纠纷、因网站名称引发的商标权纠纷、输入法相关的专利纠纷等都是典型的网络知识产权纠纷。

---

〔1〕 顾培东：《社会冲突与诉讼机制》，法律出版社 2004 年版，第 4 页。

（二）类型

网络环境下的知识产权纠纷按照不同的标准可以分为不同的类型：

1. 权利类型。

（1）著作权纠纷。以控制复制为核心的著作权在网络浪潮的涌动下受到的冲击无疑是巨大的，数字技术的普及使得发表、出版乃至复制等行为都不再是遥不可及的事情，普通公众即可以轻易地完成复制等行为，当然这对于促进文化传播意义非凡。然而，快速的传播加上传播过程中的不规范行为，一方面导致大量的作品沦为"孤儿"，权属争议不断；另一方面，也导致大量侵权纠纷的出现。特别是近年来，随着云技术、人工智能等新兴技术的兴起，除了之前的权属纠纷、侵权纠纷，更涌现出了一些新问题，比如，人工智能生成物的可版权性问题、权利归属问题以及传播、应用及保护等问题；短视频兴起所带来的剪辑、拼接、汇编他人作品行为的定性问题；自媒体蓬勃发展带来的平台责任界定问题；等等，无不加剧了著作权纠纷的复杂性。

（2）商标权纠纷。网络环境下的商标纠纷除了延续传统领域的特点外，还体现出了新的特点，比如将他人商标作为自己的网站名称、将他人商标作为竞价排名的关键词等，这些新型侵权行为无不与网络环境息息相关，而由此引发的纠纷也更为复杂，比如竞价排名的关键词是否属于商标性使用？APP 名称是否等同于 APP 商标，其商品或服务类别又该如何界定？将他人商标注册为域名，是否构成商标侵权以及如何维权等，都是网络环境下商标权纠纷面临的难点。

（3）专利权纠纷。专利权纠纷在网络知识产权纠纷中占据不小的比例，常见的专利纠纷案件包括专利申请权纠纷、专利权归属纠纷、专利侵权纠纷、专利许可或专利转让合同纠纷等，网络环境下的专利权纠纷则更为复杂，如，司法实践中对于许诺销售专利侵权认定和责任承担还存在着不少的模糊地带，尤其是在电子商务这一新兴领域。电子商务的发展使许诺销售行为可以轻松突破法域的疆界，而许诺销售行为的地域范围认定标准尚未形成统一意见。未来对于专利侵权行为的定性以及纠纷的解决还有很大的研究空间。

（4）不正当竞争纠纷。反不正当竞争法作为知识产权保护的一部分有其深厚的渊源，我国法学理论将反不正当竞争法归入知识产权法当中，同样，司法实践中法院也将不正当竞争案件归入知识产权案件和知识产权审判业务庭的受案范围。[1]《反不正当竞争法》作为《著作权法》《商标法》《专利法》的兜底法，对于规制侵权行为，保护权利人合法利益具有重要作用。网络环境下，更是如此。不过，网络环境下的不正当竞争行为体现出更强的技术性等特征。2017 年

---

〔1〕 孔祥俊：《反不正当竞争法原理》，知识产权出版社 2005 年版，第 9 页。

11月4日，全国人大常委会第三十次会议通过修改了《反不正当竞争法》，新法根据网络领域的反不正当竞争的客观需要，专门增加了针对网络领域不正当竞争行为的规定。

（5）域名纠纷。尽管目前立法未对域名进行定性，但是学术界主流观点认为域名应当纳入知识产权的范畴，理由为域名是经过人的构思、选择、创造性的劳动产生的，是人类的智力成果；域名具有专有性、地域性和时间性等知识产权的属性，同时具有知识产权客体的特性，因此属于知识产权的范畴。[1] 我们比较赞同这一观点，域名作为一种无形财产，的确具备知识产权客体的特性，而域名纠纷作为一种互联网环境下特有的纠纷也备受关注。常见的域名纠纷主要包括域名抢注以及因域名的注册、使用而引发的权利冲突等。

2. 纠纷原因。

（1）权属纠纷。由于知识产权的无形性，其不像大部分物权的客体那样，可以被权利人实际地占有，加上网络的虚拟性等特征使得知识产权的归属常常引发纠纷，尤其是著作权领域，其权利的取得不需经过登记或备案而自创作完成、自动取得，更加使权属的确定扑朔迷离。

（2）侵权纠纷。因侵权行为引发纠纷的案例在网络知识产权纠纷中占据较大的比例，侵权纠纷包括因未经许可使用专属于知识产权人的专有权利而引发的纠纷，如：未经许可，复制、发行、改编或者通过信息网络传播他人作品的行为；未经许可在相同或者类似的商品或服务上使用他人注册商标的行为；未经许可为生产经营目的制造、使用、许诺销售、销售、进口其专利产品等行为。此外，知识产权侵权纠纷还包括假冒他人知识产权的行为，如假冒他人注册商标、假冒他人专利的等行为。

（3）合同纠纷。除权属纠纷和侵权纠纷外，实践中也常因合同的签订、履行而引发纠纷。网络领域的知识产权合同纠纷主要集中于双方当事人签订有关转让、许可使用等合同时引起的争议，常见的如：因许可权利范围不明确而引发的纠纷、因被许可方超越合同授权而发生的纠纷、合同到期后，继续使用授权权利引发的纠纷以及未按合同约定支付许可费引发的纠纷。此外，有关合同方面的纠纷还包括对于是否签约、签约内容的确定、合同解除权的行使等引起的纠纷。比如，通过微信、电子邮件确定的内容是否构成合同？授权方权利存在瑕疵的，被授权方是否有权解除合同等。

二、网络知识产权纠纷的特殊性

（一）对纠纷解决时效要求更高

任何时代，纠纷能够快速解决都是当事人追求的目标，不过，网络时代下，

---

〔1〕 陶鑫良、程永顺、张平：《域名知识产权保护》，知识产权出版社2001年版，第69~70页。

效率显得更为重要。网络所具有的高速传播性以及无地域限制等特征使得侵权行为的扩张、蔓延可以在转瞬之间实现，由此给权利人造成的侵权损失也是巨大的，因此，快速解决纠纷成为当事人追求的重要目标。而程序复杂、周期较长的诉讼显然与快速解决纠纷的目标相背离，为了弥补这一缺点，越来越多的权利人寄希望于诉讼禁令，以达到停止侵权、减少损失的目的。如优酷诉电视猫盗链影视作品案，经优酷申请，上海市浦东新区人民法院下发诉前禁令，判令上海千杉网络技术发展有限公司立即停止通过"电视猫"视频软件实施的针对优酷的不正当竞争行为。[1]

（二）技术性、专业性更强

网络时代的知识产权纠纷往往与技术相关，或者侵权行为越来越"技术化"，比如：被广泛用于盗版传播的 P2P 技术、盗播影视作品的聚合软件、成为盗版源集合地的网络云盘以及屏蔽权利人广告的过滤技术，等等，这些涉嫌侵权的行为无不披上了技术的外衣。实践中被告也往往以"技术中立"原则进行抗辩，而要厘清其背后的法律关系，准确定性法律行为，就需要对相应的技术有一定的了解。再加上知识产权本身界定的难度，如专利的实用性、新颖性、创造性的判定；作品的独创性认定；商标近似以及是否构成混淆的判定；等等，而且很多纠纷争议的焦点并不仅仅在于是否违约、是否侵权，更多地集中在是否属于法律保护的范围、权利属性以及权属的认定方面，这是以往传统的民事纠纷所没有的，这都进一步加剧了纠纷的复杂性，使得网络知识产权纠纷的解决较之普通的民事纠纷甚至传统知识产权纠纷需要更强的专业性。

（三）当事人利益目标具有多元性

信息网络时代，知识产权日益成为获取竞争优势、抢占市场的利器，因此，保护权利不再是权利人唯一的目标，相反，通过知识产权的经营、管理以及企业形象的维护，最终实现对用户以及市场的抢夺和占领是权利人的另一重要目标。同样，对于涉嫌侵权方来讲，网络所带来的"口口相传"的效应，使得企业更加注重形象，也更加忌惮败诉所带来的负面影响，正是当事人双方利益目标的多元化促使对于网络知识产权纠纷解决方式的多元需求。

三、网络知识产权纠纷的解决

（一）纠纷解决方式的变迁

纠纷解决方式与所处社会的生产力水平、经济、文化、法律制度等是密不可分的，可以说正是一个国家的经济、政治、人文环境等多种因素催生了这个社会环境下的纠纷解决机制，这也就不难理解时代变幻下的纠纷解决方式的变迁了。

---

〔1〕 "电视猫盗链优酷数百部影视作品，法院下发诉前禁令责令立即停止"，载企查查网，https：//www.qichacha.com/postnews_ae923a54f4e9f3bda111b915edee95b9.html，最后访问日期：2020 年 5 月 13 日。

纠纷解决可以分为私力救济、公力救济和社会性救济。公力救济主要指的是司法救济（judicial remedies），即法院救济和行政救济。公力救济的正统化肇始于国家的产生，而在国家、法律产生之前，私力救济则是人们解决纠纷的主要方式。所谓私力救济指的是，"当事人认定权利遭受侵害，在没有第三方以中立名义介入纠纷解决的情形下，不通过国家机关和法定程序，而依靠自身或私人力量，解决纠纷，实现权利。"[1] 当公权力发展到相当阶段时，私力救济逐渐被禁止。"公力救济产生于私力救济的夹缝中，从公力救济到私力救济的演变是一个漫长而交错的过程，两者既相互对立，也交错互补。"[2] 在公力救济与私立救济之间，还存在一种社会型救济方式，包括仲裁、调解、部分 ADR。

我国的纠纷解决方式同样经历了变迁，如张卫平先生所言，改革开放前的时代为"前诉讼时代"，当时法治意识缺乏，纠纷的解决基本不依靠诉讼；改革开放以后到现在为"诉讼时代"，人们的法治意识不断增强，加上国家对于法治建设的重视，诉讼被当作法制化的象征之一。这一时期，诉讼在纠纷解决中所占比例逐渐上升。然而，随着案件量的上升、诉讼成本的增加以及快节奏的时代变化与低效率的纠纷化解之间的矛盾，非诉讼纠纷解决方式重新回归人们视野，我们也即将进入"后诉讼时代"，这也是纠纷解决的多元化时代。[3]

（二）网络知识产权多元化纠纷解决机制的必要性与可能性

网络环境下的知识产权纠纷呈现出不同于以往传统领域纠纷的特点，然而相应的纠纷解决机制并未建立。目前我国关于网络领域的知识产权纠纷，仍然主要通过诉讼的方式解决，但是"诉讼爆炸"在不断地加大司法审判的压力，如果不能构建多元化的纠纷解决机制，司法压力无法得到缓解。因此，探索适合网络环境下的知识产权纠纷解决机制十分必要且当前的环境也为多元纠纷解决机制的建立提供了条件。

1. 单一的诉讼机制无法满足当事人的需要。公正、效率是当事人解决纠纷所追求的目标，然而，"为了确保审判结果的公正性，必然需要经历繁琐的程序查明案件事实，如此一来，公正与效率如同一枚硬币的两面，很难在个案中做到兼顾，诉讼迟延就成为困扰诉讼程序的重大难题。"[4] 特别是在网络时代，效率对于知识产权案件尤为重要，以著作权侵权案件为例，一部影视剧、一部电影的收益往往取决于热映期、首播期的表现，如果此时出现盗版而又不能及时制止，

---

〔1〕 徐昕：《论私力救济》，中国政法大学出版社 2005 年版，第 102 页。

〔2〕 徐昕：《论私力救济》，中国政法大学出版社 2005 年版，第 6 页。

〔3〕 刘友华：《知识产权纠纷非讼解决机制研究——以调解为考察中心》，中国政法大学出版社 2011 年版，第 38~39 页。

〔4〕 梁平、陈焘："论我国知识产权纠纷解决机制的多元构建"，载《知识产权》2013 年第 2 期。

在目前高速传播的网络时代，盗版的传播速度、范围对于权利人所造成的损失是巨大的。

2. 现阶段的经济、文化以及技术发展等因素为多元化纠纷解决机制的确立提供了良好的环境。以互联网、大数据、云计算、人工智能等为代表的信息技术，为多元化纠纷解决机制的建立提供了强大科技支撑。互联网的普及使得在线纠纷解决成为可能，事实上各地法院已经在探索网上立案、在线开庭、电子送达等依托互联网的便捷诉讼模式。当然，目前以法院为核心建立的在线诉讼解决方式依然以诉讼为主，并没有实现真正的多元；再比如云技术的发展，以云计算为智慧管理手段，能够实现纠纷受理、分流、化解、反馈的数据全覆盖，对纠纷的在线咨询、在线调解、在线立案、在线审判等各类数据进行多层次比对分析，为高效、公正的在线纠纷解决提供可能。[1]

3. 国内外对于纠纷解决机制的探索为多元化纠纷解决制度的建立提供了理论支撑和实践经验。美国早在 20 世纪就已经在探索多元纠纷解决机制，并已初步形成替代性纠纷解决机制（ADR），即非诉讼纠纷解决机制或诉讼外纠纷解决机制。美国替代性纠纷解决方式主要包括：调解（Mediation）、微型审判（Mini-trial）、早期中立评估（Early neutral evaluation）、简易陪审团审判（Summary Jury Trial）、仲裁（Arbitration）等。[2] 美国的 ADR 机制不仅解决了美国大量的纠纷，而且为各国纠纷解决提供了有益的参考。

第二节　网络知识产权纠纷解决机制的多元构建

一、传统纠纷解决方式

（一）和解

在崇尚"以和为贵"的我国，和解的方式在实际纠纷解决中占据较大比例，特别是一些商事纠纷、熟人纠纷，双方当事人往往本着"再见亦是友"的态度，尽力通过缓和的、不伤和气的方式解决纠纷。目前我国的和解主要包括诉讼前和解、诉讼中和解、执行和解等。和解一般只限于当事人可以自由处分的权利义务，比如民事权利义务以及刑事案件中的自诉案件。

〔1〕　新浪新闻："胡仕浩：多元化纠纷解决机制的中国趋势"，载 https：//news. sina. com. cn/sf/news/fzrd/2018~02~23/doc~ifyrvspi1072286. shtml，最后访问日期：2019 年 6 月 22 日。原载于：《人民司法（应用）》2018 年第 1 期。

〔2〕　贾青民："美国 ADR 简介"，载北京法院网，http：//bjgy. chinacourt. gov. cn/article/detail/2007/04/id/851857. shtml，最后访问日期：2020 年 5 月 13 日。

（二）调解

调解与和解均是较为缓和的纠纷解决方式，调解不同于和解之处在于有第三方的介入。在我国，调解主要有人民调解、司法调解和行政调解等三种形式。

1. 人民调解。人民调解是指依法设立的人民调解委员会通过说服、疏导等方法，促使纠纷当事人在平等协商基础上自愿达成调解协议，解决民间纠纷的一种群众自治活动，是一项具有中国特色的化解矛盾、消除纷争的非诉讼纠纷解决方式，被国际社会誉为化解社会矛盾的"东方经验"。

2. 司法调解。司法调解又称诉讼调解，是在人民法院的主持下，对双方当事人就争议的实体权利和义务自愿协商、达成协议、解决纠纷的活动，是当事人协商解决纠纷、结束诉讼、维护自己的合法权益的制度。[1]

3. 行政调解。行政调解是指国家行政机关成立的行政调解组织通过说服、疏导等方法，促使当事人在平等协商基础上自愿达成调解协议，解决民间纠纷的活动。[2] 由于种种原因，我国目前尚未建立起完善的行政调解制度，这也导致实践中对于行政调解的主体、范围、行政调解程序、调解协议的效力以及行政调解行为的性质等存在争议。

（三）仲裁

仲裁是指纠纷当事人根据纠纷前或者纠纷后达成的仲裁协议或合同中的仲裁条款向仲裁机构提出申请，由仲裁机构依法审理，做出裁决，并通过当事人对裁决的自觉履行或由一方向人民法院申请强制执行而使纠纷得以解决的方式。[3] 仲裁需要由当事人双方事先同意选择这种方式，而且一裁终局，一定程度上体现了当事人的意思自治，较诉讼更为灵活；同时仲裁裁决一裁终局的特点也使得当事人之间的纠纷能够迅速得以解决。而且，仲裁裁决的执行可以依靠司法权从而得到有效执行，因此，仲裁具有灵活、快捷、便于执行等优点。

（四）诉讼

诉讼作为权利保障的最后一道屏障，在解决纠纷方面发挥着举足轻重的作用，实现公正、正义，保障当事人合法权利是诉讼的应有之义，也是其他纠纷解决方式所不能比拟的。然而，追求最大限度的公正必然以牺牲效率为代价，这在较长时间的审限以及两审终审方面均有所体现。

二、传统纠纷解决方式的比较研究

如第一节所述，网络环境下的知识产权纠纷除了具备一般纠纷的特点外，还具有自己的独有的特征，比如更具技术性以及专业性更强。同时，由于网络环境

---

〔1〕 章晨编著：《中国司法制度》中国民主法制出版社2017年版，第205页。

〔2〕 刘旺洪："论行政调解的法制建构"，载《学海》2011年第2期。

〔3〕 厉兵："浅论我国仲裁制度的不足及完善建议"，载《法学研究》2014年第6期。

下侵权行为的实施更为便捷，侵权品的蔓延速度更快、范围更广，这就对纠纷解决的时效要求更高。另外，网络环境所具有的"用户红利"、平台效应等特点，也使得当事人对于纠纷解决的目标更为多元，而这一切都需要相应的纠纷解决机制作支撑，传统的纠纷解决方式虽然各有千秋，但在面对这些新的问题、新的诉求时也难免力不从心。

（一）传统纠纷解决方式的优缺点比较

表 10-1　传统纠纷解决方式的优缺点比较

纠纷解决方式	优点	不足
和解	1. 没有第三方介入，纠纷解决完全取决于当事人，更能体现当事人意愿； 2. 程序简便、灵活，没有固定的模式，有利于当事人便捷地解决纠纷。	1. 缺乏中立的第三方力量，可能出现"恃强凌弱"的情况； 2. 和解协议不具有强制执行的效力，这就导致纠纷解决效果大打折扣； 3. 诉讼中的和解在实践中未受到足够的重视，应用并不广泛。
调解	1. 程序简便，周期较短，有利于快速解决纠纷； 2. 当事人能够预见争议解决结果，对结果更有把握； 3. 调解协议具有强制执行力，能够确保纠纷得到有效解决。	1. 人民调解面临调解方式随意，缺乏严格的程序规范，调解员文化程度参差不齐等问题； 2. 司法调解存在以压促调、以判促调，违背当事人意愿的情况； 3. 行政调解的主体、范围、程序等缺乏明确规定，不利于行政调解的实施。
仲裁	1. 仲裁由当事人双方事先同意选择，一定程度上体现了当事人的意思自治； 2. 一裁终局能更为快速地解决纠纷； 3. 仲裁协议具有强制执行力。	1. 仲裁程序与诉讼程序相似，同样存在程序繁琐、僵化的问题； 2. 尽管一裁终局有利于缩短纠纷解决周期，但同时也面临缺乏救济程序的情况。
诉讼	1. 程序公正，结果更加客观，保证了纠纷的有序公平解决，有利于保障当事人的合法权利； 2. 诉讼结果具有强制力，当事人可以请求法院强制执行； 3. 判决书对同类行为具有示范意义，可以起到威慑的作用，也有利于维护胜诉一方的企业形象。	1. 诉讼周期长，时间成本巨大，特别是在网络知识产权领域，动辄几年的诉讼使得当事人即使赢了官司，也面临输了市场的风险； 2. 诉讼结果的合法性并不代表一定合理，当事人对诉讼结果缺乏预期，甚至出现难以接受的情况。

（二）传统纠纷解决方式在面对网络知识产权纠纷时的不足

1. 诉讼周期长、程序繁琐不利于纠纷的高效解决。诉讼这种纠纷解决方式不仅耗费大量的人力、物力成本，而且还有高额的时间成本，而在网络时代，人们的消费习惯、喜好随时可能因为一个新的产品而改变，如果纠纷悬而不决，则可能还未拿到判决书，产品已经迭代更新。相比瞬息万变的网络时代，诉讼周期究竟有多长呢？我们可以通过一个例子感受一下，以互联网公司为例，其人员流动性很高，实践当中往往是相关产品的负责人、对接人已经更换了好几任而案子还未审结。再加上由于知识产权的不稳定性，比如，当事人提起的专利侵权的民事诉讼常常因一方提起专利无效程序而中止，这样一来，诉讼周期会更长。而即使法院作出了一审判决，当事人不服的还可以继续上诉，甚至启动再审，这都不利于纠纷的高效解决。

2. 不能完全遵从"内心"的调解及没有保障的和解。调解作为一种纠纷解决方式，较诉讼更为便捷、缓和，但是依然存在不少问题。以司法调解或诉讼调解为例，法官作为调解人，本身即自带裁判者光环，当事人无法有所顾忌，不仅由于法官的身份，而且还面临着如果调解失败需要再度进入诉讼程序，这些都使当事人无法充分表达自己的诉求。

3. 仲裁范围有限，缺乏保全措施使得无法充分发挥作用。只有合同纠纷和财产权益纠纷才能适用仲裁，而知识产权兼具人身权与财产权属性，比如著作权里的发表权、署名权等，在涉及这些权利纠纷时，显然不能适用仲裁。这在很大程度上限制了仲裁在网络知识产权纠纷中的适用。另外，仲裁缺乏保全措施，而在网络知识产权领域，停止侵权是权利人及时止损的重要手段，因此，缺乏类似诉讼禁令式的保全措施也成为仲裁在网络知识产权纠纷领域中较少被采用的原因之一。[1]

三、我国对于多元纠纷解决机制的探索

（一）关于多元纠纷解决机制的立法探索

1. 《中华人民共和国人民调解法》。2010 年 8 月 28 日，全国人大常委会发布了《中华人民共和国人民调解法》（以下简称《调解法》），《调解法》完善了人民调解组织形式，明确了人民调解员的范围、条件、行为规范和保障，规范了人民调解程序，确立了人民调解与其他纠纷解决方式之间的衔接机制，该法规定：基层人民法院、公安机关对适宜通过人民调解方式解决的纠纷，可以在受理前告知当事人向人民调解委员会申请调解。

---

〔1〕 刘友华：《知识产权纠纷非讼解决机制研究——以调解为考察中心》，中国政法大学出版社 2011 年版，第 77~78 页。

2. 《最高人民法院关于人民法院进一步深化多元化纠纷解决机制改革的意见》。2016 年 6 月 28 日，最高院发布了《最高人民法院关于人民法院进一步深化多元化纠纷解决机制改革的意见》（以下简称《深化改革意见》），《深化改革意见》指出要"建设功能完备、形式多样、运行规范的诉调对接平台，畅通纠纷解决渠道，引导当事人选择适当的纠纷解决方式；合理配置纠纷解决的社会资源，完善和解、调解、仲裁、公证、行政裁决、行政复议与诉讼有机衔接、相互协调的多元化纠纷解决机制"。同时还从平台建设、制度建设、程序安排等方面提出了要求，其中平台建设方面提出要创新在线纠纷解决方式。根据"互联网+"战略要求，推广现代信息技术在多元化纠纷解决机制中的运用。推动建立在线调解、在线立案、在线司法确认、在线审判、电子督促程序、电子送达等为一体的信息平台，实现纠纷解决的案件预判、信息共享、资源整合、数据分析等功能，促进多元化纠纷解决机制的信息化发展。

3. 《最高人民法院关于人民法院民事调解工作若干问题的规定（2020 修订）》。2020 年 12 月 19 日，最高院发布了修订后的《最高人民法院关于人民法院民事调解工作若干问题的规定》（以下简称《调解规定》），就人民法院调解案件的适用范围、调解员的设置、调解程序以及调解书的效力等进行了明确，为实践中调解工作的顺利进行提供依据和保障。

4. 《最高人民法院关于建立健全诉讼与非诉讼相衔接的矛盾纠纷解决机制的若干意见》。2009 年 7 月 24 日，最高人民法院发布了《最高人民法院关于建立健全诉讼与非诉讼相衔接的矛盾纠纷解决机制的若干意见》，意见指出要充分发挥审判权的规范、引导和监督作用，完善诉讼与仲裁、行政调处、人民调解、商事调解、行业调解以及其他非诉讼纠纷解决方式之间的衔接机制，推动各种纠纷解决机制的组织和程序制度建设，促使非诉讼纠纷解决方式更加便捷、灵活、高效，为矛盾纠纷解决机制的繁荣发展提供司法保障。

此外，各地方对于非诉纠纷解决方式也多有探索，如上海市知识产权局于 2002 年 8 月 22 日发布了《上海市处理和调解专利纠纷的规定》，为有效化解专利纠纷提供了有力支持。

（二）对多元纠纷解决机制的实践探索

1. 北京："多元调解+立案速裁"紧密型司法 ADR 模式。北京市法院于 2016 年起全面启动"多元调解+立案速裁"紧密型司法 ADR 模式（以下简称紧密型司法 ADR 模式）建设，该模式是指法官与人民调解员组建"1+N"办案团队，法官全程指导调解员调解，调解成功的案件及时进行司法确认；调解不成的简单案件，由法官利用调解过程中查清的事实和固定的证据，快速进行裁判的一种诉调对接工作模式。紧密型司法 ADR 模式有两个核心要素：

（1）多元调解。多元调解是立案法官根据案件类型、复杂程度、标的额大小等因素，判断纠纷是否适宜调解，并引导当事人选择调解。当事人同意调解的案件，将在法官全程把关或与人民调解员共同调解的情况下调解结案。

（2）立案速裁。立案速裁是由若干名速裁法官、人民调解员、法官助理、书记员组成的"1+N"诉调对接团队，征得当事人同意后，将那些法律关系简单明确、多元调解未成功的案件，直接导入到速裁程序，多数情况下能在调解当日开庭，开庭即判。不适宜速裁审判的案件，立案后进入普通审理程序。[1]

"多元调解+立案速裁"紧密型司法 ADR 模式有效缓解了北京市法院的司法审判压力，据统计，"2016 年北京市法院一审民商事案件收案量近 40 万件，经由'多元调解+立案速裁'导出纠纷近 7 万件，占收案总量的 17%"[2]。相比仅有 2 千余名员额法官，40 万件的收案量无疑是巨大的，而紧密型司法 ADR 模式的尝试，使得一些案情简单、当事人调解意愿较强的简易纠纷在诉前得以分流化解，从而缓解北京市法院案多人少的压力。

2. 上海：替代性纠纷解决机制的探索（以自贸区为例）。上海自贸区的知识产权纠纷更具专业性、国际性、前沿性等特点，因此，探索多元化的纠纷解决机制更为迫切，近年来，经过不断的探索，上海自贸区已经形成颇具代表性的替代性纠纷解决机制。

（1）三位一体的新型仲裁机制。目前，上海已经形成三位一体的新型仲裁机制，即一个自贸区仲裁机构、一部自贸区仲裁规则、一个涉自贸区仲裁规则的司法审查意见。其中，《自贸区仲裁规则》规定了仲裁员开放名册制，即允许当事人在仲裁员名册外选择仲裁员，首次引入以当事人合意为前提的友好仲裁制度，规定了紧急仲裁制度和小额争议程序等，有效弥补了传统仲裁制度的缺陷。

（2）设立民间调解机构。上海经贸商事调解中心于 2013 年在上海自贸区建立了中国（上海）自由贸易试验区国际商事联合调解庭暨上海文化创意产业法律服务平台知识产权调解中心。该调解庭是独立的第三方调解机构，为高效、快速、灵活地处理知识产权纠纷贡献了力量。

（3）诉调衔接机制。2014 年 5 月 27 日，上海市浦东新区人民法院启动自贸试验区诉讼与非诉讼相衔接的商事纠纷解决机制，该机制的特点包括，浦东法院将调解组织引入自贸区法庭，在当事人同意的情况下启动调解程序，同时法院审查确认调解协议的效力；建立调解组织名册，调解员可以由当事人在名册中选

---

[1] 李旭辉、胡小静、谢刚炬："多元调解+立案速裁'的紧密型司法 ADR 模式探索——以北京市22 家中基层法院的改革实践为视角"，载《人民司法（应用）》2018 年第 1 期。

[2] 李旭辉、胡小静、谢刚炬："多元调解+立案速裁'的紧密型司法 ADR 模式探索——以北京市22 家中基层法院的改革实践为视角"，载《人民司法（应用）》2018 年第 1 期。

定；达成调解协议的，法院对该协议进行司法确认，未达成协议的，案件转由法庭继续审理。

3. 浙江：义乌模式、宁波模式。

（1）义乌模式。2015 年 7 月 13 日，义乌法院在浙江高院、浙江省知识产权局的指导下，联合中国互联网协会调解中心、义乌市市场监督管理局、义乌海关、义乌市司法局、义乌市律师协会、中国小商品城集团股份有限公司等单位，共同成立了知识产权诉调对接第三方平台——义乌市知识产权诉调对接中心和人民调解委员会（以下简称义乌平台）。

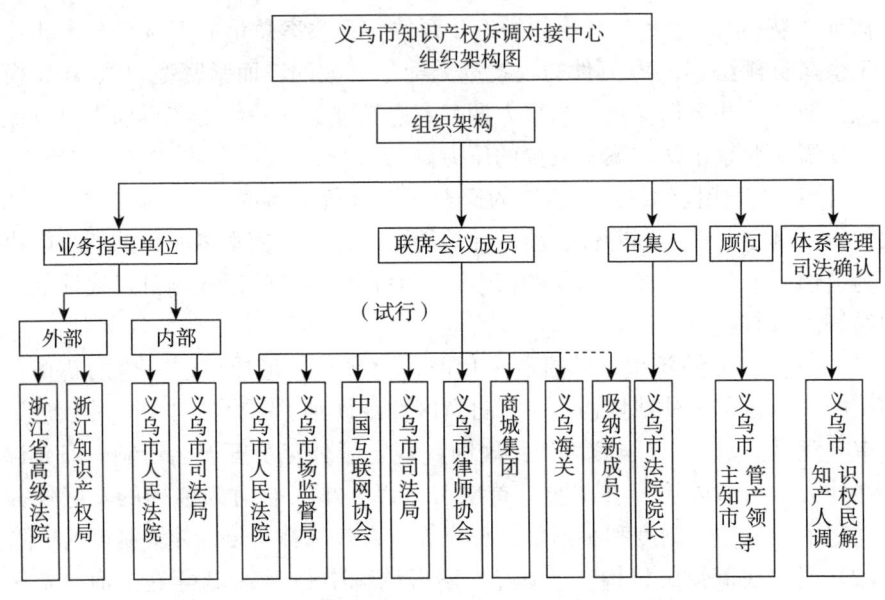

图 10-1　义乌市知识产权诉调对接中心组织架构图[1]

义乌平台的创新模式主要为"诉前引调"与"诉中调解"双机制并行，对案情简单、争议不大的知识产权案件，在征得当事人同意后，编立"引调字"案号，建立"诉前引调"机制，同时结合诉中调解制度，有效地促进了纠纷的解决。义乌平台自 2015 年 7 月成立至 2017 年 8 月，累计接受法院委托调解案件1779 件（包括诉前和诉中委托调解的案件，其中商标案件 644 件，著作权案件671 件，专利案件 459 件，不正当竞争纠纷案件 5 件），调解不成功（含找不到

---

〔1〕　来源：浙江省高级人民法院联合课题组："知识产权纠纷多元化解机制问题研究"，载《中国应用法学》2019 年第 2 期。

被告）348 件，不接受调解 272 件，调解终止案件 236 件，在调案件 116 件，调解成功率达 48.53%。[1]

（2）宁波模式。2016 年 7 月，由宁波中院和宁波市知识产权局主导，中国互联网协会、宁波市文广局、宁波市市场监督管理局、宁波海关、中国（宁波）知识产权维权援助中心、宁波市律师协会等单位联合建立的宁波市知识产权综合运用和保护第三方平台正式成立。该平台在吸收义务模式的基础上，除了诉调对接机制之外，还包括知识产权的运用和转化机制、快速维权与联动机制以及学术宣传交流与人才培养机制，是一个集知识产权保护、运用、宣传、交流于一体的综合性平台。

截至 2017 年 8 月底，共计受理各类案件 1892 件，其中著作权纠纷 1594 件，专利权纠纷 201 件，商标权纠纷 89 件，其他纠纷 8 件。并成功调解各类知识产权纠纷 1293 件，其中著作权纠纷 1075 件，专利权纠纷 157 件，商标权纠纷 55 件，其他类型 6 件，调解成功率达 68.3%。[2]

第三节 网络知识产权纠纷在线解决机制（ODR）

一、ODR 简介

（一）ODR 的产生原因

1. 诉讼程序解决网络知识产权纠纷的缺陷。

（1）审理时间过长导致无法及时阻止网络侵权快速传播。首先，从审限角度看，根据《民事诉讼法》的规定，普通程序的最短审限是 6 个月，有特殊情况需要延长的，可以由本院院长批准延长，可以延长 6 个月；还需要延长的报请上级人民法院批准。简易程序虽然审限仅 3 个月，但仅适用于标的额较小、事实清楚、权利义务关系明确的案件，因此纠纷标的额较小的电子商务纠纷可以适用简易程序进行审理，但对于权利义务关系较为复杂的信息网络传播权纠纷、具有一定技术难度的域名纠纷及认定难度的专利、商标纠纷而言，不符合简易程序的案件适用条件。其次，从审级角度看，民事诉讼程序实行"两审终审制"，二审时还可能发回重审，因此导致所有审级的审限时长总和更长。

网络环境下的知识产权侵权具有易传播性，因为互联网的无地域、跨国界特

---

〔1〕 浙江省高级人民法院联合课题组："知识产权纠纷多元化解机制问题研究"，载《中国应用法学》2019 年第 2 期。

〔2〕 浙江省高级人民法院联合课题组："知识产权纠纷多元化解机制问题研究"，载《中国应用法学》2019 年第 2 期。

点，以及互联网产业之间的跨业竞争趋势，造成网络侵权的传播范围更广泛。另外互联网具有实时性，无论是电子商务还是网络服务，都能够实现产品上线与使用的无缝对接，因此对商标、域名、信息网络传播权使用的传播速度非常快，能在短时间内形成很大影响。最后，互联网环境下的知识产权受众群体更庞大，2018 年全球网络数量已经超过了 40 亿，因此侵权或者合同纠纷造成的后果也更加严重。

基于上述现实，我们发现诉讼的解决效率与网络知识产权纠纷的传播速度和范围严重冲突，即便权利人最终胜诉，但漫长的审限很可能已对其商业模式造成了不可估量的损害。

（2）诉讼压力与专业技术的高要求可能弱化审判质量。2015 年 5 月 1 日，中央全面深化改革领导小组第十一次会议审议通过的《关于人民法院推行立案登记制改革的意见》正式施行。变原来的立案审查制为立案登记制，不对案件起诉的要件进行实质性审查，仅对法律规定的形式要件进行一般性核对，凡是符合法律规定立案条件的，都予以登记立案，做到"有案必立，有诉必理"。立案登记制全面实施之后，截至 2017 年 8 月 31 日，全国法院登记立案数量超过 3900 万件，同比上升 41. 23%。[1] 这对法院来讲无疑形成了较大的压力。

另外，网络知识产权纠纷的大部分案件都牵扯到网络方面的专业技术，如知识产权侵权纠纷中的责任源搜寻、信息网络传播权在网络环境下的"传播"认定、直接损害与间接侵权损害的量化计算等。如果法院不了解互联网环境的传播原理和专利、域名的技术构成等专业知识，其判决结果很难被信服。因此台湾学者郭戎晋认为，法院由于不谙市场实务或专业技术不足，所做成的判决可能阻碍电子商务的发展。[2]

（3）以地域为基石的管辖权规则遭到挑战。知识产权的重要特点之一是地域性，相关的法律保护规则也主要是建立在地域基础之上，这一点与以地域为基石界分诉讼管辖权是一致的。然而在网络环境下，知识产权侵权案件的管辖问题就变得棘手起来。[3]

网络知识产权纠纷大体上可以分为合同纠纷与侵权纠纷，合同纠纷可以约定管辖，因此管辖权问题比较容易解决。对于侵权纠纷而言，确定地域管辖的主要依据是判断"被告住所地"和"侵权行为地"（可进一步拆分为侵权行为实施地

---

〔1〕 沈荣："有案必立 有诉必理—人民法院立案登记制改革综述"，载中国法院网，https：//www. chinacourt. org/article/detail/2018/03/id/3220358. shtml，最后访问日期：2020 年 5 月 13 日。

〔2〕 郭戎晋："数位时代下的电子商务交易纷争解决机制"，提交"2006 数位科技与创新管理国际研讨会的论文"，2006 年 4 月 1 日。

〔3〕 丛立先：《网络版权问题研究》，武汉大学出版社 2007 年版，第 265～266 页。

和侵权结果发生地）。被告住所地不会因为互联网的无边际而无法确定，可以通过其注册地址等来进行确定；但侵权行为地却被打上了互联网广泛传播的烙印，具有不确定性的特点。

即便最终国内诉讼管辖能够得到有效解决，但是面对跨国知识产权纠纷再次暴露不足。随着经济国际化、世界经济一体化进程的加快，国际竞争的核心之一便是知识产权。而跨国知识产权纠纷无论是纠纷前的约定管辖还是纠纷发生时的管辖问题都是一大难题。一方面因为商业主体对其他司法管辖区的不信任，在约定管辖时都希望约定由本国法院管辖，很可能造成"管辖条款僵局"；另一方面实际发生纠纷时，因诉讼程序、文化环境、语言等的差异，进一步降低商业主体对诉讼的期待。

2. ADR 解决网络知识产权纠纷的缺陷。ADR（Alternative Dispute Resolution），替代性纠纷解决方式，是指对诉讼以外的其他各种纠纷解决方式、程序和制度的总和。[1]

（1）ADR 类型。

第一，协商。协商属于自力救济，是纠纷当事人之间自发组织、自行协商、自愿达成解决协议的一种方式，具有耗时短、成本低、效率高的特点。但是达成的协商协议不具有法律强制性，无法保证能够得到有效执行。

第二，调解。调解是指在第三方的主持下，促成纠纷当事人平等协商、自愿达成协议、化解纠纷的方式。根据主持调解的主体不同，包括行政调解和第三方调解，代表之一是著作权行政管理机关主持的调解。由于著作权行政管理机关在著作权民事纠纷的解决上具有专业技术方面的优势，且是著作权领域的行政主管机关，因此对于大量的信息网络传播权等著作权侵权及合同纠纷案件，可以由该行政管理部门进行调节。工商行政管理部门也可以对侵犯注册商标专用权的网络知识产权纠纷进行行政调解。第三方调解的代表之一是消费者协会或其他行业协会主持的调解。从专业角度而言，行业协会（如互联网协会）要优于其他第三方组织。

第三，仲裁。仲裁是指发生纠纷的双方当事人，根据其在纠纷发生前或纠纷发生后所达成的协议，自愿将该纠纷提交中立的第三者进行裁判的纠纷解决制度。[2] 仲裁是国家通过制定法律承认的正式的争议解决方式，仲裁协议或仲裁条款可以排除法院的司法管辖，仲裁裁决对当事人具有法律约束力，一方当事人不履行仲裁裁决的，另一方当事人有权利直接向法院申请强制执行仲裁裁决。

---

〔1〕 马远俊："ADR 与 ODR 之比较—兼论电子商务争议在网络环境下的解决方式"，载《商场现代化》2008 年第 3 期。

〔2〕 郑世保："ODR 研究"，西南政法大学 2010 年博士学位论文。

（2）ADR 的缺陷。ADR 在很大程度上弥补了诉讼在解决网络知识产权纠纷方面的缺陷：一是 ADR 提供了多元化的替代性解决机制，涵盖自力救济与公力救济；二是 ADR 程序的不公开性也符合知识产权纠纷的保密性要求，协商与调解本身便具有私密性，而即便是具有司法强制力的仲裁也遵循"不公开为原则、公开为例外"。但是仍存在以下缺陷：

第一，纠纷解决思路与网络知识产权纷争的特点不一致。无论是行政调解还是第三方调解，一般都是以解决属地或就近的当事人之间发生的纠纷为主，在地域上有所限制。而仲裁一般是解决合同纠纷，通过约定管辖来启动相应程序，而对于大量的网络知识产权侵权案件并不适用。因此 ADR 的纠纷解决思路仍囿于地理范围和纠纷类型的限制，无法真正适应网络知识产权纠纷的特点。

第二，纠纷解决收益与成本冲突。虽然 ADR 免去了当事人的诉讼费用，但仍有以下成本不可避免：一是会面成本，无论是 ADR 还是诉讼都是"面对面"解决纠纷的方式，因此纠纷各方主体都需要会面，同时需要为此付出金钱（差旅费等）、时间成本，且通常情况下不可能一次性解决，因此当事人付出的成本是多重的。二是其他费用，如对于小额的网络知识产权纠纷，仲裁费用甚至要高于诉讼费用，再加上网络知识产权纠纷更高的技术性、专业性，当事人很可能还需要支付鉴定费等其他费用。最终导致纠纷解决成本远大于能够获得的收益。

基于诉讼、ADR 在解决网络知识产权纠纷方面存在的缺陷和不足，ODR 应运而生。我们认为，ODR 并不是要完全替代诉讼、ADR 在解决网络知识产权纠纷方面的作用，而是构成了对诉讼、ADR 的有效补充与完善。如对于当事人之间距离远、小额的网络知识产权纠纷，无论是选择诉讼还是 ADR 来解决，都会造成成本与收益相冲突的问题。而选择 ODR 这种在线的纠纷解决方式，就可以有效避免这一问题。由于 ODR 的在线优势，经常选择使用 ADR 的当事人便可以优先考虑 ODR 这一方式，从这一角度看，ODR 成为 ADR 解决纠纷的有效分支。正如 Ljiljanan 所言，在线仲裁应视为线下仲裁的补充，是为那些乐于接受网络技术的人提供的替代性争议解决方式。[1]

诉权是民事主体的基本权利之一，因此民事诉讼作为解决纠纷的基本制度是不可动摇的。当纠纷发生之后，当事人首先可以通过预测诉讼结果来权衡选择争议解决方式，如果一方当事人经过判断认为必然会承担败诉责任，另一方当事人认为即便是获得胜诉，也很可能与所付出的时间、金钱成本不相匹配，因此双方可以考虑适用 ODR 作为争议解决方式。当然，如果 ODR 的最终结果不符合任意一方当事人的预期，当事人仍然享有通过民事诉讼来获得最终且具有公权力背书

---

〔1〕 Ljiljana Biukovic，"international Commercial Arbitration in Cyberspace：Recent Development"，*Journal of International Law& Business*，Spring（2002），3351.

的救济手段。

（二）ODR 的概念、特征及类型

1. ODR 的概念。目前，有关 ODR 的内涵与外延仍处于争议当中，且没有定论。综观学界对 ODR 的讨论，有关其定义的争议焦点主要围绕以下两点：

（1）ODR 与信息网络技术的关系。观点之一是 ODR 是一种必需高度依赖甚至是完全依靠互联网技术以开展服务的 ADR。[1] 该观点甚至将"网络信息技术"视为网络纠纷解决机制中的"第四方"。例如消费者国际（Consumers International）把 ODR 定义为"一种替代性纠纷解决机制（Alternative Dispute Resolution），完全使用电子手段（electronic means）提供，当事方无需离开他们的家庭或办公室就可以使用和参与。"[2] 我国学者也有持类似的观点，认为"最纯粹的 ODR 是指从程序的开始到结束，完全采取在线形式，既不采取电话、电传、个人会议、视频会议等方式，也不使用纸质通信。也就是说，第四方发挥了极大的作用。"[3] 观点之二是未指出信息网络技术与 ADR 究竟结合到何种程度才会转化成 ODR，但肯定了只有采用信息网络技术的 ADR 才会是 ODR，而信息网络技术可以是电子邮件、视频会议、流线媒体等多种形式。该观点中的"信息网络技术"更多的是争议解决的媒介，而不是争议解决的主导。

（2）ODR 是否明确排除在线诉讼。第一种观点认为 ODR 脱胎于 ADR，因此应将诉讼排除在外，毕竟 ADR 是诉讼的替代性纠纷解决机制。第二种观点认为 ODR 的关键是信息网络技术，因此应当包括在线诉讼方式，或没有明确排除在线诉讼方式。例如美国律师协会电子商务和 ADR 小组对 ODR 的界定是：ODR 是一个广义的概念，它是将互联网使用、网站、电子邮件交流、流线媒体和其他信息技术作为纠纷解决程序的一部分的各种 ADR 和诉讼程序。当事方参与 ODR 并不需要互相见面，但是必须通过在线交流的方式。[4]

我们认为界定 ODR 概念应采用一个包容且广泛的视角。就第一点而言，信息网络技术与 ODR 的重要程度不言而喻，否则其与 ADR 就没有任何区分的意义。但是我们也应同时看到，ODR 与 ADR 并不是非黑即白的关系，二者应该互相交融、互为补充，因此信息网络技术并不是 ODR 的唯一特性，实践中我们也

〔1〕 曾兆骅："跨境网购在线纠纷解决方式研究——兼论欧盟相关制度对我国的启示"，广东外语外贸大学 2017 年硕士学位论文。

〔2〕 Disputes in Cyberspace 2001，Consumers International，p. 4. http：//www. consumersinternational. org.

〔3〕 方旭辉、温蕴知："互联网+时代：引进网上纠纷解决机制 ODR '递四方'的契机——以 smartsettle 为例"，载《企业经济》2015 年第 8 期。

〔4〕 American Bar Association Task Force on Ecommerce and ADR，"Addressing Dispute in Electronic Commerce . Final Report and Recommendations"，www. law. washington. edu/ABA～eADR，2002，pl.

无法完全排除非信息网络技术在纠纷争议解决中的作用。例如在争议解决中途或执行过程中无法在线联系到当事人，肯定还需借助非在线方式（如电话、公告等）进一步推动争议解决的进程。所以信息网络技术是 ODR 重要但非唯一的特征。

关于第二点，ODR 应当排除在线诉讼。无论是线下诉讼还是在线诉讼，其核心特征、主导主体、法律效力均是一致的，唯一的区别的是庭审地点和方式的变化。因此作为诉讼的可替代性争议解决方式，无论是 ADR 还是 ODR 均不包括线下诉讼和在线诉讼。

综上所述，我们更倾向于联合国国际贸易法委员会（UNCITRAL）的定义，即 ODR 是在法院外、依靠网络信息技术来完成主要纠纷解决程序的纠纷解决机制。[1] 而何谓"纠纷解决的主要程序"？主要是看该程序是否对争议的解决起到了决定性作用，如果当事人依靠网络信息技术启动了争议解决程序、进行了证据交换，并最终化解了纠纷，达成了协议，那么可以认为网络信息技术对争议解决起到了关键性作用，该争议解决机制是 ODR，否则是 ADR。

2. ODR 的特征。从上文中有关 ODR 的定义出发，来延伸讨论一下 ODR 的特征。

（1）ODR 的根本目的是解决纠纷。从诉讼到 ADR 再到 ODR 的发展过程，是人们不懈探索效率更高、成本更低、性价比更好的争议解决机制而努力的结果。因此 ODR 便成为顺应网络时代甚至是数字经济时代潮流的纠纷解决机制。另外，ODR 主要是面向网络知识产权以及电子商务过程中的纠纷，但随着 ODR 制度的完善，部分线下纠纷也可以采用 ODR 方式进行解决。

（2）ODR 是 ADR 在网络环境中的延伸。ODR 沿用了 ADR 的原理、机制，但同时也是 ADR 在网络环境中的延伸。网络信息技术的引入构成了 ODR 与 ADR 相区分的关键因素。同时，网络信息技术使得 ODR 的参与主体由 ADR 的三方主体（双方当事人、中立的第三方）增加到四方主体（双方当事人、中立的第三方、网络信息技术）。不过诚如上文所言，ODR 中的"第四方主体"的独立性可能存在差异，如既有自助式 ODR，主要通过计算机程序自动处理争议，当事人各方的信息、诉求、理由、求偿数额等均是通过提交信息系统来启动程序；还有交互式 ODR，在解决纠纷过程中，虽然也使用了网络信息技术，但仍然需要第三方的人为介入和干预。

（3）ODR 依靠当事人的合意来运行。ODR 本质上属于自力救济方式，因此从启动到执行均需要当事人的合意。需要注意的是，ODR 中的当事人合意在效力上与契约的关系，以及是否能当然排除诉讼管辖都是存在争议的问题，但总体

---

[1] United Nation Commission on International Trade Law: Report of the Working Group on Arbitration on the works of its thirty-~four session, New York 21 May-1 June 2001, para. 7.

而言，需要具体问题具体分析。如有关 ODR 合意与契约的效力问题，虽然当事人的意志贯穿 ODR 程序始终，但如果任一主体退出 ODR 并不需要像解除或提前终止契约一样承担违约责任，所以从这个角度而言，其合意的效力还未达到契约的强度。

有关 ODR 的合意是否能排除诉讼管辖的问题，如果双方合意的内容是达成在线仲裁 ODR，无疑可以排除诉讼管辖，因为这是由法律进行背书的争议解决方式。但如果 ODR 合意是在线协商，则不一定可以排除诉讼管辖。

3. ODR 的类型。根据划分的角度不同，ODR 可以分为不同的类型。根据对信息网络技术的依赖程度，可以分为自助式 ODR 与交互式 ODR。

自助式 ODR 不需要中立的第三方主体委派专门的仲裁员或调解员参与，而是高度依赖信息网络技术来处理争议。典型的方式是"报价请求处理模式（Blind Demand）"。这种模式完全不依靠第三方主体，而是由双方各自向 ODR 网站提供报价和请求，再通过计算机程序的自动化处理，观察匹配双方是否能够达成妥协，如果双方的报价差异过大，ODR 网站会建议将纠纷提交其他方式解决。[1] 如 Clicknsettle、Cybersettle、Allsettle 等网站。

交互式 ODR 是利用信息网络技术，将线下争议解决服务场景运用到网络环境中，营造线上的协商、调解或仲裁场所，以解决争议。与自助式 ODR 模式的主要区别在于由中立的第三方网站委派调解员或仲裁员全程参与争议解决过程。较为著名的网站有 Square Trade.com、AAA 门户网站等。此类 ODR 机构较为专业，如 ICourt-house.com 拥有自己的程序规则和用户协议，并提供了一整套在调查期间、用户产品、隐私以及安全等方面的政策。[2]

二、ODR 的运行原理

（一）ODR 运行的基本制度

1. ODR 的受案范围。从理论上讲，ODR 并不限制受案范围，所有网络领域的知识产权纠纷均可以适用 ODR。但诚如上文所言，ODR 的诞生缘由主要是为了弥补诉讼制度、ADR 的缺陷，因此本部分主要从正反两个角度来探讨适合以及不适合 ODR 的网络知识产权纠纷类型。

（1）适合 ODR 的网络知识产权纠纷类型。

第一，成本高于纠纷解决收益的纠纷。笔者在"威科先行·法律信息库"检索到截止到 2019 年 6 月底知识产权纠纷的标的额分布情况如下图所示（网络环境下产生的知识产权纠纷无论是诉讼类型还是诉讼标的额都与整体的趋势一致）：

---

〔1〕 刘哲玮："国家介入：我国 ODR 建设的新思路"，载《网络法律评论》2009 年第 10 期。

〔2〕 朱峻萱等："ODR 在跨境电子商务消费维权领域的应用研究"，载《中国市场监管研究》2018 年第 10 期。

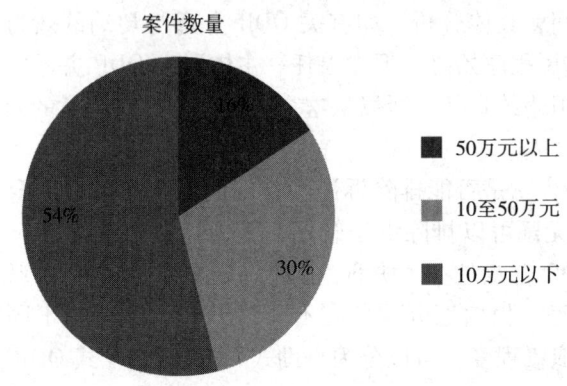

案件数量

50万元以上
10至50万元
10万元以下

图 10-2　截止到 2019 年 6 月底知识产权纠纷的标的分布情况

上图显示小标的额（10 万元以下）的纠纷占据主要地位。并且如上文所言网络知识产权纠纷的特点主要是侵权成本小、损害后果大、侵权认定难。权利人为维护权利付出的诉讼成本或会面成本（诉讼费、差旅费、鉴定费、律师费）等很可能远高于胜诉获得赔偿金额。

而 ODR 相对于诉讼和 ADR，是一种低成本的纠纷解决机制，为权利人省去了上述费用的支出，使权利人在维权方面无后顾之忧。

第二，利用网络技术解决优势非常明显的纠纷。笔者统计了一下网络知识产权纠纷主要涉及的纠纷类型，如下表所示：

表 10-2　知识产权纠纷类型

知识产权纠纷类型		
	合同纠纷	侵权责任纠纷
著作权	委托创作合同纠纷 合作创作合同纠纷 著作权转让合同纠纷 著作权许可使用合同纠纷 出版合同纠纷 表演合同纠纷 音像制品制作合同纠纷 广播电视播放合同纠纷 邻接权转让合同纠纷 邻接权许可使用合同纠纷 计算机软件著作权许可使用合同纠纷	著作权或邻接权权属纠纷 侵犯著作人身权或财产权纠纷 侵害作品各项权利（如信息网络传播权）纠纷

知识产权纠纷类型		
	合同纠纷	侵权责任纠纷
商标权	商标权转让合同纠纷 商标使用许可合同纠纷 商标代理合同纠纷	商标权权属纠纷 侵害商标权纠纷
专利权	专利申请权转让合同纠纷 专利权转让合同纠纷 发明专利实施许可合同纠纷 实用新型专利实施许可合同纠纷 外观设计专利实施许可合同纠纷 专利代理合同纠纷	专利权权属纠纷 侵害专利权（发明专利权、实用新型专利权、外观设计专利权）纠纷 假冒他人专利纠纷
域名	网络域名注册合同纠纷 网络域名转让合同纠纷 网络域名许可使用合同纠纷	网络域名权属纠纷 侵害网络域名纠纷
商业秘密	技术秘密让与合同纠纷 技术秘密许可使用合同纠纷 经营秘密让与合同纠纷 经营秘密许可使用合同	侵犯商业秘密纠纷

从上表中可以看出，有的纠纷类型对网络技术的要求较高，如域名领域的合同纠纷、侵权纠纷，著作权领域的信息网络传播权侵权纠纷等。这些纠纷主要诉求包括变更域名的归属状态、删除侵权链接或作品等，这些诉求的实施需要一定的网络技术，如果掌握这些网络技术的第三方能够直接依据 ODR 结果实施这些行为，那么这些纠纷从启动到审理到执行都能够高效率地完成。如作为"域名最高管理机构"的 ICANN，其对全世界域名具有最高级的管理权，如果当事人之间产生了域名纠纷，ICANN 便可直接依据 ODR 结果将域名归位到无争议的状态。

第三，可以对当事人实行约束的纠纷。这种约束力量主要来源于两大主体，一是协会、行业自律组织等，上述主体通过在行业内已经普遍实行且形成约束力的规则来促进当事人执行 ODR 结果，如信赖标章、隐私标章制度等；二是互联网平台。尤其是互联网信息服务平台、电子商务平台，其作为第三方内容提供者（UGC、PGC）以及第三方商家发布视频、图文、商品等的平台，对上述内容提供者或商家具有较强的管理能力，并且发生通知后对于诉争标的具有较强的执行能力，如对侵权商品或内容的屏蔽、断开、删除、下架等。

（2）不适合 ODR 的网络知识产权纠纷类型。

第一，权利确认类案件。知识产权的权利类型纷繁复杂，权利范围边界很广，仅著作权为例，其包含了十几种财产权和人身权。比如在知识产权许可合同纠纷中，双方主体很可能就权利许可范围与实际使用形式不一致发生纠纷，纠纷当事人的目的主要是请求相关机构明晰合同权利边界，并为后续的商业使用行为提供参考。这类纠纷便不再适合 ODR。因为 ODR 是一案一议，且以解决当事人之间的当下纠纷为主，且其审理过程和裁决结果一般不公开，因此很难像诉讼那样产生公开示范效应。

第二，需要禁令救济的案件。禁令一般包括临时禁令与永久禁令。临时禁令一般是指在诉前或诉中，法院根据权利人的申请，对符合《民事诉讼法》及《最高人民法院关于审查知识产权纠纷行为保全案件适用法律若干问题的规定》规定的行为裁定的行为保全措施，目的是在判决生效前对侵权的侵权行为进行制止。永久禁令是指法院判决侵权成立，并依据权利人的请求同时判决停止侵权的一种民事责任承担形式。

无论是临时禁令还是永久禁令，对于受该命令约束的当事人乃至社会公共利益都具有很大的影响，因此一般只允许代表国家行使权力的司法机关享有发布临时命令的权利，而诉讼外无论是 ADR 还是 ODR 都不具有发布禁令的权力。

第三，将诉讼作为经营战略的案件。不可否认，随着网络知识产权日益市场化和国际化，存在部分企业将知识产权诉讼作为公司的经营策略和经营手段。如有的企业意图利用知识产权诉讼在短期内提升股票价值，或者利用诉讼提高社会知名度，直接或间接增强企业的竞争力。企业在诉讼过程中，即使其诉求未能得到法院的支持，但也可能通过诉讼的提起以及在法庭上公开审理等过程，表明自己的主张与态度，以赢得社会的理解和认同，从而有利于提高企业的知名度和声誉。

2. ODR 的管辖。ODR 的管辖与传统民事诉讼的管辖原则区别很大，一言以蔽之，ODR 的管辖权来源于当事人的合意。

（1）当事人的合意形式。书面协议，广义上的"书面"既包括纸媒介，还包括数据电文的方式。上述形式的达成方式也不同，有的是将争议解决方式作为合同条款的一部分内容同时磋商，并最终选择 ODR 作为诉讼前置的程序；有的是直接签订平台、管理者或者互联网服务提供者提前拟定的格式合同，该合同中包括 ODR 作为争议解决方式的格式条款。

（2）当事人形成合意的时间。对于网络知识产权的合同类纠纷，当事人通常是在纠纷发生前、缔约时形成关于 ODR 的合意，但对于侵权类纠纷，由于当事人无法预知侵权主体、侵权类型和侵权时间，因此通常在纠纷发生之后形成。

如当事人发现侵权事实之后，直接向某一 ODR 网站提交申请，ODR 网站收到申请，会将相关材料送达涉嫌侵权人，如果涉嫌侵权人以实际行动应诉，则说明当事人形成了合意，ODR 取得了管辖权。

（3）当事人合意的效力。当事人有关 ODR 管辖的合意是否能够作为争议解决的前置程序？比如当事人约定合同发生争议的，应先提交 XXODR 网站进行协商，协商不成的再向有权管辖的法院提起诉讼。目前实践中尚未有这样的案例，但我们可以参考一下有关"协商条款前置"的条件，部分案件中，如果当事人在合同中明确约定了协商期限的，如"双方应友好协商解决，30 天内协商不成的……"，法院通常认定这是有效的前置协商程序；而如果没有约定明确的协商期限，则协商前置要求不具有强制性，一方申请仲裁或向法院提起诉讼的，视为已经出现了协商不成的结果，不影响诉讼或仲裁的受理。

因此，当事人关于 ODR 的合意效力也可以参照上述规则，通过附加期限、具体实体和程序要求，确保该合意对诉讼在特定期间内的排除管辖。但总体而言，ODR 的管辖依赖当事人合意，即便是在 ODR 程序进行中，任何一方都有权退出，或转而寻求其他争议解决方式。

（二）ODR 的审理程序

ODR 的类型不同对应的审理程序也不尽相同，如对于平台内的 ODR 协商，各主体可直接利用在线聊天工具等互相沟通、协商一致达成协商即可。还有部分纠纷比较复杂，尤其是没有形成事前合意的 ODR 审理，其所经历的过程与传统的诉讼、线下仲裁大体相当，可能涉及送达→证据、材料传输→审理→裁决。那么在审理全过程中，有如下问题需要重点关注和讨论。

1. 送达。相对于诉讼而言，"送达"对于 ODR 的意义更加重要。因为诉讼只要符合法院的受理条件，程序便会启动，且《民事诉讼法》规定了 3 种送达方式，直接送达、邮寄送达、公告送达，即便被告缺席，法院依然可以审理并作出判决。但正文上文所言，ODR 管辖权的来源是当事人之间的合意，因此对于没有达成事先合意的纠纷，如果没有送达给当事人另一方，则无法启动 ODR 程序。

ODR 的送达方式毋庸置疑是以电子方式为主，如通过平台内在线通知、E-mail、网站首页电子公告等多种方式，另外采用电子方式送达的生效时间可以参照《民法典》总则有关数据电文送达生效时间的规定。[1] 但因为送达对 ODR 程序至关重要，即便是给相关当事人送达了通知，但相关当事人没有回复，甚至没

---

[1]《民法典》第 137 条第 2 款规定，……以非对话方式作出的采用数据电文形式的意思表示，相对人指定特定系统接收数据电文的，该数据电文进入该特定系统时生效；未指定特定系统的，相对人知道或者应当知道该数据电文进入其系统时生效。当事人对采用数据电文形式的意思表示的生效时间另有约定的，按照其约定。

有提供任何材料参与后续的流程，那么 ODR 仍没有办法像诉讼那样缺席审判。因此，为了保证 ODR 程序的顺利开启，建议采用电子方式送达之外，还可以辅助一定的线下方式，如电话、传真、邮寄等，来确认当事人是否收到了之前通过网络信息技术方式送达的通知和材料。除了电子邮件、电子数据交换、传真等方式之外，还可以采用或辅助采用常规邮寄和特快专递等方式邮寄。

2. 在线文件传输时的责任承担。网络信息技术的便捷性与风险并存，虽然现在电子文件传输的安全保障技术已经相对成熟，可以在很大程度上保证传输过程的安全性。但鉴于网络的不稳定性及其他非常规因素的存在（如黑客攻击等），传输过程仍然存在一定的风险。那么问题的关键是如果发生了文件丢失情况，该如何进行责任分配。我们认为可以参照民法中的"交付与风险转移规则"，当事人通过电子方式传输文件，尚未到达 ODR 网站数据电文接收系统的，丢失责任应由当事人自行承担；如果已经到达 ODR 网站数据电文接收系统，之后发生的丢失、损毁、篡改等问题应由 ODR 网站承担损害赔偿责任。

3. 电子证据的问题。ODR 在审理时当事人传输的大多是电子证据，那么如何认定电子证据的真实性呢？即电子证据呈现的内容真实、完整、可靠且未被篡改。一是可通过电子认证技术来证明电子证据的真实性，二是通过出具第三方机构的认证证明来证明真实性，三是可辅以补充证据来证明电子证据内容的真实性。尤其是对于网络知识产权权利人而言，其主张自己的权利被侵害时，应首先出具自己的权属证明，如果该权属证明是电子证据时，容易引发对其真实性的质疑。

（三）ODR 的执行

ODR 的执行是其发展道路上的主要障碍，因为 ODR 是非强制性的程序，如何保障其裁决或审理结果得到有效落实成为一大难题。

1. 司法强制执行的可能性探讨。司法强制执行是指一方当事人不执行 ODR 裁决的，另一方当事人可以向法院直接申请强制执行，ODR 的仲裁裁决便具有司法强制性，其代价是司法机关可审查仲裁裁决的合法性。

（1）ODR 裁决司法强制执行的现状。在线和解达成的和解协议、在线调解达成的调解协议均没有司法强制执行，这一点是没有争议的。而传统仲裁在网络空间的延伸即 ODR 仲裁裁决是否应具有司法强制执行力在理论上是有争议的，但是现状是几乎很少的 ODR 仲裁网站的裁决具有司法强制执行力。

（2）ODR 仲裁裁决的司法强制执行力分析。笔者认为不应赋予 ODR 仲裁裁决司法强制执行力，主要原因在于：

第一，ODR 的定位是网络知识产权纠纷的多元化争议解决机制组成部分，其与诉讼、ADR 各自扬长避短、互为补充。另外，ODR 的定位之二是为了缓解网络知识产权纠纷频发对法院带来的压力和对司法资源频繁使用的缓解。因此，如果再赋予 ODR 仲裁裁决的司法强制执行力，则原本由 ODR 来主导解决的纠纷又会再次回归到司法层面，动用司法资源和力量来促成执行，如此违背了 ODR 的初衷。

第二，ODR 程序没有 ADR 仲裁严格。为了追求高效和便捷，ODR 必然会在一定程度上牺牲程序上的严格性，ODR 裁决人对当事人提交的电子证据和材料的审查弱于传统仲裁的"真实性、合法性、关联性"审查；当事人之间的质证环节弹性也很大。因此，程序上的非严格性将导致裁决结果无法得到百分之百的信服，因此不宜赋予其司法强制执行力。

第三，诉权不应被随意剥夺。如果 ODR 仲裁获得了传统仲裁的司法强制执行力，则意味着当事人如果不服 ODR 裁决结果的，将无法直接向法院提起诉讼，显然在这一层面剥夺了当事人的诉权。但司法是守护社会公平正义的最后防线，不应随意剥夺当事人的司法救济权，因此从这个角度来讲也不适宜赋予 ODR 裁决以司法强制执行力。

2. 网络社区执行。网络社区应是执行 ODR 裁决的主要力量，并且该执行手段与网络知识产权纠纷的特点比较契合，具体表现如下：

（1）执行对象的适宜性。网络知识产权在互联网环境中的外在表现形式主要是网络域名、数字化商品（如电子商务、网络游戏涉及的虚拟财产等）、信息网络传播权、数字化商品的商标、数据库等。网络知识产权类型整体上表现为虚拟化、数字化，能够被网络信息技术所管理、控制、改变状态。因此相对于线下的商品、服务的实体性、地域性，更适宜由网络社区负责执行。

（2）执行措施的适宜性。根据《民法典》的规定，民事责任的主要方式有：停止侵害；排除妨碍；消除危险；返还财产；恢复原状；修理、重作、更换；继续履行；赔偿损失；支付违约金；消除影响、恢复名誉；赔礼道歉。其中部分民事责任的承担在网络环境下更加容易，如网络知识产权侵权类案件中的停止侵权，可以通过删除、屏蔽、断开链接方式使侵权产品处以不可被访问的状态，还可以通过下架商品（电子商务、音乐、文学作品），关键词过滤等多种技术手段来执行，且效率很高，甚至有的执行措施可以一键操作。

除此之外，网络自治生成的执行措施还有：移除张贴通告；在一段时间内禁止一方发送或张贴任何信息；永久性驱逐令；强迫争端一方张贴道歉公告或改正某种错误；禁止令；补救性的或惩罚性的赔偿金；中止进入权；公布不恰当的行为。[1] 可见，网络社区天然具有执行网络知识产权纠纷裁决的技术优势，应当

---

[1]　赵云：《电子商务中的争端解决问题探究》，厦门大学出版社 2008 年版，第 180 页。

鼓励网络社区的直接执行。

当然，网络社区执行 ODR 裁决需要一定的条件，主要包括：

（1）网络社区具有相应的管理能力。网络社区的管理能力可以来源于对纠纷当事人的管理，如网络平台对平台内的主播、UGC、PGC 等的管理，如电商平台对平台内经营者的管理等，如行业协会对行业内的企业、对加入其中的会员等；还可以来源于对纠纷标的的管理，如网络图文、视频、音乐、域名等的技术控制能，有的情况下可以直接通过变更代码来变更标的状态等。网络社区具有了相应的管理能力，才具备了"强制性"执行 ODR 裁决的可能性，正如司法执行权力来源于国家公权力的授权一样。

（2）经过一定的程序。正如 ICANN 并不能一接到当事人的投诉就实施域名变更等措施一样，需要经过一定的程序和期限才能触发网络社区执行。主要包括取得当事人同意→取得 ODR 裁决→经过一定期限。

"取得当事人同意"可以是纠纷当事人在缔结合同时或者事先拟定的合同条款中披露裁决后会采取的网络技术执行措施，也可以是在 ODR 作出裁决之后，告知当事人如果未在一定期间内履行的，网络社区将采取一定的技术执行措施。

"经过一定期限"这个与诉讼、仲裁强制执行原理是一致的，在 ODR 裁决作出后，需要给当事人一定的合理期限来主动履行裁决或者提交传统仲裁、司法机关进行审理，只有当事人逾期不履行、恶意拖延时，才有必要实施强制执行。如《中国互联网络信息中心国家顶级域名争议解决办法》（2014 年版）第 16 条第 1 款规定，"争议解决机构裁决注销域名或者裁决将域名转移给投诉人的，自裁决公布之日起满 10 日的，域名注册服务机构予以执行。但被投诉人自裁决公布之日起 10 日内提供有效证据证明有管辖权的司法机关或者仲裁机构已经受理相关争议的，争议解决机构的裁决暂停执行"。

除了上文所讨论的直接执行措施之外，网络社区还可以通过"信用评测"等来激励纠纷当事人主动履行 ODR 裁决，以达到间接执行的目的，目前较为成熟的方法为"信赖标章"[1]"信用评价机制"[2] "名誉管理系统"[3]"黑名单制度"等。

3. 社会力量执行。社会力量是指网络社区以外的第三方力量，不过除了公众监督等第三方力量之外，其他的通常是与网络社区有商业上的合作，这样网络

---

[1] 信赖标章是有关组织颁发的供网络企业悬挂的证明该企业是值得信任的企业的标志。

[2] 信用评价机制是指每一个买家都可以对于交易过的卖家打交易分数，并留下交易评语，而这些交易的分数以及评语，都显示在卖家的资料里，共所有的潜在的买家观看或查阅。

[3] 该系统仅被 eBay 所用，该系统实质上是评分及评语系统的升级版。在名誉管理系统中，如果卖家不履行 ODR 裁决，则会被扣除一定的分数，当卖家分数达到一定的临界点时，网络平台将会其予以公开，从而降低其声誉。

社区才能将自己的执行力量与社会力量相结合来共同促进裁决的执行。

（1）第三方支付制度。网络环境下有关金钱的流转已经普遍采用了第三方支付制度，换言之，商业主体之间、商业主体与用户之间的支付行为都需要经过第三方，而通常情况下双方都会约定在第三方支付服务提供者停留一定的期间，才真正发生金钱的转移。这段停留的期间就为 ODR 裁决的执行提供了社会力量辅助，尤其是网络知识产权涉及一定的损害赔偿、违约金等纠纷时，便可以执行纠纷当事人在第三方支付账户中的财产。类似的还有保证金制度，如电商平台要求入驻店铺前根据规则缴纳一定的保证金，发生侵权、合同纠纷后也可以通过保证金扣除等达到执行目的。

（2）保险制度。目前比较成功的是淘宝推出的"退货运费险"，这是为解决买家在退货中由于运费支出产生的纠纷，保险公司针对网络交易的特征，适时推出退货运费险产品。[1] 在保险期间内，当网络购物行为发生后，因买方收到的实物与网上展示不符或因买卖双方协商一致的其他理由，且卖方允许买方或收货方退货并返还货款的，保险人按照保险单约定的退货运费进行赔偿。

虽然保险制度在解决网络纠纷方面有一定的局限性，但是随着保险制度的进一步发展，寻找更多契合的互联网服务类型，将有助于 ODR 裁决的执行，正如淘宝的退货运费险一样，可以实现保险购买至保险赔付的全流程在线处理，非常便捷。

三、ODR 的优势与缺陷

（一）ODR 的优势

1. 高效便捷低成本。互联网经济的发展速度快、传播范围广，因此要解决网络知识产权纠纷需要一个快速、高效的方式来弥补诉讼、ADR 在纠纷解决过程中的短板。

ODR 的高效性主要体现在审理周期短、解决速度快。收到当事人的申请能够快速响应，即便是交互式 ODR 一般也不需要很长时间等待案件审理排期，没有纷繁复杂的审理程序，当事人之间无需会面因此不需要预约各自都方便的时间来审理纠纷等。

ODR 的便捷性一是体现在文件存储方面。诉讼、ADR 在解决每一个纠纷过程中，都会涉及非常多的纸介材料，尤其是诉讼和线下仲裁在提交证据方面的严格要求，需要存储海量的纸介材料，对储存成本和证据调用方面都是一个很大的挑战。而 ODR 传输的都是电子材料和证据，并且随着云计算、大数据的发展，将证据存储由线下转移至线上，降低了成本，再次调取的便利性也大大增加。二

---

〔1〕 载百度百科，https：//baike. baidu. com/item/% E9% 80% 80% E8% B4% A7% E8% BF% 90% E8% B4%B9%E9%99%A9/10185524? fr=aladdin，最后访问日期：2020 年 5 月 13 日。

是体现在解决跨国网络知识产权纠纷方面。互联网的开放性使侵权主体和侵权行为不受国界的限制，当事人如果遭遇了跨国侵权，往往会出于维权成本、语言、对其他国家司法体制的不信任等多重因素而作罢。ODR 的出现可以有效解决这一问题，因为 ODR 通常不是受理所有的网络纠纷，而是"术业有专攻"，大多都有主要受理的案件类型。如我国的一带一路国际商事调解中心于 2016 年 10 月 18日上线了一带一路国际商事调节中心在线调解系统，主要目的就是主持调解"一带一路"涉及的跨国纠纷，任何一个国家的纠纷当事人都无需专程到北京进行"面对面"对话，只需要登录调解中心网站（http：//www. bnrmediation. com）就可以申请调解，同时在网站上可以选择调解员、完成递交申请、提交相关材料、缴费等行政管理程序。

当然，ODR 的高效便捷特点便成为对当事人的低成本争端解决机制。高效意味着时间成本的降低，便捷意味着费用成本的降低，免去了当事人的差旅费、诉讼费、材料邮寄费、打印费等多项费用，而在受理费用方面也多以免费（尤其是内部 ODR）和低廉费用为主。

2. 专业性。网络知识产权纠纷通常涉及比较专业的知识产权专业知识，这是第一部分法院所承受的诉讼压力的原因之一。而 ODR 网站的专业性一方面体现在受理案例类型的专业性，一个 ODR 网站通常是针对性的解决某一领域的网络知识产权纠纷，如我国中国国际贸易仲裁委员会设立的网上争议解决中心（http：//www. odr. org. cn/）主要解决域名纠纷，具体而言包括中国域名、亚洲域名、通用网址、无线网址及短信网址争议。二是裁决人的专业性，如中国国际贸易仲裁委员会的网上争议解决中心仲裁员名册上的仲裁员都是知识产权领域的专家（如下图）。

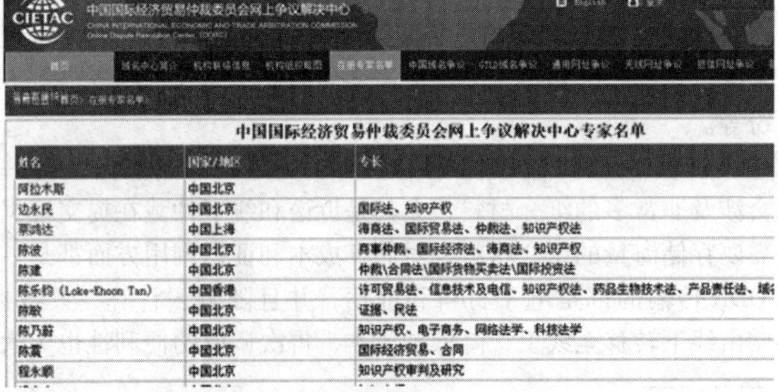

图 10-3 中国国际经济贸易仲裁委员会网上争议解决中心专家名单

另外，根据《中国国际经济贸易仲裁委员会仲裁规则》的规定，除了仲裁员名册上的人选，当事人还可以约定选择名册之外的专家担任仲裁员，为保证仲裁的专业性奠定了很好的制度基础。

ODR 调解方面也不逊色，如我国一带一路国际商事调解中心所选择的调解员均具有丰富的研究与执业经历，接受执业调解员的培训，严格按照惯例规范和调解标准进行调解。[1]

3. 保密性。一是身份的保密性。我国在互联网领域实行"后台实名、前台自愿"的基本原则，因此很多用户在前台显示的均是虚拟的身份，而有的 ODR 网站也允许当事人匿名参与审理，无需将网络身份一一对应到现实中的社会身份。身份的保密性也缓解了纠纷当事人之间的冲突、对立，使得纠纷解决目的单纯化，而不会因为各自的交锋影响后续的合作和商业发展。二是审理过程的保密性。ODR 审理与线下仲裁一致，是以"不公开为原则，公开为例外"，除非征得当事人同意，否则整个纠纷解决的过程及裁决结果都是不公开的状态，可以有效保护纠纷当事人的商业秘密和隐私。

（二）ODR 的缺陷

1. 管辖权的合法性与管辖条款的有效性存疑。ODR 机构的管辖权源于当事人的合意，因此如果这个合意是完全来自当事人的意思自治，效力应该不会受到什么质疑。但是在一些情况下，其合意的公平性也可能受到质疑，从而 ODR 管辖权的合法性也会进一步受到质疑。

（1）ODR 网站的中立性问题。有的 ODR 网站是完全独立的第三方机构，尤其是有公权力、行业自律协会支持成立的网站，但是还有很多 ODR 网站是以营利为目的的，且与商业网站有比较深度的合作，如 Square Trade 主要依靠与 eBay 的合作成功融入了电子商务市场，获得了案源的保障。还有的 ODR 网站需要使用者缴纳一定费用，甚至还会有大的网络平台资助 ODR 网站。如果其他当事人与网站发生了知识产权纠纷，与之合作或接受其资助的 ODR 网站立场的中立性很可能受到质疑。

（2）管辖权格式条款的有效性问题。如果关于 ODR 管辖的条款是格式化条款，那么其有效性可能受到质疑。如 ICANN 制定的《统一域名争议解决政策》（*Uniform Domain Name Dispute Resolution Policy*，以下简称 UDRP），UDRP 中便规定了 ODR 管辖条款，域名注册人在申请域名时必需同意包括该条款的 UDRP，否则无法注册域名。但我们认为，管辖权格式条款不必然等于不公平的条款，因为 UDRP 虽然规定 ODR 管辖，但是也明确了不排除当事人通过仲裁或者法院进

---

〔1〕 "一带一路国际商事调解中心简介"，载 http：//www.bnrmediation.com/Home/Center/index/aid/150.html，最后访问日期：2020 年 5 月 13 日。

行救济的权利，也就是并不排除当事人的诉权，那么，这种格式条款应当是有效的。

诚如前文所述，ODR 管辖不能排除诉讼管辖，在当事人保有司法救济权的情况下，有关 ODR 管辖权的格式条款便可以认定为有效的。

（3）ODR 管辖权的强制性问题。ODR 管辖之所以受到质疑还因为其本身没有强制的约束力，无论是在 ODR 启动之初还是审理过程、执行过程中，任一当事人都有权寻求传统仲裁或诉讼等争议解决方式，换言之，ODR 只能依靠当事人的合意，但又完全无法约束当事人的合意得到执行。

当事人无法完全信任 ODR 管辖的另一个原因是不确定 ODR 程序是否能够达到中断诉讼时效的目的。如果不能中断，那么很有可能导致当事人的诉讼时效过期，无法再寻求司法救济。

2. ODR 发展的不平衡性。

（1）网络信息技术造成的不平衡性。虽然互联网已经有了很高的普及率，但并不意味着这些网络的信息技术就是平衡的。ODR 网站的文件传输、在线审理等均需要网络信息技术的支撑（如视音频通话、报价程序），而这些技术的运行需要网络硬件的支撑（如带宽、计算机硬件），而这些硬件水平、质量的差异将导致当事人举证能力以及参与审理水平的不平衡性。

另外，网络信息技术自身还隐藏着风险，审理的便捷与风险同时存在。上文中已经提及，网络信息系统瘫痪、传输的电子文件的丢失、黑客攻击等等都可能损害 ODR 的审理程序，还有可能造成当事人关键证据的丢失、商业秘密的泄露、个人隐私的曝光等，从而不利于下一步的维权。

（2）跨境时的语言能力不平衡。这相当于对 ODR 网站提出了很高的要求，如果 ODR 网站的自身定位是提供跨境网络知识产权纠纷的解决，那么应具备提供多种工作语言或者不同语言之间翻译的能力，否则如果缺失上述能力，那么涉及地区或国家的纠纷当事人便无法通过 ODR 网站解决争议，ODR 网站也无法发挥其便捷性的优势。

四、完善我国 ODR 机制的思路和建议

ODR 网站最成功的实践是 ICANN 的在线域名争议解决机制，其成功发挥了 ODR 的优势，非常成功地解决了域名争端。域名作为网络知识产权的重要类型之一，与网络版权、专利权、商标权等存在较多的共同点，因此本部分将以 ICANN 域名争议解决实例为参考，来探讨我国 ODR 解决网络知识产权纠纷的体系建设和思路。

（一）ICANN 域名争议解决模式

ICANN（The Internet Corporation for Assigned Names and Numbers）互联网名

称与数字地址分配机构是一个非营利性国际组织，成立于 1998 年，是一个集合了全球网络界商业、技术及学术各领域专家的非营利性国际组织，负责在全球范围内对互联网唯一标识系统及其安全稳定的运营进行协调，包括互联网协议（IP）地址的空间分配、协议标识符的指派、通过顶级域名（gTLD）以及国家和地区顶级域名（ccTLD）系统的管理，以及根服务器系统的管理。[1]

　　ICANN 是域名的管理机构，其本身并不承担解决域名纠纷的职能。ICANN 为了解决在线域名纠纷，在制度层面上发布了 UDRP，所有申请注册的主体必须同意 UDRP，该协议中包含了 ODR 管辖条款；在 ODR 层面认证及核准了 4 个域名纠纷在线解决机制服务的提供者：纽约的公共资源中心、香港的香港国际仲裁中心、明尼苏达州的国家仲裁论坛、日内瓦的世界智慧财产权组织仲裁与调解中心。[2]

　　ICANN 又进一步在各个国家授权了各国的域名管理机构，如我国负责中国大陆域名管理的机构是中国互联网络信息中心（CNNIC），其又授权了中国国际经济贸易仲裁委员会来在线解决相关的域名纠纷。它们之间的关系如下图所示：

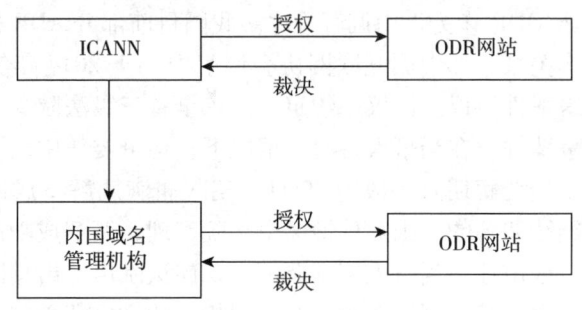

图 10-2　ICANN 与各国域名管理机构关系图

　　ICANN 能够保证 ODR 网站裁决得到执行还有一个重要原因就是 ICANN 与控制域名分配的根域名服务器公司签订了合同，要求该公司根据合同转移或取消恶意注册的域名，从而不需通过各国法院强制执行裁决，避免了执行法院判决或仲裁裁决的困难。[3]

---

　　〔1〕　载百度百科，https：//baike. baidu. com/item/ICANN/6807198？fr＝aladdi，最后访问日期：2020 年 5 月 13 日。

　　〔2〕　郑世保："域名纠纷在线解决机制研究"，载《政法论丛》2014 年第 3 期。

　　〔3〕　方旭辉："ODR：解决版权纠纷的新模式"，载《知识产权》2015 年第 10 期。

（二）ICANN 域名争议解决模式的启示

1. 妥善处理 ODR 网站与政府的关系。我们认为政府应当作为 ODR 网站的推动者、支持者而非管理者。首先在 ODR 发展初期，尤其面临中立性质疑、不信任等问题，亟待政府的支持。如我国的 CNNIC，其首先通过《域名争议解决办法》等政策性文件，明确了在域名纠纷方面的主管权限，虽然未排除司法管辖权，但其作为域名管理机关优先确立了 ODR 的适用和权威性。这与 CNNIC 是经国家主管部门批准、有公权力背书不无关系。另一方面，政府支持也需包括财政上的支持，从而进一步保证 ODR 网站的独立性。

2. 加强 ODR 网站与司法审判的衔接。加强二者的衔接不是要赋予 ODR 裁决的强制执行力，而是从以下角度入手：

（1）赋予 ODR 裁决时效中断的效力。上文中已经提到，ODR 对当事人之间的合意没有任何约束手段，原因之一便在于当事人对 ODR 可能阻碍其寻求司法救济的担忧。那么，为了增强社会对 ODR 的信心，建议通过法律、法规来确认 ODR 程序具有中断诉讼时效的效力，即一旦纠纷当事人向 ODR 网站提交申请之次日起，产生诉讼时效中断的效力。

（2）考虑引入 ODR 作为诉中调解程序。我国目前部分 ADR 机构已经与法院建立了良好的合作关系，如中国互联网协会调解中心于 2014 年签订委托调解涉及互联网版权纠纷案件协议。协议中约定，广东全省三级法院受理的一审涉及互联网知识产权民事案件，在当事人自愿的情况下，均可委托中国互联网协会调解中心进行调解，委托调解期限一般为 30 日，期限届满调解不成或调解期间一方明确表示不同意继续调解的，则案件继续由法院审理，调解成功的，案件原告可向法院申请撤诉，或由任一当事人依据调解协议向法院申请出具民事调解书。[1]

中国互联网协会是互联网行业及与互联网相关的企事业单位、社会组织自愿结成的社会组织，非常了解互联网产业发展特点，尤其是网络知识产权的商业发展模式，且具有较强的公信力，在调解网络知识产权纠纷方面有很大的优势。因此可以考虑推广中国互联网协会 ADR 与法院的合作模式，促进 ODR 与法院达成诉中调解协议，明确调解期限以及调解结果与诉讼程序之间的关系。这样既能进一步增强纠纷当事人对 ODR 网站的公信力，又能妥善处理 ODR 与诉讼之间的关系，真正形成互为补充的多元化的争端解决机制。

3. 网络版权纠纷领域的优先推广。相对于网络环境下的商标权、专利权，网络版权存在更多案情简单、易于判断的纠纷案件，尤其是非法复制、传播他人作品类案件。实践中，网络领域存在诸多套路清晰的非法复制、传播他人作品的

---

〔1〕 "中国互联网协会调解中心与广东省高级人民法院签订协议"，载 http：//www.netmvp.cn/static/article/2014/09/6316.html，最后访问日期：2020 年 5 月 13 日。

行为，典型的是非法聚合类网站，非法聚合的内容包括网络文学、影视剧等。这类案件侵权事实清楚、侵权行为易认定，权利人首先可以选择通过 ODR 网站让这些网站下架、删除、断开与作品的链接等。另外，ODR 网站之间还可以合作，如主要解决网络版权纠纷的 ODR 可与中国国际经济贸易仲裁委员会网上争议解决中心合作，如果当事人不履行删除、断开、屏蔽等行为的，可以进一步向中国国际经济贸易仲裁委员会网上争议解决中心申请，通过暂时查封网站域名的方式来推动其履行 ODR 网站裁决。当然域名查封兹事体大，只有该争议解决模式得到相关行政主管机关的认可才可实施。

但因为网络领域，域名是互联网服务提供者得以提供服务的基础，因此可以与其他知识产权类型形成良好的互动，再加上域名 ODR 已经有了成功的经验，因此可以以此为起点，推而广之，并密切配合，真正形成切实有效的网络知识产权纠纷解决机制。

网络知识产权典型案例汇总

1. 胡进庆、吴云初诉上海美术电影制片厂著作权权属纠纷案

【终审裁判】上海市第二中级人民法院（2011）沪二中民五（知）终字第62号

【关键词】民事/著作权权属/职务作品/历史背景

2. 湖北省武汉市江岸区人民检察院诉邓丰成、程先荣假冒注册商标、裴松杨销售假冒注册商标的商品案

【终审裁判】湖北省武汉市中级人民法院（2016）鄂01刑终147号

【关键词】刑事/假冒注册商标/包装/追诉

3. 不二家（杭州）食品有限公司为诉钱海良、浙江淘宝网络有限公司侵害商标权纠纷案

【终审裁判】浙江省杭州市余杭区人民法院（2015）杭余知初字第416号

【关键词】民事/商标侵权/包装/市场混淆/商标信誉

4. 蒂则诺纺织工业公司诉深圳黛奥时尚时装有限公司、北京京东叁佰陆拾度电子商务有限公司侵害商标权及不正当竞争纠纷案

【终审裁判】北京市朝阳区人民法院（2015）朝民（知）初字第16660号

【关键词】民事/商标侵权/不正当竞争/在先注册/关联性

5. 高阳、邓佳欢诉合一信息技术（北京）有限公司、北京陌陌科技有限公司、上海全土豆文化传播有限公司、金色视族（北京）影视文化有限公司侵害著作权纠纷案

【终审裁判】北京市朝阳区人民法院（2015）朝民（知）初字第20524号

【关键词】民事/网络服务提供者/著作权纠纷/侵权行为/法定义务

6. 项维仁诉彭立冲侵害著作权纠纷案
【终审裁判】北京市朝阳区人民法院（2015）朝民（知）初字第 9141 号
【关键词】民事/临摹/作品/著作权法

7. 郭东林诉马德富侵害商标权纠纷案
【终审裁判】四川省高级人民法院（2015）川知民终字第 83 号
【关键词】民事/举证责任/商标侵权/混淆

8. 西安佳韵社数字娱乐发行有限公司诉未来电视有限公司、惠州市天敏科技发展有限公司、武汉市洪山区新特唯数码经营部侵犯影视作品《牛郎织女》信息网络传播权纠纷案
【终审裁判】湖北省武汉市中级人民法院（2015）鄂武汉中知初字第 00592 号
【关键词】民事/信息网络传播权/网络中间产品/信息来源

9. 美国石油学会、陈庆冲、吴国贤诉吴必茂、佛山市顺德区艾狄尔网络工程服务有限公司侵害作品信息网络传播权纠纷案
【终审裁判】广东省佛山市中级人民法院（2015）佛中法知民终第 27 号
【关键词】民事/信息网络传播权/举证责任/实际控制

10. 尤锦雄诉佛山市顺德区淘奇家具有限公司著作权侵权纠纷案，
【终审裁判】广东省佛山市中级人民法院（2015）佛中法知民终字第 69 号
【关键词】民事/著作权/美术作品/独创

11. 北京奇虎科技有限公司诉奇虎三六零软件（北京）有限公司不正当竞争纠纷案
【终审裁判】北京市高级人民法院（2015）高民（知）终字第 1071 号
【关键词】民事/不正当竞争/网络软件/行为因素

12. 北京中文在线数字出版股份有限公司诉福建奇松信息技术发展有限公司侵害作品信息网络传播权纠纷案
【终审裁判】福建省福州市鼓楼区人民法院（2015）鼓民初字第 1075 号
【关键词】民事/信息网络传播权/内容服务/信息存储空间服务/过错认定

13. 曹善英诉北京醋溜网络科技有限公司侵害商标权纠纷案

【终审裁判】北京市海淀区人民法院（2015）海民（知）初字第 22895 号

【关键词】民事/商标/混淆/类似

14. 久亿恒远（北京）科技有限公司诉北京融世纪信息技术有限公司、第三人中国人民大学国际学院（苏州研究院）不正当竞争纠纷案

【终审裁判】北京市海淀区人民法院（2015）海民（知）初字第 32295 号

【关键词】民事/不正当竞争/商业诋毁/竞争关系/网贷评级规则

15. 北京天天文化艺术有限公司诉杭州三基传媒有限公司侵害作品信息网络传播权纠纷案

【终审裁判】浙江省杭州市滨江区人民法院（2015）杭滨知初字第 666 号

【关键词】民事/信息网络传播权/录音录像制品/许可

16. 陈清水诉安徽广播电视台、世纪长龙影视有限公司著作权侵权纠纷案

【终审裁判】安徽省合肥市中级人民法院（2015）合民三初字第 00001 号

【关键词】民事/著作权/作品/特定情节

17. 上虞金达莱皮雕制品有限公司诉安徽索亚新材料科技发展有限公司、安徽索亚装饰材料有限公司以下、上海欧逸实业发展有限公司侵害外观设计专利权纠纷案

【终审裁判】上海市高级人民法院（2015）沪高民三（知）终字第 32 号

【关键词】民事/外观设计/实质性差异/现有设计

18. 上海幻电信息科技有限公司诉北京奇艺世纪科技有限公司侵害作品信息网络传播权纠纷案

【终审裁判】上海知识产权法院（2015）沪知民终字第 213 号

【关键词】网络服务提供者商/深度链接/直接侵权/帮助侵权/赔偿责任

19. 广州斗鱼网络科技有限公司诉上海耀宇文化传媒股份有限公司著作权侵权及不正当竞争纠纷案

【终审裁判】上海知识产权法院（2015）沪知民终字第 641 号

【关键词】民事/著作权/不正当竞争/正当性/诚实信用/网络游戏比赛视频转播

20. 上海美术电影制片厂诉浙江新影年代文化传播有限公司、华谊兄弟上海影院管理有限公司因著作权侵权纠纷案

【终审裁判】上海知识产权法院（2015）沪知民终字第 730 号

【关键词】民事/合理使用/合法权益/引用作品/著作权侵权

21. 天津万科金钻装饰设计工程有限公司诉万科企业股份有限公司侵害商标权及不正当竞争纠纷案

【终审裁判】天津市高级人民法院（2015）津高民三终字第 0005 号

【关键词】民事/商标/知名度/显著性/驰名商标/不正当竞争

22. 北京万象博众系统集成有限公司诉廊坊市德泰开关设备有限公司、浙江淘宝网络有限公司侵害外观设计专利权纠纷案

【终审裁判】北京知识产权法院（2015）京知民立初字第 2454 号

【关键词】民事/外观设计/网络销售/比对/扩大解释

23. 李叶飞、韩燕明诉北京新浪互联信息服务有限公司侵犯商标权纠纷案

【终审裁判】北京知识产权法院（2015）京知民终字第 114 号

【关键词】民事/商标权/社会公共资源/商标性使用/扩张性解释

24. 唐山市华瑞房地产开发有限公司诉北京新浪互联信息服务有限公司、中粮集团有限公司侵害商标专用权纠纷案

【终审裁判】北京知识产权法院（2015）京知民终字第 1259 号

【关键词】民事/商标专用权/近似商标/误认

25. 中粮集团有限公司诉北京寺库商贸有限公司东城第一分公司、北京寺库商贸有限公司侵害商标权及不正当竞争纠纷案

【终审裁判】北京知识产权法院（2015）京知民终字第 1828 号

【关键词】民事/商标权/不正当竞争/商标使用/混淆

26. 北京五八信息技术有限公司诉北京兄弟搬家服务有限公司侵犯商标权及不正当竞争纠纷案

【终审裁判】北京知识产权法院（2015）京知民终字第 232 号

【关键词】民事/商标权/不正当竞争/网络服务商/注意义务/赔偿责任

27. 同方股份有限公司诉湖南快乐阳光互动娱乐传媒有限公司侵害作品信息网络传播权纠纷案

【终审裁判】北京知识产权法院（2015）京知民终字第 559 号

【关键词】民事/信息网络传播权/深度链接/侵权责任/直接侵权

28. 沈阳蒂尔佳商贸有限公司诉海飞安妃有限公司因侵害商标权纠纷案

【终审裁判】辽宁省高级人民法院（2015）辽民三终字第 97 号

【关键词】民事/商标权/销售/合法渠道/赔偿责任

29. 山东沃夫特农业科技有限公司诉金正大生态工程集团股份有限公司侵害商标权及不正当竞争纠纷案

【终审裁判】山东省高级人民法院（2015）鲁民三终字第 145 号

【关键词】民事/商标权/不正当竞争/综合考虑/酌定赔偿数额

30. 淄博新华大药店连锁有限公司诉淄博众康医药连锁有限公司侵害商标权、擅自使用他人企业名称纠纷案

【终审裁判】山东省高级人民法院（2015）鲁民三终字第 164 号

【关键词】民事/商标权/字号/类似/不正当竞争

31. 沈阳百安达特种劳动防护用品有限公司诉枣庄百安达特种劳动防护用品有限公司侵害商标权及不正当竞争纠纷案

【终审裁判】山东省高级人民法院（2015）鲁民三终字第 299 号

【关键词】民事/商标权/不正当竞争/损害赔偿/综合考虑/酌情确定

32. 上海裕中实业有限公司诉太仓市世佳实业有限公司、临沂市圣亚精细化工有限公司、临沂圣亚印铁制罐有限公司侵害商标权、不正当竞争纠纷案

【终审裁判】山东省高级人民法院（2015）鲁民三终字第 41 号

【关键词】民事/商标权/不正当竞争/损害赔偿/综合考虑/酌情确定

33. 浙江健龙卫浴有限公司诉高仪股份公司侵害外观设计专利权纠纷案

【终审裁判】最高人民法院（2015）民提字第 23 号

【关键词】民事/侵害外观设计专利/设计特征/功能性特征/整体视觉效果

34. 山东赛信膨化机械有限公司诉济南赛信机械有限公司及济南赛信公司进

出口贸易有限公司不正当竞争、侵害商标权纠纷案

【终审裁判】最高人民法院（2015）民提字第 6 号

【关键词】民事/企业名称/知名度/不正当竞争/主观恶意/商标权

35. 上海耀宇文化传媒有限公司诉广州斗鱼网络科技有限公司著作权侵权及不正当竞争纠纷案

【终审裁判】上海市浦东新区人民法院（2015）浦民三（知）初字第 191 号

【关键词】民事/著作权/不正当竞争/电子竞技网络游戏/商品属性

36. 卡尔文·克雷恩商标托管诉厦门立帆商贸有限公司、厦门塞瑞达电子商务有限公司、陈泉生侵害商标权纠纷案，

【终审裁判】山东省青岛市中级人民法院（2015）青知民初字第 9 号

【关键词】民事/商标侵权/销售假冒商品/惩罚性赔偿

37. 北京搜狗信息服务有限公司、北京搜狗科技发展有限公司诉北京奇虎科技有限公司、奇虎三六零软件（北京）有限公司不正当竞争纠纷案

【终审裁判】陕西省高级人民法院（2015）陕民三终字第 00059 号

【关键词】民事/不正当竞争/互联网/默认设置/强行篡改/商业机会

38. 未来电视有限公司诉乐视网信息技术（北京）股份有限公司、深圳雷柏科技股份有限公司侵害作品信息网络传播权纠纷案

【终审裁判】广东省深圳市中级人民法院（2015）深中法知民终字第 1269 号

【关键词】民事/信息网络传播/许可/注意义务/赔偿责任

39. 深圳市快播科技有限公司诉上海激动网络股份有限公司侵害作品信息网络传播权纠纷案

【终审裁判】广东省深圳市中级人民法院（2015）深中法知民终字第 954 号

【关键词】民事/主观过错/信息网络传播权/定向链接/注意义务

40. 北京三民太奇教育科技有限公司诉无锡市太奇教育培训中心侵害商标权和不正当竞争纠纷案，

【终审裁判】江苏省高级人民法院（2015）苏知民终字第 00098 号

【关键词】民事/商标权/不正当竞争/在先权利/字号/知名度/混淆

41. 南通市人民检察院诉张某甲、朱某犯假冒专利罪案

【终审裁判】江苏省南通市中级人民法院（2015）通中知刑初字第 0001 号

【关键词】刑事/公诉/假冒专利/情节严重

42. 中国港中旅集团公司诉张家界中港国际旅行社有限公司侵害商标权及不正当竞争纠纷案

【终审裁判】湖南省高级人民法院（2015）湘高法民三终字第 4 号

【关键词】民事/商标权/不正当竞争/侵权获利/贡献率

43. 江苏省宿迁市人民检察院诉郭明升、郭明锋、孙淑标犯假冒注册商标罪案

【终审裁判】江苏省宿迁市中级人民法院（2015）宿中知刑初字第 0004 号

【关键词】民事/假冒注册商标罪/证据认定/不真实交易

44. 广东任我通汽车用品有限公司、麦仲德诉本田技研工业株式会社侵害商标权纠纷案，

【终审裁判】广东省高级人民法院（2015）粤高法民三终字第 109 号

【关键词】民事/商标权/知名度/综合考虑/酌定

45. 东莞市祥富彩印有限公司诉探路者控股集团股份有限公司侵害商标权纠纷案

【终审裁判】广东省高级人民法院（2015）粤高法民三终字第 527 号

【关键词】民事/商标权/商标性使用/混淆误认/合理使用

46. 北京网元圣唐娱乐科技有限公司诉广州菲音信息科技有限公司、北京奇虎科技有限公司侵害商标权纠纷案

【终审裁判】广州知识产权法院（2015）粤知法商民终字第 28 号

【关键词】民事/商标权/组合/独特设计/商标近似

47. 北京网元圣唐娱乐科技有限公司诉广州菲音信息科技有限公司、被上诉人广州维动网络科技有限公司侵害商标权纠纷案

【终审裁判】广州知识产权法院（2015）粤知法商民终字第 65 号

【关键词】民事/商标权/混淆/认定近似

48. 暴雪娱乐有限公司、上海网之易网络科技发展有限公司诉成都七游科技有限公司、北京分播时代网络科技有限公司、广州市动景计算机科技有限公司著作权侵权及不正当竞争纠纷案

【终审裁判】广州知识产权法院（2015）粤知法著民初字第 2-1 号

【关键词】民事/著作权/不正当竞争/禁令申请

49. 暴雪娱乐有限公司、上海网之易网络科技发展有限公司诉成都七游科技有限公司、北京分播时代网络科技有限公司、广州市动景计算机科技有限公司侵害美术作品著作权纠纷案

【终审裁判】广州知识产权法院（2015）粤知法著民初字第 2 号

【关键词】民事/著作权/禁令/网络游戏/侵权

50. 法国皮尔法伯护肤化妆品股份有限公司诉长沙慧吉电子商务有限公司侵害商标权及不正当竞争纠纷案

【终审裁判】湖南省长沙市中级人民法院（2015）长中民五初字第 00280 号

【关键词】民事/商标权/不正当竞争/引人误解/诚实信用

51. 丹阳市美利达塑业有限公司诉蔡卫杰侵害外观设计专利权纠纷案

【终审裁判】浙江省高级人民法院（2015）浙辖终字第 123 号

【关键词】民事/外观设计/网购/管辖连接点/管辖确定

52. 海宁市思琳服饰有限公司诉北京杰奥制衣有限公司侵害商标权纠纷案

【终审裁判】浙江省高级人民法院（2015）浙知终字第 102 号

【关键词】民事/商标权/赔偿数额/综合确定

53. 浙江天猫网络有限公司诉威海嘉易烤生活家电有限公司侵害发明专利权纠纷案

【终审裁判】浙江省高级人民法院（2015）浙知终字第 186 号

【关键词】民事/发明专利/转通知/网络服务提供者/认定

54. 上海万得信息技术股份有限公司诉浙江核新同花顺网络信息股份有限公司侵害商标权及不正当竞争纠纷案

【终审裁判】浙江省高级人民法院（2015）浙知终字第 268 号

【关键词】民事/商标权/不正当竞争/混淆/商业利益

55. 宁波畅想软件股份有限公司、宁波中源信息科技有限公司、宁波中晟信息科技有限公司不正当竞争纠纷案

【终审裁判】浙江省高级人民法院（2015）浙知终字第 71 号

【关键词】民事/不正当竞争/链接服务/企业商誉

56. 湖北省武汉市江岸区人民检察院诉邓丰成、程先荣犯假冒注册商标罪、裴松杨犯销售假冒注册商标的商品罪案

【终审裁判】湖北省武汉市中级人民法院（2016）鄂 01 刑终 147 号

【关键词】刑事/假冒注册商标/销售假冒商标/商标性使用

57. 九江市天天网络传媒有限公司诉杨黎明著作权侵权纠纷案

【终审裁判】江西省高级人民法院（2016）赣民终 170 号

【关键词】民事/著作权/网络服务/综合考虑/侵权责任

58. 上海圣敏餐饮管理有限公司诉扬州市龙卷风餐饮企业管理有限公司其他不正当竞争纠纷案

【终审裁判】上海知识产权法院（2016）沪 73 民终 132 号

【关键词】民事/不正当竞争/司法未决/商业诋毁

59. 广州硕星信息科技有限公司、广州维动网络科技有限公司诉上海壮游信息科技有限公司、上海哈网信息技术有限公司著作权侵权及不正当竞争纠纷案

【终审裁判】上海知识产权法院（2016）沪 73 民终 190 号

【关键词】民事/著作权/不正当竞争/游戏/混淆/电影作品

60. 上海汉涛信息咨询有限公司因诉上海杰图软件技术有限公司不正当竞争纠纷案

【终审裁判】上海知识产权法院（2016）沪 73 民终 242 号

【关键词】民事/不正当竞争/个案情况/综合考虑

61. 上海真彩多媒体有限公司诉北京爱奇艺科技有限公司其他不正当竞争纠纷案

【终审裁判】上海知识产权法院（2016）沪 73 民终 54 号

【关键词】民事/不正当竞争/竞争原则/商业利益

62. 乐视网（天津）信息技术有限公司诉被告未来电视有限公司侵害作品信息网络传播权纠纷一案

【终审裁判】天津市滨海新区人民法院（2016）津 0116 民初 759 号

【关键词】民事/信息网络传播权/互联网电视平台/审慎义务

63. 北京东方京宁建材科技有限公司诉天津高德建材科技有限公司不正当竞争纠纷案

【终审裁判】天津市高级人民法院（2016）津民终 112 号

【关键词】民事/不正当竞争/搜索/商誉

64. 许镜清诉蓝港在线（北京）科技有限公司侵害作品署名权、改编权、信息网络传播权纠纷案

【终审裁判】北京市石景山区人民法院（2016）京 0107 民初 1812 号

【关键词】民事/音乐作品/法定赔偿/信息网络传播权

65. 胡崇亮因外观设计专利权无效行政纠纷案

【终审裁判】北京知识产权法院（2016）京 73 行初 2954 号

【关键词】民事/外观设计/现有设计/商业用途/公开

66. 上海千杉网络技术发展有限公司诉乐视网信息技术（北京）股份有限公司不正当竞争纠纷案

【终审裁判】北京知识产权法院（2016）京 73 民辖终 4 号

【关键词】民事/不正当的竞争/视频资源/URL 地址/著作权侵权

67. 北京卓易讯畅科技有限公司诉深圳市迅雷网络技术有限公司侵害信息网络传播权纠纷案

【终审裁判】北京知识产权法院（2016）京 73 民终 201 号

【关键词】民事/避风港原则/信息网络服务商/注意义务/定向搜索链接

68. 北京淘友天下技术有限公司、北京淘友天下科技发展有限公司诉北京微梦创科网络技术有限公司不正当竞争纠纷案

【终审裁判】北京知识产权法院（2016）京 73 民终 588 号

【关键词】民事/不正当竞争/社交网络平台/用户信息

69. 北京太格印象传媒技术有限公司、桂莹莹因诉胡杨琳不正当竞争纠纷案

【终审裁判】北京知识产权法院（2016）京 73 民终 8 号

【关键词】民事/不正当竞争/知名度/混淆/损害赔偿

70. 珠海金稻电器有限公司、北京丽康富雅商贸有限公司诉松下电器产业株式会社侵害外观设计专利权纠纷案

【终审裁判】北京市高级人民法院（2016）京民终 245 号

【关键词】民事/外观设计/举证/专利侵权

71. 杭州阿里巴巴广告有限公司诉肇庆市衡艺实业有限公司、建阳顺意贸易有限公司侵害发明专利权纠纷案

【终审裁判】福建省高级人民法院（2016）闽民终 1345 号

【关键词】民事/发明专利/电商平台/网络服务提供者/侵权责任

72. 无锡市圣宝车辆制造有限公司诉华盖创意（北京）图像技术有限公司侵害著作权纠纷案，

【终审裁判】江苏省无锡市中级人民法院（2016）苏 02 民终 02208 号

【关键词】民事/著作权/时间戳/电子文件/证明效力

73. 柳子敬诉湖南潇湘数字电视有限公司、益阳市春桃花鼓戏剧团、益阳国安广播电视宽带网络有限责任公司著作权侵权纠纷案

【终审裁判】湖南省益阳市中级人民法院（2016）湘 09 民初 71 号

【关键词】民事/著作权/信息网络/传播方式

74. 陈广旭因诉深圳市腾讯计算机系统有限公司侵害作品信息网络传播权纠纷案

【终审裁判】广东省深圳市中级人民法院（2016）粤 03 民终 12183 号

【关键词】民事/信息网络传播权/网络/侵权责任

75. 深圳市宝安区人民检察院诉梁某、刘某、黄某假冒注册商标罪案

【终审裁判】广东省深圳市中级人民法院（2016）粤 03 刑终 2012 号

【关键词】刑事/假冒注册商标罪

76. 哈尔滨市喜仁生物科技有限公司诉佛山市南海贝豪生化科技有限公司侵

害信息网络传播权纠纷案

【终审裁判】广东省佛山市中级人民法院（2016）粤 06 民终 2445 号

【关键词】民事/信息网络传播权/美术作品/独创性/许可

77. 克里斯提·鲁布托诉广州问叹贸易有限公司、广州贝玲妃化妆品有限公司、广州欧慕生物科技有限公司）侵害其外观设计专利权案

【终审裁判】广州知识产权法院（2016）粤 73 行保 1、2、3 号

【关键词】民事/诉前禁令/救济手段

78. 广州市拉古纳贸易有限公司诉石狮市富朗尼奥服饰有限公司侵害商标权纠纷案

【终审裁判】广州知识产权法院（2016）粤 73 民终 539 号

【关键词】民事/商标权/前三年/持续性侵权/赔偿责任

79. 清华大学诉佛山聚阳新能源有限公司、骆达荣侵害商标权纠纷案

【终审裁判】广东省高级人民法院（2016）粤民终 1734 号

【关键词】民事/商标权/驰名商标/跨类保护

80. 卡地亚国际有限公司诉杭州瑞尚电子商务有限公司擅自使用知名商品特有装潢纠纷案

【终审裁判】浙江省杭州市滨江区人民法院（2016）浙 0108 民初 1401 号

【关键词】民事/知名商品/装潢/混淆/显著特征

81. 德克斯户外用品有限公司诉胡晓蕊、浙江淘宝网络有限公司侵害商标权纠纷案

【终审裁判】浙江省杭州市余杭区人民法院（2016）浙 0110 民初 16168 号

【关键词】民事/商标权/地域属性/混淆/电商平台

82. 北京新东方迅程网络科技有限公司诉北京皖枫林电子商务有限公司、浙江天猫网络有限公司侵害作品信息网络传播权纠纷案

【终审裁判】浙江省杭州市余杭区人民法院（2016）浙 0110 民初 468 号

【关键词】民事/信息网络传播权/讲课视频

83. 潘浩洁诉平阳县鳌江镇人民政府、平阳县鳌江镇钱仓村民委员会、平阳

县一朵花文化传媒有限公司、重庆猪八戒网络有限公司著作权侵权纠纷案

【终审裁判】浙江省瑞安市人民法院（2016）浙 0381 民初 2935 号

【关键词】民事/著作权/独创性/侵权责任/注意义务/帮助侵权

84. 央视动画有限公司诉杭州大头儿子文化发展有限公司著作权侵权纠纷案

【终审裁判】浙江省高级人民法院（2016）浙民申 3072、3073、3074 号

【关键词】民事/著作权/动画人物/权利归属/公共利益

85. 永康市安尚健身器材有限公司诉杭州骑客智能科技有限公司及浙江淘宝网络有限公司侵害实用新型专利权纠纷案

【终审裁判】浙江省高级人民法院（2016）浙民终 528 号

【关键词】民事/专利权/等同判定标准/保护力度

86. 索菲亚家居股份有限公司诉嘉兴市司米集成吊顶有限公司、南阳市索菲亚集成吊顶有限公司侵害商标权及不正当竞争纠纷案

【终审裁判】浙江省高级人民法院（2016）浙民终 794 号

【关键词】民事/商标权/不正当竞争/防御性商标/驰名商标

87. 武汉鱼趣网络科技有限公司、上海炫魔网络科技有限公司、上海脉森信息科技有限公司诉朱浩及第三人武汉斗鱼网络科技有限公司侵害著作权及不正当竞争纠纷案

【终审裁判】湖北省武汉市中级人民法院（2017）鄂 01 民终 4950 号

【关键词】民事/著作权/不正当竞争/独创性/类电作品

88. 武汉东道广告有限公司诉东道品牌创意集团有限公司侵害商标权及不正当竞争纠纷案

【终审裁判】湖北省高级人民法院（2017）鄂民终 660 号

【关键词】民事/商标权/不正当竞争/字号/域名

89. 大庆市龙凤区人民检察院诉张树泰侵犯著作权案

【终审裁判】黑龙江省大庆市龙凤区人民法院（2017）黑 0603 刑初 258 号

【关键词】刑事/著作权罪/自动实现

90. 上海载和网络科技有限公司、载信软件（上海）有限公司不正当竞争纠

纷案

【终审裁判】上海知识产权法院（2017）沪 73 民终 197 号

【关键词】不正当竞争/软件干扰/综合考虑/泛道德化

91. 胡涛因诉摩拜（北京）信息技术有限公司侵害发明专利权纠纷案

【终审裁判】上海市高级人民法院（2017）沪民终 369 号

【关键词】民事/发明专利/主题限定/侵权比对

92. 东阳正午阳光影视有限公司诉太平人寿保险有限公司不正当竞争纠纷案

【终审裁判】北京市朝阳区人民法院（2017）京 0105 民初 10025 号

【关键词】民事/不正当竞争/竞争关系/综合衡量

93. 李志诉北京酷我科技有限公司侵害著作权纠纷案

【终审裁判】北京市海淀区人民法院（2017）京 0108 民初 11811 号

【关键词】民事/著作权/音乐类应用/署名权

94. 暴风集团股份有限公司与深圳市腾讯计算机系统有限公司侵害作品信息
网络传播权纠纷案

【终审裁判】北京知识产权法院（2017）京 73 民终 1258 号

【关键词】民事/信息网络传播权/著作权/损害赔偿/顺位要求

95. 瑞凯威儿童安全有限责任两合公司诉杭州琴侣高新技术有限公司及第三
人北京新网数码信息技术有限公司网络域名权属纠纷案

【终审裁判】北京知识产权法院（2017）京 73 民终 2149 号

【关键词】民事/网络域名/代理关系/混淆/主观恶意

96. 北京秀洁新兴建材有限责任公司诉美巢集团股份公司、王晓亮侵害商标
权纠纷案

【终审裁判】北京市高级人民法院（2017）京民终 335 号

【关键词】民事/商标权/直接证据/差别举证

97. 厦门启达创业投资管理有限公司诉厦门求创网络科技有限公司计算机软
件开发合同纠纷案

【终审裁判】福建省厦门市思明区人民法院（2017）闽 0203 民初 12002 号

【关键词】民事/计算机软件/合同交易/违约责任

98. 沈韦宁、沈丹燕、沈迈衡诉南京经典拍卖有限公司、张晖著作权权属、侵权纠纷案

【终审裁判】江苏省南京市中级人民法院（2017）苏 01 民终 8048 号

【关键词】民事/著作权/美术作品/物权/注意义务

99. 北京百度网讯科技有限公司诉上海玄霆娱乐信息科技有限公司苏州分公司侵害信息网络传播权纠纷案

【终审裁判】江苏省高级人民法院（2017）苏民终 2072 号

【关键词】民事/信息网络传播权/网络服务/网络内容/帮助侵权

100. 重庆聚焦人才服务有限公司诉前锦网络信息技术（上海）有限公司、北京百度网讯科技有限公司侵害商标权纠纷案

【终审裁判】重庆市第五中级人民法院（2017）渝 05 民初 377 号

【关键词】民事/商标权/网络服务提供者/注意义务/共同侵权

101. 鱼美人投资发展控股（深圳）有限公司、王海斌诉深圳市鱼美人美容有限公司侵害商标权纠纷案

【终审裁判】广东省深圳市中级人民法院（2017）粤 03 民终 7818 号

【关键词】民事/商标权/企业名称/混淆

102. 广州中汉口腔用品有限公司诉华盖创意（北京）图像技术有限公司、北京微梦创科网络技术有限公司著作权侵权纠纷案

【终审裁判】广州知识产权法院（2017）粤 73 民终 138 号

【关键词】民事/著作权/时间戳/要件

103. 广州木棉花酒店有限公司诉北京木棉花酒店管理有限公司侵害商标权纠纷案

【终审裁判】广州知识产权法院（2017）粤 73 民终 212 号

【关键词】民事/商标权/企业字号/判赔依据/综合考虑/酌情确定

104. 钟利民与广州市碧欧化妆品有限公司著作权侵权纠纷案

【终审裁判】广州知识产权法院（2017）粤 73 民终 506 号

【关键词】民事／著作权／独创性／权利边界／权利冲突

105. 优视科技（中国）有限公司诉杭州趣得网络技术有限公司侵害作品信息网络传播权纠纷案

【终审裁判】杭州互联网法院（2017）浙 0192 民初 674 号

【关键词】民事／信息网络传播权／文字作品／互联网平台／电子证据

106. 谢鑫因诉深圳市懒人在线科技有限公司、杭州创策科技有限公司、杭州思变科技有限公司、北京朝花夕拾文化发展有限公司侵害作品信息网络传播权纠纷案

【终审裁判】浙江省杭州市中级人民法院（2017）浙 01 民终 5386 号

【关键词】民事／著作权／信息网络传播权／表演行为

107. 慈溪市公牛电器有限公司与上海公牛鸿业贸易有限公司、义乌市稠城天鑫五金电器商行诉上海公邦电气制造有限公司、李邦淼侵害商标权及不正当竞争纠纷案

【终审裁判】浙江省金华市中级人民法院（2017）浙 07 民终 6303 号

【关键词】民事／商标权／不正当竞争／连带责任

108. 成都伊思文化传播有限公司诉深圳市珍爱网信息技术有限公司侵害商标权及不正当竞争纠纷案

【终审裁判】四川省高级人民法院（2018）川民终 208 号

【关键词】民事／商标权／不正当竞争／混用／商标性使用

109. 成都掌娱天下科技有限公司诉腾讯科技（深圳）有限公司、深圳市腾讯计算机系统有限公司侵害商标权纠纷案

【终审裁判】北京知识产权法院（2018）京 73 民终 991 号

【关键词】民事／商标权／通用名称

110. 深圳市讯极网络技术有限公司诉深圳市美丽视界文化传播有限公司侵害作品信息网络传播权纠纷案

【终审裁判】广东省深圳市中级人民法院（2018）粤 03 民终 943 号

【关键词】民事／信息网络传播权／注意义务／直接侵权

111. 宁波奥克斯空调有限公司诉珠海格力电器股份有限公司、广州晶东贸易有限公司侵害实用新型专利权纠纷案

【终审裁判】最高人民法院（2018）最高法民辖终 93 号

【关键词】民事/专利权/网络销售/共同诉讼

112. 宝高（南京）教育玩具有限公司、熙华世（南京）科技有限公司、晋江市东兴电子玩具有限公司诉南京金宝莱工贸有限公司侵害其他著作财产权纠纷案

【终审裁判】江苏省高级人民法院（2016）苏民终 482 号

【关键词】民事/著作权财产权/表现形式/复制/发行

113. 沈韦宁、沈丹燕、沈迈衡诉南京经典拍卖有限公司、张晖著作权权属、侵权纠纷案

【终审裁判】江苏省南京市中级人民法院（2017）苏 01 民终 8048 号

【关键词】民事/美术作品/著作权权属/保护注意义务/著作权侵权

114. 绿盾征信（北京）有限公司诉中品质协（北京）质量信用评估中心有限公司侵犯商标专用权纠纷案

【终审裁判】北京市高级人民法院（2016）京 73 民终 92 号

【关键词】民事/商标专用权/类似商标/公众混淆

115. 项维仁诉瓷珍（北京）文化艺术中心、程晓红侵害著作权纠纷案

【终审裁判】北京市海淀区人民法院（2015）海民（知）初字第 24287 号

北京市海淀区人民法院（2015）朝民（知）初字第 09141 号

【关键词】民事/著作权权属/临摹作品/权利作品

116. 王晓霞诉维多利亚的秘密商店品牌管理公司不正当竞争纠纷案

【终审裁判】北京知识产权法院（2016）京 73 民终 387 号

（2015）朝民（知）初字第 20523 号

【关键词】民事/商标专用权/诚实信用原则/不正当竞争

117. 乐视网信息技术（北京）股份有限公司诉上海千杉网络技术发展有限公司侵害著作权纠纷、不正当竞争纠纷案

【终审裁判】北京市朝阳区人民法院（2015）朝民（知）初字第 44290 号

【关键词】民事/著作权权属/不正当竞争/信息网络传播权

118. 曾国林诉上海冠生园食品有限公司侵害商标权纠纷、不正当竞争纠纷案

【终审裁判】四川省高级人民法院（2015）川知民终字第 32 号

【关键词】民事/商标权权属/不正当竞争/赔偿损失

119. 北京导视互动网络技术有限公司诉湖北广播电视台、武汉卓讯互动信息科技有限公司侵害计算机软件著作权纠纷、不正当竞争纠纷案

【终审裁判】湖北省高级人民法院（2015）鄂民三终字第 00618 号

【关键词】民事/著作权权属/不正当竞争/商业信誉

120. 赵光辉诉湖北广播电视台侵害商标权纠纷案

【终审裁判】湖北省高级人民法院（2015）鄂武汉中知初字第 00254 号

【关键词】民事/商标权权属/注意义务/合理使用

121. 西安佳韵社数字娱乐发行有限公司诉未来电视有限公司、康佳集团股份有限公司、武汉国美电器有限公司侵害作品信息网络传播权纠纷案

【终审裁判】湖北省武汉市中级人民法院（2015）鄂武汉中知初字第 00594 号

【关键词】民事/信息网络传播权/共同侵权/注意义务

122. 佛山市中山医院诉北京优图佳视影像网络科技有限公司侵害作品信息网络传播权纠纷案

【终审裁判】广东省佛山市中级人民法院（2015）佛中法知民终字第 159 号

【关键词】民事/信息网络传播权/合理使用

123. 湖南经视文化传播有限公司、余征、东阳欢娱影视文化有限公司、万达影视传媒有限公司、东阳星瑞影视文化传媒有限公司诉陈喆侵害著作权纠纷案

【终审裁判】北京市高级人民法院（2015）高民（知）终字第 1039 号

【关键词】民事/著作权权属/赔礼道歉/赔偿损失

124. 苹果公司诉中文在线数字出版集团股份有限公司侵害作品信息网络传播权纠纷案

【终审裁判】最高人民法院（2015）高民（知）终字第 3536 号

【关键词】民事/信息网络传播权/侵权行为/连带责任

125. 李时斌、桂林市犀灵文化传播广告有限公司诉董黄明著作权权属纠纷案

【终审裁判】广西壮族自治区高级人民法院（2015）桂民提字第 118 号

【关键词】民事/著作权权属

126. 温瑞安诉北京玩蟹科技有限公司侵害作品改编权纠纷、不正当竞争纠纷案

【终审裁判】北京市海淀区人民法院（2015）海民（知）初字第 32202 号

【关键词】民事/改编权/不正当竞争/独创性

127. 吴雪岚诉王刚、北京紫光顺风投资有限公司侵害著作权纠纷案

【终审裁判】北京市海淀区人民法院（2015）海民（知）初字第 6153 号

【关键词】民事/著作权权属/改编权/独创性

128. 不二家（杭州）食品有限公司诉浙江淘宝网络有限公司、钱海良侵害商标权纠纷案

【终审裁判】浙江省杭州市余杭区人民法院（2015）杭余知初字第 416 号

【关键词】民事/商标权权属/市场混淆/商标侵权

129. 广州市指南针会展服务有限公司、广州中唯企业管理咨询服务有限公司、迅销（中国）商贸有限公司诉迅销（中国）商贸有限公司上海长宁龙之梦店侵害商标权纠纷案

【终审裁判】上海市高级人民法院（2015）沪高民三（知）终字第 100 号

【关键词】民事/商标权权属/注册商标/实际使用

130. 上海艺想文化用品有限公司、上海欧鳄文化用品有限公司诉上海帕弗洛文化用品有限公司侵害作品修改权纠纷、侵害作品信息网络传播权纠纷案

【终审裁判】上海知识产权法院（2015）沪知民终字第 14 号

【关键词】民事/修改权/信息网络传播权/独创性

131. 上海玄霆娱乐信息科技有限公司诉北京畅游时代数码技术有限公司侵

害商标权纠纷、不正当竞争纠纷

【终审裁判】上海知识产权法院（2015）沪知民终字第 522 号

【关键词】民事/著作权权属/不正当竞争/知名商品

132. 深圳聚网视科技有限公司诉北京爱奇艺科技有限公司不正当竞争纠纷案

【终审裁判】上海知识产权法院（2015）沪知民终字第 728 号

【关键词】民事/不正当竞争/诚实信用/合法权益

133. 天津市宁河县泽安商贸有限公司诉深圳市盟世奇商贸有限公司侵害著作权纠纷案

【终审裁判】天津市高级人民法院（2015）津高民三终字第 0018 号

【关键词】民事/著作权权属/独创性/复制

134. 北京中搜网络技术股份有限公司诉北京盛世骄阳文化传播有限公司侵害作品信息网络传播权纠纷案

【终审裁判】北京知识产权法院（2015）京知民终字第 00479 号

【关键词】民事/信息网络传播权/共同侵权/备案

135. 北京极翅诱惑技术发展有限公司诉北京俏巴妹烤鱼坊侵害商标权纠纷案

【终审裁判】北京知识产权法院（2015）京知民终字第 1189 号

【关键词】民事/商标权权属/赔偿责任

136. 咪咕数字传媒有限公司诉派博在线（北京）科技有限责任公司侵害著作权纠纷案

【终审裁判】北京知识产权法院（2015）京知民终字第 1697 号

【关键词】民事/著作权权属/时事新闻/使用行为

137. 北京普游天下科技有限责任公司、北京微游互动网络科技有限公司诉北京畅游时代数码技术有限公司不正当竞争纠纷案

【终审裁判】北京知识产权法院（2015）京知民终字第 2256 号

【关键词】民事/不正当竞争/知名作品/民事责任

138. 北京空港豪雅商务酒店有限公司首都机场国际酒店诉北京首都国际机场宾馆侵害商标权纠纷、不正当竞争纠纷案

【终审裁判】北京知识产权法院（2015）京知民终字第 544 号

【关键词】民事/商标权权属/不正当竞争/一般注意力

139. 美盛农资（北京）有限公司诉辽宁美盛国际化肥有限公司侵害商标权纠纷、不正当竞争纠纷案

【终审裁判】辽宁省高级人民法院（2015）辽民三终字第 72 号

【关键词】民事/不正当竞争/侵权情节/损害赔偿

140. 山东省庆云一诺商标事务所有限公司诉山东滨奥飞机制造有限公司侵害商标权纠纷案

【终审裁判】山东省高级人民法院（2015）鲁民三终字第 141 号

【关键词】民事/商标权权属/在先使用/善意使用

141. 曹志文诉深圳天诚家具有限公司侵害商标权纠纷、不正当竞争纠纷案

【终审裁判】山东省高级人民法院（2015）鲁民三终字第 152 号

【关键词】民事/商标权权属/不正当竞争/证明责任

142. 李照林诉广东富华工程机械制造有限公司侵害商标权纠纷案

【终审裁判】山东省高级人民法院（2015）鲁民三终字第 250 号

【关键词】民事/商标权权属/驰名商标/商标专用权

143. 山东瑞普新能源有限公司诉山东凤阳集团股份有限公司侵害商标权纠纷案

【终审裁判】山东省高级人民法院（2015）鲁民三终字第 313 号

【关键词】民事/商标权权属/驰名商标/类似商品

144. 苹果公司诉韩瑗莲侵害作品信息网络传播权纠纷案

【终审裁判】最高人民法院（2015）民申字第 1854 号

（2015）民申字第 1854 号

【关键词】民事/信息网络传播权/侵权行为/注意义务

145. 林东梁诉钜强（广州）机械有限公司侵害商标权纠纷案

【终审裁判】最高人民法院（2015）民提字第 49 号
【关键词】民事/商标权权属/注册商标/商标专用权

146. 上海市浦东新区人民检察院诉北京易查无限信息技术有限公司、于某犯侵犯著作权罪一案
【终审裁判】上海市浦东新区人民法院（2015）浦刑（知）初字第 12 号
【关键词】刑事/著作权权属/不正当使用/侵权行为

147. 福建省晋江福源食品有限公司诉天津市天鸿食品有限责任公司不正当竞争纠纷案
【终审裁判】福建省泉州市中级人民法院（2015）泉民初字第 218 号
天津市第一中级人民法院（2015）泉民初字第 218 号
【关键词】民事/不正当竞争/商标使用行为/知名商品

148. 央视国际网络有限公司诉华夏城视网络电视股份有限公司侵害著作权纠纷、不正当竞争纠纷案
【终审裁判】广东省深圳市福田区人民法院（2015）深福法知民初字第 174 号
【关键词】民事/著作权权属/不正当竞争/侵权责任

149. 深圳市开博尔科技有限公司诉乐视网（天津）信息技术有限公司侵害作品信息网络传播权纠纷案
【终审裁判】广东省深圳市中级人民法院（2015）深中法知民终字第 627 号
【关键词】民事/信息网络传播权/技术中立/直接侵权

150. 南京江宁区富华物业服务有限公司诉钱柜企业股份有限公司侵害商标权纠纷案
【终审裁判】江苏省高级人民法院（2015）苏知民终字第 00001 号
【关键词】民事/商标权权属/侵权行为/赔偿数额

151. 南京汉味周黑鸭食品有限公司诉周黑鸭食品有限公司侵害商标权纠纷案
【终审裁判】江苏省高级人民法院（2015）苏知民终字第 00107 号
【关键词】民事/商标权权属/侵权责任/综合考量

152. 吉林音像出版社有限责任公司诉傅敏侵害著作权纠纷案

【终审裁判】江苏省无锡市中级人民法院（2015）锡知民终字第 0039 号

【关键词】民事/著作权权属/侵权行为/赔偿责任

153. 江西开心人大药房连锁有限公司诉怀化市鹤城区开心人大药房侵害商标权纠纷案

【终审裁判】湖南省高级人民法院（2015）湘高法民三终字第 82 号

【关键词】民事/商标权权属/综合考量/赔偿责任

154. 艾影（上海）商贸有限公司诉重庆万达广场物业管理有限公司、重庆万达广场物业管理有限公司万州分公司、重庆万州万达商业广场有限公司、重庆亿众传媒有限公司侵害著作权纠纷案

【终审裁判】重庆市第二中级人民法院（2015）渝二中法民初字第 00015 号

【关键词】民事/著作权权属/独创性/复制行为

155. 郑有泉、广州市立有贸易有限公司诉北京三元食品股份有限公司侵害商标权纠纷案

【终审裁判】广东省高级人民法院（2015）粤高法民三终字第 402 号

【关键词】民事/商标权权属/商标专用权/赔偿责任

156. 广东周记食品有限公司诉广州市海珠区点红点绿茗点居不正当竞争纠纷案

【终审裁判】广东省高级人民法院（2015）粤知法商民终字第 256 号

【关键词】民事/不正当竞争/注册商标/综合考量

157. 王建平、广州市美馨化妆品有限公司诉欧莱雅（中国）有限公司侵害商标权纠纷案

【终审裁判】广州知识产权法院（2015）粤知法商民终字第 357 号

【关键词】民事/商标权权属/善意销售/举证能力

158. 暴雪娱乐有限公司、上海网之易网络科技发展有限公司诉广州市动景计算机科技有限公司、成都七游科技有限公司、北京分播时代网络科技有限公司侵害著作权纠纷、不正当竞争纠纷案

【终审裁判】广州知识产权法院（2015）粤知法著民初字第 2~1 号

【关键词】民事／著作权权属／不正当竞争／侵权行为

159. 江苏林芝山阳集团有限公司诉磊若软件公司侵害计算机软件著作权纠纷案

【终审裁判】江苏省高级人民法院（2015）苏知民终字第 00300 号
【关键词】民事／著作权权属／过错责任／侵权行为

160. 外语教学与研究出版社有限责任公司诉广州小太阳教育科技有限公司侵害著作权纠纷案

【终审裁判】广东省高级人民法院（2015）粤知法著民终字第 16 号
【关键词】民事／著作权权属／技术措施／侵权行为

161. 杭州大头儿子文化发展有限公司诉央视动画有限公司侵害著作权纠纷案

【终审裁判】浙江省杭州市中级人民法院（2015）浙杭知终字第 356、357、358 号
【关键词】民事／著作权权属／单独使用／权利归属

162. 宁波前程人力资源有限公司诉宁波张力网络有限公司、徐文福不正当竞争纠纷案

【终审裁判】浙江省高级人民法院（2015）浙知终字第 211 号
【关键词】民事／不正当竞争／商业秘密／诚实信用

163. 3M 中国有限公司、3MCompany、常州华威新材料有限公司侵害商标权纠纷案

【终审裁判】浙江省高级人民法院（2015）浙知终字第 152 号
【关键词】民事／商标权权属／商标侵权／混淆

164. 温州市万豪商务大酒店有限公司诉马里奥特环球公司侵害商标权纠纷案

【终审裁判】浙江省高级人民法院（2015）浙知终字第 21 号
【关键词】民事／商标权权属／近似商标／侵权行为

165. 杭州国缘教育科技有限公司诉杭州音之舞教育科技有限公司侵害商标

权纠纷、不正当竞争纠纷案

【终审裁判】浙江省高级人民法院（2015）浙知终字第 6 号

【关键词】民事/商标权权属/不正当竞争/侵权责任

166. 浙江淘宝网络有限公司诉武汉小桔灯文化信息交流有限责任公司侵害著作权纠纷案

【终审裁判】湖北省武汉市中级人民法院（2016）鄂 01 民终 4142 号

【关键词】民事/著作权权属/侵权行为/赔偿责任

167. 赵光辉诉湖北广播电视台侵害商标权纠纷案

【终审裁判】湖北省高级人民法院（2016）鄂民终 109 号

【关键词】民事/商标权权属/商标性使用/行业习惯

168. 上海巧速美实业有限公司诉海盐亚威工业物资有限公司商业诋毁纠纷案

【终审裁判】上海知识产权法院（2016）沪 73 民终 153 号

【关键词】民事/商业名誉/商业性使用/商业诋毁

169. 上海全土豆文化传播有限公司侵害作品信息网络传播权纠纷案

【终审裁判】上海知识产权法院（2016）沪 73 民终 19 号

【关键词】民事/信息网络传播权/免责/侵权责任

170. 上海大摩网络科技有限公司不正当竞争纠纷案

【终审裁判】上海知识产权法院（2016）沪 73 民终 33 号

【关键词】民事/不正当竞争/技术手段/侵权责任

171. 天津市武清区恒超航电动三轮车叉架厂诉天津大安电动车有限公司侵害商标权纠纷、不正当竞争纠纷案

【终审裁判】河北省高级人民法院（2016）冀民终 282 号

【关键词】民事/商标权权属/不正当竞争/近似商标

172. 天津万赢科技有限公司诉刘秋玲技术合同纠纷案

【终审裁判】天津市第一中级人民法院（2016）津 01 民终 5460 号

【关键词】民事/技术合同/认知错误/合同目的

173. 北京源泉知识产权代理有限公司诉阿里巴巴（杭州）文化创意有限公司侵害录音录像制作者权纠纷案

【终审裁判】北京知识产权法院（2017）京 73 民终 1402 号北京市朝阳区人民法院（2016）京 0105 民初 1678 号

【关键词】民事/著作权权属/集体管理/依法转让

174. 许镜清诉蓝港在线（北京）科技有限公司侵害作品署名权纠纷、侵害作品信息网络传播权纠纷、侵害作品改编权纠纷案

【终审裁判】北京市石景山区人民法院（2016）京 0107 民初 1812 号

【关键词】民事/著作权权属/署名权/信息网络传播权

175. 株式会社光荣特库摩游戏诉北京三鼎梦软件服务有限公司侵害计算机软件著作权纠纷案

【终审裁判】北京知识产权法院（2016）京 73 民初 370 号

【关键词】民事/著作权权属/信息网络传播权/赔偿损失

176. 福建网龙计算机网络信息技术有限公司诉北京盛世骄阳文化传播有限公司侵害作品信息网络传播权纠纷案

【终审裁判】北京知识产权法院（2016）京 73 民终 135 号

【关键词】民事/著作权权属/注意义务/主观过错

177. 北京搜狗科技发展有限公司、北京搜狗信息服务有限公司诉北京奇虎科技有限公司不正当竞争纠纷案

【终审裁判】北京知识产权法院（2016）京 73 民终 50 号

【关键词】民事/著作权权属/不正当竞争/网络侵权

178. 山东迪浩耐磨管道股份有限公司诉北京百度网讯科技有限公司、山东鲍尔浦塑胶股份有限公司侵害商标权纠纷、不正当竞争纠纷案

【终审裁判】北京知识产权法院（2016）京 73 民终 69 号

【关键词】民事/商标权权属/不正当竞争/侵权责任

179. 郜成诉国家知识产权局专利复审委员会纠纷案

【终审裁判】北京市高级人民法院（2016）京行终 747 号

【关键词】行政/网络证据/利害关系/侵权责任

180. 海澜之家服饰有限公司诉东营区海澜宾馆侵害商标权纠纷、不正当竞争纠纷案

【终审裁判】山东省高级人民法院（2016）鲁民终 2364 号

【关键词】民事/商标权权属/不正当竞争/侵权行为

181. 福建美之扣家居用品有限公司诉浙江天猫网络有限公司、汪恩光侵害实用新型专利权纠纷案

【终审裁判】福建省高级人民法院（2016）闽民终 877 号

【关键词】民事/实用新型专利权/技术特征/侵权行为

182. 南京途牛科技有限公司诉同程网络科技股份有限公司不正当竞争纠纷案

【终审裁判】江苏省高级人民法院（2016）苏民终 675 号

【关键词】民事/不正当竞争/混淆/赔偿责任

183. 海宁中国皮革城股份有限公司诉新疆华凌工贸（集团）有限公司、新疆家瑞祥物业服务有限公司侵害商标权纠纷、不正当竞争纠纷案

【终审裁判】新疆维吾尔自治区乌鲁木齐市中级人民法院（2016）新 01 民初 550 号

【关键词】民事/商标权权属/不正当竞争/显著性特征

184. 深圳市腾讯计算机系统有限公司、宇龙计算机通信科技（深圳）有限公司诉北京萝卜特科技有限公司侵害计算机软件著作权纠纷案

【终审裁判】广东省深圳市中级人民法院（2016）粤 03 民终 19325 号

【关键词】民事/著作权权属/近似作品/举证证明

185. 佛山市顺德区孔雀廊娱乐唱片有限公司诉厦门思明华美医疗美容门诊部不正当竞争纠纷案

【终审裁判】广东省佛山市禅城区人民法院（2016）粤 0604 民初 7265 号

【关键词】民事/不正当竞争/诚实信用/虚假宣传

186. 新会江裕信息产业有限公司诉浙江淘宝网络有限公司、李琳娜侵害商标权纠纷案

【终审裁判】广东省江门市中级人民法院（2016）粤 07 民辖终 302 号

【关键词】民事／商标权权属／网络销售／管辖权

187. 广州求知教育科技有限公司诉北京新浪互联信息服务有限公司侵害计算机软件著作权纠纷案

【终审裁判】广州知识产权法院（2016）粤 73 民初 1387 号

【关键词】民事／著作权权属／技术措施／信息网络传播权

188. 广州市动景计算机科技有限公司、北京分播时代网络科技有限公司诉暴雪娱乐有限公司、上海网之易网络科技发展有限公司侵害著作权纠纷案

【终审裁判】广东省高级人民法院（2016）粤民终 1719 号

【关键词】民事／著作权权属／复制行为／注意义务

189. 上海学而思教育培训有限公司、上海长宁区学而思进修学校、上海闵行区学而思进修学校诉张宇、王燕、王科、上海乐课力投资管理有限公司、上海乐课力文化传播有限公司、安阳侵害著作权纠纷、不正当竞争纠纷案

【终审裁判】上海市徐汇区人民法院（2015）徐民三（知）初字第 1324 号

【关键词】民事／著作权权属／不正当竞争／职务行为

190. 浙江淘宝网络有限公司、浙江天猫网络有限公司诉杭州简世网络科技有限公司不正当竞争纠纷案

【终审裁判】浙江省杭州市西湖区人民法院（2016）浙 0106 民初 11140 号

【关键词】民事／不正当竞争／诚实信用／商业道德

191. 许先本诉玉环县金鑫塑胶有限公司、童建刚不正当竞争纠纷案

【终审裁判】浙江省杭州市余杭区人民法院（2016）浙 0110 民初 11608 号

【关键词】民事／不正当竞争／竞争原则／诚信原则

192. 吴思豪诉浙江淘宝网络有限公司、何德芳不正当竞争纠纷案

【终审裁判】浙江省杭州市余杭区人民法院（2016）浙 0110 民初 1888 号

【关键词】民事／不正当竞争／竞争原则／诚信原则

193. 阿迪达斯有限公司诉温州小金蛋贸易有限公司侵害商标权纠纷案
【终审裁判】浙江省温州市瓯海区人民法院（2016）浙 0304 民初 2066 号
【关键词】民事/商标权权属/举证责任/赔偿责任

194. 永康市环讯电子商务有限公司诉金华市洲际品牌运营管理有限公司侵害商标权纠纷案
【终审裁判】浙江省金华市中级人民法院（2016）浙 07 民终 2706 号
【关键词】民事/商标权权属/合理使用/公众混淆

195. 雀友科技有限公司诉松冈机电（中国）有限公司侵害商标权纠纷、不正当竞争纠纷案
【终审裁判】浙江省高级人民法院（2016）浙民终 151 号
【关键词】民事/商标权权属/不正当竞争/诚实原则

196. 杭州玺匠文化创意股份有限公司诉上海美术电影制片厂有限公司侵害著作权纠纷案
【终审裁判】浙江省高级人民法院（2016）浙民终 590 号
【关键词】民事/著作权权属/利益平衡原则/显著特征

197. 吴小秦诉陕西广电网络传媒（集团）股份有限公司捆绑交易纠纷案
【终审裁判】最高人民法院（2016）最高法民再 98 号
【关键词】民事/捆绑交易/支配地位/选择权

198. 许丹、经济日报出版社诉东莞市双种子饮食管理有限公司侵害著作权纠纷案
【终审裁判】湖北省高级人民法院（2017）鄂民终 65 号
【关键词】民事/著作权权属/相似性/独创性

199. 上海美术电影制片厂有限公司诉武汉新金珠宝首饰有限公司侵害著作权纠纷、不正当竞争纠纷案
【终审裁判】湖北省高级人民法院（2017）鄂民终 71 号
【关键词】民事/著作权权属/不正当竞争/使用价值

200. 上海市徐汇区人民检察院诉段某某犯侵犯著作权罪、妨害信用卡管理

罪案

【终审裁判】上海市徐汇区人民法院（2017）沪 0104 刑初 325 号

【关键词】刑事/著作权犯罪/妨害信用卡管理罪/罪刑法定原则

201. 厦门蓝火焰影视动漫有限公司、北京基点影视文化传媒有限公司诉迪士尼企业公司、皮克斯侵害著作权纠纷、不正当竞争纠纷案

【终审裁判】上海知识产权法院（2017）沪 73 民终 54 号

【关键词】民事/著作权权属/不正当竞争/相似性商品

202. 大王制纸株式会社、大王（南通）生活用品有限公司诉天津森淼进出口股份有限公司侵害商标权纠纷案

【终审裁判】天津市第二中级人民法院（2017）津 02 民终 2036 号

【关键词】民事/商标权权属/商标专用/商业信用

203. 东阳市乐视花儿影视文化有限公司诉北京豆网科技有限公司侵害作品信息网络传播权纠纷案

【终审裁判】北京市朝阳区人民法院（2017）京 0105 民初 10028 号

【关键词】民事/信息网络传播权/正常使用/社会利益

204. 央视国际网络有限公司诉刘飞越、江苏省广播电视集团有限公司侵害著作权纠纷案

【终审裁判】北京知识产权法院（2017）京 73 民终 1068 号

【关键词】民事/著作权权属/正常使用/适当引用

205. 刘俊、浙江中远鞋业有限公司、温州独特电子商务有限公司诉斐乐体育有限公司侵害商标权纠纷、不正当竞争纠纷案

【终审裁判】北京知识产权法院（2017）京 73 民终 1991 号

【关键词】民事/商标权权属/不正当竞争/专用权

206. 北京小蚁互动网络科技有限公司诉北京搜狐互联网信息服务有限公司、飞狐信息技术（天津）有限公司不正当竞争纠纷案

【终审裁判】北京知识产权法院（2017）京 73 民终 25 号

【关键词】民事/著作权权属/不正当竞争/诚实信用原则

207. 北京百度网讯科技有限公司、百度在线网络技术（北京）有限公司诉北京搜狗科技发展有限公司、北京搜狗信息服务有限公司不正当竞争纠纷案

【终审裁判】北京市高级人民法院（2017）京民终 5 号

【关键词】民事/不正当竞争/合理提醒/商业道德

208. 米金龙诉北京三快科技有限公司、上海汉涛信息咨询有限公司、西安市新城区米菊英泡馍馆侵害商标权纠纷案

【终审裁判】陕西省高级人民法院（2017）陕民终 33 号

【关键词】民事/商标权权属/商业惯例/善意使用

209. 南京尚居装饰工程有限公司诉南京飞日强装饰工程有限公司侵害著作权纠纷、虚假宣传纠纷案

【终审裁判】南京铁路运输法院（2017）苏 8602 民初 564 号

【关键词】民事/著作权权属/虚假宣传/赔偿责任

210. 刘悦、北京御奇日通化妆品有限公司、合肥安之酸营养美发经营有限公司、合肥市安之酸化妆品有限责任公司诉北京韦氏·黛安娜化妆品有限公司侵害商标权纠纷案

【终审裁判】安徽省高级人民法院（2017）皖民终 525 号

【关键词】民事/商标权权属/专用权/侵权行为

211. 深圳市谷米科技有限公司诉张翔、武汉元光科技有限公司、邵凌霜、陈昂、刘坤朋、刘江红不正当竞争纠纷案

【终审裁判】广东省深圳市中级人民法院（2017）粤 03 民初 822 号

【关键词】民事/不正当竞争/实用性/诚实信用

212. 欧普照明股份有限公司诉中山市艾普电器有限公司侵害商标权纠纷、不正当竞争纠纷案

【终审裁判】广东省中山市中级人民法院（2017）粤 20 民终 38 号

【关键词】民事/商标权权属/不正当竞争/在先使用

213. 北京百度网讯科技有限公司、广州北标知识产权代理有限公司、深圳北标知识产权代理有限公司诉广州华进联合专利商标代理有限公司不正当竞争纠纷案

【终审裁判】广州知识产权法院（2017）粤 73 民终 199 号
【关键词】民事／专利代理／不正当竞争／赔偿责任

214. 广州爱多日用品有限公司诉广州贝之蓝儿童用品有限公司侵害商标权纠纷案
【终审裁判】广州知识产权法院（2017）粤 73 民终 2207 号
【关键词】民事／商标权权属／商标使用许可／侵权行为

215. 广东原创动力文化传播有限公司诉北京优朋普乐科技有限公司著作权许可使用合同纠纷案
【终审裁判】广州知识产权法院（2017）粤 73 民终 909 号
【关键词】民事／著作权权属／许可使用／责任原则

216. 浙江天猫网络有限公司诉周少文侵害商标权纠纷、不正当竞争纠纷案
【终审裁判】浙江省高级人民法院（2018）浙民终 1195 号浙江省杭州市中级人民法院（2017）浙 01 民初 1681 号
【关键词】民事／商标权权属／不正当竞争／显著性

217. 浙江朴素电器有限公司诉慈溪市长河清阳洁具厂侵害实用新型专利权纠纷案
【终审裁判】浙江省宁波市中级人民法院（2017）浙 02 民初 304 号
【关键词】民事／实用新型专利权／赔偿损失／合理性

218. 唐振华、嘉善依瓦塔自动化科技有限公司诉依瓦塔（上海）精密光电有限公司网络域名权属纠纷案
【终审裁判】浙江省高级人民法院（2017）浙民终 476 号
【关键词】民事／网络域名权／职务行为／权利归属

219. 伟星管业（北京）有限公司诉浙江伟星新型建材股份有限公司侵害商标权纠纷、不正当竞争纠纷案
【终审裁判】北京知识产权法院（2018）京 73 民终 56 号
【关键词】民事／商标权权属／不正当竞争／近似标识

220. 北京学而思教育科技有限公司、广州爱拼信息科技有限公司、北京市

海淀区学而思培训学校侵害作品信息网络传播权纠纷案

【终审裁判】广东省深圳市中级人民法院（2018）粤03民终10874号

【关键词】民事/信息网络传播权/独创性/智力成果

221. 汕头市龙湖区枕沐玩具商行诉叶祖威、东莞市微石塑胶金属科技有限公司侵害外观设计专利权纠纷案

【终审裁判】广东省高级人民法院（2018）粤民终853号

【关键词】民事/外观设计专利权/真实性/专利公开

参考文献